# THE COLLAPSE OF EMPIRE
## AND THE FORTRESS OF FREEDOM

# 帝國解體與
# 自由的堡壘

黎蝸藤＊著

目錄

## 第一部分：歷史背景

# 以烏俄戰爭經驗為師
## ──台灣的生存寶典

張國城（台北醫學大學教授）

烏俄戰爭是 2022 年的最重大國際事件之一，對臺灣的影響無與倫比。這時問世的黎蝸藤教授大作《帝國解體與自由的堡壘》，堪稱在中文領域對於烏俄戰爭最完整、清晰且具參考價值的好書。個人有幸先睹為快，實在無比榮幸。

就個人對國際關係的了解，以及依據曾從事過相關實務工作的經驗，認為黎教授這本書至少有以下幾個價值：

第一，對研究烏俄戰爭本身，本書具有無可比擬的參考價值。

作者從烏克蘭和俄羅斯的歷史關係開始，佐以明晰的地圖，依照時序展開條理分明的敘述，讓讀者能夠清楚掌握兩國歷史上的分分合合，以及今日形勢之所以演變至此的原因，烏俄雙方政治、軍事狀況的分析，雖然戰事在本書出版時尚在進行當中，未來尚無法完全預料，但無損於本書極高的可讀性。要將其作為烏

俄雙方政治、歷史的簡明百科全書來閱讀，都毫無問題。

　　第二，對研究國際關係和對國際關係有興趣的人，本書在邏輯、架構和敘事上，具有無可比擬的學習價值。

　　作者的一切分析，從兩國歷史、蘇聯時期到烏克蘭在蘇聯解體後的政黨遞嬗，乃至克里米亞問題的前因後果等等，脈絡都極為清晰。對於這些事件之影響的分析不流於描述性（descriptive）的泛論，而是有清楚而一致的中心價值。

　　同時，作者能從國際關係和政治經濟社會的原理原則，深入淺出地去推論或進一步判斷關於這次烏俄戰爭中一般人可能難以釐清、或眾說紛紜的資訊（例如衝突的現象或對立的原因），清楚剖析何者是真、何者為假，在多種力量的較勁下哪種動力具備更重要的影響，各類因素在導致結果的形成上作用較大或作用不彰的原因，最後導出實際發展的勢態。和國內眾多習於模稜兩可、概括歸納，連「客觀觀察」和「主觀願望」都無法區別的論述大不相同。

　　此外，作者對於俄羅斯侵烏動力的解析，其實包含著對國際關係理論——現實主義、自由主義和建構主義的簡明整理，對讀者理解國際關係的驅動力非常重要。一般人對國際關係最常產生的誤解就是將國家擬人化，將「國家利益」的內涵看得太過簡單，忽略了許多國家內外的因素會影響領導人的決策，進而形塑國家的行為。本書相當程度上可以幫助讀者釐清這些問題。

　　第三，對於台灣人來講，具有無可比擬的既視價值，包含了太多臺灣人該知道的東西，堪稱是活生生的臺灣生存指南。

　　作者認為烏俄戰爭的直接起源在於2014年俄羅斯幾乎不受

阻礙地吞併了克里米亞。作者指出：

> 克里米亞事件是二戰後最惡劣的國家侵略行為之一，或許只有海珊的伊拉克公然吞併科威特可以比它更惡劣一些。其性質之惡劣，不在於事件引發的生命損失和人道主義災難，基本上整個過程都是「和平的」，而在於「禮崩樂壞」，二戰建立起來的大國不尋求擴張的傳統被徹底破壞了，依照國際法和國際規則行事的準則被破壞了，不以武力解決問題的準則被拋到一邊，以聯合國為中心的解決國際糾紛的制度更被聯合國的「五常」之一徹底無視。它既是烏克蘭戰爭的開端，普丁嚐到甜頭，於是才會在烏東繼續煽動叛亂，它也是整個後冷戰時代結束的先聲，沒有它就沒有2022年這場終結後冷戰時代的全面戰爭。

克里米亞和俄羅斯之間的關係，和今天臺灣部分管轄區域與中國的關係非常相似；烏克蘭失去克里米亞的內部原因，在今日臺灣是否存在，實有深值思考之處。2022年俄羅斯正式攻打烏克蘭之後，烏克蘭具備的讓俄羅斯久攻不下的優勢，臺灣多數不具備；反倒是俄羅斯軍隊存在的種種問題，國軍未必陌生。這些都值得臺灣人高度警惕。

　　其次，作者特別以專章提到臺灣，尤其是臺灣不是國際上普遍承認的國家，因此一旦中國攻打台灣，是否可能因為被國際輿論認為屬於「內政問題」，讓各國干預的力量減弱，是個人非常憂慮的。臺灣更有烏克蘭所沒有的忠誠問題，轉型正義更未完

備，在認同和心防上遠比烏克蘭脆弱，國力軍力和中國的對比遠較烏俄之間懸殊。雖然臺灣較烏克蘭有更多美國可能出手的條件，但是作者也提出中方會利用烏俄戰爭大量汲取經驗，作為武統臺灣時的借鏡，這也是烏俄戰爭對臺灣最不利的地方。

再者，作者基於對國際法的嫻熟，詳盡介紹了幾個重要協議如《布達佩斯協議》、《明斯克協議》的簽訂始末、條文的設計、影響範圍和中間的「眉角」，能被落實或形同具文的原因，這些都是臺灣面臨與中國簽訂「和平協議」時必須建立的先備知識。

其四，協助釐清存在於臺灣的大量謬論。例如很多人認為若川普繼續執政，普丁不會發動侵烏戰爭，事實是川普對俄的態度，是普丁發動戰爭的催化劑——川普削弱了美國和北約的關係，又利用對烏克蘭援助為籌碼打擊政敵拜登，在在都是普丁趁虛而入的關鍵。其他常見的謬論，如「美國煽動俄羅斯發動戰爭，藉以從中取利」、「烏克蘭不懂『以小事大』自取其禍」、「北約東擴是罪魁禍首」……等等，作者都有突破盲腸、廓清迷思的有力論述。

最後，作者提出：

> 對烏克蘭而言，獨立來得太快，太輕鬆。國民之間沒有刻骨銘心的共同經歷，缺乏深厚的共同體意識，在國家構建上存在問題。烏裔俄裔分野，烏克蘭語人群和俄語人群的分野，在派系鬥爭、民主內耗的年代越來越極化。最終成為被俄國利用的弱點。相反，我們看到，經過歐洲廣場革命、克里米

亞危機、頓巴斯戰爭，烏克蘭人民的凝聚力越來越團結。到
了這場烏克蘭戰爭，烏克蘭民族才真正地鍛造了起來。在烏
克蘭中與俄國相關的有三種層次，即俄語使用者，烏克蘭俄
裔，烏克蘭中有俄國國籍的人……

這正是對臺灣最深刻的警世之言，烏克蘭至少已是國際上承認的
正常國家，臺灣今日無論對內對外，作為國家的共同體意識尚未
能充分完備，也存在多重身分認同的人，若能以烏克蘭為師，他
山之石，可以攻錯，就是本書所能帶給臺灣的最大意義。

推薦序（二）

# 社媒年代的戰爭敘事，
# 與脈絡化的析辯

曾柏文（國家政策研究基金會特約副研究員）

　　在我們一生中有少數幾次，當下就能意識到眼前正見證著某個將扭轉、改寫全球歷史的關鍵事件——例如1989年柏林圍牆推倒、2001年紐約世貿雙塔崩塌，或是2020年初延燒全球的新冠疫情。

　　2022年初爆發的烏俄戰爭也是。它終結冷戰落幕後三十多年的和平，在歐洲重新召喚出戰爭恐懼。俄方罔顧國際法與聯合國體制，也徹底破壞當前國際秩序。普丁興兵的說詞，特別是對「納粹」與「種族滅絕」等詞意義的置換，更顛覆了人類從二戰汲取的道德教訓。而這都還沒算進，烏俄戰爭對糧食、能源供給的衝擊，對全球經濟帶來的打擊。

# 社媒年代的戰爭體驗

特別值得關注的是，這場戰爭也是人類歷史上，首次透過社群媒體在全球傳播的主要戰爭。戰爭爆發以來，有無數烏克蘭軍民透過Twitter、Telegram、Facebook、YouTube等渠道，將戰場上的殘酷、悲愴、恐懼與勇氣，傳遞到全球無數陌生人的手機屏幕。

這種全球尺度對戰場的即時共感，以及對俄方「恃強欺弱」的厭惡，迅速掀起史無前例的聲援浪潮，匯聚成對各國政府、企業「要有所為」的壓力。而許多人對「公理正義」的素樸期待，甚至燒到米爾斯海默（J. Mearsheimer）、季辛吉（H. Kissinger）、馬托洛克（J. Matlock）等國關外交領域先輩身上，抨擊這幾位本於現實主義的相關論調。

網上的洶湧表態，加上各國大動作的軍援與對俄制裁，一度讓不少人對烏克蘭處境信心滿滿。不過正如當代任何網路熱點，注意力的浪潮瞬起瞬落。開戰不過一個月後，網上對烏克蘭的搜索熱度已降到戰爭爆發時的10%，隨後更穩定下滑。

而可能更值得警惕的是，戰爭的報導傳播本來就是政戰、心戰的風向戰場；透過社群媒體擴散，更避不開社媒演算法導致的同溫層分眾。即便對相關訊息求知若渴的人，也難免掉入某種過濾泡泡（filter bubble）或回音室（echo chamber），逐漸鞏固某些偏頗的認知。

# 各種戰爭敘事的析辨

正因這場戰爭時代意義的複雜厚重，以及當代戰爭媒體再現的短淺、碎裂與偏頗，讓本書的即時出版饒富意義。

本書詳細梳理了烏俄兩國的糾葛歷史，分析了戰爭爆發以來的局勢變化、戰場外各種制裁的理路與效果，析辯媒體網路上常見的幾種說詞，並討論了這場戰爭對美國、中國、歐洲，甚至是台灣的可能影響。

特別是，本書不只聚焦歷史與戰爭本身，更以大量篇幅盤點關於這場戰爭的各種說法──包括九種歷史敘事框架，四種歷史類比、各種歸咎說詞與是非判斷，並逐一析辯點評。

正是當代媒體與網路輿論場中的眾說紛紜，提供本書作者大量文本來分析辯駁，以對圍繞這場戰爭的種種敘事，提供脈絡化的後設評析。也正是在這種詮釋洪流中，我們更需要這樣的析辯，釐清自己判斷的立足點──不論最後是否同意作者觀點。

站穩理解詮釋的立足點，對台灣尤其重要。戰爭爆發以來，烏克蘭夾身在俄國與北約兩大勢力的處境，也讓許多人聯想到，位處在中美兩強對峙線的台灣。過去數月，許多國際媒體都曾討論「台灣會是下個烏克蘭嗎？」

對這點，本書開始就在序言分析了這次俄方聲討烏克蘭的敘事，如何與北京對台說詞多有呼應。書末也談到可能成為「下個烏克蘭」的歐洲四國、亞洲三地，但其中「台灣處於未來風暴中心」。台灣能否從烏克蘭軍民的犧牲汲取經驗教訓，極可能攸關自身未來安危。

　　比起任何國家，我們更迫切需要穿透各種言論迷霧，釐清定見。

## 我所認識的黎蝸藤

　　本書涵蓋歷史、戰略、倫理、地緣政治與經濟文化等面向，寫作也穿梭在整理綜述、分析解釋、辯證是非、預測方向四個層次。尤其是戰爭爆發至今還不滿五個月，就能完成這三十多萬字書稿，展現出作者的知識準備與「洶湧」的研究寫作量能。

　　我認識黎，始於2016年任職《端傳媒》評論總監時收到的投稿。當年，我對其「不透露真實身分、只以筆名聯繫」的堅持有過疑慮。然而在編稿過程中，不管對文中哪句提出質疑挑戰，他幾乎都能在幾分鐘內提供論據與徵引文獻；幾次下載原文獻對照，也都能確認言有所本。當我仍無法被其推論說服時，黎對修改建議或退稿決定，也都有接受雅量。

　　這種在文本交手中確認的「論述理路」與「學力風範」，逐步鞏固我對作者的信心——即便我並未追問過其真實身分，或是學經歷等形式資格。

　　後來我經手過其多篇來稿，主題涵蓋沖之島、黃岩島、南海仲裁等海權爭議，美國政局，與川普的對華政策等。有幾次臨時請託撰稿，只要應允，他的速度、品質都讓我驚豔。

　　多年來，我們彼此也從單純的工作關係，成為會經常討論時局的朋友；即便後來我離開媒體，這種切磋聯繫從未斷過。有幾次深夜聊到一些重要問題，隔天一早就會收到他整理的筆記——

不是為了發表，而是種對思考對話、概念架構的單純旨趣。

　　回歸本書，對於仍在發展中的重大事件寫歷史分析，本身注定是吃力而高風險的事。但身為台灣人，我要特別感謝他即時寫出本書，替圍繞烏俄戰爭的各種討論，提供全面的參考。

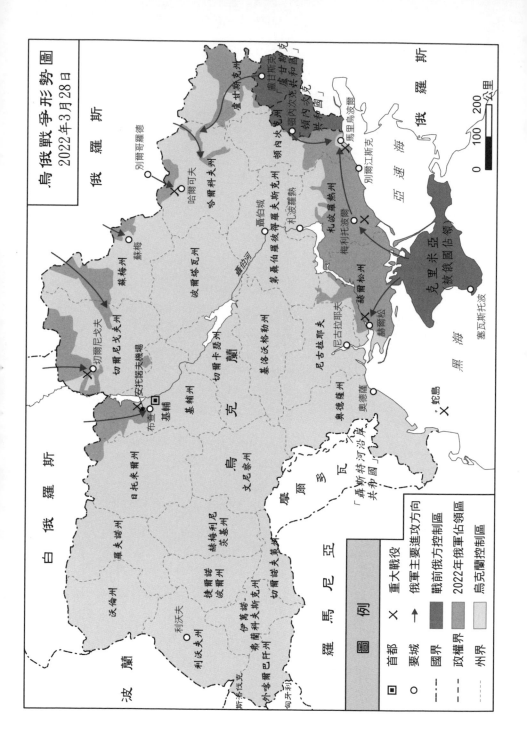

烏俄戰爭形勢圖
2022年3月28日

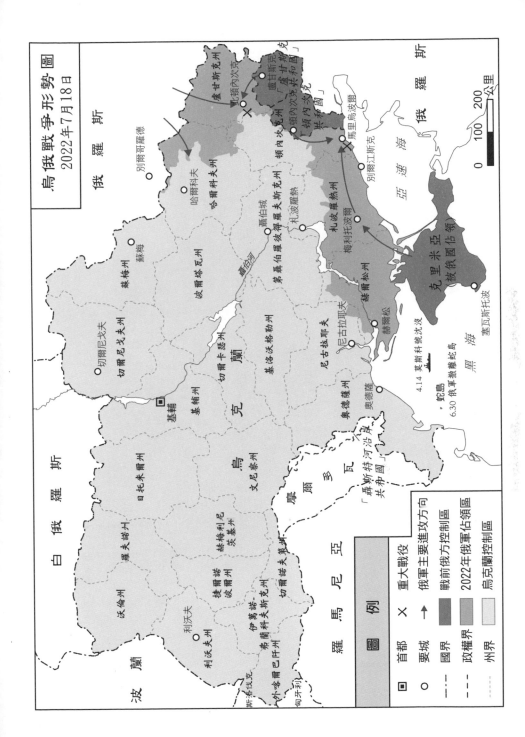

烏俄戰爭形勢圖
2022年7月18日

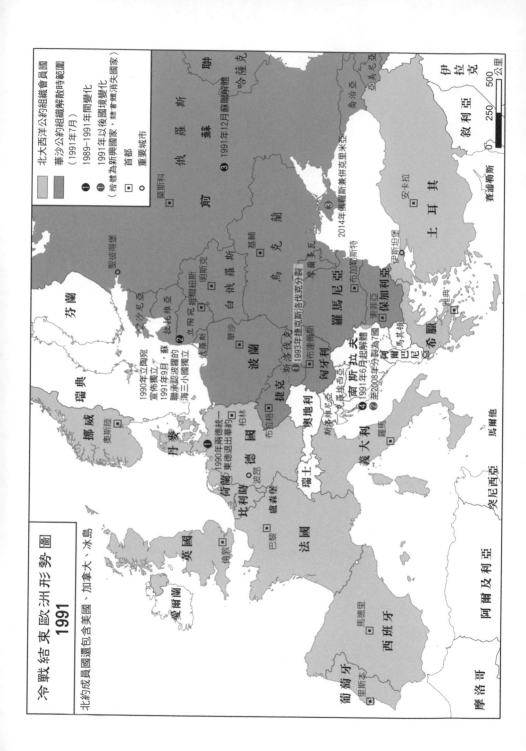

冷戰結束東歐洲形勢圖
1991

北約成員國還包含美國、加拿大、冰島

北大西洋公約組織會員國

華沙公約組織解散時範圍
（1991年7月）

1 1989～1991年間變化

1 1991年以後國境變化
（標體為新興國家，斜書為消失國家）

□ 首都

○ 重要城市

1990年立陶宛宣佈獨立，1991年9月，蘇聯承認的波羅的海三小國獨立

3 1991年12月蘇聯解體

2014年俄羅斯兼併克里米亞

1993年捷克斯洛伐克分裂

1 至2008年分裂為7國

2 1991年6月起解體為7國

# 序言

自從烏克蘭戰爭2月24日全面爆發以來，就一直是國際關注的頭條。戰爭實在有太多的意想不到了。

戰爭的爆發是絕大部分人都意想不到的：因為歐洲已經很久沒有爆發這種規模的戰爭，也有很多專家此前言之鑿鑿，俄國不過是恐嚇，不會真動武；就算普丁在2月22日宣布特別軍事行動，大部分人也認為只會是侷限在頓巴斯的局部戰爭，沒想到俄國竟是全面入侵。

更令人意想不到的是戰爭的進程，先前被認為幾天就會投降認輸的烏克蘭，竟然能夠抵擋住俄國入侵，擊退了俄國的全面進攻，現在還能開始反擊收復失地；一直被視為第二軍事強國的俄國，竟然打出「紙老虎」的低水平，不但損兵折將，就連黑海艦隊旗艦也被擊沉，對付一場常規戰爭都要頻頻揚言動用核武以示威脅。

人們也意想不到，很長時間內一直被很多人看作大笑話的前喜劇演員，烏克蘭總統澤倫斯基，居然沒有按照普丁的劇本走，在戰爭中表現出非凡的擔當和勇氣，也充分運用了自己的表達天才，用道德號召力讓更多國家同情和支持烏克蘭的抵抗，成為當

之無愧的國家英雄。而一向以冷靜周密出名的普丁，不但錯估形勢，還多次大失方寸。

同樣意想不到，俄國的侵略本意是「鎮住」西方國家，好讓它們不要和自己作對。反過來成為團結民主國家的無與倫比的推動力，「歐美亞太抗俄共同體」史無前例地團結一致制裁俄國，支持烏克蘭。北約不但醞釀第六次擴大，還可能變成「全球版北約」。更想像不到的是，俄國被制裁的力度會這麼大，誇張地說差不多要被「開除球籍」。[1]

這場戰爭太多地方可以分析，具有太大的歷史意義。自從2022年2月24日普丁發動全面進攻的一刻開始，整個世界都不同了。我們真正告別了「和平和發展」，告別了「全球化」，告別了「後冷戰時代」。世界重新回到了以追求國家安全、大國競逐、陣營對壘為核心的「舊時代」，脫鉤化、軍備競賽、軍事衝突等將再度成為世界的主題。我把它稱為「新對抗時代」，也有人稱之為「新冷戰」，但無論叫什麼名字也好，總之不再是「後冷戰時代」成長起來的一兩代人所熟悉的世界。

■

在序言中，筆者更多地想討論一下烏克蘭戰爭和台灣的關係，即為什麼台灣人應該關心烏克蘭戰爭。

台灣人承平已久，特別是在後冷戰時期，整個亞太地區說的都是「和平與發展」。世界各地發生的戰爭，對大部分台灣人而言，最多是茶餘飯後的談資，不會是「自己的事」。然而，台灣人可以不關心其他戰爭，但一定要關心烏克蘭戰爭。

　　蔡英文總統在戰爭之初就宣布加入對俄國的制裁，成為「歐美亞太抗俄共同體」的一員，也被俄國列入「不友好國家名單」。在筆者印象中，台灣此前從未主動「制裁」過其他國家，更遑論那是一個龐然大物，還是中國「不封頂的戰略協作夥伴」。台灣加入「抗俄共同體」的意義是非凡的，它不但表達台灣對烏克蘭人民的支持，更表達了對國際正義的追求，更表明了台灣和民主自由社會站在一起的決心。

　　蔡英文總統此舉，固然有基於普遍的正義考慮，但「同情共感」的因素可能更大。無他，烏克蘭和台灣的處境太相似了。《經濟學人》認為，台灣就是「下一個烏克蘭」。其實，在筆者看來，如果把「烏克蘭」認為是「大國夾縫中的處境艱難」，那麼台灣「早就是烏克蘭」，或者「一直是烏克蘭」。

■

　　烏克蘭戰爭後，筆者列舉和收集了多種烏克蘭戰爭的「敘事模式」，嘗試從多種角度理解烏克蘭戰爭。筆者發現，儘管烏克蘭和台灣相隔遙遠，歷史地理國際地位也非常不同，幾乎所有敘事模式都可以驚人地「無縫平移」到台灣身上。

　　從「自古以來vs民族建構」的角度來看：俄羅斯認為烏克蘭在歷史上是俄羅斯的一部分，俄羅斯有權恢復「自古以來」的土地，甚至否認了烏克蘭國家的合法性。但烏克蘭人主張烏克蘭本身就有自己的國家歷史傳統，在歷史上也是一個合理合法的國家。同理，中國認為台灣「自古以來」就屬於中國，但台灣人卻在歷史中找尋了自己不同於中國的「傳統」。

　　從「泛民族主義」vs「民族主義」的角度來看：俄國人認為東斯拉夫人或「羅斯人」的三個分支，應該聚合為一個統一的「大羅斯國家」。但烏克蘭人認為「民族國家」而不是「泛民族國家」才應該是追求的目標。中國人認為，所有的「中國人」都應該在同一個國家，但台灣人認為台灣人已經是一個民族，有權「民族自決」。

　　從民族文化衝突的角度來看：烏克蘭經歷過大規模俄化，烏克蘭語被矮化為上不了大場面的鄉下話，俄語成為烏克蘭人的標準語。烏克蘭獨立後撥亂反正，重新「烏克蘭化」，於是引起俄裔不安和俄裔不滿，視為「去俄化」。台灣在國民黨治下經歷大規模的「中國化」，台灣本土語言紛紛被禁止。民主化以來，台灣採取多元化政策，承認各種語言都有使用和發展的權利，變相降低了國語的唯我獨尊，但被視為「去中國化」。

　　從「歷史被推遲發生」的角度。烏克蘭戰爭可以被視為「推遲了三十年才發生的帝國解體戰」。台灣的情況剛好相反，如果發生戰事，在中國看來是推遲七十年的「國家統一戰」；在台灣看來，卻是推遲77年的「殖民地獨立戰」。

　　從「民主」vs「獨裁」的角度來看：烏克蘭雖然政治腐敗，但依然是公認的民主國家，「歐美亞太抗俄共同體」也無一不是民主政體。俄羅斯有表面的選舉，但普丁通過不斷玩弄憲法，已連續執政二十多年，只要他願意，還可至少繼續執政14年。台灣的民主雖然不完美，但經過三次政黨輪換，已完全自豪地站在民主陣營中。中國號稱自己有「全過程人民民主」，還是比西方民主更好的民主，但這種話除了小粉紅之外大概沒人信。

　　從「未完成的轉型正義」角度來看：俄國是一個沒有轉型正義的國家，它從未反省過自己在歷史上的征服、侵略、種族屠殺、文化滅絕和戰爭罪行，尤其因為俄國自己是勝利者，於是全然無視在二戰初期的侵略和整個戰爭中的戰爭罪行，把「反俄」視為「納粹」。同樣，中國也從未對歷史上的侵略和種族滅絕行徑進行反省。於是兩國對侵略征服，沒有敬畏之心，都自信自己就是永遠正確，永遠正義的一方。

　　從「地緣爭霸」角度來看：烏克蘭位於「世界島」中央的國家（俄國）和「外邊緣國家」（美國）爭奪「中間地帶」上，自古以來就是各家四戰之地，冷戰後同樣成為俄國和美國的角力場。台灣在歷史中的戰事雖然沒有那麼頻繁，但在大陸型帝國（中國）和海洋帝國（荷蘭、日本和美國）的夾縫中，易手和爭奪同樣不少，現在也是美中的角力場。

　　從「陸地國家土地擴張欲望」的角度看：俄國侵略烏克蘭是其土地擴張的傳統，也是大陸國家為解決「不安全感」而採取的本能模式。中國要統一台灣，也是那種對土地的欲望，更是對傳統上被海路入侵慘痛歷史的不安全感的應激。

　　從「小國不應挑釁大國」、「不應該捲入大國競逐」的角度看：俄國指責烏克蘭當美國人的走狗，一心加入北約威脅俄國安全，挑釁俄國，但卻不談俄國搶奪烏克蘭領土在先，烏克蘭投靠北約不過想光復失地。中國指責台灣投靠美國，挑釁中國的底線，但不談「統一台灣」從來都是中國的目標，台灣投靠美國不過想自保。

　　在「現實主義」vs「自由主義」角度看：相對（歐洲）比較

現實主義的美國早就斷言，美俄衝突不可免，「終須一戰」，歐洲應該減少和俄國的聯繫。自由主義當道的歐洲卻相信「加深經濟聯繫可以防止戰爭」，刻意加強對俄國的經濟聯繫。現實主義當道的中國，早就認為「中美終須一戰」。但相對（中國）比較自由主義的美國，卻篤信「接觸可改變中國」，「中美攜手可解決世界難題」。

從「維持現狀」vs「修正主義」的角度看：美國是「維持現狀」國家，要求即便改變現狀，也必須「以規則為基礎」。中國和俄國都是「修正主義國家」，要求改變以美國為主導的國際秩序，而當規則無法令它們達成心願時，它們都會不遵守規則，成為國際體系和國際規則的挑戰者。俄國侵略烏克蘭完全拋開各種規則，以後中國在多個議題已經表明不願遵守「美國制定的規則」，以後「統一台灣」很可能也是這樣。

可以說，烏克蘭戰爭的方方面面，我們都能找到台灣的「對應版」。

當然，台灣和烏克蘭的處境還是有很大不同，這涉及台灣和烏克蘭的不同，也涉及中國和俄國的不同。但最重要的一點就是，烏克蘭早就有了全球公認的獨立國家地位，而台灣，卻被很多國家視為「中國的一部分」，是一個至今並未被廣泛承認為國家的「實體」。在這最重要的一點上，台灣比烏克蘭還差太多。

■

只要想一想就會知道，台灣人不僅因同情就「今夜都是烏克蘭人」，而是「自己就是烏克蘭人」。烏克蘭人民以前面對的，

就是台灣人民一直面對的。烏克蘭人民今天面對的，也很可能會是台灣人民將來面對的。

在2019年香港逃犯條例事件中，香港的抗爭者打出過標語，「台灣人看好了，我們只示範一次」。而現在，烏克蘭又為台灣從另一個角度在做示範（我們當然希望也只示範一次）。台灣人不但應該「知道」烏克蘭發生了什麼事，還應該「理解」這些事為何發生，「明白」當中的是非黑白，「學習」烏克蘭的經驗教訓。只有這樣，才不枉費烏克蘭人民以血和生命為代價的「示範」。

也唯其如此，台灣人才會更同情和支援烏克蘭人民，而今天，台灣人民關注、同情、支持了烏克蘭人民，和烏克蘭人及「歐美亞太抗俄共同體」有過這種「共患難」的經歷，以後也必然得到回報。

■

筆者在十幾年前開始寫評論和分析文章，大致上做過了幾類不同的事：梳理綜述，分析點評，研判走向，分辨是非。所有工作都是重要的，但筆者認為最重要的，還是「分辨是非」。每個學者都有自己的強項和弱項，筆者也不例外，筆者的強項正好也是「分辨是非」。

分辨是非看似很簡單，答案不是對，就是錯，如果不對不錯就各打五十大板。但要仔細分辨出對錯，並不是容易的事。它必須有確鑿的事實，必須有合理和強而有力的邏輯推理演繹，也必須有一套判別是非的準則。特別麻煩的就是那種雙方都有對和不

對的事,如果不想方便地各打五十大板,就必須進一步分析和對比,而這種情況又特別多。

這種對「一半一半」的不滿足,驅使我試圖繼續分出51比49,看似很偏執,但非常重要。一個敘事呈現給受眾的最直接的結果就是「對和不對」;一件議程對決策者而言到最後就是「做和不做」;所有再複雜的案情,再怎麼「公說公有理,婆說婆有理」,到了法官的手中,最後都必須得出「有罪」或「無罪」。筆者注重「是非」,也和筆者的興趣有關。因為筆者用功最深的領域就是領土爭議,領土爭議就是最講「是非」的議題,這片領土應該歸它還是歸它,沒有模糊的空間。同樣重要的是,分辨是非不但在結果上是重要的,過程也是重要的,因為在分辨是非過程中,整個事件的細節和邏輯,就會完全顯露和理清。

雖然在筆者看來,烏克蘭戰爭是非分明,但也不得不承認,對一般人而言,烏克蘭太遙遠,烏俄關係太複雜,加上各種的宣傳和歪曲,很多人對戰爭的是非並非那麼明確。不錯,一般人還是會說「侵略是不對的」,但隨後或會加上一句,「烏克蘭不顧俄國安全也是不對的」、「美國把俄國逼到牆角更加不對」,有的甚至會指責「烏克蘭搞納粹更不對」。有的人更以「烏克蘭幫助中共開發武器對付台灣」、「烏克蘭很腐敗」等為由,認為「烏克蘭也不是好東西」,從而「既不支持俄羅斯,也不支持烏克蘭」。隨著戰爭的進行,更多爭議浮現出來,比如「支援武器等於拱火」、「抵抗只會帶來更多傷亡」、「美國口惠而實不至,真支持烏克蘭就應該出兵」、「連體育音樂貓貓狗狗也制裁太荒謬」等,不一而足。這些爭議在筆者看來通通都不難回應,但在

很多人看來，即便直覺上感覺有問題，但也未必能指出錯誤之所在。

　　這些認知上的混淆，如果不得到澄清的話，一定會影響對烏克蘭甚至對台灣局勢的認知。但正因這些認知混亂有一定的普遍性，烏克蘭戰爭的高關注度同時也是一個好機會，把這些問題都解釋清楚。

■

　　筆者關注烏克蘭問題是從2014年克里米亞事件開始的，至今已有8年之久。雖然筆者不敢自稱科班出身的「俄羅斯問題專家」，但8年時間和多年來寫過的相關文章，也足以讓筆者對這個問題有相當充分的了解。在戰爭爆發後，筆者在多個專欄持續寫有關烏克蘭的文章，也都得到廣泛傳閱。然而，專欄文章由於篇幅和受眾所限，畢竟不是非常適合深度分析。而這些深度分析又是必要和有價值的。這是筆者和出版社希望通過出版書籍和大家分享的初衷。

　　烏克蘭戰爭是進行中的戰爭，這給書寫帶來很大的麻煩，因為永遠有要補充的東西，而一些寫完的內容又難免會過時甚至失效。因此，筆者把本書分為幾個方面。第一，筆者梳理戰爭的歷史背景和來龍去脈。第二，對戰爭過程的綜述分析和點評，這部分雖然有以上所說的不可避免的問題，但對讀者而言，一個對戰爭全面介紹以便有總體認識還是必須的。第三，在戰場之外其他領域的「準戰爭」，包括制裁、能源、糧食等方面。第四，著重分析有關戰爭的是非曲直，駁斥一些常見的謬論。第五，把場景

從烏克蘭俄國擴大到全球,橫向分析全球各大板塊對戰爭的態
度、立場取向,及利益關係;也從歷史和未來的角度,縱向分析
戰爭對歷史走向的影響。希望這種處理能讓讀者滿意。

第一章

# 俄烏千年恩怨史
## ──兼駁普丁的「烏克蘭不合法論」

　　要理解烏克蘭戰爭，必須從歷史開始。更何況，俄國總統普
丁（Vladímir Vladímirovich Pútin）是一個很重視歷史感的政治
家。他給出的一個戰爭理由就是：烏克蘭在歷史上就不是一個國
家，而是俄國的一部分。最近一年來，普丁反覆強調這點。2021
年7月12日，普丁發表一篇名為〈關於俄羅斯人和烏克蘭人的歷
史統一〉。[1]今年2月24日開戰時，普丁發表電視講話〈俄羅斯
為什麼要這麼做〉，[2]沒隔兩天又發表新電視講話〈有必要再一
次解釋我們為什麼要這麼做〉。[3]這幾篇文稿都是普丁為了給自
己的侵略正名。頭兩篇更都把重點放在「歷史敘事」上。其核心
思想就是，烏克蘭不是普普通通的鄰國，「現代烏克蘭完完全全
是被俄羅斯創造出來的」，是一個「歷史的錯誤」。「烏克蘭靠
否認一切能將我們團結在一起的東西來建構自己的國家」，「俄
羅斯和烏克蘭就像統一的民族」，現在烏克蘭不但要遠離俄羅
斯，還要與俄羅斯為敵，這是無法容忍的。因此，無論從理解烏
克蘭戰爭起源的本身，還是從辨析普丁的戰爭理由，都不得不先
從頭回顧一下俄烏千年恩怨史。[4]

歐洲人（指歐洲白人）屬於印歐民族（Indo-Europeans）。主流的印歐人起源理論有三種：東歐大草原起源論（Kurgan hypothesis）、小亞細亞起源論（Anatolian hypothesis）、亞美尼亞起源論（Armenian hypothesis）。這幾個假設的起源地區雖然不同，但和印歐民族以後擴散地區之廣相比，還是相對集中的，即高加索山脈及其南北地區。無論如何，印歐人此後向四周擴散。根據語言學分析，主要形成九大語支：印度—波斯、亞美尼亞、希臘、阿爾巴尼亞、拉丁、日耳曼、凱爾特、波羅的海、斯拉夫。這些語支大致上對應相應民族。

斯拉夫人發源於現在波蘭東南部的維斯杜拉河（Vistula River）上游一帶，於一世紀時開始向外擴張，到了六世紀，斯拉夫人已擴張到整個歐洲中東部。在擴散過程中，斯拉夫人與當地民族接觸混血。這樣從七世紀開始，斯拉夫人逐漸分化為三大支系：東斯拉夫（俄羅斯人、烏克蘭人和白俄羅斯人）、西斯拉夫（波蘭人、捷克人、斯洛伐克人），以及南斯拉夫（塞爾維亞人、保加利亞人、波士尼亞人、克羅埃西亞人、斯洛維尼亞人、蒙特內哥羅人、北馬其頓人）。

## 羅斯人與羅斯公國

俄羅斯、烏克蘭和白俄羅斯同屬東斯拉夫人的三大分支。俄羅斯人喜歡把俄羅斯、烏克蘭和白俄羅斯人都說成「（俄）羅斯民族的一部分」，由於「羅斯」就是「俄羅斯」*，當然言下之意就是「（俄）羅斯人才是老大哥」、「烏克蘭是（俄）羅斯的

一部分」。然而在歷史上，卻遠比這複雜。

「羅斯民族」（Rus people）最早得名於中世紀建立的以現在烏克蘭首都基輔（Kiev）為首都的「羅斯公國」（Grand Principality of Rus）†，即通常所說的「基輔羅斯」（Keivan Rus）。

羅斯公國是東斯拉夫人的第一個國家，但其王族「留里克王朝」君主卻不是東斯拉夫人，而是源自北歐的維京人。在維京人征服歐洲的時代，也攻占了東歐大草原。留在東歐的維京人就稱為瓦良格人（Varjager）。東歐大草原上遍布各部落，征戰不休。862年，瓦良格人留里克（Rurik，其祖先源自現在瑞典南部）在今聖彼得堡附近的舊拉多加（Staraja Ladoga）被東斯拉夫人推舉為保護人，繼而在附近征伐，建立了以「大諾夫哥羅德」（Veliky Novgorod）為中心的「諾夫哥羅德公國」，決心統一東斯拉夫人。879年，留里克去世，指定同樣是瓦良格人的奧列格（Oleg）為接班人。奧列格繼承了留里克的遺志，在882年攻占了基輔。隨後，他把首都遷到了基輔。在征服了大部分東斯拉夫民族後，奧列格在911年遠征拜占庭帝國。當時，拜占庭帝國，即東羅馬帝國，還是羅馬帝國的正宗（之一），很多周邊民族建

---

\* 「俄羅斯」（Russia）的發音類似「露西亞」或「羅西亞」，和「羅斯」是一個詞。中文多一個「俄」的原因，是這個俄語詞先音譯為蒙古語，蒙古發音中沒有R起首的字，故要多加一個原音在最前方便發音，於是就多了一個「O」的音。中國再根據蒙古發音翻為中文，就變成「俄羅斯」了。以後就是約定俗成。

† 羅斯公國嚴格而言應該翻譯為「羅斯大親王國」，拜占庭帝國給奧列格的封號是「大親王」（Grand Prince），而不是大公（Grand Duke）。在中文翻譯中，「大公國」有時指Principality，有時指Ducky，有時指Grand Principality或Grand Duchy，這是翻譯歷史上的混亂。

立的統治，需要皇帝的「冊封」以鞏固其合法性。拜占庭帝國給奧列格正式文書，把基輔政權正式冊封為「羅斯公國」。於是，奧列格就成為羅斯公國的第一個君主。

奧列格912年去世，把王位傳給了伊格爾（Igor），他相傳是留里克的兒子。自伊格爾之後，羅斯公國的王都是他的直系後人。自始，留里克王朝才真正以血統相傳。伊格爾和他的後人繼續四處征戰，不斷擴大版圖，成為歐洲東部大國。其中以第四個王弗拉基米爾一世（Vladimir the Great）最重要，他不僅繼續擴大羅斯公國的版圖，在東邊推進到烏拉山，還把基督教（東正教）引入羅斯，他在克森尼索受洗成為基督徒，隨後在基輔為其家人及人民施洗，把基督教定為羅斯公國的國教。自始，羅斯開始基督教化，直至今天。

值得指出兩點：第一，雖然留里克王朝君主都是維京人血統，但在歷史上這種「外來的王」模式非常常見。即便在羅斯公國之前的東歐，也有其他的「準國家」的王族是瓦良格人。羅斯公國的君主也迅速斯拉夫化。所以，其王族的維京血統並不影響羅斯公國為東斯拉夫人第一個統一國家的地位。

第二，我們常聽到的「基輔羅斯」，是俄國人在19世紀創造出來的名詞，用以區分歷史上的「羅斯公國」和當時的俄羅斯帝國。此前只有「羅斯公國」，沒有「基輔羅斯」。

羅斯公國是一個封建國，在羅斯大親王下，有一系列封國（親王國、大公國和公國等）。1097年，諸王公正式同意把國家的領土分為單獨的王公領地。基輔大親王從世襲變成各羅斯國家所爭奪的頭銜。各國雖然名義上都還聽命基輔大親王，但已從統

一國家變成諸侯割據的鬆散聯盟（如同神聖羅馬帝國）。

13世紀，蒙古帝國崛起。1236年，大汗窩闊台並令王子拔都進行第二次西征。蒙古軍翻過烏拉山，開始進攻歐洲。當時，羅斯公國的系列小公國都在互相攻伐中。蒙古大軍到達，諸羅斯國家無法抵擋。1240年，蒙古大軍攻陷基輔，象徵了羅斯公國的覆沒，羅斯大親王的頭銜也變成「羅斯親王」。蒙古繼續征服其他羅斯國家。1242年，拔都成立金帳汗國。絕大部分東斯拉夫人的王公都成為金帳汗國的附庸。而這也是東斯拉夫人分為三支的開始。

在諸羅斯土地上，依據蒙古人統治方式的不同，大致分為三部分。南方即今天烏克蘭國土中的南方黑海沿岸地帶被蒙古人直接統治，後來成為韃靼人的克里米亞汗國；北方的諾夫哥羅德是獨立國，但向金帳汗國交稅；兩者之間的系列王公國是烏克蘭的臣屬國，行間接統治，政治地位在烏克蘭地區和諾夫哥羅德之間。

這些間接統治的羅斯國家中，最強大的是一南一北兩個公國。東北部的是「弗拉基米爾—蘇茲達爾大公國」，它是後來莫斯科大公國的前身。由於東北羅斯是最早受蒙古征服的國家，又遠離歐洲，弗拉基米爾—蘇茲達爾大公國對蒙古的依附程度更深。

在西南部強大的是「加利西亞—沃里尼亞公國」，它也是在蒙古入侵前後最強大的羅斯國家。由於在西方，它更多接觸波蘭匈牙利立陶宛等國家。和弗拉基米爾—蘇茲達爾大公國一早被蒙古打服了不一樣，加利西亞對蒙古時而聯盟，時而服從，在蒙古

和歐洲國家中縱橫捭闔，很大程度上保持獨立地位，直到150年後被波蘭吞併。

在沒有被蒙古吞併的羅斯國家中，西北部的羅斯國家波拉次克公國和圖羅夫─平斯克公國等向立陶宛大公國求援，擊退蒙古之後，它們併入立陶宛，故自始至終免遭蒙古人的統治。

這些不同的羅斯人地區，大致上就是現在烏克蘭（小羅斯）、白俄羅斯和俄羅斯（大羅斯）的雛形。一開始就被立陶宛吞併的部分，沒有和蒙古人混血，所以膚色較白，後來發展為白俄羅斯民族。加利西亞─沃里尼亞後來大部分被波蘭和立陶宛奪得，最後發展為烏克蘭民族。臣屬蒙古的東北羅斯以及諾夫哥羅德以後就變成俄羅斯的主體。

## 俄羅斯的前身

俄羅斯的核心地帶是莫斯科。莫斯科大公國的前身是「弗拉基米爾─蘇茲達爾大公國」。978年，弗拉基米爾一世的兒子「智者雅羅斯拉夫」出生，被封為「羅斯托夫大公」。1097年羅斯諸國「分家」時，當時的羅斯托夫大公莫諾馬赫分得了佩列亞斯拉夫、斯摩棱斯克、羅斯托夫和諾夫哥羅德。此後，羅斯托夫大公把首都從羅斯托夫遷往蘇茲達爾，再遷往弗拉基米爾（這些城市都在莫斯科周邊）。「弗拉基米爾大公國」是羅斯諸國最強的國家之一。在金帳汗國下，「弗拉基米爾大公國」成為蒙古的附庸，但由於封建制度，還有附庸於自己的其他公國。1263年，弗拉基米爾大公亞歷山大‧涅夫斯基把莫斯科封給小兒子丹

尼爾·亞歷山德羅維奇，這是莫斯科公國的開端。13世紀末弗拉基米爾大公大權旁落，其附屬各公國紛紛爭奪「弗拉基米爾大公」的封號。最後，莫斯科大公擊敗了其他對手，世襲了這個稱號，也擴大自己的領土。此後，莫斯科大公成為金帳汗國間接管治諸羅斯公國的代理人，並獲得「全羅斯大公」的頭銜。1327年，東正教的都教主（Metropolita）彼得，從基輔遷往莫斯科。莫斯科因此取代基輔成為羅斯的宗教和文化中心。此後，莫斯科公國不斷擴張強大。

　　金帳汗國在15世紀初期衰落（在和帖木兒汗國的戰爭中重挫），開始分崩離析，其下一系列突厥—蒙古人汗國（韃靼人汗國）紛紛獨立。金帳汗國的殘存國家稱為「大帳汗國」（Great Horde），依然對莫斯科大公國有宗主權。到1470年代，莫斯科大公國不再向大帳汗國交稅，引發大帳汗國的進攻。在1480年的戰爭中，伊凡三世擊敗大帳汗國，擺脫了蒙古統治，莫斯科公國也正式獨立。此前的1478年，莫斯科大公國已征服了西北方的諾夫哥羅德。在獨立後，伊凡三世乘勝擴張，1485年滅掉長期的對手特維爾大公國，把大部分羅斯諸公國全部變為附庸。於是莫斯科公國正式獨立不久時，已擁有現在俄羅斯從俄烏北部邊界到北冰洋的俄國歐洲核心領土，成為東歐大國。16世紀初，大帳汗國也在莫斯科大公國、克里米亞汗國、鄂圖曼帝國、諾蓋汗國和其他韃靼人汗國的聯手進攻下滅亡。

　　此後，莫斯科大公國繼續不斷擴張，主要方向是東邊的喀山汗國（韃靼人汗國之一）和西邊的立陶宛大公國。1547年，伊凡四世正式加冕為「俄羅斯沙皇」。沙皇就是俄文中的「凱

撒」，伊凡四世以此為頭銜，目的是宣示自己是「第三羅馬」。
在「羅馬帝國」的譜系中，由於東西羅馬的分裂，出現兩條線：
羅馬帝國──東羅馬帝國（拜占庭）──沙皇俄國是一條線（鄂
圖曼帝國也認為自己是東羅馬帝國的繼承者，因為它滅亡了拜占
庭帝國）；羅馬帝國──西羅馬帝國──法蘭克帝國──神聖羅
馬帝國是另一條線。沙俄正是這樣把自己視為「羅馬帝國」的繼
承者，擁有征服其他地區，恢復羅馬榮光的「昭昭天命」。

## 烏克蘭的前身

　　羅斯公國的衰落期中，已經有一部分人向西部轉移。烏克蘭
的本意為「邊區」，那就是指羅斯公國西部的邊緣地區，原有更
偏西的加利西亞公國和偏東的沃里尼亞公國，統治者都是留里克
王族的後代。1198年，「偉大的羅曼」（Roman the Great，全名
Roman Mstislavich）把兩者合而為一，成為「加利西亞─沃里尼
亞公國」（Principality of Galicia–Volhynia）。由於羅斯西部和歐
洲接壤，於是加利西亞─沃里尼亞公國和波蘭、匈牙利等交往甚
多。1204年，羅曼在它們的幫助下攻陷基輔，成為羅斯國家中
最有力的諸侯。但隨後羅曼就陷入和波蘭和匈牙利的戰爭中。羅
曼的兒子「加利西亞的丹尼爾」（Prince Danylo of Halych）戰勝
了波蘭人和匈牙利人等敵人，復興了公國。1238年再次奪得基
輔。但這時已是蒙古入侵的前夕了。丹尼爾抵擋不住蒙古對基輔
的進攻，基輔陷落。蒙古攻入加利西亞，並進一步侵略波蘭和匈
牙利。丹尼爾不得不屈服，親自晉見拔都，表示臣服蒙古。

　　和其他羅斯國家相比，丹尼爾勢力猶存，解決了燃眉之急後，他又轉而和波蘭和匈牙利聯盟。他甚至獲得羅馬教皇英諾森四世（Innocentius PP. IV）的青睞，1253年被封為「羅斯國王」（King of Ruthenia，又稱「魯塞尼亞王國」），這是羅斯國家中第一個獲得冊封的「王」。丹尼爾於是再戰蒙古，不但光復了所有國土，還繼續向東進軍，無奈1260年蒙古再擊敗丹尼爾。丹尼爾再向蒙古稱臣。

　　雖然名義上加利西亞—沃里尼亞王國（「羅斯王國」）是蒙古的諸侯國，但保持極大的獨立地位，和當時東北羅斯那種被「間接統治」的地位不一樣。丹尼爾的兒子列夫（Lev）繼位後，把利沃夫（Lviv）定為首都，加利西亞—沃里尼亞轉而和蒙古結盟，與波蘭、匈牙利開戰，大大擴充了領土，達到歷史頂點。在列夫死後，加利西亞—沃里尼亞繼續成為「四戰之地」，它和波蘭、匈牙利、蒙古、立陶宛甚至條頓騎士團等輪流換著組合互相作戰。

　　14世紀下半葉，爆發了一系列戰爭，通稱「加利西亞—沃里尼亞」戰爭。1349年，波蘭占領了整個加利西亞—沃里尼亞王國，王國滅亡。其後戰爭再起，加利西亞—沃里尼亞再陷入爭奪之中。最終，波蘭和立陶宛達成協議（Ostrow Agreement，1392）瓜分了加利西亞—沃里尼亞的領土：波蘭取得西部的加利西亞（利沃夫），立陶宛取得東部的沃里尼亞（包括基輔）。

　　加利西亞—沃里尼亞王國或「魯塞尼亞王國」在烏克蘭歷史上扮演關鍵的角色。第一，在烏克蘭視線中，魯塞尼亞王國即「羅斯王國」，是「羅斯公國」的繼承者，統治者都是留里克王

朝的後代。第二，它接受了教皇的冊封，上層接受了成為天主教徒。第三，在這個過程中，烏克蘭人建立了自己的民族認同，和以莫斯科為中心的俄羅斯人區分開來。第四，這段歷史也成為烏克蘭人有別於羅斯公國的「獨立建國史」。

隨著金帳汗國的衰落，現在烏克蘭領土裡面非黑海沿岸的地帶大都被波蘭和立陶宛瓜分（沿岸地帶則建立了一系列的韃靼汗國）。1569年，波蘭和立陶宛通過「盧布林聯合」（The Union of Lublin），成立「波蘭─立陶宛邦聯國」（Polish–Lithuanian Commonwealth）。立陶宛原先的烏克蘭領土全部劃歸波蘭（這樣波蘭就擁有現在烏克蘭大部分的國土），立陶宛則還保有現在白俄羅斯的地區。這也是烏克蘭人和白俄羅斯人的歷史區別，白俄羅斯人一直被立陶宛統治，烏克蘭人更多被波蘭人統治。

## 哥薩克酋長國和五個條約

在波蘭的統治下，烏克蘭人的上層接受了天主教，但下層還是東正教。下層農民為了逃避農奴身分，出逃到第聶伯河（Dnieper River）中下游地帶獲得土地。當地還是韃靼人的領地。他們又組合起來對抗韃靼人。這些人大都驍勇善戰，自稱「哥薩克」（Cossack，自由民）。他們以第聶伯河下游的札波羅熱（Zaporizhzhia，現烏克蘭第六大城市）為中心，建立了自治共同體，有自己的要塞、議會和民選領袖（蓋特曼，Hetman）。他們雖然逃離了波蘭成為自由民，但還和波蘭國王保持政治聯繫。波蘭在1572年正式雇用300名哥薩克為「註冊哥薩克」

（registered Cossacks），由蓋特曼管理，算是波蘭的正式雇傭軍。

　　哥薩克和波蘭的關係既利用又衝突。一方面，波蘭不喜歡哥薩克鼓動烏克蘭農民逃離波蘭或在其策動下起義；另一方面，哥薩克人要求國王增加更多的註冊哥薩克名額（以獲得軍餉和特權）。這往往引發武力對抗。1648年發生赫梅爾尼茨基暴動（Bohdan Khmelnytsky），哥薩克攻下基輔，占領了現在烏克蘭的大片領土。哥薩克暴動受到了俄羅斯的支持。到了1649年，波蘭國王和哥薩克人簽訂「茲博羅夫條約」（Treaty of Zboriv），成立了「哥薩克酋長國」（Cossack Hetmanate），面積有32萬平方公里之大，基本包括了今天烏克蘭的主體部分，包括基輔。它名義上屬於波蘭國王，但波蘭不能駐軍，酋長國有高度自治權，包括行政、立法、司法、外交、稅收等。

　　這裡值得指出的是，在這個條約中，是「波蘭國王」而不是波蘭是哥薩克國的最終領導。於是哥薩克國和波蘭實際上是一種「共主邦聯」的結構。所以，雖然哥薩克國不是「完全的獨立國家」，但也保持很大的獨立權利。

　　然而，哥薩克局勢還未穩定，哥薩克酋長國再次成為四戰之地，波蘭、克里米亞汗國、俄國、鄂圖曼帝國、摩爾多瓦紛紛插手。哥薩克在尋求成為鄂圖曼帝國保護不得要領後，最後選擇與俄國同盟，赫梅爾尼茨基寫信給沙皇，表示希望得到同為東正教的俄國的幫助，願意接受俄國的領導。哥薩克和俄國在1654年簽訂了《佩列亞斯拉夫條約》（Treaty of Pereyaslav），哥薩克繼續享有自治地位，但宗主國變成俄羅斯。

　　波蘭當然不滿，於是一邊戰爭繼續，一邊試圖挽留哥薩克。

1658年，波蘭、立陶宛、哥薩克三方簽訂了《哈迪阿克條約》（Treaty of Hadiach），裡面提出一個大膽的草案，在烏克蘭人（包括哥薩克和魯塞尼亞）地區成立「烏克蘭大公國」（Grand Principality of Rus'），提升到和波蘭及立陶宛同等的地位，變成波蘭—立陶宛—烏克蘭三元邦聯國（Commonwealth of Three Nations），而且由哥薩克領袖出任這個大親王國的元首。然而，三方雖然簽訂了條約，卻最終廢棄了。其中，哥薩克人內部意見不一，俄羅斯也派兵加以阻撓。

再經過一連串戰爭，最後1667年，波蘭和俄羅斯簽訂了「安德魯索沃停戰條約」（Andrusovo Armistice），規定第聶伯河左岸（東邊）和基輔周邊（第聶伯河穿過基輔）屬於俄羅斯，右岸（西邊）屬於波蘭。這基本上就是波蘭和俄羅斯沿著第聶伯河隔江而治。1686年，雙方再簽訂「永久性和平條約」，波蘭把札波羅熱割讓給俄羅斯。

這五個條約在烏克蘭歷史上有重要意義。

在第一個條約中成立了哥薩克酋長國，這是烏克蘭歷史上第三個國家，儘管它並非完全獨立。但可以補上從「羅斯王國」到一戰後烏克蘭再次獨立的空缺鏈條。

第二個條約中，哥薩克把自己的宗主從波蘭轉給了俄羅斯，這是俄羅斯和烏克蘭歷史上非常重要的事件。對俄羅斯而言，烏克蘭是「羅斯公國」的一部分，俄羅斯要「統一羅斯國家」望眼欲穿，這是一個送上門的好機會，實現了「羅斯的重新統一」，當時沙皇阿列克謝（Aleksei）就用「全羅斯君主；大羅斯和小羅斯」（The Sovereign of All Rus': the Great and the Little）的頭銜

簽署條約。幾個月後，俄國又從立陶宛手裡搶得白俄羅斯的波洛茨克（Polotsk），這次他的簽名改為「全羅斯君主；大羅斯、小羅斯和白俄羅斯」（The Sovereign of All Rus': the Great, the Little and the White）。然而，波洛茨克隨即又被波蘭─立陶宛奪回，他空歡喜了一場。

對烏克蘭而言。哥薩克當時的想法是權宜之計，赫梅爾尼茨基認為這不過是「短暫的聯盟」。這種做法在短期內或許無可厚非，然而這變成了烏克蘭被俄羅斯吞併的好機會。

所謂「小羅斯」正是在這種情況下被套在烏克蘭人頭上，這明顯是俄羅斯人對烏克蘭人的矮化。更重要的是，波蘭對「自治」的容忍度，遠比俄羅斯高。不出幾年，俄羅斯就逐步剝奪了哥薩克的自治權。一開始，條約大概只算宗主國和藩屬國的關係，但到了1663年，俄羅斯設立「小羅斯廳」，專門處理哥薩克事務，把哥薩克矮化為內政。哥薩克人對內政被逐步取消非常焦慮。

到了18世紀，彼得大帝和瑞典進行大北方戰爭，徵集大批哥薩克人上前線，又以戰爭為名強行取消了哥薩克的自治。於是哥薩克人蓋特曼馬澤帕（Ivan Mazepa）「勾結外國勢力」，秘密和瑞典結盟，被俄羅斯發現。彼得大帝隨即派兵進駐「血洗」烏克蘭，宣布馬澤帕為叛徒。此後取消了哥薩克的自治權，還大規模向烏克蘭移民，組成了「小羅斯委員會」，大規模「俄化」烏克蘭。把烏克蘭語言貶為「鄉巴佬」語言，禁止烏克蘭文書籍和教科書，強制烏克蘭人拋棄自己的母語和文化傳統。

第二個條約引發的悲劇，不能不讓人感到第三個條約被廢棄

的遺憾。如果這個條約能實現，那麼歷史很可能就會改寫。

　　第二個條約引發的悲劇，同時讓烏克蘭人對第四和第五個條約感到欣慰，它們讓烏克蘭的西部依然處於波蘭手中，這也是今天以第聶伯河為界，烏克蘭東部和西部差異的主要來源。西部烏克蘭人信天主教，以烏克蘭語為母語，東部烏克蘭人信東正教，以俄語為母語，俄羅斯人也更多。現實也證明，在波蘭的統治下，烏克蘭雖然是「被統治民族」，但能保持更大的民族自主性。以後，烏克蘭西部人繼續成為策動烏克蘭民族主義的主力軍。雖然後來烏西地區還是被俄國兼併了，但好歹已經是再過一百年的事了。

## 俄羅斯的擴張

　　在莫斯科大公國獨立之初，主要有三個敵人，西北邊的瑞典、西邊的立陶宛和波蘭、東邊的羅斯諸國和韃靼諸國。莫斯科大公國的擴張方向先向東邊。在伊凡四世（伊凡雷帝）宣布成為沙皇的時候，沙俄已經統一了所有的東北羅斯國（即俄羅斯本部）。伊凡雷帝和繼承人遂向韃靼諸國擴張。對西伯利亞汗國的征服，讓俄國欣然發現遠東的通道。俄國接下來的半世紀的擴張成績，主要都在遠東。17世紀，俄國開始把注意力放在西邊，但無論挑戰瑞典還是波蘭—立陶宛都遇到挫折。直到1660年代在俄波戰爭中才獲得烏克蘭東部（如前所述）。

　　接下來的重要擴張戰爭就是彼得大帝的擴張。他的主要成就有兩個。第一在1700年從鄂圖曼帝國手中獲得亞速爾

（Azov），獲得亞速海的出海口。第二在1721年的大北方戰爭中戰勝瑞典，獲得波羅的海的出海口（聖彼得堡地區、愛沙尼亞、拉脫維亞，以及芬蘭的卡雷利亞），聖彼得堡就是為了宣揚自己的勝利而建立的。因此，彼得大帝時期獲得兩個出海口，讓俄國與歐洲關係更緊密，俄國變成「歐洲國家」。

　　再下一波大擴張就是凱薩琳二世時期。這個來自德國的公主發動了七次戰爭。1771年，滅掉了伏爾加河下游的韃靼國家的卡爾梅克汗國。*18世紀末，俄國和普魯士及奧地利三次瓜分波蘭—立陶宛聯邦，完全滅亡了這個歐洲大國。俄國就此把整個白俄羅斯和絕大部分的烏克蘭（除了加利西亞被奧地利割走），實現了「民族完全統一」。大約同時，俄國三次與鄂圖曼開戰，不但滅掉了當時為鄂圖曼帝國附庸的克里米亞汗國，還奪得了黑海北岸的所有地區。

　　在拿破崙戰爭中，法國在普魯士獲得的波蘭土地上重建了波蘭大公國，但戰勝拿破崙後，俄國、普魯士、奧地利第四次瓜分波蘭，俄國又是大贏家，分得了原屬於普魯士波蘭的東部，包括華沙。俄國同時從瑞典手上獲得芬蘭。在土耳其手上獲得摩爾多瓦（今天的摩爾多瓦共和國）。

　　此後俄國注意力放在了高加索。俄國在18世紀前半葉發動兩次俄波戰爭，獲得了高加索地區（今天的喬治亞、亞塞拜然和亞美尼亞）。克里米亞戰爭被英法聯軍擊敗之後，俄國把目光

---

* 其民族土爾扈特人是衛拉特蒙古四部之一部，在戰爭後「回遷」到清朝控制的新疆。

放在遠東和中亞。在遠東，1858和1860年，俄國從清朝手中獲得外滿洲地區。1875年獲得庫頁島。在中亞，1863年，俄國完全吞併哈薩克，然後繼續南下，在1893年吞併整個「西突厥斯坦」。

於是，在1905年之前，俄國土地達到最大值，直到日俄戰爭俄國的擴張才受到挫敗。此外，1799年，俄國越過白令海峽，在北美建立阿拉斯加殖民地，但又在1867年賣給美國。這恐怕是俄國唯一一次「吐出」土地。

## 俄羅斯的同化政策和烏克蘭民族意識的崛起

俄羅斯號稱自己是一個「多元化帝國」，實際上卻大肆推行俄化政策，在烏克蘭更是如此。對烏克蘭而言，俄國更加覺得「同化」是應該的，因為「他們本來都是俄羅斯人」。於是在文化「抹平」上，俄國對烏克蘭更加粗暴。

彼得大帝廢除了哥薩克的自治。到了凱薩琳二世，吞併了幾乎整個烏克蘭，更大刀闊斧地改造烏克蘭。1781年，在烏東哥薩克廢除了蓋特曼，劃分三個總督區。基輔、切爾尼戈夫（Chernihiv）、諾夫哥羅德—謝韋爾斯基（Novgorod-Siverskyi），由俄國派駐總督直轄。在烏西也分為三個行省：基輔、沃里尼亞、波多利亞。於是烏克蘭所有地區都和俄國主體一視同仁。無論烏克蘭貴族還是烏克蘭平民，都沒有少數民族優惠的政策。哥薩克雖然還服役，但再也不效忠蓋特曼，而直接效忠沙皇。烏克蘭哥薩克農民也失去了「自由人」的身分，變成了和

俄羅斯農民無異的「農奴」，失去了自由遷徙權。在宗教上，烏克蘭的傳統不論任何出身都可以成為教士，但俄國規定要按俄國傳統，教士只能世代相傳，教士家庭出身才能做教士，而且必須到俄羅斯的神學院，以俄語教育，俄語傳教。烏克蘭教會被廢除，改由「俄羅斯東正教會」管轄。教產世俗化，由中央政府控制，修道院和教士的多少也由政府說了算。總之，烏克蘭人的政治、經濟、文化、宗教、習俗、社會機構、價值觀念等領域的獨特性，被一概抹煞，粗暴地把烏克蘭人變成「小羅斯人」。

在烏克蘭大部分都被俄國占領時，還留下一個「尾巴」，就是加利西亞，即「西烏克蘭」。在三國瓜分波蘭過程中，加利西亞被奧地利獲得。後來奧地利變為奧匈帝國，「西烏克蘭」大部分屬於奧地利，小部分屬於匈牙利。加利西亞以前就是烏克蘭人的「正宗」，現在又留在外國。奧地利和奧匈帝國，都是真正的「多元化帝國」。在帝國中，沒有一個民族的人口超過1/4，即便日耳曼人和匈牙利人掌握最高權力，但對其他民族沒有壓倒性優勢。奧匈帝國有六成人口都是「跨境民族」，和「母國」有千絲萬縷的聯繫。在19世紀中期的民族運動中，各民族都爭取自治或獨立。奧匈帝國要搞「同化」，根本搞不下去，有心也無力。於是奧匈帝國採用的是「分化」政策。簡單而言，首先，就是拉一派打一派，適時地給一些民族某些優惠政策，保持各民族之間的平衡。其次，奧匈帝國發明了交叉治理，即用一個少數民族的官員管另一個少數民族的人，互相制約。最後，把同一個民族聚居區域分割到不同行政區（比如西烏克蘭就被分割在奧地利和匈牙利兩處）。這樣，奧匈帝國即便在各少數民族民族主義運動

中，也能保持國家不分裂。

　　對「西烏克蘭」人而言，這種寬鬆的民族政策讓烏克蘭民族主義得以發展。

　　從波蘭統治時代開始，在波蘭統治下的羅斯人（烏克蘭人）就開始關心自己的認同。最初有兩派，一派波蘭派（polonophiles）是「波蘭的羅斯人」（gente Rutheni, natione Poloni），認為自己是「波蘭人的分支」，烏克蘭語是波蘭的方言。一派是「俄羅斯忠誠派」（Rus'Patriots），認為自己是東斯拉夫人，與俄羅斯帝國關係更密切。

　　在奧地利、奧匈帝國統治下，波蘭派沒有了市場，但「俄羅斯忠誠派」又出現了分裂。1848年，在發生歐洲民族主義浪潮最標誌性的大革命之後，出現了三個派別：「舊俄派」（Old Ruthenian）、「俄派」（Russophile）和「烏克蘭派」（Ukrainophile）。

　　「舊俄派」基本是「俄羅斯忠誠派」的延續，以俄羅斯帝國為忠誠，但他們的目光是窄小的，只放在「加利西亞屬於俄國」上。[5]

　　「俄派」是「舊俄派」的升級版本，是「大俄羅斯主義」的支持者。他們熱情擁抱「大羅斯、小羅斯、白俄羅斯」的概念，主張所有使用「東斯拉夫語」的地區全部使用統一的俄語，把使用俄語地區全部統一在沙俄政權之下，建立「大俄羅斯民族國家」，從喀爾巴阡山到太平洋。

　　「烏克蘭派」則認為統一的「俄羅斯民族」只是一個想像。他們認為奧匈帝國的東斯拉夫人已經形成了單獨的「烏克蘭

族」，烏克蘭人的國家應該從喀爾巴阡山到高加索山脈（大致上就是現在的烏克蘭地區）。

俄派認同俄國的歷史建構敘事：基輔—弗拉德米亞—莫斯科—聖彼得堡的歷史框架，加利西亞是「俄羅斯土地」，只不過被波蘭和奧地利占領而中斷，它最終應該回到「大俄羅斯帝國」的統一中。

烏克蘭派則完全相反，認同新的歷史敘事：基輔—加利西亞—哥薩克。「奧占西烏克蘭」和「俄占哥薩克」最終都應該成為「大烏克蘭國」的組成部分。

所謂「名正言順」，語言和名詞是影響認同的最重要成分。「烏克蘭」和「小羅斯」之爭也貫穿了這幾派的鬥爭中。

「小羅斯」這個詞（Rus Minor，malorussia，little Russia等）最早出現在14世紀。當時就是指加利西亞—沃里尼亞王國或「魯塞尼亞王國」一帶的地理名詞，即遠離基輔中心一帶的地方。在歐洲表述習慣中的「大」和「小」，通常有「大」比「小」更正宗，更重要的暗示。以當時加利西亞而言，也確實比基輔要偏遠。但後來，莫斯科大公國「占用」了「大羅斯」（Great Rus）這個詞，於是從「小羅斯」正式用在哥薩克地區起，矮化烏克蘭人的含義就相當明顯。「俄派」不但不認為有什麼不妥，還以此去強化自己和俄羅斯聯繫的論述。

相反，「烏克蘭派」則推廣用「烏克蘭」一詞取代「小羅斯」，以便明確「烏克蘭不是俄羅斯」。於是在烏克蘭民族主義建構的推動下，「烏克蘭」逐漸取代了「小羅斯」。

對奧匈帝國而言，「烏克蘭派」遠比「俄派」容易接受得

多。因為「俄派」鼓吹的「加入大俄羅斯」對奧匈帝國是現實威脅。而「烏克蘭派」的建立烏克蘭國家，還只是一種理論和倡議，也和其他地區的民族主義訴求沒有太大不同。僅可在奧匈帝國的民族多元化政策中加以安撫。

在俄國統治下的烏克蘭民族主義者，也把西烏克蘭當作避難所。這進一步加強「烏克蘭派」的力量。於是，「烏克蘭派」壓倒「俄派」和「舊俄派」，成為西烏克蘭的主流論述。西烏克蘭就成為烏克蘭民族主義的發源地。烏克蘭學者格魯舍夫斯基（Mykhailo Hrushevsky）出版了一系列烏克蘭歷史、語言、文化、文學著作，特別是1898年開始出版的用烏克蘭語寫成的十卷本《烏克蘭歷史》（History of Ukraine-Rus)，奠定了烏克蘭民族主義的理論基礎。

# 烏克蘭人民共和國

一戰期間，德國和奧匈帝國在東線和俄國作戰，為了對付俄羅斯，更積極支持烏克蘭民族主義。德國支持烏克蘭獨立，在「現實政治」中可以削弱俄國。事實上，德國也支持俄國的共產主義革命，以便「搞亂俄國」。列寧就長期受德國資助，與德國最高指揮部有合作。1917年俄國二月革命爆發，列寧迅速回國，就是在德國安排下取道德國走的。[6]敵國支持對手的「反對派」以削弱對手，這一招並不令人意外。俄國在1905年發生了大革命，也是德國對手中最脆弱的一個，俄國人的革命也得到德國社會的支持。但當時在國外這麼多革命家，德國最支持列寧的

一個重要原因，是列寧既狂熱反戰（他號召革命者滲透到軍隊，煽動軍人反叛，讓政府打敗仗），也支持烏克蘭獨立，非常符合德國的需要。於是有人認為列寧實際是德國的「間諜」，這大有可以爭議的空間。

　　無論如何，到了1917年俄國爆發二月革命時，這正是烏克蘭民族主義者的好時機。1917年3月，烏克蘭人在基輔成立了「達拉」（議會）。1918年1月領袖西蒙・彼得留拉（Symon Petliura）宣布獨立，成立「烏克蘭人民共和國」（Ukrainian People's Republic）。這時，烏克蘭境內哈爾科夫（Kharkiv）還有「烏克蘭蘇維埃共和國」，借助蘇俄勢力攻打「烏克蘭人民共和國」，稱為「蘇烏戰爭」。

　　「烏克蘭人民共和國」不敵，請德國派兵相助。2月，德奧聯軍攻入烏克蘭，占領全境。3月，德奧和蘇俄簽訂《布列斯特—立陶夫斯克條約》，規定「烏克蘭人民共和國」獨立，「烏克蘭蘇維埃共和國」也退出烏克蘭。

　　可是德國占領軍在4月卻下令「烏克蘭人民共和國」解散，另外扶植一個代表地主階級的保守派政權「烏克蘭國」。11月，德國和奧匈帝國戰敗，德國軍隊退出烏克蘭。「烏克蘭人民共和國」又死灰復燃，反推翻「烏克蘭國」。這時在奧匈帝國解體，境內的「西烏克蘭」也成立了「西烏克蘭人民共和國」，並宣布和「烏克蘭人民共和國」合併。

　　但這時蘇維埃也反攻了。列寧宣布《布列斯特—立陶夫斯克條約》無效。原先的「烏克蘭蘇維埃共和國」在11月被解散，由蘇俄軍隊直接攻入哈爾科夫，成立了新的蘇維埃政權（第二

蘇維埃）。但這個政權以俄羅斯人為主，實行俄羅斯優先的民族政策，受到很大反抗。列寧決定解散第二蘇維埃。在1919年12月，烏克蘭共產黨建起了第三個蘇維埃政權「烏克蘭蘇維埃社會主義共和國」。第三蘇維埃的作戰對象是得到「烏克蘭人民共和國」。有蘇俄的支持，第三蘇維埃很快把「烏克蘭人民共和國」打成「流亡政權」。後者不得不請求波蘭的援助。於是兩個烏克蘭國家的作戰，實際也是波蘇戰爭的一部分。

比較混亂的是，在「西烏克蘭」的烏克蘭人此前已建立「西烏克蘭人民共和國」，但新宣布獨立的波蘭認為「西烏克蘭」屬於波蘭。於是從1918年11月到1919年6月，波蘭和西烏克蘭先打了一場「波烏戰爭」。波蘭最終占領了西烏克蘭全境。這場戰爭導致一萬波蘭人和一萬五千烏克蘭人死亡。最後，《凡爾賽條約》規定，波蘭擁有西烏克蘭，但西烏克蘭有自治省的地位。這場戰爭埋下了西烏克蘭人對波蘭的敵視。

儘管如此，「烏克蘭人民共和國」的領袖彼得留拉還不得不尋求波蘭支持。好在，波蘭也對烏克蘭沒有進一步的野心，波蘭領袖畢蘇斯基還認為「沒有獨立的烏克蘭，就沒有獨立的波蘭」，主張成立一個「海間聯盟」，由獨立的波蘭、立陶宛、烏克蘭和其他新獨立的中東歐國家組成，對抗俄國的擴張。但西烏克蘭就不用想了。彼得留拉以承認西烏克蘭屬於波蘭，換取波蘭支持烏克蘭獨立，並商定以茲布魯奇河為兩國邊界。為此他還被很多烏克蘭人抨擊。

烏克蘭戰場是波蘇戰爭的重要戰場。彼得留拉組建3萬多人的軍隊與波蘭軍隊參戰。1920年5月，波烏聯軍已進占基輔，但

由於補給不足，6 月又被迫退出。蘇俄發動反攻，不但把波烏聯軍趕出烏克蘭，反而圍困了西烏克蘭的利沃夫。

在其他戰場波蘭也被蘇俄反攻之下節節敗退。決定性的戰場在華沙之戰，波蘭奇蹟取得勝利，開始全線反攻。烏克蘭戰場也解了利沃夫之圍，彼得留拉重新攻入烏克蘭本土。然而，這時波蘭因損失不小，不願再打。波蘭和蘇俄、烏克蘭第三蘇維埃三方拋開「烏克蘭人民共和國」談判。1921 年 3 月 18 日，簽訂《里加條約》。於是烏克蘭蘇維埃就占領了烏克蘭。

很多人抨擊畢蘇斯基同意的《里加條約》是一個差勁的條約。其中一個抨擊點，就是完全沒有考慮盟友「烏克蘭人民共和國」的利益，更直接違反了當初雙方簽約合作時規定不單獨與對手和談的條款。這是烏克蘭人對波蘭的第二個憤恨。

# 蘇聯統治下的烏克蘭大饑荒

無論如何，一戰結束後，經過波蘇戰爭，波蘭和俄羅斯瓜分了烏克蘭的土地。西部成為波蘭的一部分，東部則以「烏克蘭蘇維埃社會主義加盟共和國」的身分，加入列寧主導的「蘇維埃社會主義共和國聯盟」（即蘇聯），烏克蘭是最早加入《蘇聯成立條約》的四個共和國之一（其他三個是俄羅斯、白俄羅斯、外高加索聯邦，即後來的喬治亞、亞塞拜然和亞美尼亞）。後來，烏克蘭還和白俄羅斯在聯合國成立時獲得獨立的會員資格。

在尊重民族平等上，列寧是一位富有遠見的領袖。除了堅持烏克蘭等民族以平等身分加入蘇聯之外，他還反對大俄羅斯主

義，推行「扎根政策」（Korenizatsiya），主張各民族都有權利發展自己的文化，強化非俄羅斯語言和文化，批判大俄羅斯沙文主義。於是在列寧時代，烏克蘭迎來文化復興，烏克蘭語重新成為烏克蘭官方語言，所有在烏克蘭的兒童都必須學習烏克蘭語，包括俄羅斯裔兒童。烏克蘭書籍得以印刷，文學開始流行，文化藝術都得以恢復。

然而好景不長，列寧死的太早，史達林雖然是個「民族學家」，卻奉行相反的理念。於是到了1930年代，先是停止執行「扎根政策」，然後進一步反轉推行「俄化政策」（russification）。轉眼之間，媒體開始大讚俄語和俄羅斯文化及俄羅斯歷史，歌頌俄羅斯英雄（儘管他可能是其他民族的噩夢），宣揚俄羅斯是各民族的「老大哥」，俄語又成為所有學校的必修課，批判不支持俄化政策的人是「人民的敵人」。這樣反反覆覆，進一步加深了烏克蘭人的怨恨。

30年代還進行大清洗，烏克蘭是重災區，大批烏克蘭幹部和知識分子被監禁、槍決，大批農民被流放到西伯利亞。

當然，對烏克蘭人而言最慘烈的還是30年代初期的「烏克蘭大饑荒」。現在大家都知道，從匈牙利穿過烏克蘭綿延到俄羅斯，有世界最大的黑土帶，是種植作物的最佳地區。烏克蘭是個天然的大糧倉，可是烏克蘭居然會發生大饑荒。

蘇聯當年要用最快速度，從一個「落後的農業國」變成「發達的工業國」，所以從1928年開始就實行激進的大規模工業化建設。雖然確實取得很大成績，但是靠農業的犧牲得來的。一方面，為了籌集資金，蘇聯一方面低價大量收購糧食，一方面向國

際市場大量出口糧食，一方面還推行農業集體化。農業集體化的低效造成糧食產量下降，但中央還是按照高指標收購烏克蘭糧食供出口，不能按指標交就沒收糧食。手段非常極端：誇大田產量，強迫集體農莊多交糧食；任何把農產品據為己有者都是「盜竊集體農莊財物」可判死刑；把所有生產資料收歸公有，禁止農產品異地買賣；派出搜糧隊，沒收農民餘糧、種子；對消極抵抗者，劃為「富農」，然後全家流放到西伯利亞。

最後，留在農民手裡的糧食根本不夠，於是1932與33年爆發史無前例的大饑荒，死亡人口高達300萬至350萬（有人還認為高達750萬）。發生「人相食」的慘案，有2500多人因吃人而被定罪。

這場人間慘劇肯定是人禍而不是天災。目前的爭議點是，這是不是史達林故意製造饑荒，屠殺「不聽話」的烏克蘭人，打壓烏克蘭人的獨立願望？贊成方的主要根據是，史達林在饑荒發生時，還繼續出口糧食而沒有提供援助；出台一系列法規阻止農民外逃求生；徵購糧食不但非常嚴格，還俄烏有別，俄羅斯農民還盛行不可動用的糧食儲備，烏克蘭農民就不允許留下。對於這些指責，俄方堅決反對，說類似的問題在其他地區也發生，只是「經濟改革的失誤」。

在烏克蘭獨立後，此事成為高度敏感的政治問題。2002年，烏克蘭總統庫奇馬把每年11月22日訂為「饑荒紀念日」。2006年，烏克蘭通過立法，認定這是針對烏克蘭民族的「種族滅絕」行為。2010年基輔上訴法院認定，這是史達林「親自策劃」的大饑荒。美國和至少20個國家近年也認定，這是「種族

滅絕」。

　　無論是不是「故意製造饑荒」？是不是「種族滅絕」？烏克蘭大饑荒在烏克蘭人民心中留下幾代人都無法釋懷的悲憤。民族主義者再伺機而動就毫不奇怪了。

## 二戰期間的獨立運動

　　二戰爆發後，蘇聯和納粹德國迅速第五次瓜分了波蘭。蘇聯攻占包括西烏克蘭在內的波蘭東部大片土地，和德國「會師」。史達林在當地搞「公投」，贊成加入蘇聯（是不是有點眼熟？）。蘇聯還吞併了波羅的海三國。這件事對烏克蘭來說並非壞事，因為搶過西烏克蘭之後，蘇聯把它併入烏克蘭中，烏克蘭在經歷幾百年之後又成為一體。

　　到了德國進攻蘇聯，在德國控制地區最大時，整個烏克蘭都在德國的控制中。烏克蘭民族又一次面臨轉折機會，獨立運動應運而生。當時，烏克蘭獨立組織都在西烏克蘭，當時分兩派，以班傑拉（Stepan Bandera）為首的激進派占了上風。他們於1941年6月30日在利維夫發表了《烏克蘭國獨立宣言》，這是烏克蘭近代第二次獨立運動。班傑拉和納粹德國非常複雜，有關班傑拉的爭議很多，而且和這次烏克蘭戰爭的另一個爭議「烏克蘭被納粹化」直接相關。因此，筆者將另外詳細討論。

　　二戰之後，蘇聯固化了對波蘭土地的占領（讓波蘭從德國土地中補償），還把捷克和羅馬尼亞的烏克蘭人零散土地都要過來，整合在烏克蘭。烏克蘭新增加的面積約15萬平方公里。赫

魯雪夫時代的1954年，為紀念俄羅斯烏克蘭合併300週年，赫魯雪夫領導的最高蘇維埃主席團下令把克里米亞劃給烏克蘭。至此形成了1991年蘇聯解體時的疆界，也就是現在烏克蘭的法定疆界。

## 戰後蘇聯和蘇聯解體

　　戰後，烏克蘭作為蘇聯的重要組成部分。無論從人口、從經濟規模、從經濟門類重要性、從駐軍，烏克蘭都是蘇聯的實力排名的「老二」。它包辦了大部分農業生產和國防工業，有重要的軍事基地，還有核武（在蘇聯解體後，烏克蘭核武世界第三）。蘇聯的軍工產業、特種鋼材，洲際飛彈及其配件生產維護等都來自烏克蘭。烏克蘭還是重要的造船基地，中國買的「瓦良格」號航母半成品，就是從烏克蘭船廠裡生產到一半。烏克蘭的克里米亞是黑海艦隊的基地。在國際政治上，蘇聯在聯合國有三席（蘇聯、烏克蘭、白俄羅斯），烏克蘭以「獨立國家」的身分，占有一個聯合國會員資格。烏克蘭對蘇聯是言聽計從（蘇聯這樣做是為了在聯合國中獲得更多的票數），但有會員資格就有身分的優勢。

　　看起來，烏克蘭的發展不錯，至少不比其他加盟共和國差很多。然而，兩件事令烏克蘭人再心生怨恨。

　　第一，車諾比核電站事故。

　　1986年的車諾比核電站事故，是歷史上最嚴重的核電事故，是首例被國際核事件分級表列為最高第七級的特大事故。事

故不是天災，純粹人為意外：4月26日凌晨一點半，反應爐進行緊急停機後的後備供電測試時，因操作人員的操作不當，最終使功率急遽增加，導致蒸汽爆炸，撕裂4號反應爐頂部，反應堆爐心直接暴露在大氣中，釋出大量放射性微粒。燃燒的石墨減速劑加速了放射性粒子的洩漏，粒子隨風而飛，跨域國界。該事故共有1700多噸石墨爆炸，總洩漏放射量是日本原爆「小男孩」的400多倍，累積各種原因致死9萬多人，車諾比變成空城。

事件反映了操作人員培訓不足，安全措施不夠，反應堆設計也落後（只有一層防護層），應變預案也缺乏。然而，最關鍵的是制度性問題，政府欺上瞞下的系統性地隱瞞事件。

爆炸發生後，當時已在附近測出了致命量數百倍的核輻射，而且輻射值還在不斷升高，但專家還說是測量輻射的機器故障。莫斯科的核專家和蘇聯領導人最初得到的訊息只是「反應堆發生火災，但並沒有爆炸」。「幸虧」中央高層還感到不妥，事故後當天晚上8時，莫斯科派遣部分特別委員會成員先行到達現場，才知道事件的嚴重性。於是在爆炸後18小時後，才決定必須緊急疏散電站旁普里皮亞季市的居民。但到了第二天上午才通知全市居民每人有2小時準備時間要離去。在事故發生後34小時，才開始用1000輛大客車疏散約3萬5千名居民撤離，撤完已經是事發38小時了。部分人在撤離前就已經吸收了致命量的輻射。而且，居民並沒有被告知事情的全部真相。

蘇聯還對外封鎖消息，4月28日才通過塔斯社用極少文字報告發生災難，基本沒人注意。新聞上還是一片好消息。在西方國家開始撤走派駐在距離車諾比不遠的基輔的人員時，基輔居民如

常大張旗鼓地慶祝五一節，走上街頭歡度節日。到了5月6日，真理報才有較詳細的報導。這比居民從外國新聞獲知真相還要晚。在這段長日子裡，人們既沒有被告知消息，也沒有被告訴要採取預防措施，以致附近居民在毫無防範下被長時間輻射。

第一時間到場滅火的消防人員都不知道反應堆爆炸，以為是普通火災。他們也沒有使用專業防備用品。空城後七個月，蘇聯動員了50萬人清理區域，負責清理高污染高輻射的石墨，直接從反應堆裡把石墨搬出來。清理完畢死了兩萬人，20萬人變成殘廢。

低層隱瞞高層，高層隱瞞人民。受害最大的就是烏克蘭人。

第二，繼續推行俄羅斯化。

在赫魯雪夫時代，烏克蘭的俄羅斯化運動雖然沒有以前激進，但俄語和俄國文化優先的局面依然持續。現在有很多烏克蘭人以俄語為母語，都是當年俄語化運動，被迫接受俄語教育的結果。布里茲涅夫時代對烏克蘭知識分子的迫害重新嚴重。在60年代，一批烏克蘭知識分子呼籲減少對烏克蘭文化藝術的限制和摧殘，很多人因言論被長期關押甚至致死。在蘇聯解體前夕，全國政治犯中烏克蘭人占多數。

在現實生活中，最大的問題就是俄羅斯人湧入烏克蘭境內。特別是在頓巴斯地區，隨著頓巴斯採礦業的增長，大批俄羅斯人湧到頓巴斯工作生活。在超大型的大國企（如煤礦、鋼鐵廠等）更是如此。俄羅斯人的湧入，不但奪走當地人的工作機會，讓當地人無法分享本土的「天賦」礦藏資源，更改變了當地民族的比例。現在烏克蘭東部俄羅斯裔眾多，就是20世紀以來俄羅斯人

湧入的結果。一開始,以為那些只是「候鳥」,結果越來越多,變成「鵲巢鳩占」。俄羅斯人「稀釋」和「替換」了烏克蘭人,不但邊緣化本土烏克蘭文化,更造成潛在的分離主義傾向,也為現在俄羅斯干預烏克蘭找到內應和藉口。現在頓巴斯分離主義,就是其惡果。早在蘇聯時期,烏克蘭人已經注意到這個問題,但中央置之不理,甚至刻意為之。

就這樣,到了蘇聯要解體的時候,烏克蘭是最積極的一個。從1989年蘇東波事件到1991年蘇聯正式解體,烏克蘭境內的大大小小的罷工、遊行、學生運動、民族主義活動就沒停過。1989年3月「魯赫」(RUKH,烏克蘭人民爭取改革運動)成立,鼎盛時有28萬會員,推動烏克蘭主權獨立、烏克蘭語言和文化發展、政治經濟社會民主化。1991年819政變之後,烏克蘭最高蘇維埃在8月24日就通過《烏克蘭獨立宣言》,宣布要公投決定是否獨立。這在較大的加盟共和國中是第一個(只有波羅的海三國和喬治亞更早)。

在蘇聯解體進程中,最關鍵是三個「羅斯國家」。1991年12月8日,三國領導人在白俄羅斯布列斯特北方森林,簽訂《別洛韋日協議》,宣布三國一起退出蘇聯,另組「獨立國家國協」。蘇聯名存實亡。12月26日正式解體。

## 總結

從以上的梳理和分析中,我們可以得到幾個結論。

首先,基輔羅斯是東斯拉夫人即羅斯人,包括俄羅斯、烏

克蘭和白俄羅斯人的共同源頭。然而，這不能被普丁利用「羅斯」即「俄羅斯」去混淆視聽。不錯，烏克蘭是「羅斯」的一個分支，或者說是「東斯拉夫」的一個分支，但不是「俄羅斯」的一個分支，不是「俄羅斯」的一部分。換言之，「羅斯」不等於「俄羅斯」。在羅斯公國被蒙古征服後，由於三個人群的獨立經歷，東斯拉夫人已演變為三個民族，而不再是一個民族。從避免混淆的意義上說，「東斯拉夫」作為三個民族的通稱，更方便避免混淆。

　　第二，烏克蘭不是沒有自己的歷史敘述，基輔羅斯—加利西亞—立陶宛／波蘭統治—哥薩克國—俄治／奧治—烏克蘭人民共和國—烏克蘭蘇維埃社會主義共和國—蘇聯加盟共和國—獨立的烏克蘭，構成了烏克蘭歷史的正統。

　　第三，俄國對烏克蘭的歷史敘事，直接跳過了加利西亞這一步。比如在普丁的論述中，基輔羅斯被蒙古攻陷之後，「小羅斯」的歷史，就直接跳到「立陶宛統治」的階段。這完全不符合歷史事實。加利西亞在烏克蘭歷史中非常重要。一、加利西亞是留里克的王族，有延續基輔羅斯的正當性。二、在抵抗蒙古侵略時，加利西亞是所有羅斯國家中抵抗最堅決的一個，而且在基輔保衛戰時，加利西亞正是基輔的控制者。三、加利西亞被教皇授予「羅斯王國」的頭銜，說明是教皇承認的羅斯正宗。四、雖然它是蒙古諸侯國，但保持了相當大程度的獨立。在蒙古和平下，它反而在列夫的統治下，達到歷史的最高峰。五、加利西亞在古代歷史上從未被俄國征服，直到二戰之後才併入蘇聯。六、進入近代，加利西亞一直是烏克蘭民族主義的發源地。以上都可以

說明，加利西亞奠定烏克蘭對基輔羅斯的繼承的「正統性」，歷史上不同於俄羅斯的「獨特性」，建構烏克蘭民族主義的「根源性」。

第四，哥薩克與俄國的盟約被俄國視為「烏克蘭自願同意和俄羅斯合併」的證明。然而，對這個條約一直存在爭議。[7]有人認為是「軍事聯盟」，有人認為是「承認成為俄國藩屬國」，有人認為算是「共主邦聯」，有人認為是同意哥薩克成為「俄國一部分」。現在我們很難準確評價，因為這份條約的原文已經丟失了，而流傳下來的抄本或翻譯本的真確性（有沒有被竄改或歪曲）一直受到爭議。但無論如何，條約中哥薩克擁有「自治」的權利，是毫無疑義的。然而，在不久之後，俄國就開始剝奪哥薩克的自治權，最終完全取消自治權。很明顯，俄國的做法完全違反了在盟約中的承諾，把條約當成「歷史文件」。

第五，烏克蘭民族主義誕生和其他大部分歐洲國家的民族主義是同時的。在這些民族主義運動的努力下，可以誕生捷克、斯洛伐克等西斯拉夫「新國家」，可以誕生克羅埃西亞、斯洛維尼亞、波士尼亞等南斯拉夫「新國家」，看不出為什麼烏克蘭這樣有悠久傳統的國家就沒有獨立的合法性。事實上，烏克蘭人民在兩次世界大戰中都在爭取建立獨立國家，已說明這種爭取獨立的傳統。它不是「歷史的錯誤」。

第六，在烏克蘭蘇維埃加入蘇聯時，在列寧的構想中，所有共和國的地位都是平等的，都有退出的權利，也都有發展本民族文化的權利，蘇聯不搞「大俄羅斯沙文主義」。列寧即是這樣說的，也是這樣做的。這是蘇聯對烏克蘭人民加入蘇聯的承諾（也

是對其他加盟共和國的承諾）。然而，在烏克蘭蘇維埃加入後，在列寧死後，史達林就逐漸改變政策，剝奪了各小加盟共和國的平等權利。「蘇聯變回俄羅斯」。這是再一次違反承諾。

第七，俄羅斯和（列寧後的）蘇聯執行了民族急遽的同化政策，力圖令烏克蘭「俄羅斯化」。如果放在今天，就是「民族滅絕」或至少是「文化民族滅絕」。即便放在當時很多國家都這麼做，但俄羅斯在歷史上的這些做法（有的還不是那麼古遠），在今天依然可為烏克蘭的獨立而提供正當性。烏克蘭大饑荒和車諾比事故，都是蘇聯對烏克蘭人的「罪行」。這麼嚴重的災難，已經足以讓一個民族離心離德。烏克蘭在蘇聯解體時是積極分子，已經說明一切。

第八，在蘇聯解體時，所有國家都得到國際的承認，都加入聯合國（烏克蘭早就有單獨的聯合國席位了），也都得到俄國的承認。此後一直以獨立國家的身分和國際其他國家組織打交道，更加沒有合法性的爭議。

綜合以上，烏克蘭國家的產生不是「歷史的錯誤」，而是歷史的必然。它不是「俄羅斯的一部分」，而是一個合理合法的民族國家。

所謂「烏克蘭是歷史錯誤而產生的國家」，不但本身就是錯的，而且即便是對的，也無法作為侵略的合法藉口。正如新加坡駐聯合國大使在聯合國大會緊急特別會議中辯論所言，如果因為一個國家缺乏歷史，就否定這個國家存在的合法性，那麼世界上就有一大堆國家都不應該存在了。這種思想極大威脅了各國安全和世界和平。

# 第二章

# 烏克蘭戰爭的來龍去脈與
# 是非曲直（上）
## ——從獨立到歐洲廣場革命

在討論過大歷史後，本文從「微觀」的角度，從烏克蘭獨立開始，概述烏克蘭戰爭的起源[1]。更重要的是，在說清楚「來龍去脈」的同時，更要分辨清楚「是非曲直」。

## 從獨立到橙色革命

蘇聯解體是近代史上相當不可思議的事。在近代，所有帝國解體都伴隨著嚴重的戰爭。清朝解體，中國打仗多年，除了漢地自己的內戰，蒙古、西藏、新疆紛紛爭取獨立，也伴隨血腥的「分裂與統一」的戰爭。奧匈帝國解體，各民族國家紛紛獨立，這時沒有「主體民族」發動的「統一和分裂」的戰爭，但出現了各民族爭取復國、獨立（從其他民族中）和搶地盤的戰爭。鄂圖曼帝國解體，土耳其也是經過一系列的戰爭才立國。就連同是冷戰後解體的南斯拉夫，也發生綿延十年的三場戰爭（克

羅埃西亞、波士尼亞、科索沃）。唯獨蘇聯解體，卻像樹倒猢猻散，大家一起吃「散夥飯」。「主體民族」俄羅斯不但沒有阻止解體，還是相當積極推動散伙的一個。在車諾比核電站事件不久，烏克蘭正是最討厭蘇聯的主力軍，自然也是主力軍。實際上，「蘇聯」就是俄羅斯、烏克蘭、白俄羅斯三個東斯拉夫國家商量分手，1991年12月8日在白俄羅斯布列斯特北方五十公里的比亞沃維耶扎原始森林（Białowieża）會談，簽署《別洛韋日協議》，而不得不散伙的。

在蘇聯解體之初，烏克蘭並不敵視俄國（大家還是散伙推翻蘇聯的好盟友），反而在散伙同時和俄國等搭建「獨立國家國協」，成為除波羅的海三國以外12個前蘇聯國家的鬆散主權國家聯盟。烏俄關係在90年代主要有四大爭議，都和後來的戰爭有關。

## 烏克蘭與俄羅斯的四大矛盾

第一，克里米亞半島問題。

克里米亞半島位於黑海北部沿岸中央，突入黑海，地理位置得天獨厚，戰略地位極為重要。在歷史上，它是俄國從鄂圖曼帝國和其藩屬國克里米亞汗國手中搶過來的土地。在烏克蘭蘇維埃社會主義加盟共和國加入蘇聯時，克里米亞是羅斯蘇維埃聯邦社會主義加盟共和國的領土。二戰後，克里米亞成立了「克里米亞州」（Crimean Oblast）。

1954年，蘇聯總書記（即黨最高領導人）兼蘇聯最高蘇維埃主席團主席（即國家元首）赫魯雪夫（Nikita Sergeyevich

Khrushchev）在蘇共政治局和蘇聯最高蘇維埃主席團的同意下，為紀念慶祝俄烏合併三百週年時（即1654年《佩列亞斯拉夫條約》），把克里米亞半島轉移給烏克蘭。

　　從地理上看，克里米亞半島也確實與烏克蘭本土連成一片，符合「領土完整」的概念。在地理上，克里米亞於俄羅斯是「飛地」，因為它和俄羅斯加盟共和國本土有一條很窄的刻赤海峽相隔。但是，克里米亞上有蘇聯黑海艦隊的主基地——塞瓦斯托波爾港，半島上也是俄羅斯人為多。

　　在蘇聯解體前夕，烏克蘭爭取獨立時，克里米亞上的俄羅斯裔人也搞獨立。1991年1月，克里米亞通過公投成立「烏克蘭自治蘇維埃社會主義共和國」（Crimean ASSR），在其後修訂的克里米亞憲法中，這個共和國是烏克蘭加盟共和國下的自治共和國。隨後烏克蘭加盟共和國也修改了憲法，承認克里米亞在烏克蘭憲法中的自治地位。

　　在蘇聯解體後，克里米亞人進一步追求獨立。1992年5月，克里米亞通過新憲法，成立「克里米亞共和國」（Republic of Crimea），宣布獨立。但在烏克蘭的壓力下，9月克里米亞又修改憲法，重新把「克里米亞共和國」定位為烏克蘭境內的共和國。但克里米亞地位的爭議持續。

　　另外由於克里米亞半島上有黑海艦隊基地，烏克蘭和俄羅斯還有黑海艦隊爭議（見下）。所以克里米亞問題實際上和黑海艦隊問題相結合，成為烏克蘭、克里米亞和俄羅斯三方角力。最後，烏克蘭和克里米亞達成協議，以「克里米亞自治共和國」（Autonomous Republic of Crimea）的名號留在烏克蘭。

　　值得說明的是，在烏克蘭獨立之初，烏克蘭的體制有應該實行聯邦制還是單一制的爭議，最後單一制占了上風，但唯一的例外就是這個克里米亞自治共和國。

　　第二，黑海艦隊問題。

　　蘇聯解體時非常倉促，於是分了才考慮怎麼分家的問題。原先屬於各加盟共和國的，當然就歸各自獨立國。屬於蘇聯中央的「家產」，基本也是在那個國家就屬於那國的。但是在軍隊軍械等方面就完全不同了。俄國是蘇聯的繼承國，要保持大國的地位，於是自然希望軍隊都收歸俄國。蘇聯的軍隊駐紮在全國各地，但軍隊領導和中上層幹部絕大部分都是俄羅斯人。於是俄羅斯一聲令下，這些軍隊就拉回俄國。最後，大部分的蘇聯軍隊都變成俄羅斯軍隊。其他前蘇聯國家的軍隊都是重新組建的。

　　黑海艦隊是少數的例外。蘇聯有四大艦隊（波羅的海艦隊、黑海艦隊、北方艦隊、太平洋艦隊），三個艦隊的主基地都在俄國，只有黑海艦隊的主基地在克里米亞的塞瓦斯托波爾，還有一些次要的基地在黑海沿岸烏克蘭其他地方、俄羅斯和喬治亞。俄國當然也想把黑海艦隊都占了。但烏克蘭認為黑海艦隊主基地在烏克蘭，按照「就地」原則，應該歸烏克蘭，或至少和俄國平分。就連喬治亞也說自己應該有幾條船。由於爭持相當激烈，還發生過幾艘烏克蘭人為艦長的戰艦脫離基地「叛逃」到烏克蘭其他港口的事。

　　黑海艦隊分割的問題伴隨著克里米亞以及塞瓦斯托波爾港的使用問題。如果克里米亞獨立了甚至「歸俄」，那麼俄國就不需要和烏克蘭打交道了，直接拿回黑海艦隊。如果克里米亞留在烏

克蘭，那麼俄國不但要和烏克蘭談判黑海艦隊分割問題，還需要談繼續使用塞瓦斯托波爾港的問題。到最後，俄烏達成協議，俄國承認克里米亞屬於烏克蘭，烏克蘭租借塞瓦斯托波爾給俄國使用直到2017年，黑海艦隊則一分為二，俄國占八成多，烏克蘭占一成多。烏克蘭把屬於自己的那部分開回自己的基地奧德薩。

　　因此，在這樣一攬子協議達成後，克里米亞屬於烏克蘭，但高度自治，成為「國中之國」；克里米亞內還有塞瓦斯托波爾港，租借給俄國，成為「國中之國之國」。

　　第三，核武和戰略武器問題。

　　比黑海艦隊分割更重要的是核武和其他戰略武器問題。在解體之前，蘇聯是世界上最多核武的國家，核武部署在俄羅斯、烏克蘭、白俄羅斯和哈薩克。於是蘇聯一解體，除了「繼承蘇聯」的俄羅斯外，世界就多了三個有核國家。其中烏克蘭的核武緊隨俄羅斯之後，在獨立時是世界第三核大國。這個情況令其他有核國家非常緊張。俄羅斯固然想把核武都拿回去，美英法中這四個核大國也希望烏白哈三國能棄核。於是聯合起來向三國施壓。最後，烏俄美英四方在1994年簽訂《布達佩斯安全保障備忘錄》（Budapest Memorandum on Security Assurances），烏克蘭以放棄核武換取安全保證。中國和法國隨後也給烏克蘭做出安全保證。白俄羅斯和哈薩克也簽了類似的協議。

　　筆者多次批評烏克蘭領導人沒有戰略眼光，但烏克蘭人也不是傻子，不會無緣無故棄核。當時烏克蘭棄核有幾個肉眼可見的原因。首先，烏克蘭土地上雖然有核武，但控制發射的裝置都在莫斯科，所以核武至少不能直接使用，能不能自己換一套控制

裝置就不得而知了。第二，核武不是免費午餐，維護成本非常高，而且新擁核國家承受的國際壓力不小（想想北韓、伊朗的例子）。第三，當時烏克蘭非常缺錢，蘇聯就是經濟崩潰解體的，烏克蘭當然也經濟不好，而且烏克蘭正值經濟「休克療法」的轉型期，現金很重要。美國願意提供巨額的借貸給烏克蘭，又願意負責拆卸和運走核武的費用，對烏克蘭非常「體貼」。第四，烏克蘭難得獨立了，沒有俄羅斯那樣的「大國雄心」，但求成為一個「普通國家」，於是核武對烏克蘭而言，最多只有「自保」的意義，但既然大國（包括俄國）都保證烏克蘭安全了，烏克蘭也自然不需要自保了。

其實除了烏克蘭之外，其他新獨立的國家也都是這麼一套思維。於是除了核武之外的其他戰略武器（核潛艇、戰略彈道飛彈、重型轟炸機），到最後也通通歸俄國所有了。

烏克蘭棄核和克里米亞歸屬、黑海艦隊等事件應該放在一起看。相關條約都是對烏克蘭獨立地位、領土完整、國家安全等基本議題的最後確定。

第四，管道天然氣問題。

由於蘇聯時代用「全國一盤棋」的思維考慮國家建設，因此各加盟共和國互相依賴非常深。烏克蘭自己有煤礦，但石油和天然氣絕大部分都來自俄羅斯和亞塞拜然（高加索的油田）。烏克蘭獨立後，石油可以多元化進口，但天然氣只能從俄國以管道形式輸送（當時還沒有液化天然氣）。管道天然氣的基建，也是蘇聯的分家糾紛問題之一。烏克蘭認為在境內的天然氣管道都是烏克蘭的財產。但俄國說是蘇聯中央投的錢，所以俄國應該有份。

俄國的談判手段就是大幅增加天然氣售價，還向烏克蘭追討蘇聯時代的舊債（當然俄國的藉口就是既然分家了就應該「公事公辦」，不能用以前的補貼價）。烏克蘭給不起錢，俄國就停氣。在1992至94年之間，俄國停氣了幾次。最後，雙方達成協議，俄羅斯天然氣工業股份公司（Gazprom）和烏克蘭共組合資公司，擁有和管理在烏克蘭境內管道，Gazprom占51%股份。烏克蘭以前的欠債一筆勾銷，天然氣也繼續相對低價供應。

　　天然氣問題雖然不直接關係國安，但能源安全也是國安的一部分；而且當時也是烏克蘭提出計劃和俄國談判的一攬子議題之一，只是俄國堅持分開談，所以在技術上才不算「一攬子議題」。但天然氣問題在俄烏關係上之重要性是無可爭議的。

　　在解決了爭議後，俄國大力發展從烏克蘭到歐洲的管道天然氣。到了2004至2005年，Gazprom有80%天然氣都是經烏克蘭運送到歐洲，收入的2/3也都經過烏克蘭。之後俄國和烏克蘭在天然氣問題上還吵過好多次。但俄國慢慢發現用天然氣為武器不太好使了。因為大部分俄國輸出到歐洲的天然氣都要過境烏克蘭。俄國給烏克蘭「斷供」，歐洲也沒有天然氣用。俄國做不成歐洲生意，歐洲也對俄國施壓。到了後來，烏克蘭居然還有主動關閉管道的討價還價能力。俄國和歐洲國家（德國）要興建跨海直通的天然氣管道（北溪一號、北溪二號）就是為了繞過烏克蘭的「勒索」。

## 從親美到親俄的轉向

　　在烏克蘭獨立之初，無論和俄國、美國還是歐洲的關係都保

持平衡。烏克蘭和俄國雖然有不少爭議（如上所述），但都能得到和平解決。烏克蘭首任總統克拉夫朱克（Leonid Makarovych Kravchuk，1991至94在位）加入了獨立國家國協，然而對獨立國協事務不太積極。對俄羅斯1992年組建的「集體安全條約」，烏克蘭拒絕加入。這個條約在最初時有俄國、亞美尼亞和中亞四國（土庫曼以中立國身分為由不加入），1993年白俄羅斯、亞塞拜然、喬治亞加入。於是除了烏克蘭和土庫曼之外，這個組織在高峰期囊括了所有獨立國協國家。由於烏克蘭的地位相當重要，其缺席相當礙眼。1992年，烏克蘭加入「北大西洋合作委員會」，1994年，北約宣布「和平夥伴關係」（Partnership for Peace）倡議，烏克蘭是第一個與北約達成合作框架的前蘇聯國家，這一般被視為為最終加入北約鋪路。到了第二位總統庫奇馬（Leonid Danylovych Kuchma，1994至2005）上任之初就簽署了《布達佩斯備忘錄》（當然此前談判好久）。烏克蘭和美國柯林頓政府關係非常不錯，美國給了烏克蘭大筆援助（90年代中期，烏克蘭是美國對外援助國的第三位），還有棄核協議中給的高額貸款。烏克蘭還參與了多次北約主導的維和行動。到此為止，烏克蘭都是「親西方」的。烏克蘭外長在世紀之交還說烏克蘭將「重返歐洲」（return to Europe）。當然這毫無問題，因為俄羅斯當時也是「親西方」的，俄國也加入了「和平夥伴計劃」。俄國總統葉爾欽也主張「加入北約」。葉爾欽在國會危機和爭取連任選舉選情告急時，柯林頓還幫了他一把。

　　但到了庫奇馬的第二個任期，美烏關係開始轉變。在獨立後不久，烏克蘭人就遇上嚴重的經濟問題。蘇聯的體制是計劃經

濟，而且全國一盤棋（中國當年也是集體經濟，但各省只要條件許可就都自行一整套建設），烏克蘭高度依賴這種中央下指標，原料從其他地方運過來，產品送到其他地方的經濟生產模式。在蘇聯解體這套模式一下子全面停止了，沒人下命令定指標，工廠不知道生產什麼，也不知道運到哪裡去賣，以前的供應商和訂購商一下子都成為「外國人」。整個經濟一片混亂。

　　當時，烏克蘭依據美國哥倫比亞大學經濟學家薩克斯（Jeffrey Sachs）鼓吹的「休克療法」轉型，急速大規模私有化。在幾乎「休克療法」的國家，「休克」，即經濟驟降，是必然的，只能期待復甦早日到來。烏克蘭的「休克」非常長，在整個90年代，GDP降低了50%，通膨高峰期是101倍，依賴發工資和退休金（固定工資）的人，一個月工資通常只能支持不到一個星期；還有很多政府部門和教育部門經常幾個月發不出工資，部門領導到處找錢救急救命。人們在蘇聯時期的現金儲蓄都化為烏有，陷入赤貧。

　　並非所有人在「休克療法」中都是受害者，急速大規模私有化的結果，是讓極少數「有本事的人」瓜分國有資產，成為寡頭。烏克蘭全國二、三十個超級富豪，控制了幾乎所有重要產業，成為億萬富豪。休克療法需要大筆資金，美國也確實給了烏克蘭很多錢，錢都到了寡頭手上。寡頭和政客變成了共生體：政客依賴寡頭的支持，寡頭也依賴政客的庇護。烏克蘭於是演變為這種烏克蘭特色的寡頭政治。烏克蘭是「民主」的，但是「腐敗」的。烏克蘭的另外一個政治特色就是黨派眾多，而且經常合縱連橫，名字變來變去，一些人還可以同時身處不同政黨，總而

言之缺乏穩定的政黨系統。

　　無論經濟還是政治都令人不滿。有趣的地方在於，在烏克蘭經濟還是很差時，庫奇馬能夠連任，但當經濟好轉時，人民對政治腐敗積累下來的不滿反而成為要求改革的主要動力。庫奇馬雖然還是總統，但被視為「舊時代」的人。在當選後不久，就陷入辦公室偷錄的錄音帶（其保鑣偷錄了錄音帶）被公開的「庫奇馬門」或「錄音帶醜聞」（cassette Scandal）中。錄音帶中以兩個事件對庫奇馬打擊最大。

　　在外交上，庫奇馬秘密把雷達系統出售給伊拉克（海珊政權）。在內政上，庫奇馬被指在2000年主使了秘密殺害記者貢加澤（Georgiy Gongadze），他因為多次報導政府的腐敗而被視為庫奇馬的眼中釘，烏克蘭人發動大規模抗議，於是在庫奇馬第二任不久，他的政治生命注定結束了。

　　在外交上，這兩個事件都損害美烏關係。秘密售武伊拉克違反了美國的制裁令，美國很生氣。在貢加澤被害案中，美國同樣指責庫奇馬違反人權。加上美國FBI證實了錄音帶的真確性，庫奇馬也認為美國干涉了烏克蘭的內政。美國還對烏克蘭的「腐敗政治」非常不滿，認為庫奇馬浪費了美國給的大筆資金卻沒有善用。這時，美俄關係也轉變了。在1999年科索沃戰爭中，葉爾欽對北約不顧俄國立場攻打南斯拉夫非常不滿。美俄關係出現裂痕，烏克蘭於是有了「親美」還是「親俄」的外交選擇。到了911事件，美國攻打阿富汗需要普丁的支持，於是美國想改善和俄國的關係，對維持和庫奇馬關係的興趣也降低了。於是這時，在庫奇馬提出一個「多向外交主義」（multi-vectorism），主張烏

克蘭可以同時「既親西方又親俄」，實際上就是開始重新向俄國靠攏。這正是烏克蘭在外交上親西方或親俄國搖擺不定的開端。

## 2004總統大選與橙色革命

在內政上，烏克蘭政壇成為三個「新世代」政客的舞台：尤申科（Viktor Andriyovych Yushchenko）、季莫申科（Yulia Volodymyrivna Tymoshenko）、亞努科維奇（Viktor Viktorovych Yanukovych）。

在庫奇馬第二任上任時，銀行家尤申科因為經濟治理出色而被任命為總理，季莫申科是副總理之一，負責能源部門（她本人是能源企業的寡頭，可見烏克蘭政治特點）。尤申科推行經濟改革，在他治下烏克蘭經濟進入上升軌道，然而改革也得罪了保守派和一些寡頭的利益。2001年，季莫申科被指「利益衝突」（這難道不是任命之初就顯而易見的嗎？），保守派和一些寡頭勢力發動對尤申科的「不信任投票」，尤申科下台。庫奇馬於是把烏東出身的亞努科維奇任命為總理。這標誌著「親俄」派的上台。

尤申科的下台被廣泛視為「不公正」，尤申科也決心通過選舉捲土重來，組建「我們的烏克蘭」（Our Ukraine）。季莫申科作為激進的「反庫奇馬派」加入了尤申科的聯盟。「巧克力大王」波羅申科（Petro Oleksiyovych Poroshenko）也是烏克蘭寡頭之一，其領導的政黨也從親庫奇馬派加入尤申科派。此外還有其他組織支持尤申科。於是2004年總統選舉，就成為以尤申科為首的「親西方派」和以亞努科維奇為首（也獲得庫奇馬支持）的「親俄派」之爭。在選舉前（9月），尤申科開始出現身體不適，

至11月被證實中毒，體內被驗出大量戴奧辛（Dioxin），接近致命的水平，被人懷疑是俄特工所為，這更激化了兩方對抗的情緒。這就是爆發「橙色革命」的背景。

烏克蘭選舉和法國選舉類似分兩輪，第一輪如果無人過半，排前兩名的就進入第二輪。在第一輪總統競選中，尤申科和亞努科維奇叮噹馬頭，尤申科只領先0.6個百分點（39.9%比39.3%），但兩人毫無意外地進入11月21日投票的總統選舉第二輪。在第二輪投票前的民調和投票後的票站出口民調中，尤申科都有明顯的優勢（領先多達十幾點），然而官方公布的結果，卻是亞努科維奇以不到三個百分點之差勝出（49.42%比46.69%）。公布的結果與民調相差非常大，又有很多舞弊的報告，獨立的「歐洲安全合作組織」（Organization for Security and Cooperation in Europe，簡稱OSCE）觀察團認為選舉不符合「國際標準」，其他獨立選舉觀察人士也有類似的結論。

於是尤申科認為選舉存在明顯的足以改變結果的舞弊，不承認選舉結果。庫奇馬試圖調停不果後，其控制的中央選舉委員會宣布亞努科維奇當選。尤申科和季莫申科等「反對派」領袖呼籲全國各地人民集結起來，「占領」廣場和大街，通過大規模示威，要求重新投票。烏克蘭以前也有選舉和示威的動員，但最多只有15萬人的規模。這次「反對派」示威參與者多達700萬人，占烏克蘭人口的1/5。他們不但遍布全國，還湧入基輔，以獨立廣場（Maidan）為中心持續「占領」行動。他們以基輔市花栗子花為信物，以栗子花的顏色橙色為標準，於是這場運動被稱為「橙色革命」或「栗子花革命」。尤申科、季莫申科等領袖不斷

發表演說，民情激盪。各「反對派」控制的地方政府，也紛紛發表聲明「不承認」選舉結果。支持亞努科維奇的勢力從烏東趕到基輔聲援「親政府示威」，但人數只有「反對派」的二十分之一左右。最後12月3日，烏克蘭最高法院裁決，由於選舉存在嚴重舞弊，因此必須進行第二輪重選。12月26日，尤申科在第二輪重選中以52%比44.2%的顯著優勢勝出。

　　橙色革命有三個重要的影響。

　　第一，在橙色革命和總統選舉投票中，烏克蘭出現極大的地域分裂。支持尤申科的地區主要來自西部和中部，支持亞努科維奇的來自東部和南部。這是烏東與烏西在政治上第一次大規模對碰，烏東代表親俄勢力，烏西代表親西方勢力。以後烏克蘭局勢就是這種地域分裂惡化的發展。

　　第二，無論西方還是俄國都在影響烏克蘭的局勢。西方國家和輿論紛紛支持反對派。歐盟和美國都聲明不承認選舉結果，要求重選。美國共和黨資深參議員麥凱（John McCain）到基輔獨立廣場聲援革命，前國務卿季辛吉、前國安顧問布里辛斯基也以私人身分到基輔聲援。美國和西方都對反對派提供資金和後勤支援。中國在最新發表的「關於美國國家民主基金會的一些事實清單」[2]就指責「美國通過NED等組織」[3]為反對派提供6500萬美元資金。

　　但同時，俄國和其他前蘇聯國家也沒有置身事外。普丁在官方尚未公布選舉結果前就第一時間祝賀了亞努科維奇「當選」，「獨立國協選舉觀察團」認為第二輪選舉「合法，符合民主標準」。其他前蘇聯國家也紛紛祝賀亞努科維奇（剛剛在玫瑰革命

後上台的喬治亞總統薩卡希維利（Mikheil Saakashvili）是唯一支持尤申科的一個）。庫奇馬和普丁也都密切商議對策。於是橙色革命不但是烏克蘭的關鍵事件，還是成為美俄關係的標誌性轉折點。俄國認為美國要把自己逼入牆角，美國認為俄國要重新搞俄羅斯帝國主義。

第三，橙色革命還是最早和最重要的「顏色革命」之一，對國際政治影響巨大。

在俄羅斯和中國的話語中，橙色革命是美國發動的顏色革命的一部分。在21世紀這輪顏色革命中，革命者其實更主要用花作為己方標誌（所以更應該稱為「花卉革命」），花的顏色才衍生出顏色革命來。第一個顏色革命就是2003年喬治亞的「玫瑰革命」，以玫瑰花為標誌。之後還有鬱金香革命（吉爾吉斯，2005）、番紅花革命（緬甸，2007）、葡萄革命（摩爾多瓦，2009）、茉莉花革命（阿拉伯之春，2011）、太陽花運動（台灣，2014）等。

中國一向狠批「美國策動的顏色革命」，其總結的特徵包括：一、找主體對象、二、藉突發事件製造理由、三、對搞顏色革命主體進行培訓、四、有嚴密的組織、五、有堅定的幕後策劃者和支持者。[4]其實這些都不是什麼新特色。對比在20世紀的共產主義革命，以上特徵無一不符合（甚至還有過之而無不及）。當年共產主義革命，有共產黨這樣的嚴密組織，有「第三國際」這樣的國際組織，蘇聯（和中國）也對其他國家的共產黨出錢出力出兵。

顏色革命和共產主義革命的武裝暴動不同，都以大規模、

長時期的民眾聚集抗議示威為特徵，主要通過非暴力的「公民抗命」（civil disobedience，又稱「公民不服從」）對政府施加持續的壓力，而迫使政府讓步。這種公民抗命的政治鬥爭方式也源遠流長，印度聖雄甘地的「不合作運動」就是早期代表作。1971 年，美國學者羅爾斯在《正義論》中，進一步闡述「公民抗命」，包括：一、它是一種針對不正義法律或政策的行為：它不僅包括直接的「公民不服從」——直接違反要抗議的法律；也包括間接的「公民不服從」，用某種違反法律的方式表達對政治的不滿；二、它是要有預期和接受因為做出的行為而被逮捕及懲處；三、作為政治行為，它必須提出具體的政治主張，而這些主張是基於政治、社會原則而非個人的原則，符合「正義觀」；四、它是一種公開的行為：它不僅訴諸公開原則，也是公開地做預先通知而進行，而不是秘密的；五、它是試過其他手段都無效之後才採取的「最後手段」，是在忠誠於法律框架內在法律邊緣上對法律的不服從，著重的是展示道德的力量，因此是「和平、非暴力」。對中文世界的人而言，這些原則實在不需要過多解釋。中國大陸的「天安門事件」、台灣的「太陽花運動」、香港的「和平占中」（或雨傘革命）都是樣板。

　　相比以前的不合作運動，顏色革命的最重要新特色就是對高科技的大規模使用（比如手機、簡訊、網際網路、社交媒體）令組織變得更容易。橙色革命就是第一次高科技應用的例子。[5]之後這種方式不斷演進，大大推進了公民抗命。這種方式的一個後果是，無論在網際網路還是社交媒體，美國都有很大的控制力，所以美國對這些「革命」的影響也越來越大。這也是日後「網路

主權」成為一些國家關心的事項，「防火牆」的出現正源於這種
擔憂，俄國等也發展出以「假消息」反過來影響西方選舉的手
段。

# 從橙色革命到歐洲廣場

## 三雄纏鬥與亞努科維奇再起

　　在橙色革命時期，在最高法院決定重新投票之後，烏克蘭國
會在庫奇馬等的主導下在2004年12月8日通過修憲，削弱了總
統的權力，加大了國會的權力，總理不再由總統提名，改由國會
選出。總統只能任命國防和外交部長，其他內政都歸總理管。總
統唯一的「增權」就是有權解散國會重選，作為平衡。庫奇馬立
即簽名敲定，從2006年1月1日生效。在橙色革命期間的這種倉
促的修憲，只能認為是庫奇馬故意留下的政治地雷。

　　尤申科上台，盟友季莫申科當上總理（她是第一個也是至今
唯一的烏克蘭女總理，有「美女總理」的稱號），另一個盟友波
羅申科則為安全與國防委員會主席（相當於美國的總統國安顧
問）。但很快，尤申科和季莫申科就決裂了，先是波羅申科在季
莫申科的壓力下辭職，再是尤申科以「腐敗」為由把季莫申科解
職。

　　季莫申科轉頭誓言在選舉中捲土重來，因為到了2006年
新憲法生效後，總理權力既大了，又不是由總統任命。2006年
國會選舉成為三股勢力的戰場，尤申科陣營、季莫申科陣營、

亞努科維奇陣營。結果，亞努科維奇陣營（地區黨，Party of Regions）成為贏家，獲32%選票，季莫申科陣營第二獲22%選票，尤申科陣營（我們的烏克蘭）只獲得14%的選票。從選票看，季莫申科加上尤申科還是大於亞努科維奇，但分裂了就不敵，而且尤申科也被季莫申科的勢力超過了。尤申科想和季莫申科重組「橙色聯盟」，但尤申科不想季莫申科成為總理，想推一個「中立」的人。最後雙方談判破裂不成功。尤申科只能接受亞努科維奇重新成為總理。

尤申科以為兩害相權取其輕，但事實證明是錯的。尤申科和亞努科維奇更加水火不容，兩人衝突不斷。到了2007年，亞努科維奇向「橙色陣營」挖牆腳，爭取了11名議員「倒戈」，控制了接近300席的修憲門檻，醞釀再一步修憲限制總統權力。尤申科認為此舉是違憲的，因為國會以「黨派」為單位，不是議員，所以不能這樣拋開黨派拉攏議員。到了4月，尤申科引用了新憲法中給總統的「增權」，命令解散國會5月27日重選。亞努科維奇認為命令不合法，國會拒絕解散。雙方在憲法法院打官司，烏克蘭隨即進入新一輪憲法危機。這輪危機中，季莫申科倒是再站在尤申科一邊，除了政治立場上比尤申科更激進更親西方外，重選對自己也有利。

4月30日，在法院裁決前夕，尤申科以另外一道法令解職了兩名憲法法院法官，憲法法院則否決了總統法令。接下來，憲法危機擴大到總統與法院之爭，憲法法院院長宣布辭職，總檢察長也不執行總統「檢查憲法法院為何不執行總統解職令」的命令，也被尤申科解雇。解雇總檢察長又被國會認為是不合法的，因為

必須得到國會通過；但尤申科認為國會已經被解散了，所以無需這個程序。總之，就是一團亂麻。雙方差點引發內務部隊和警察之間的衝突。雙方的支持者也紛紛走上街頭。在「政治問題法律解決」不奏效的情況下，只能「政治問題政治解決」，到了5月27日，雙方談判8小時最後妥協，在9月30日「提前舉行國會選舉」（即原國會沒有解散）。

在2007年選舉中，亞努科維奇的地區黨繼續是第一大黨（34%），但季莫申科緊隨其後相差無幾（31%），尤申科陣營和上次差不多（14%）。這樣，在組合橙色力量後，季莫申科成為大贏家，再當總理。從選舉結果可以看出，親歐和親俄勢力分別在西部和東部占優，而且界線分明。

此後幾年，季莫申科、尤申科和亞努科維奇的纏鬥還在繼續。尤申科在2008年10月又一次上演要解散國會重選的戲碼，要把季莫申科趕下台，但在抵制下無疾而終。主要原因是，在「橙色陣營」，季莫申科對尤申科的優勢在擴大，重選對尤申科沒有好處；原先的中間派利特溫聯盟（Volodymyr Lytvyn）站在季莫申科一邊；加上金融危機爆發後，烏克蘭更需要季莫申科的經濟能力。

到了2010年總統選舉，三人又全部參加。但這次季莫申科成為橙色陣營的主角，尤申科在第一輪投票中已被低票淘汰。在第二輪投票中，亞努科維奇以48%比45%擊敗季莫申科當選。於是親俄派再上台。亞努科維奇上台後第一件事就是要除去季莫申科的內閣（總理不由總統指定，新總統上任也不自動要成立新內閣）。為此他拉攏了季莫申科的盟友利特溫，發動不信任動議

成功。亞努科維奇還要「斬盡殺絕」，2011年以「濫權」的罪名把季莫申科投入監獄。

　　除去季莫申科之後，亞努科維奇還想進一步在法律上集中權力。由於在國會中沒有修憲的多數，他在2010年發動252名議員向憲法法院提告，認為2004年的憲法修正無效，即通過「廢除修改」把2004年被削減的總統權力又要回來。四名反對的憲法法庭法官被指在壓力下辭職，換上支持的法官。最後法院裁決「廢除修改」獲得支持，這樣總理又變成了總統之下一個次要的角色。

　　可以看到，從橙色革命到尤申科執政到亞努科維奇獨大，這大約八年時間，烏克蘭政壇基本在尤申科、季莫申科、亞努科維奇三雄鼎立之間反覆拉鋸，來回折騰。尤申科原先被認為是民主勝利的象徵，在他任內卻每年都有危機，其支持也越來越偏向「民族主義」的一翼。到2012年國會選舉，雖然主軸還是亞努科維奇勢力（30%）和季莫申科勢力（25%，儘管她在獄中）再次對決，但人民早已厭倦職業政客比爛，「政治素人」前拳王克里契科（Vitali Klitschko，即現任基輔市長）領頭的「烏克蘭改革民主同盟」（Ukrainian Democratic Alliance for Reform）獲得14%的選票，尤申科的支持者組建的極右翼「全烏克蘭團結自由黨」（Svoboda）獲得10%選票。

　　尤申科、季莫申科、亞努科維奇基本上代表了幾種政治立場。亞努科維奇是親俄派，尤申科和季莫申科都是親西方派。兩人相較之下，季莫申科原先被視為激進派，但後來證明是改革立場較激進，外交上的立場上反而更有彈性。不但西方非常欣賞，

就連普丁也覺得可以合作。尤申科則剛好相反，原先被認為是親西方的溫和派，執政之後卻越來越變成一個激進的民族主義者和激進的親西方派。在西方主流政界也更多支持季莫申科。換言之，如果季莫申科是三人中掌權的一個，她可能把烏克蘭的外交路線處理得更好。

## 從尤先科到亞努科維奇──歐美俄之間的激烈搖擺

「橙色革命」中擊敗普丁支持的親俄派亞努科維奇而上台的尤申科，本來就和普丁「不咬弦」。其上台後，俄烏關係也一如所料地迅速交惡。

第一，天然氣危機。

俄烏的天然氣問題的本質矛盾在前面已經討論過了，這裡不再討論細節。就事論事，核心矛盾就是價格和債務，烏克蘭想要優惠價，俄國想要市場價，烏克蘭要減免債務，俄國要堅持收帳，說白了無非就是錢的問題。由於「金錢糾紛」，俄國在2006年初和2009年初兩次對烏克蘭停氣。但如前所述，對烏克蘭停氣就會順帶連對歐洲的供氣都停止，歐洲反響很大，加入調解。於是俄國又不得不坐下來和烏克蘭妥協。

當然，俄國對烏克蘭這麼苛刻，更多是和政治有關：普丁不爽尤申科的親西方政策而故意用「天然氣武器化」。後來亞努科維奇2010年上台奉行親俄政策，天然氣價格一下子比半價還低。可見，烏克蘭那點小錢根本不放在普丁眼內。此外，亞努科維奇由於拿到了優惠價，轉過來說季莫申科當年談判的「高價」是以權謀私，把季莫申科送進監獄。

第二，親西方還是親俄——爭取加入歐盟與北約的爭議。

2000年，俄國推動成立「歐亞經濟共同體」（Eurasian Economic Community），以原先的俄白哈關稅同盟為基礎，希望把所有獨立國協國家都拉進來。2003年，普丁提出「歐亞經濟空間」（Eurasian Economic Space），即把歐盟的「四大流通自由」（資本、貨物、服務、人員）複製到獨立國協國家（甚至更大的圈子）。烏克蘭當然是不可或缺的拉攏對象。

尤申科在競選時就強烈支持烏克蘭加入歐盟和北約。當然，即便在庫奇馬時代，烏克蘭也更希望歐化。2002年，庫奇馬就提出外交優先方向是與歐盟一體化，甚至單方面提出時間表。由於庫奇馬在人權和腐敗問題上焦頭爛額，歐洲基本擱置了進程。尤申科上台積極表態加入歐盟。2005年2月，烏克蘭和歐盟簽訂了為期三年的行動計劃，旨在加強雙方在能源、經濟技術、建立雙邊自由貿易區以及簡化簽證手續等方面的合作。2005年底的烏克蘭—歐盟峰會上，歐盟表態鼓勵烏克蘭爭取加入歐盟。隨著烏克蘭2006年國會選舉，亞努科維奇上台做總理，烏克蘭政策回擺。2007年，季莫申科第二次上台，烏克蘭又開始積極爭取。2007年，雙方開始談判「更廣泛的協議」。2009年，歐盟公布「東方夥伴計劃」（Eastern Partnership）和「歐烏聯繫國議程」（EU-Ukraine Association Agenda），為簽訂《歐烏聯繫國協議》（Ukraine–European Union Association Agreement）訂立路線圖。談判是漫長和充滿阻力的，但在尤申科時代（主要是季莫申科第二次總理時代）烏克蘭正式走在爭取加入歐盟的軌道上。

如果說，烏克蘭加入歐盟，普丁還能忍受，那麼要加入北約

就是另一回事了。尤申科上台後開始外交活動，爭取北約成員國支持加入「會員國行動計劃」（Membership Action Plan），再正式成為北約會員。2006年1月，幾個東歐國家率先表態支持烏克蘭。同樣，在加入北約問題上，2006至2007年之間，也經歷了亞努科維奇—季莫申科的來回搖擺。

2008年4月的布加勒斯特峰會是一次重要的會議。烏克蘭（和喬治亞）在1月向北約正式寫信，要求在峰會上接納烏克蘭進入MAP。可想而知，俄國強烈反對北約再次東擴（到烏克蘭和喬治亞）。在北約國家中意見相當分歧，新歐洲支持烏克蘭，老歐洲反對。在美國政府內部也意見不一，副總統錢尼強烈支持，但國防部長蓋茲反對。[6]最後，美國只在峰會前夕才表態支持。[7]可是由於德國和法國的強烈反對（它們還拉上英國），最後烏克蘭和喬治亞都無法加入MAP。儘管在布加勒斯特聯合宣言中鼓勵它們繼續申請行動夥伴計劃，並說「今天我們同意它們將會成為北約成員」。

在烏克蘭加入北約問題值得強調的有四點。首先，兩國提出加入MAP，與兩國分別發生玫瑰革命和橙色革命後與俄國關係惡化是互相交織在一起的，並非兩國無緣無故與俄國過不去。俄國和烏克蘭在2006年的天然氣危機威脅了烏克蘭安全，俄國對喬治亞兩國傀儡共和國的支持則威脅喬治亞安全。其次，不但北約國家沒有接受烏克蘭的共識，即便在烏克蘭國內，儘管加入歐盟有廣泛的民意基礎，但加入北約的民意始終都是少數派。[8]第三，北約並非單純的軍事聯盟，它也和歐盟一樣，是一個有價值觀要求的組織，很多北約國家不願接受烏克蘭，除了俄國反對之

外，烏克蘭本身政治亂糟糟和腐敗，達不到北約的要求也是重要原因。最後，雖然宣言中說「今天我們同意它們將會成為北約成員」，但「今天同意」不等於「以後同意」，在宣言中加上這句，不過是為了照顧兩國和支持兩國加入國家的面子和感受，沒有實質的意義。

第三，喬治亞戰爭和克里米亞問題。

北約在布加勒斯特峰會上的妥協，鼓勵了俄國在不久之後對喬治亞的入侵。2008年北京奧運期間，俄國突然出兵喬治亞，震驚世界。從多個角度看，喬治亞都是「弱小版的烏克蘭」，喬治亞在國際還未來得及採取措施時就被擊敗。俄國此舉明顯帶有「懲罰」、「顯示力量」、表達對北約東擴不滿，以及還擊西方國家承認科索沃獨立等訊息。

俄國入侵喬治亞本來應該被嚴肅對待，然而當時多方因素令西方輕輕放過。第一，西方瀰漫了綏靖主義的氣氛，美國在歐巴馬上任後也要「重設」和俄羅斯關係。第二，俄國新總統梅德維傑夫被認為是相對「自由派」的人，普丁當然還是幕後操縱者，但人們總願意相信普丁不直接在前台總會好一些。2008年6月梅德維傑夫上任之初還提議以俄國版「不可分割的安全」為原則的十四點「新歐洲安全條約草案」（故意令人聯想到威爾遜的十四點和平計劃）。第三，當時正值金融海嘯，各國全力應對經濟危機，無力追責俄國。於是，烏克蘭和喬治亞加入北約之事就此放下議程。

尤申科強烈譴責俄國入侵，進一步加強了尤申科要烏克蘭加入北約的決心，季莫申科倒是言語謹慎（這也是為何普丁覺得可

以和她合作的原因）。但是接下來烏克蘭又陷入各種內政危機和總統競選，於是也沒有推動加入北約事宜了。

　　然而，喬治亞戰爭導致烏克蘭重新審視俄烏關係。在此前，加入北約基於「假設性的威脅」，在此後，如何防止俄國入侵就成為「真實性的威脅」。烏克蘭最大的弱點就是克里米亞。由於克里米亞是「自治共和國」，俄裔占壓倒性優勢，上面還有租借給俄國的港口。克里米亞分離危險一直很大。尤其是俄國積極給克里米亞俄裔提供俄國護照，克里米亞人口中有一半擁有雙重國籍（還不算軍港租借區）。烏克蘭擔心，俄國在喬治亞扶植傀儡政府的手法會在克里米亞重現（後來的歷史證明確實如此）。

　　要減低俄國的威脅，最直接的方法就是降低俄國軍隊的存在。於是烏克蘭在2008年9月24日，宣布在2017年《哈爾科夫協議》到期後，將不再延續塞瓦斯托波爾港的租約。這大大激怒了俄國。據估算，俄國要花費數以十億美元計的錢才能把自己的黑海軍港Novorossiysk打造為規模，但塞瓦斯托波爾港的地理價值是無論如何無法複製的。

　　第四，「烏克蘭化」爭議。

　　在蘇聯時期，烏克蘭一直接受俄化教育。烏克蘭語被貶為「鄉巴佬」的語言，無法寫出優秀的文學作品，俄語為官方語言，也是學校教育的標準用語。很多烏克蘭人尤其是精英階層都是說俄語長大的（包括季莫申科和澤倫斯基等）。在蘇聯末期（1989年），烏克蘭加盟共和國已經開始制定「烏克蘭化」（Ukrainization）的政策，把烏克蘭語定為「唯一官方語言」。自從烏克蘭獨立以來，重新「烏克蘭化」就是大趨勢。烏克蘭規定

在學校系統逐漸轉向以烏克蘭語教學（把俄語作為「外語」教學），推動在傳媒出版和商業應用中使用烏克蘭語，強化烏克蘭的民族意識和歷史敘事，當然都是無可厚非的（不然獨立來幹什麼？）。

　　然而，如何定位俄語卻成為政治大問題。一來，烏克蘭境內有相當多的俄羅斯裔人；二來，有俄國這個強鄰在旁；三來，實在太多的烏克蘭人也說俄語；四來，烏克蘭用西里爾文字，西里爾文字中，俄文是強勢文字，於是在網際網路這種強勢文字容易「贏者通吃」的領域，烏克蘭文很難抗衡。在1996年憲法中規定，烏克蘭文是「國家語言」，但烏克蘭保障「俄語和其他少數民族語言自由發展、使用和受保護」。這裡俄語雖然單獨列出，但和「少數民族語言」並列，並非「國家語言」，這令烏克蘭的俄羅斯裔，特別是在克里米亞和烏東地區的俄羅斯裔非常不滿，俄國也感到不滿。無論如何，根據憲法規定，在國家層面，烏克蘭語是「唯一」國家語言；但在地區層面，俄語還可以作為正式語言使用。

　　在尤申科上任之初，在教育層面「烏克蘭化」已得到很大實現，在各級教育中，有七成半到八成半的教育都以烏克蘭語進行。新一輪的爭議倒是以亞努科維奇在總理時，要推動把俄語作為「第二國家語言」的政策而引發的。根據亞努科維奇和地區黨的主張，不但俄語在地區層面是正式語言，在國家層面也要恢復為「國家語言」的地位。在尤申科看來，這是要逆轉「烏克蘭化」趨勢，當然不可接受。於是雙方鬥爭越演越烈，即便在亞努科維奇下台後角力依然繼續。俄國也多次聲援親俄派以及發動宣

傳戰。2008年11月，烏克蘭以廣告不符合法例為由，禁止了幾間俄國電視台和電台在烏克蘭的廣播，被視為對俄國的挑釁。

　　在語言之外，如何論述烏克蘭歷史以及如何評述歷史上的烏俄關係也成為爭議。烏克蘭在歷史上的「獨立時期」開始得到重點論述，而在俄國看來，這些都是沙俄和蘇聯時期的「叛亂」。最大的爭議就是如何評價二戰時的烏克蘭民族主義分子班傑拉（Stepan Bandera）。在蘇聯和俄國觀點，他是一個「納粹主義」，無惡不作的匪徒，分裂主義分子；但在烏克蘭視角中，他是一個爭取烏克蘭國家獨立的「民族英雄」；在其他國家眼裡，他也是爭議很大的角色（筆者另文詳細分析）。在以尤申科為首的民族主義者的鼓勵下，烏克蘭各地開始紀念班傑拉，樹立班傑拉的塑像。有關班傑拉的爭議，在尤申科敗選總統連任（在第一輪落選）但還在台上時達到頂點。2010年1月22日「烏克蘭統一日」，尤申科宣布授予班傑拉為「烏克蘭英雄」的稱號，引發國際大量爭議。俄國當然就是反對最激烈的一個。

　　尤申科時期兩派在俄語以及「烏克蘭歷史論述」上的鬥爭有國內和國際的影響。在國內，烏克蘭選民分裂嚴重，中部和西部幾乎一面倒支持「烏克蘭」，東面和南面則更多支持「俄羅斯」，選舉版圖越來越兩極化。在國際，俄國對尤申科越來越反感，俄國官方指責烏克蘭「納粹化」，說「烏克蘭歷史上不是一個國家」、「沒有國家合法性」等言論，都是在尤申科時代出現的。

　　2010年亞努科維奇上任，除掉季莫申科和「廢除憲法修正案」後，大權獨攬。他基本全盤推倒了尤申科的政策，恢復了庫

奇馬後期口說「多向戰略」，實際是親俄的政策。加入北約當然提都不提。在軍港租借問題上，2010年4月21日，烏俄簽訂新協議，把租約在2017年後延長25年（到2042），外加5年的默認延長期（到2047年，剛好是香港五十年不變的一國兩制的結束）。作為回報（也表達對亞努科維奇的支持），在天然氣問題上，普丁大筆一揮，給烏克蘭降價30%，即低於市場價一半的價格。2010年4月27日，議會批准成為定案。在「烏克蘭化」的問題上，亞努科維奇以班傑拉「不是烏克蘭公民」的理由，剝奪了其「烏克蘭英雄」的稱號。

　　亞努科維奇較為棘手的是把俄語變成「第二國家語言」的問題，其實俄語是否定為國家語言，在實際生活中意義並不那麼大，因為俄語在烏克蘭實際應用還極為廣泛。但在形式上和象徵意義上，這關係重大，把俄語定為國家語言，就承認了烏克蘭是「俄語圈」的一部分，在很多人看來就是「重新俄羅斯化」。雖然在2010總統選舉時承諾修法，亞努科維奇在上任之初對這個問題興趣不大，因為這很可能需要修憲，但他票數不夠（要3/4支持）。但在2012年（10月）國會選舉選情告急下，這個問題可成為動員自己陣營選民的工具，於是他又重新打出了「俄語牌」。2012年7月，烏克蘭國會通過了《2012年關於國家語言政策原則的法律》（2012 Law on the Principles of the State Language Policy），規定全國各地，凡是「少數民族超過10%的地區」，都有權在官方場合（學校、政府和法庭）使用該種語言。這雖然沒有正式把俄語定立為國家語言，但變相地在全國範圍內把俄語官方化。反對者認為這違憲，但支持者認為這符合憲法對少數民

族語言的保護。無論如何，法案受到極大爭議，雙方支持者還因此大打出手。亞努科維奇的做法無疑是激化矛盾，但他的地區黨也因此贏得2012年的國會選舉。

## 歐洲廣場革命

亞努科維奇最無法逆轉的，就是烏克蘭人的「入歐」願望。其實，亞努科維奇本人也不太過反對入歐，庫奇馬時代他當總理時，支持過入歐。支持亞努科維奇的寡頭盟友也有不少是入歐的支持者。在選舉中，他也承諾選民「入歐」的路線。在他上台後，也確實和歐盟繼續談判有關入歐的「聯繫國協議」。

然而，歐盟對烏克蘭入歐並非十分積極。歐盟並沒有把烏克蘭入歐當作是「地緣政治」事項，更多從經濟上出發。烏克蘭經濟不發達，入歐之後歐洲要補貼很大，更要面對人員流動（烏克蘭人流入）的問題，這已令一些國家不積極，光是「聯繫協議」的談判（還不是入歐盟協議）已經非常複雜冗長不愉快（這裡不展開討論）。更何況歐盟對政治民主廉潔人權價值觀等要求要比北約更高，季莫申科被關入大牢被歐洲視為不可接受的「政治迫害」，亞努科維奇妥協建議不釋放季莫申科，但特赦她同樣被關在大牢的政治盟友，歐盟不收貨。到了談判臨近結束的關頭，其他方面談判進展得很順利，釋放季莫申科倒成了最大的難題。

更重要的是，亞努科維奇一上台，普丁就把趁著亞努科維奇在台上而拉烏克蘭進俄國主導的「歐亞經濟空間」視為優先事項。對俄國而言，這是站在「地緣政治」高度的事。2010年，俄白哈三國簽訂「歐亞關稅同盟」（Eurasian Customs Union），

把歐亞經濟同盟挺進一大步。「入俄」能無關稅地進入俄國市場，吸引力大增。俄國甚至答應在能源價格上「大出血」，只是烏克蘭無法同時入俄入歐，只能二選一。於是，單是從經濟角度，入歐固然利益更大，但「入俄」也有一定吸引力，加上歐盟的政治障礙，亞努科維奇立場發生轉變也就可想而知了。如果不是烏克蘭人民的入歐願望極高，恐怕亞努科維奇早就放棄入歐談判了。

2012年3月，烏克蘭和歐盟草簽了協議。2013年2月，雙方宣布努力在11月通過。為此，烏克蘭必須修訂一些法令，包括選舉要符合民主的國際標準，要消除「有選擇地執法」（即季莫申科問題），推動協議中的改革措施（但核心還是釋放季莫申科）。到了2013年11月，歐盟要求在13日之前必須解決季莫申科釋放的問題，如果釋放了，在18日的歐盟會議上就通過「聯繫國協議」。亞努科維奇答應了歐盟，但轉頭他黨派控制的國會又否決了。所以很難知道他的真實態度如何。無論如何，就在與歐盟談判到「臨門一腳」之際，11月21日，亞努科維奇宣布與歐盟的談判告吹，轉而加入和俄國的談判。就這樣，一下子激起一心入歐的烏克蘭人民的怒火，在其他各種矛盾加乘之下，就爆發了「歐盟廣場革命」（Euromaidan）。

從11月21日開始，民眾就聚集在基輔獨立廣場持續示威，要求政府遵守承諾，加入歐洲。接下來在全國各地都爆發大規模示威和占領，規模直追橙色革命。這次事件和橙色革命有相似之處，但也有很大不同，這裡不詳細展開。最顯而易見的不同有兩個。

　　第一，政府吸收了橙色革命的經驗，第四天就發生警民衝突。11月30日更出動別爾庫特部隊（Berkut，金鵰特種部隊）暴力驅散示威者，成為整個事件第一個轉折點。結果暴力解決不了問題，只能引發更大的暴力反抗。12月1日，反對派重新占領了廣場。歐盟廣場運動很快就從「占領」、「和平示威」，過渡為「示威」和「城市暴力革命」的混合體。烏克蘭全國各地都發生暴力衝突，不少還是兩派支持者的對抗。整個12月衝突不斷，進入2014年1月，暴力事件更嚴重惡化。根據聯合國數據，從11月底到2月底，有約108個示威者被打死，數百人受傷；警察方面也有13人死亡。

　　第二，反對派的領導者從政黨或政黨同盟變成了多中心化甚至去中心化（類似後來香港運動中的「無大台」）。橙色革命基本是單一訴求（重新選舉），廣場革命則迅速從加入歐洲變成親俄和反俄派在多個根本議題上的對決，象徵蘇聯統治的列寧雕像，在各地被大規模推倒。[9]「榮耀歸於烏克蘭，榮耀歸於英雄！」口號不絕。反對派政黨雖然有話語權，但也無法指揮和約束抗議者。它們沒有帶領抗議者，反而更是被抗議者帶著走。

　　廣場革命也吸引了全世界的關注。無論俄國還是西方都深度介入衝突。亞努科維奇向普丁求助。俄國聯邦安全局（FSB）早在12月3日已派人前往基輔，亞努科維奇在12月16與17日和2月6日兩次和普丁會面，普丁的顧問蘇爾科夫（Vladislav Surkov）在1月31日和2月11至12日兩次前往基輔商議對策，普丁還在天然氣價格上再次給亞努科維奇大幅「讓利」。中俄主流媒體都站在政府一方譴責占領和「暴力」。

　　西方主流政客和媒體都站在反對派的一方，支持「和平示威」，譴責政府暴力鎮壓。美國共和黨參議員麥凱和民主黨參議員墨菲（Chris Murphy）在12月前往基輔向廣場人民發表演說，支持烏克蘭「自由和獨立地決定自己命運的主權」。麥凱還認為烏克蘭政府的鎮壓已經讓自己失去了政權的正當性，支持烏克蘭「和平權力轉移」（peaceful transition），即要求亞努科維奇下台。

　　第二個轉折點出現在1月16日，國會通過了多項法令組成的「反示威法」（anti-protest laws），限制言論自由和集會自由。包括「極端行為刑事化」、「反蒙面法」、特赦對示威者施加暴力的執法人員、刑事化「占領」行為、刑事化「起底」執法人員和法官的行為、限制NGO和外國的聯繫、加大對媒體和網際網路管制、刑事化反政府言論等等。

　　「反示威法」激起民眾更大的怒火，「亞努科維奇下台」成為各反對派最大的共同訴求。1月19日起在基輔市中心迪納摩體育場外格魯舍夫斯基大街爆發的持續多日的警民對峙（格魯舍夫斯基大街騷亂），示威者設立路障，用原始武器（汽油彈、防毒面具、頭盔、棍棒、石頭）等對抗警方的致命和非致命武器（水炮、橡皮子彈、催淚彈、警棍、電棍甚至實彈）。1月28日，總理阿扎羅夫（Mykola Azarov）提出辭職，亞努科維奇也提出一些讓步條件，但都不足以滿足示威者。這時，開始出現了警衛部隊和內務部隊「棄暗投明」，站在抗議者的一方，形勢對政府嚴重不利。進入二月份，法國、德國和波蘭外長連同俄國的代表一起斡旋和調停。

　　第三個轉折點出現在2月18至20日[10]。兩萬名抗議者挺進

烏克蘭國會，要求恢復2004年憲法修正案，警方和內務部隊阻止，警方進而攻入獨立廣場，企圖摧毀抗議者駐紮的營地。雙方發生歐洲廣場示威以來最嚴重的衝突。警方在基輔設下大量檢查點，形同進入緊急狀態。在基輔以外，支持抗議者的多個地方政府紛紛宣布不再聽命中央。烏克蘭進入內戰邊緣。到了20日凌晨，抗議者衝擊在廣場東南方的警方防線，內政部長札哈琴科（Vitaliy Zakharchenko）授權警察開槍，現場成為屠殺場。一天之內大約70名抗議者被殺，幾百人受傷，也有幾名警察死亡。「220大屠殺」完全摧毀了亞努科維奇政府最後的合法性，形勢急轉直下。一直保持中立的軍方，以烏克蘭武裝部隊副司令宣布辭職，擺明立場不再支持政府。內務部隊也站在抗議者一方。國家安全局也宣布「結束準備反恐怖主義的行動」。

　　到了2月21日，在法德波俄等的斡旋下，亞努科維奇和多位反對派領袖協商，簽署六點協議[11]：48小時內著手恢復2004年憲法修正版，10日內建立新的聯合政府，9月底前完成2004年憲法重建，憲法重建後到年底前必須舉行總統選舉，調查整個歐洲廣場的暴力事件，政府不會宣布緊急狀態，雙方都承諾不使用武力等等。

　　同日，在另一邊，國會主席、地區黨領袖雷巴克（Volodymyr Rybak）也「叛變」。這時，很多地區黨和共產黨議員和政改高官紛紛逃離基輔，還有很多地區黨議員宣布「脫黨」，於是在雷巴克、反對黨和「叛變」的地區黨議員的支持下，國會通過法令譴責使用武力，要求所有相關機構立即停止對抗議者的軍事行動。國會同時通過法令，停止了內政部長札哈琴科的職務，釋放

了季莫申科，恢復2004年憲法等。

　　就在看似事件以妥協結束時，形勢又發生突變。22日晚上，亞努科維奇突然逃離基輔到了東部的哈爾科夫。同日，雷巴克也宣布辭職。國會宣布亞努科維奇已放棄了總統職務，選出圖奇諾夫（Oleksandr Turchynov）為議長兼任臨時總統，並宣布5月舉行總統大選。新政府宣布通緝亞努科維奇。但亞努科維奇堅持自己沒有辭職，指責國會把他解職不合法。隨後他通過陸路到了克里米亞，再在俄國軍人護送下到了俄國，實際上成為俄國庇護下的傀儡。

　　如果經歷過2019年香港逃犯條例事件就會知道，香港人抗爭的模式基本上是烏克蘭人的翻版，無論從暴力對抗（除了沒有死這麼多人）、組織、宣傳、政府反制法令還是外國的參與和站邊，都極為相似。最不同的是結果，香港的抗爭失敗了，烏克蘭的成功了。

　　然而，烏克蘭的成功又不是完全的成功。在歐洲廣場革命最直接後續就是俄國的介入。普丁命令俄軍進入克里米亞，徹底改變了烏克蘭的形勢，也改變了歐洲廣場革命的性質。俄國先搶走克里米亞，再挑動了烏東三州的分離主義，由此開端的俄羅斯侵略戰爭在2022年全面爆發。


## 總結

　　回顧從烏克蘭獨立到歐洲廣場革命，有以下幾點值得劃重點。

　　第一，由於親俄和親西方勢力相若，烏克蘭的政策不斷來回搖擺，它既沒有像波羅的海三國那樣一心入歐，也沒有像白俄羅斯那樣死心塌地親俄，甚至沒有像中亞五國那樣漸變地「去俄化」。這當然和烏克蘭自己的內部問題有關，也是作為緩衝國被兩頭拉鋸的無奈。

　　第二，俄烏之間從蘇聯解體就開始的幾個大問題，克里米亞（和軍港租借）、烏克蘭化（去俄化）以及帶來的族群分裂、能源矛盾，沒有一個得到妥善解決，反而越演越烈。唯一解決的放棄核武問題，倒把烏克蘭的救命金牌給廢了。

　　第三，烏克蘭休克療法造成兩個後果，經濟連降十年和寡頭政治。兩者的負面影響至今尚在。

　　第四，庫奇馬留下的修改憲法的大坑危害極深。理論上很難說是總統制好，還是總統—總理二元制好，但實踐上讓烏克蘭成為尤申科、季莫申科、亞努科維奇三雄混戰的舞台。作為相對較為平衡的季莫申科沒能登上「大位」，於是沒法阻止親歐親俄的兩極化，甚為可惜。

　　第五，到了2012年之後，厭倦了傳統政客讓國家空轉內耗的烏克蘭人，開始尋求改變。一個是喜歡素人政治，一個是轉向右翼民族主義。

　　第六，無論橙色革命還是廣場革命，都表達了人民的意願。兩者都取得了形式上的成功，橙色革命讓尤申科上台，廣場革命推翻了亞努科維奇，但實際結果都很苦澀。如果說廣場革命的結果很壞是因為俄國軍事干預，那麼橙色革命的結果就值得烏克蘭人民反思。

　　第七，中俄媒體經常把「入歐」和「入北約」混為一談，總之就是親西方，對俄國不利。但兩者差別很大。烏克蘭人真正熱切的是入歐，入歐不過是經濟社會議題。對安全議題的加入北約，在克里米亞事件前，民意基本是不支持的。而且在2008年布加勒斯特峰會之後，無論是北約還是烏克蘭，對加入北約的議程都陷於停頓。所謂烏克蘭一心入北約，危害俄國安全之說，根本是張冠李戴。

第三章

# 烏克蘭戰爭的來龍去脈
# 與是非曲直（中）
## ——克里米亞危機

　　媒體上所說的烏克蘭戰爭從 2022 年 2 月 24 日開始。然而，真正的烏克蘭戰爭要從 2014 年 2 月 27 日，俄羅斯總統普丁把軍隊開進克里米亞開始算起。這正如在二戰中的抗日戰爭，以前說八年抗戰，從 1937 年的七七事變開始算起，但現在中共通常說為 14 年抗戰，從 1931 年九一八事變開始算起的道理一樣。

　　在上篇，筆者主要從烏克蘭獨立到歐盟廣場事件，討論了烏克蘭戰爭的起源。下篇，筆者繼續討論從 2014 年克里米亞危機到頓巴斯戰爭，再到烏克蘭戰爭的事件。與上篇的重點是「來龍去脈」不同，中篇和下篇的重點是「是非曲直」。


## 亞努科維奇逃離帶來的困境

　　歐洲廣場革命以亞努科維奇逃離基輔這種形式結束，給烏克蘭帶來兩個問題，這都被普丁用作干涉和侵略的藉口。

## 解除亞努科維奇職務是合法的嗎

　　亞努科維奇雖然逃離了基輔，後來還到了俄國，但又宣布自己「沒有辭職」，認為國會解除他的職務「不合法」。在俄國，他又聲稱自己才是烏克蘭的合法總統，議會所有決定都是無效的，指責烏克蘭被極少數「法西斯暴徒」控制，建議全民公決，決定國家的發展方向、憲法和政治制度。[1]這給了普丁一個「烏克蘭臨時政府不是合法政府」的藉口。

　　亞努科維奇為何要逃離基輔至今還是個謎。他的說法是「自己和親人的人身安全受到威脅」。一種說法是他在「220大屠殺」後害怕被秋後算帳，然而，後來有證據顯示，他早在2月19日已開始準備離開基輔，[2]即其逃離計劃還在大屠殺之前，也在21日簽訂協議之前。有可能是他害怕此前的鎮壓被追究，但在簽訂協議後，他至少在年底重新選舉前都還是總統身分，即便要走也大可以慢慢走。於是也有可能，他的逃走多少有一種「留下爛攤子」的不負責成分，甚至可能是按照普丁的意思去做的。

　　在「合法性」的問題上，嚴格地說，亞努科維奇並非沒有道理。[3]因為根據烏克蘭憲法108條，國會固然有權通過彈劾廢除總統，但根據111條，彈劾的原因必須是「叛國和其他罪行」，必須經過一半議員才可以發起調查，再經過辯論，2/3議員同意才能發起指控，再有3/4的議員同意才能通過，最後經過憲法法院審核才能作準（是否可以認定有叛國和其他罪行）。因此，彈劾廢除總統是非常漫長和複雜的程序。[4]

　　烏克蘭國會彈劾的原因主要是他放棄了行使總統權力的義務

（但亞努科維奇投票前1小時剛剛在電視上宣布自己沒有辭職）和現實情況極為緊迫，整個過程在一天之內就通過，而且贊成票為328票，距離3/4的338票（共有450名議員）還差10票。因此，無論從程序上，還是投票結果，解除總統職務都是「不合法」的。

　　然而，雖然在「合法性」（legality）上有缺陷，但在「合理性」（legitimacy）上，又並非沒有可以合理化的地方。

　　首先，歐洲廣場革命是一次「革命」，而不是在原憲法框架下的政權和平轉移。反對派重要的指責就是亞努科維奇廢除2004年憲法修正案是「不合法」的，亞努科維奇政府血腥鎮壓在先，更能合理化推翻他之舉。革命幾乎沒有可能在「合法」框架下舉行。舉例說，辛亥革命推翻滿清，共產黨革命推翻國民黨政權，那些難道都是符合法律程序的嗎？當然不可能。要評價這些革命「對不對」，只能從「合理性」去分析。

　　其次，當時「形勢危急」並非虛構的藉口，一方面是大屠殺，一方面俄國也正在策劃克里米亞「獨立」，都必須有一個政府去處理。亞努科維奇口說沒有辭職，但實際上逃離了首都，確實是不負責任之舉。舉例說明，在1949年，中華民國總統李宗仁自行逃離中國到美國，沒有到中華民國政府中央（無論是成都還是台灣）。國民黨三番四次請他回台灣行使總統職權，但他都拒絕。在群龍不能無首的情況下，蔣介石宣布「復行視事」。李宗仁認為這違反憲法。然而，有誰會認為李宗仁有理呢？

　　再次，雖然票數差了10票，但這是情有可原的，因為當時很多議員逃離了基輔或者躲起來，總共只有334人在場。投票結

果為328票贊成，0票反對，6人沒投票，116人不在場。也就是說，就算連那6票都贊成，也到不了338票的門檻。因此，固然差了10票，但這也是在緊急情況下不得不為。

再次，亞努科維奇下台是各方的共識，因為即便他所屬的地區黨，也在24日開除了他的黨籍。俄國一開始還想利用亞努科維奇做「流亡總統」，然而發覺他在烏克蘭實在太不受歡迎，最終也只得作罷。

最後，烏克蘭5月進行總統大選，波羅申科在第一輪就以54.7%的票數直接當選，這是橙色革命以來第一個不須經過第二輪而直接當選的總統。波羅申科的上任有充分的民意授權，這時亞努科維奇連最後一絲的「合法性」也不存在了。

## 亞努科維奇造成巨大的政治真空

作為季莫申科派系的溫和立場的代表，圖奇諾夫臨時上台表面看來是個可以接受的人選。但激進派系「自由黨」在推翻亞努科維奇時扮演了至關重要的角色，於是在臨時政府和國會中有很大話語權。在他們的主導下，國會通過了「廢除2012年語言法案」的法案，圖奇諾夫拒絕簽署，所以法案實際沒有生效。然而，法案本身被廣泛報導，「沒有生效」一事卻沒有多少人關心。這個舉動本身已經被俄國和親俄派宣傳為烏克蘭「納粹當道」，壓迫俄裔、積極「反俄」等信號，身在俄國的亞努科維奇也因此攻擊烏克蘭政壇「被少數的法西斯分子操控」。這些宣傳，加上當時烏克蘭大規模推倒列寧塑像等「反俄」舉動，被作為俄國合理化吞併克里米亞和挑動烏東三州分離主義的理由。在

中文世界，這同樣被大肆放大。

然而，這個理由完全站不住腳。

首先，最重點的是，在烏克蘭，這種法案必須經過總統簽署才能生效，否則五日內就自動過期。而當時的臨時總統圖奇諾夫拒絕簽署，這個法案根本「沒有生效」、「沒有生效」、「沒有生效」。（如果亞努科維奇說自己是總統，那麼他更加沒有簽署。）拿一個根本沒有生效的法令當作烏克蘭政府「壓迫俄裔」的證據，這豈非搞笑？

其次，即便真的廢除了2012年語言法案，就真的是壓迫俄裔了嗎？這也很難成立。正如前述，這個法案僅僅在一年多之前才通過，而且在通過之時爭議就很大。如果說廢除就是壓迫俄裔，那麼2012年之前的20年（或者準確說從1996年憲法開始算的16年），俄裔豈非一直在「被壓迫」中。如果說廢除了這個法案就是「納粹」、「法西斯」，那麼此前16年，烏克蘭豈非都是納粹當道？這顯然是無法成立的。

站在客觀的角度，這個「廢除」法案的動作，只不過是「恢復原狀」。當然，恢復原狀也可能是壓迫，特別是很久之前的「原狀」。比如如果現在美國廢除1960年代的反種族歧視法令，「恢復1960年前的原狀」，那麼黑人一定暴動。然而，在2012年法案生效的區區一年多時間，還未能說是「建立了穩定的新現狀」，那麼怎麼能說是「壓迫」？作為比較，這大概是拜登政府上台後廢除川普的法令差不多而已。當然可以有不同意見和引起不滿，但誇大為壓迫就言過其實。

最後，當時烏克蘭固然反俄情緒嚴重，但尚未到「失控」的

階段。比如說群眾大規模拉倒列寧像（這個我認為完全搞錯了對象，列寧是支持烏克蘭民族去俄化的），這不過是一種「表達自由」，連暴力都算不上。當時也沒有發生針對俄裔的嚴重暴力事件。即便俄裔有什麼不滿，還完全可以在現行的框架下，通過談判解決。而且，圖奇諾夫拒絕簽署法案本身，就說明了烏克蘭還有溫和派的平衡。在 5 月的總統大選中上台的波羅申科，也是代表烏克蘭民主改革聯盟出選的，它無疑算是較為「民粹」的一派（與季莫申科那種政體精英相對），但絕非「右翼」。

## 烏克蘭的土地來源

在討論克里米亞事件和頓巴斯戰爭之前，不妨再來重溫一下烏克蘭土地的來源組成。烏克蘭土地大致上分為西部、中部、東部、南部，以及克里米亞半島五部分。

要先指出，烏東、烏西的概念有點混亂（特別在中文）。有時說烏東烏西是指以中部的第聶伯河為界的東部和西部，這樣一來，中部和南部也被分到了烏東烏西去了。為避免混淆，最好把這種意義下的烏東和烏西，分別稱為「第聶伯河左岸（東岸）」和「第聶伯河右岸（西岸）」，或簡稱「左岸」和「右岸」。

烏西地區（即「西烏克蘭」）以利沃夫為中心，是烏克蘭人國家加利西亞大公國的領土，後來被立陶宛和波蘭兼併，也是烏克蘭民族主義的發源地。由於烏西地區絕大部分都是二戰之後才被併入俄國（蘇聯），是烏克蘭民族主義最強勢的地區。

烏中地區以基輔為中心，跨越第聶伯河，包括烏東三州的一

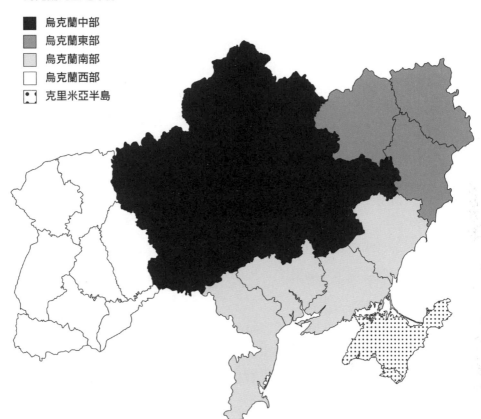

烏克蘭的土地來源

■ 烏克蘭中部
▨ 烏克蘭東部
▨ 烏克蘭南部
□ 烏克蘭西部
⦙ 克里米亞半島

部分，是烏克蘭人的中心，也是二戰前烏克蘭加盟共和國的主
體。歷史上是烏克蘭人（哥薩克）的土地。烏中地區的左岸在
17世紀後期先從波蘭獨立，再被併入俄國；烏中地區右岸是在
18世紀後期俄國三次瓜分波蘭中獲得。雖然有先後不同，但整
個烏中都是烏克蘭人為主體的地區。

　　烏東是指「烏東三州」，特別是烏東三州的東部，即哈爾科夫和頓巴斯地區，在歷史上屬於「斯洛博達」（Sloboda），是俄國最早從克里米亞汗國（鄂圖曼帝國的藩屬國）中搶來的。俄羅斯人眾多。

　　烏南地區即黑海沿岸部分歷史比較複雜。最西部分沿海是二戰後從羅馬尼亞（但上面主要是烏克蘭人，見烏西地區部分的討論）被蘇聯奪得併入烏克蘭。在第聶伯河右岸的沿海地帶是立陶宛大公國和克里米亞汗國相爭之地經常易手。第聶伯河右岸的沿海地帶和克里米亞半島都是克里米亞汗國的穩定領土。18世紀後期，俄國迫使鄂圖曼承認克里米亞汗國「獨立」，進而把克里米亞汗國吞併，烏南地區稱為「新俄羅斯」。當然，這個過程中，烏克蘭人（哥薩克）出了大力氣。烏南地區俄羅斯人也較多。

　　克里米亞的情況更特殊。克里米亞半島上的人原先是韃靼人，但被俄國占領後，對韃靼人採取「換血」式的流放政策，流放到中亞，大批俄羅斯人替換進來。因此一直是俄羅斯人比例最高的地區。在蘇聯成立時，「烏克蘭蘇維埃社會主義加盟共和國」包括烏中地區、烏東地區和烏南地區，面積約45萬平方公里，但它不包括克里米亞半島。到了二戰後，烏西地區也併入烏克蘭蘇維埃共和國，但直到1954年，蘇聯才把克里米亞劃給烏克蘭。

　　因此，一、長期屬於波蘭（和奧匈帝國）的烏克蘭西部地區是最反俄的；二、烏克蘭中部地區（以基輔為中心）是二戰前烏克蘭加盟共和國的主體，也是烏克蘭人的中心，當然也堅持烏克

蘭獨立；三、烏南地區也有不少俄羅斯族裔，烏克蘭化就較低；四、烏東三州是被沙俄最早吞併的地區，俄羅斯人眾多，有很大的離心主義傾向；五、克里米亞地區是俄羅斯從鄂圖曼帝國搶來的，在歷史上不是烏克蘭的一部分，現在以俄羅斯人為主，所以最親俄。

如上篇所述，在烏克蘭獨立時，克里米亞也想搞獨立，但最終以「克里米亞自治共和國」的名義留在烏克蘭，是烏克蘭唯一一塊自治地區，是國中之國。西南端的塞瓦斯托波爾租借給俄國為黑海艦隊主基地（與烏克蘭共用），在技術上說不是屬於克里米亞，但由於租借給俄國人，更像是「國中之國之國」。根據2001年的人口調查，克里米亞共和國中俄裔占58.3%，烏克蘭裔占24.3%，韃靼人占12%。在塞瓦斯托波爾市，俄裔更占71.6%，烏裔占22.4%。如果以語言比例算則更高，77%的克里米亞居民和94%的塞瓦斯托波爾居民都以俄語為常用語言。

## 克里米亞事件

歐盟廣場抗議進入1月份，在烏克蘭中心基輔和烏西地區固然是支持示威的一方得勢，但在烏東地區和克里米亞，親俄勢力也在運作。特別是自治的克里米亞。1月24日，克里米亞的親俄黨派就宣布在塞瓦斯托波爾成立「自衛組織」。2月4日，克里米亞的「克里米亞俄國人社區」（Russian Community of Crimea）的領袖就向克里米亞國會提議，尋求俄國的支持。2月23日，當烏克蘭國會通過「廢除2012語言法案」後（如前所述最後沒有

生效），克里米亞人群起抗議，局勢開始緊張。24日，俄國宣布將在26日在烏克蘭邊境進行軍事演習。2月26日，烏克蘭國會宣布解散曾對抗議者開槍的「金鵰部隊」，塞瓦斯托波爾市長查利（Aleksey Chalyi）則邀請「金鵰部隊」來克里米亞，受邀前往的軍警隨後在半島開始部署建立檢查點。27日，沒有戴標誌的俄國軍人進入克里米亞，封鎖克里米亞半島和烏克蘭本土的陸地通道，也包圍了克里米亞議會、克里米亞政府等重要機構，升起俄國旗。**如果要算真正的「烏克蘭戰爭的開端」，俄國在2月27日進入克里米亞就是戰爭開始的日子。**

在俄軍包圍下，議會投票通過：一、「解散原政府」；二、選出「俄羅斯統一黨」（Russian Unity）領袖阿克肖諾夫（Sergei Aksyonov）為克里米亞新總理；三、定於3月25日舉行公投決定克里米亞的地位。這些決議的合法性高度成疑，因為當時俄軍用武器包圍國會，控制所有出入口，還沒收了議員的電話。議題又全部都是倉促之間提出。烏克蘭臨時總統圖奇諾夫宣布其當選「不合法」。

3月1日，阿克肖諾夫請求俄國出兵「保護克里米亞的和平及平靜」，不戴標誌的俄軍隨即布滿整個克里米亞半島。4日，普丁解釋進入克里米亞的人「不是俄軍」，而是當地武裝（普丁從未承認進入克里米亞和烏東地區的人是俄軍，但絕大部分觀察家和評論家都認為如此）。

一開始的公投議題似乎是決定克里米亞的「地位」，然而不過幾天就變了。3月6日，克里米亞國會向普丁請求讓克里米亞「加入俄國」，並宣布將在10天後（16日）舉行克里米亞全民公

投，決定是否「加入俄國」。於是不但公投提前了，內容也變了。

　　克里米亞和俄國的舉動震驚世界。烏克蘭政府固然聲稱所謂「公投」是無效的，西方國家也一致反對。然而，事態發展太快，烏克蘭又正在一片混亂中，毫無抵抗力。由於俄國控制克里米亞陸上入口，烏克蘭軍隊無法開入。烏克蘭臨時總統新任命的烏克蘭海軍司令又宣布效忠克里米亞，有效忠烏克蘭政府的烏克蘭軍艦企圖衝出軍港到奧德薩，但俄軍鑿沉了一艘舊軍艦阻止烏國海軍外逃。最後，從海上進攻也無疾而終。

　　就這樣，在3月16日，克里米亞舉辦了「公投」。兩個選項是：一、以聯邦主體（federal subject）身分加入俄羅斯聯邦；二、恢復1992年克里米亞憲法成為烏克蘭的一部分。結果無論在克里米亞半島還是塞瓦斯托波爾，都以約97%的贊成票通過。3月17日，普丁宣布「尊重克里米亞人的選擇」，簽署法令承認克里米亞為「主權獨立國家」。同日，克里米亞以獨立共和國身分，正式向俄國提出申請加入。18日，普丁正式簽訂條約，接受了克里米亞和塞瓦斯托波爾加入俄國。19日，俄軍大舉進入克里米亞，占領了塞瓦斯托波爾中的烏克蘭基地，全取克里米亞。31日，俄國在克里米亞成立特別政府，由阿克肖諾夫擔任首領，直到重新選舉為止。至此，克里米亞完全落入俄羅斯手中。

# 克里米亞事件的國際法分析

俄國兼併克里米亞是二戰後第一次以「公投」為名占有他國領土的行為，在戰後國際關係中成為極為惡劣的先例。無論從哪一方面看，這都是一次完全不合法不合理的行為。

## 俄國的侵略違反國際法

第一，俄國違反了《聯合國憲章》。在克里米亞公投之前，俄國軍人就已經在未得到烏克蘭政府同意的情況下進入了克里米亞。雖然俄軍未戴標誌，普丁又否認，但這被廣泛視為事實，正如歐洲人權法庭指出，⁵俄烏協議在克里米亞俄軍不得超出25000人，然而在當時短時間內，俄軍就幾乎翻倍，而且有足夠證據證明那些都是俄國軍人，而且俄軍的增兵並未得到烏克蘭的同意（實際上根本沒有和烏克蘭商量過）。因此，俄軍這種行為已經屬於「侵略」，嚴重違反聯合國憲章。聯合國憲章第二條規定：「四、各會員國在其國際關係上不得使用威脅或武力，或以與聯合國宗旨不符之任何其他方法，侵害任何會員國或國家之領土完整或政治獨立。」

從國際實踐來看，國際社會對一國內政進行軍事干預只能在憲章第七章規定的當一國出現人道主義危機和違反聯合國決議並在和平的手段無法解決的情況下才能具有合法性。當時烏克蘭局勢雖然動盪，但是在總體上還是和平的，既沒有軍事衝突，也沒有對俄羅斯裔的種族迫害，也就是說，在烏克蘭境內沒有人道主義的危機。而如上分析，所謂「取消俄語地位」實際上根本是條

從未生效的法律。烏克蘭人推翻列寧像之「反俄」固然令俄羅斯不滿，但在行動上並不構成人道主義危機。這些都不可能成為俄羅斯出兵的理由。

第二，俄羅斯在1994年和美國、英國和烏克蘭在簽訂了《布達佩斯安全保障備忘錄》（Budapest Memorandum on Security Assurance）。烏克蘭同意放棄核武，換取三國的安全保障。

條約第一條規定：「美國、俄國、英國重申它們對烏克蘭的承諾，在歐洲安全合作組織（簡稱歐安會）最後條約（即1975年赫爾辛基協議）的精神下，尊重烏克蘭的獨立、主權和現有領土疆界」。

條約第二條規定：「美國、俄國、英國重申它們的義務，避免威脅或使用武力針對烏克蘭的領土完整和政治獨立，以及它們的任何一件武器都不會用於針對烏克蘭，除非出於自衛或其他符合聯合國憲章的事宜」。

有人認為，這個文件只是一個「備忘錄」，而不是「正式條約」，所以不具備法律效力。然而，這個備忘錄在聯合國秘書處的條約系列（Treaty Series）中登記，編入3007卷，號碼52241。[6]顯然是「條約」。而且，1969年《維也納條約法公約》（The Vienna Convention on the Law of Treaties）[7]第二條「用語」（甲）規定「稱『條約』者，謂國家間所締結而以國際法為準之國際書面協定，不論其載於一項單獨文書或兩項以上相互有關之文書內，亦不論其特定名稱為何；」因此，只要是國家之間締結的以國際法為準的國際書面文件，就算名字是「備忘錄」，也一樣是正式條約，有法律效力。

　　因此，烏克蘭放棄核武是以美俄英各國承諾烏克蘭的安全保障為交換條件的。烏克蘭遵守承諾放棄核武，根據條約，俄羅斯就無權對烏克蘭進行軍事威脅和領土分裂。美英也對烏克蘭的安全與完整負有責任。俄羅斯對烏克蘭的侵略公然違反了自己所簽訂的條約。如果一個大國對條約視為無物，隨時可以撕毀，那麼二戰後所建立的國際準則，將蕩然無存。世界只會重新走上唯力是視的叢林法則，這將是現代文明的大倒退。

　　第三，1997年，俄國和烏克蘭簽訂《俄烏友好合作與夥伴關係條約》（Treaty on Friendship, cooperation and partnership between Russia and Ukraine），第三條規定「雙方關係應基於互相尊重、主權平等、領土完整、邊界不可侵犯、和平處理紛爭、不使用武力或威脅使用武力……的基礎上」。條約同樣在聯合國秘書處的條約系列中登記，編號為52240，[8]具有正式的法律效力。顯然，俄國侵犯了烏克蘭的領土完整、邊界不可侵犯、和平處理紛爭、不使用武力或威脅使用武力，共計四項。

　　第四，1975年歐洲安全會議達成的《赫爾辛基協議》（CSCE Final Act）制定「十大原則」，包括：一、主權平等，尊重天賦的主權權利。二、抑制威脅或使用武力。三、確認邊境的不可侵犯性。四、確認國家領土的完整性。五、確認和平解決爭端原則。六、不干預內部事務。七、尊重人權和基本自由，包括思想自由、良知、宗教和信仰。八、平等和人民自決。九、國與國互相合作。十、在國際法下誠信履行義務。[9]

　　在克里米亞事件上，俄羅斯至少違反七條：俄國沒有尊重烏克蘭的「主權權利」（第一條）、使用了武力（第二條）、侵犯

了烏克蘭的邊界（第三條）、破壞了烏克蘭領土的完整性（第四條）、沒有用和平方法解決爭端（第五條）、干預烏克蘭內部事務（克里米亞）（第六條）、違反了《布達佩斯安全保障備忘錄》的義務（第十條）。

　　蘇聯是簽約國。俄國繼承了蘇聯的條約義務，自然要遵守。冷戰後，俄烏都是歐安會成員，所有的宣言都會提及和追溯到《赫爾辛基協議》，因此該協議也進一步對兩國都有約束力。這類宣言之多不可勝數。這裡就不再一一舉例了。

　　第五，俄國要兼併克里米亞也沒有合理性。很多人為俄國辯護，說「克里米亞原本就是俄國的」，現在要回來也是情有可原。不錯，克里米亞是俄羅斯在1954年轉送給烏克蘭的。然而，在法律上，我們都知道「送出的東西就不是自己的東西」。當年蘇聯決議轉讓土地是政治局全體一致的決定，也經過最高蘇維埃的確認，完全合法合理。根據1936年蘇聯憲法第18條，蘇聯中央做出的領土變更決定必須得到加盟共和國的同意。但當時，無論俄羅斯蘇維埃還是烏克蘭蘇維埃都表示贊成。[10]一個俄羅斯蘇維埃的高級官員還認為「只有在蘇聯，才能把土地轉讓這種最重要的事毫無困難地做成了」。這算是體現了蘇聯的「制度優越」。

　　同樣重要的是，俄國在蘇聯解體後是「自願」地承認克里米亞屬於烏克蘭。我們不說「違反條約」之類的大道理。就說自己送出去的東西，本來有機會要回來，但是還是再次說「它是你的」，現在又想再拿回來，這合理嗎？

　　俄國要兼併克里米亞，主要是出於地緣政治的考慮，特別是

不能失去塞瓦斯托波爾這個黑海艦隊的良港。這種心情可以理解，然而，看到好東西就要搶，這當然只能用貪欲去形容。何況，俄國還可以嘗試繼續租借。也有人說，烏克蘭到2017年就不租借港口給俄國了。然而，直到俄國兼併克里米亞的一刻，亞努科維奇簽訂的把租約延長到2047年還是有效的。不錯，在亞努科維奇下台後，烏克蘭確實可能轉態。但如果烏克蘭先轉態了，就是烏克蘭不對，現在俄國先搶了，就是俄國不對。這裡的道理非常分明。退一步說，即便真的烏克蘭反悔了，烏克蘭不對，但距離要合理化把整個克里米亞都吞過去還有十萬八千里。

## 克里米亞方公投欠缺合法性

第一，克里米亞無權發動獨立公投。在烏克蘭獨立之初，克里米亞憲法變動頻繁。第一次穩定下來的版本（1992年9月）已經規定「克里米亞是烏克蘭的一部分」。此後經過數次更改。穩定下來的是1998年的版本，這也是2014年時，克里米亞使用的憲法版本。第一條規定「克里米亞自治共和國是烏克蘭完整的一部分」（The Autonomous Republic of Crimea shall be an integral part of Ukraine），[11] 第四十八條雖然規定，克里米亞最高議會有權就「改變對克里米亞自治共和國的狀態和權力的限制」（make motions on alterations regarding the limitation of the status and powers of the Autonomous Republic of Crimea）發起公投。然而，這必須在烏克蘭憲法和法律的限制之內（determined by the Constitution of Ukraine and Ukrainian laws）。

而烏克蘭憲法（1996年）第二條就規定「烏克蘭在目前疆

界內的領土不可分割、不可侵犯」（The territory of Ukraine within its present border is indivisible and inviolable）。[12]第十章專門為克里米亞自治共和國而寫，第134條規定「克里米亞自治共和國是烏克蘭不可分割的一部分」（The Autonomous Republic of Crimea is an inseparable constituent part of Ukraine）。

　　換言之，克里米亞議會根本無權做出「獨立公投」，更遑論「加入俄國公投」了。值得指出的是，克里米亞在蘇聯解體時留在烏克蘭，固然是妥協之下的結果，但無論烏克蘭憲法，還是克里米亞憲法，都不能說是「強迫」的。否則所有協議都可以認為是強迫的，而這顯然不符合常識。克里米亞憲法是克里米亞本地通過的，烏克蘭憲法克里米亞人也有份投票贊成。它們都基於合理期望下的「自願」。

　　第二，在2月27日，克里米亞議會解散原政府、任命新總理、宣布公投，都是非法的。其非法性首先在於整個過程都在俄軍的壓力下。其次，在短短一天之內，接連此前從未討論過的三個重大決定，這顯然不符合常規。在法律意義上最重要的是，根據1998年克里米亞憲法第37條第一款，克里米亞國會雖然有權任命和解職總理（Chairman of Council of Ministers），但必須在烏克蘭總統「支持下」（as endorsed by the President of Ukraine）。當時烏克蘭的臨時總統明確反對。雖然亞努科維奇自稱還是烏克蘭總統，但他也沒有明確表態支持（endorse）。因此，新總理上台合法性非常成疑，而他所主導的公投，其合法性也自然高度可疑。

## 克里米亞獨立欠缺合理性

　　一個獨立公投（或者新國家的誕生），通常都是「非法的」，容易理解，幾乎沒有什麼國家願意領土脫離。然而沒有 legality，不等於沒有 legitimacy。因為聯合國承認「民族自決」的原則，因此，民族自決通常就能提供「合理性」的理由。然而，即便放在「民族自決」的框架下繼續審視，我們同樣可以發覺，克里米亞的公投並沒有合理性。

　　第一，「民族自決」並非金科玉律。雖然聯合國憲章原則上支持民族自決，但同時又支持「領土完整」。很明顯，自決和完整是矛盾的。因此，不能無條件地認為「民族自決」就應當受到支持。事實上，絕大部分國家都不支持「民族自決」。比如，西班牙的加泰隆尼亞，爭取民族自決獨立很久了，2017年還進行了自決公投，然而馬德里政府認為公投非法，不但不承認，還出動警察控制了當地議會，根據憲法宣布解散當地議會重選，加泰主席普吉德蒙（Carles Puigdemont）流亡海外被通緝。西班牙是歐洲的民主國家，同樣不支持民族自決公投，歐洲幾乎沒有一個國家站在加泰一方。

　　要有「合理性」，必須符合一些條件。

　　第一，很多國家的獨立是有「歷史機遇窗口」，比如帝國解體的潮流，民族獨立就有其普遍性，更容易得到支持。遠的如鄂圖曼、奧匈帝國、中華帝國解體（蒙古獨立），近的如蘇聯和南斯拉夫解體，各民族獨立就很容易。克里米亞獨立也有好時機，就是蘇聯解體的時候，然而克里米亞錯過了這個「獨立窗口」，

自願地留在烏克蘭。哪怕它在當時成為「自稱獨立」的傀儡共和國，那現在宣布公投獨立，也更有理由一些。然而它沒有這麼做。

第二，很多國家獨立是因為「殖民地」身分，即被認為合併到某國是不合法行為的結果。所以現在有權獨立。然而，克里米亞的情況並非如此，它在蘇聯時代轉過給烏克蘭是完全合法的，不是什麼非法的行為。

第三，很多民族爭取獨立得到同情，是長期抗爭之後的結果。比如庫德人，為獨立打仗許多年，在多次戰爭中也都站在西方國家的一邊，為反恐戰爭也出了大力氣。於是很多西方國家同情庫德獨立運動。然而就算這樣，西方國家也沒有明確支持庫德人獨立，因為「維持伊拉克領土完整的現狀」還是共識。相反，克里米亞人固然也爭吵過要獨立，但都是小打小鬧。

第四，很多民族爭取獨立得到同情，也是因為弱小民族被主流民族迫害，發生了種族滅絕（或至少人道主義災難），於是從人道主義出發（這也是聯合國憲章認可的原則），國際支持它們獨立建國。然而，克里米亞的俄裔人，雖然在烏克蘭是「少數民族」，但由於有強大的俄國在旁，俄羅斯人對烏克蘭人反而是強勢民族。克里米亞的俄裔根本沒有什麼「種族滅絕」之虞，就連人道主義災難也沒有。特別是在2014年發動公投之際，對俄裔的所謂「迫害」根本是虛構的。正如前述，雖然烏克蘭有狂熱的反俄派，但政府中還是以溫和派最後掌舵，所謂剝奪語言使用權是個沒有生效的法案。克里米亞根本沒有適當的理由合理化發動公投。

　　第五，同樣重要的是，國際上雖然或會支持民族自決，但絕不會支持一個大國以民族自決為藉口，把鄰國的土地兼併過來。換言之，如果克里米亞真的只是「自決獨立」，那麼還好一些。現在擺明是「急吼吼」地要加入俄國（或者說俄國急吼吼要兼併克里米亞），「吃相太難看」。

# 克里米亞和科索沃為什麼不一樣？

　　很多人，包括俄國和普丁自己，把西方國家對科索沃公投獨立給予承認作為例子，論證克里米亞（和之後頓巴斯的傀儡共和國）公投是合法合理的，否則就是西方國家的「雙重標準」。中文圈子裡面占輿論主流的官方傳媒基於傳統的親俄反美思維，也以此為俄國辯護。這多少能夠迷惑一些對科索沃和克里米亞以及國際法不了解的人。認為憑什麼「美國可以支持科索沃獨立，俄羅斯就不可以支持克里米亞獨立？」

　　這個說法完全站不住腳。然而，從表面上看，國際社會在2010年承認科索沃在2008年宣布的獨立，和俄羅斯承認克里米亞的獨立，確實有表面上的相似，都是一個主權國家的一部分通過公投而做出「獨立」的決定。於是有必要專門分析一下，為什麼科索沃和克里米亞是不同的？為什麼表面上的相似掩蓋了它們之間內裡的本質不同。

　　為此，我先簡單回顧一下科索沃的獨立過程。

　　南斯拉夫是一戰之後才建立起的國家。在1910年前，以阿爾巴尼亞人為主的科索沃是鄂圖曼帝國的領土。巴爾幹戰爭中，

塞爾維亞從鄂圖曼手裡奪得科索沃。一戰後，巴黎條約把其他原屬奧匈帝國的民族的土地作為戰利品給了以塞爾維亞人為主導的南斯拉夫。在兩戰之間，塞爾維亞人對科索沃進行「殖民統治」，有目的有組織有計劃地把阿族人遷出祖居的科索沃和把大量的塞爾維亞人遷入科索沃，這引起科索沃人民的反對。

這個「殖民」的稱呼不是我發明的，也不是西方人硬套上去的，而是在當年南斯拉夫的法令中就是這麼稱呼的（Decree on the Colonization of the Southern Provinces of Yugoslavia 和 Decree on the Colonization of the Southern Regions）。因此，從科索沃的政治地位來看，一開始科索沃就被視為塞爾維亞的殖民地。

這種殖民進程因為二戰的關係才告一段落。但是這已經相當大地改變了科索沃的人口分布，儘管阿族還是大多數。很大程度由於殖民統治給科索沃人口所出現的變化，科索沃在戰後沒有取得和其他少數民族一樣獲得加盟共和國的地位，而僅僅是塞爾維亞的一個自治省，其自治程度甚至比另一個自治省還要低。

1989年之後，南斯拉夫解體，各少數民族紛紛取得獨立。科索沃也在1991年宣布獨立。要注意的是，在這時，僅有阿爾巴尼亞承認科索沃獨立。西方國家並不承認科索沃的獨立。這時在科索沃開始發生要求獨立的阿族人和塞爾維亞軍隊與武裝的衝突。在1998至1999年前後，科索沃開始發生廣泛的人道主義危機，特別是出現大規模的難民潮和塞爾維亞政府對阿族人的非法大屠殺（記錄在案的有22次）。而在米洛塞維奇的拒絕下，西方社會的政治解決的努力宣告失敗。人道主義危機的誕生以及和平政治解決的失敗是北約最終決定軍事干預的主要原因。

1999年，聯合國安理會通過決議案1244號（United Nations Security Council Resolution 1244），根據第11項e款，科索沃的未來地位將通過政治和平解決，而且規定在科索沃成立聯合國臨時自治區，而北約則承擔維和義務（Rambouillet Agreement）。這個決議獲得包括俄羅斯在內的14個理事國的贊同，唯一投棄權票的是中國，南斯拉夫也接受了這個決議。這個決議案表明，科索沃在聯合國的決議中是有權獨立的。

2006年，聯合國特使經過詳細調查和評估提出最終解決科索沃地位的報告，建議科索沃成立一個留在塞爾維亞中的高度自治的政治實體（但不是獨立）。這個聯合國建議取得了大部分國家的支持，唯有俄羅斯和塞爾維亞極力反對，中國也反對。為此，報告一再修改讓步以滿足俄羅斯的要求，但最終並沒有得到一致的意見。在這種情況下，2008年科索沃宣告獨立。這個獨立得到108個聯合國成員國的承認，占聯合國成員的大多數（56%），並在2010年的國際法庭中裁決合法。

從科索沃獨立和克里米亞獨立相比，我們可以發現幾個重要的不同。

第一，民族因素。科索沃是塞爾維亞在1912年從土耳其人搶來的殖民地。其原居民阿爾巴尼亞人不是斯拉夫人，和塞爾維亞人沒有任何歷史淵源。即便經過塞爾維亞的殖民地化運動，阿爾巴尼亞人還是占人口大多數，而且保持了原有的民族認同。

在俄羅斯吞併克里米亞之前，這裡本來是韃靼人的領地。韃靼人是突厥人的一支，和土耳其人以及中國的維吾爾族是同宗。在俄羅斯吞併克里米亞之後，俄羅斯人才開始進入這個地區。但

是俄羅斯人徹底成為這個地區的大多數還要得益於在二戰後期，史達林強行沒收所有韃靼人的財產，並把這裡所有的韃靼人一下子遷往中亞地區並關入勞改營中強制勞動（主要是烏茲別克）。這個反人類罪行讓超過20萬韃靼人在惡劣的條件之下被迫離鄉背井，在途中和其後幾年間接近一半的人因為疾病和飢餓死於萬里之外的異鄉。於是本土的韃靼人一下子在克里米亞完全消失，取而代之的就是大量湧入的俄羅斯人。直到蘇聯解體之後，小部分韃靼人才開始從中亞回遷到自己的故鄉，但人口比例已經無法和以前相提並論了。

　　因此，如果把歷史因素考慮進去。克里米亞的人口構成現狀完全是蘇聯時期的俄羅斯人所一手造成的。且不論這在當代（發生在1944年）屬於反人類的種族清洗罪行，僅僅從誰應該決定克里米亞的命運這點來說，現有的民族組成顯然不能作為決定克里米亞命運的依據。

　　因此，克里米亞的前途並不應該僅僅由現在的居民決定，克里米亞在這個時刻搞獨立也是缺乏理據的。克里米亞的前途應該在局勢穩定後，由原居民後裔和現在的居民通過協商而決定。

　　第二，歷史和法理因素。在歷史上，在被塞爾維亞人通過戰爭的方式搶過來後到90年代之前，阿裔一直沒有能夠表達自己的意願。根據聯合國非殖民地化的精神，作為殖民地的科索沃原居民有權決定自己的前途。在獨立運動興起之後到宣布獨立前，阿族人沒有和塞爾維亞人達成任何的協議。

　　克里米亞本身不是通過殖民地的方式被烏克蘭占有的（要算的話殖民地原居民是韃靼人），而是在20世紀50年代在蘇聯的

統治下，被俄羅斯人赫魯雪夫從俄羅斯劃給了烏克蘭。這種轉移是和平的，也是合法的。在烏克蘭獨立後，克里米亞曾經爭取過獨立，但是很快和烏克蘭政府達成協議，以自治共和國的身分留在烏克蘭內。在克里米亞議會自己訂立的憲法中，第一條就規定：克里米亞自治共和國是烏克蘭不可分割的一部分。

因此，克里米亞屬於烏克蘭是一個和平而合法的過程，是克里米亞和烏克蘭中央政府達成的協議的規定，也是克里米亞憲法的規定。克里米亞獨立既不符合聯合國的非殖民地化的精神，也違反了它和烏克蘭達成的協議和自己的憲法。

第三，國際法方面。科索沃2008年的獨立雖然沒有取得所有國家的共識，但是在聯合國1244號決議中，已經為科索沃未來可能的獨立留下法理依據。而這個決議是在包括俄羅斯在內的安理會中以14票贊成1票棄權的絕大多數通過的。西方國家在2008年支持科索沃獨立並沒有違反國際條約。

克里米亞則不同，烏克蘭的領土完整受到國際條約的保護。在1994年的《布達佩斯安全保障備忘錄》中規定烏克蘭同意放棄核武，而其他各國（美國、英國和俄羅斯）承認並確保「烏克蘭在現有領土上的獨立和主權」，「避免使用武力威脅烏克蘭」。烏克蘭放棄核武是以美俄英各國承諾烏克蘭的安全保障為交換條件的。烏克蘭遵守承諾放棄了核武，俄羅斯就有義務根據條約，尊重烏克蘭的領土完整。美英也對烏克蘭的安全與完整負有責任。俄羅斯對烏克蘭的侵略公然違反了自己所簽訂的條約。

中國對烏克蘭也有國際條約方面的義務，2013年，中烏簽訂《關於進一步深化戰略夥伴關係的聯合聲明》，裡面規定：

「雙方強調，在涉及國家主權、統一和領土完整的問題上相互堅定支持是兩國戰略夥伴關係的重要內容。雙方相互堅定支持對方根據本國國情選擇的發展道路，支持對方為維護國家獨立、主權和領土完整，保障政治社會穩定，發展民族經濟所做的努力。」

因此，俄羅斯支持的克里米亞的獨立違反了國際條約，是不合法的。

第四，軍事干預。北約對科索沃的軍事介入是在科索沃出現人道主義危機之後的事，而這種危機通過政治方法無法和平解決。聯合國憲章第47條規定在這種情況之下，國際社會有權使用一切必要的手段去阻止。

而在克里米亞，既沒有出現人道主義危機，沒有烏克蘭中央政府企圖改變克里米亞的現狀，也沒有俄裔利益受到損害的例子。俄羅斯的出兵除了侵略之外並無任何理由。所謂要保護俄裔，只是俄羅斯憑空想像出來的藉口。

第五，和平努力。在北約軍事干預科索沃之前，和平解決始終是北約的第一選擇，軍事介入只是在和平解決的政治手段無效之後的最後選擇。

在克里米亞事件中，在俄羅斯入侵之前根本沒有任何值得一提的「事件」發生，即使有這個「事件」，俄羅斯也沒有嘗試從政治和外交方面出發去解決，而是直接採用軍事介入的方式。這違反了聯合國以和平方式解決爭端的原則（聯合國憲章第二條）。

第六，國際共識的努力。在整個科索沃獨立的過程中，尤其是所有關鍵的步驟中包括出兵和決定政治前途，西方社會都是採

用了一切努力以圖取得廣泛的國際共識。最值得指出的是，儘管科索沃獨立問題在90年代初就開始，但是直到2008年之前，西方社會都不支持科索沃獨立。在這漫長的18年過程中，歐盟美國和北約都盡最大努力去推動科索沃在高度自治的情況下留在塞爾維亞（南斯拉夫）的方案。

但是在克里米亞事件中，幾乎沒有一個國家支持俄羅斯，就連中國也沒有明確支持克里米亞獨立。俄羅斯也沒有任何努力取得國際共識。俄羅斯的行動完全是單邊主義的。

第七，政治前途。科索沃人民的意願是獨立，西方社會支持這種民族自決的獨立，而從來沒有把科索沃吞併的野心。

俄羅斯軍事干涉烏克蘭和支持克里米亞的唯一原因就是想把克里米亞占為己有，是違反國際法的吞併他國領土的行為。最顯而易見的，這個所謂的「獨立公投」根本就沒有「獨立」的選項，不是歸俄，就是歸烏。克里米亞總理根據公投贊成「歸俄」的結果，宣布「克里米亞獨立」，連自己也違反了公投決議。

第八，程序。科索沃人民從爭取獨立到最後獨立，一共用了18年時間。在1999年由聯合國接管後，也有9年時間讓人民充分表達自己的意願，這種意願是經過深思熟慮而不受外力干預的。科索沃人民最後做出國家獨立的決定，是充分反映了他們的意願。

而克里米亞從俄羅斯入侵到提出要獨立，再到公投，用了僅僅不到20天的時間。而公投標的，從獨立立即轉到加入俄國。在俄羅斯軍事占領下，又如此倉促的「公投」，根本無法讓克里米亞各種人有充分的時間和不受脅迫的環境去表達、思考和爭論

自己的意願。這種所謂公投，不可避免地淪為政客玩弄「法制」的手段，亦不可避免地淪為一個反面教材。

通過以上八點分析可知，我們可以看到科索沃和克里米亞有本質的不同。儘管從政治學理論上說，克里米亞獨立所隱含的地區自決原則有一定的正確性，但毫無疑問，科索沃並不是克里米亞的先例。

## 總結

在克里米亞事件中，烏克蘭和西方完全沒有還手之力，完全就是眼睜睜地看著克里米亞被俄國搶過去。俄國之所以如此順利有幾個原因。

第一，克里米亞本身就有很強的獨立／歸俄傾向。因此，儘管公投是不合法的（如前分析），但公投出現大比數的結果應該說是完全可以預料的。對比接下來的烏東三州，俄國的分裂策略就遠沒有這麼成功。

第二，克里米亞本來就是「自治共和國」，可以說，上上下下都是克里米亞自己人。烏克蘭原先的統治，依靠和克里米亞政府的制度性安排。然而態度可能曖昧的總理在一開始就被撤職了，換上絕對的親俄派。一旦克里米亞政府翻臉不認制度，烏克蘭中央政府在克里米亞的話語權幾乎為零。

第三，俄國在克里米亞近水樓台，還有合法的軍事存在（租借軍港），它派兵（增兵）到克里米亞只是舉手之勞。而且克里米亞半島和烏克蘭其他地區只有短短的瓶頸一般的邊界線，俄軍

一封鎖，誇張地說連一隻蒼蠅都飛不進。從海路也無法進入，烏克蘭的海軍本身就比俄軍弱小得多，而且還有大批「內奸」。

第四，烏克蘭獨立以來，軍隊放馬歸田，軍人缺少訓練，軍備常年不用在「吃灰」。面對強大的俄軍一籌莫展。

第五，烏克蘭還在巨大的政治動盪中，人民剛剛還在推翻亞努科維奇的興頭上，政府處於真空狀態。烏克蘭人只想到革命，沒有留意到分離主義；只想著處理「內憂」，對「外患」毫無防備。事實上，很多歷史教訓都說明，在革命動盪時期，是最容易出現分離主義和引致外國覬覦的。但當時大部分烏克蘭人和政客都沒有意識到這個問題。

第六，在克里米亞事件前，俄國剛剛主辦了索契冬季奧運會，傳統上奧運會是和平的象徵，普丁更藉著奧運會刻意營造「祥和氣氛」，沒有人想到俄國轉眼就換上了「侵略模式」。

第七，雖然俄國有過2008年入侵喬治亞的「黑歷史」，但沒有人想到俄國會冒天下之大不韙，公然搶走鄰國的合法領土。客觀說，在二戰之後，這種惡劣的情況從未出現過。期間國際上固然有爭奪領土的衝突，然而那些都是為一直在爭議的領土而大動干戈。但克里米亞卻不是俄烏東爭議領土，俄國早就承認克里米亞屬於烏克蘭。所以整個國際（也包括烏克蘭自己）都被「嚇呆了」，除了譴責，根本來不及幹任何事。

第八，西方國家對俄國干涉烏克蘭早有準備，但對普丁要吞併克里米亞毫無防範。除了以上說的「俄國太壞」的原因，西方的外交系統、情報機關和輿論系統也要「打屁股」。在2022年烏克蘭戰爭前，西方的外交、情報、輿論系統就充分吸收經驗，不

但緊盯普丁，而且還採取了「事先張揚」的手法，把普丁的一舉一動每個打算都公諸於世。俄國發動全面進攻固然還是令大多數人意想不到，但再也不是完全沒有準備的狀態了。

第九，俄國在克里米亞事件中打了一場客觀而言是「漂亮的宣傳戰」。俄國主打六個點：一、一概否認俄軍進入克里米亞；二、強調烏克蘭臨時政府是「非法政府」；三、烏克蘭「納粹化」，民族壓迫和語言壓迫，要保護俄裔和「說俄語族群」的安全，這裡，俄國傾向用「說俄語族群」而不用「俄裔」，這樣就可以把更多的說俄語烏克蘭裔「代表」過來了；四、強調「克里米亞本來就是俄國的」；五、強調克里米亞有「民族自決」的權利；六、用科索沃例子指控西方「雙重標準」。這些論點筆者在以上都詳細分析和反駁過，但它們似是而非，很有迷惑力。更加上作為宣傳戰，論點是否正確是否打動人只是一方面，更重要的就是聲音要夠大，「謊言重複一百次就變成真理」。網際網路的發達和西方對言論自由的支持，讓普丁的宣傳戰發揮最大效力。2022年戰爭中，西方吸取了教訓，第一時間封殺了俄國的宣傳機器。

第十，當時無論歐洲還是美國都處於外交的「軟弱時期」。歐巴馬（在筆者看來）是二戰後美國外交最軟弱的總統，英國的卡麥隆首相正準備蘇格蘭獨立公投，德國的梅克爾是普丁的好朋友，法國總統歐蘭德民望之低創下了第五共和國的最低紀錄。這時，敘利亞內戰和反恐戰爭還如火如荼，西方還想拉攏俄國讓阿塞德下台。歐洲還被難民和國內伊斯蘭恐怖主義分子困擾。在毫無準備之下，除了擺擺姿態，都不可能對普丁有什麼實質的反擊。

　　果然，西方國家固然紛紛支持烏克蘭，但在實際動作上，除了美國和英國宣布「制裁」俄國一些個人和實體（幾乎無傷大雅）；G8取消了將在索契舉行的峰會，還把俄國踢出（重新回到G7）之外，就無能為力了。其他國家更連制裁都欠奉。美國和英國肯出手制裁，主要的原因還是它們是《布達佩斯備忘錄》的簽約國，雖然條約沒有規定它們如何做去「保證烏克蘭的主權安全和領土完整」，但是它們有「道義責任」必須做點事。

　　第十一，對普丁最有影響力的大國領導人莫過於中國的習近平。烏克蘭是90年代以來和中國關係最好的前蘇聯國家，在軍工和農業方面對中國有極為重要的意義。剛剛在2013年底，中國還和烏克蘭簽署了《關於進一步深化戰略夥伴關係的聯合聲明》，裡面規定：「雙方強調，在涉及國家主權、統一和領土完整的問題上相互堅定支持是兩國戰略夥伴關係的重要內容。雙方相互堅定支持對方根據本國國情選擇的發展道路，支持對方為維護國家獨立、主權和領土完整，保障政治社會穩定，發展民族經濟所做的努力。」然而，中國始終不能正視中國在國際上的責任，始終置身事外。把烏克蘭視為與己無關的國家。比如《環球時報》的社論〈涉克里米亞表決，中國棄權就是態度〉中，始終把事件放在俄國和西方對抗的框架下討論，通篇都沒談中國對烏克蘭的國際責任，包括條約責任和道義責任。中國在烏克蘭最危急的關頭放棄了對烏克蘭的承諾。

　　第十二，俄國作為聯合國常任理事國，在聯合國安理會有否決權。俄國從來不尊重聯合國解決紛爭的機制，但擁有否決權卻能讓聯合國毫無作為。另外還有中國在幫忙打下手，於是聯合國

對這種公然違背在此事上毫無作為。

　　克里米亞事件是二戰後最惡劣的國家侵略行為之一，或許只有海珊的伊拉克公然吞併科威特可以比它更惡劣一些。其性質之惡劣，不在於事件引發的生命損失和人道主義災難，基本上整個過程都是「和平的」，而在於「禮崩樂壞」，二戰建立起來的大國不尋求擴張的傳統被徹底破壞了，依照國際法和國際規則行事的準則被破壞了，不以武力解決問題的準則被拋到一邊，以聯合國為中心的解決國際糾紛的制度更被聯合國的「五大常任理事國」之一徹底無視。它既是烏克蘭戰爭的開端，普丁嚐到甜頭，於是才會在烏東繼續煽動叛亂，它也是整個後冷戰時代結束的先聲，沒有它就沒有2022年這場終結後冷戰時代的全面戰爭。

第四章

# 烏克蘭戰爭的來龍去脈
# 與是非曲直（下）
## ——從頓巴斯到全面戰爭

## 頓巴斯戰爭

克里米亞危機只是俄國侵略的第一步。在克里米亞危機同時或稍晚，烏東三州危機也爆發。2014年3月1日，即在克里米亞要求俄軍保護的當天，在頓內次克發生了第一次親俄示威，抗議者占領了當地的政府機關。哈爾科夫和馬里烏波爾（Mariúpol）也醞釀親俄示威。這時，俄國的重點還在克里米亞，局勢並未惡化。但到了克里米亞局勢大定，俄國又開始出手了。

4月7日，占領頓內次克和哈爾科夫的親俄派宣布成立「頓內次克人民共和國」（Donetsk People's Republic）和「哈爾科夫人民共和國」（Kharkov People's Republic）。烏克蘭新內政部長為兩地訂立11日撤出占領的政府機關的「死線」，然而無人理會。「死線」一過，烏克蘭的警察奪回了哈爾科夫的政府建築，但在頓內次克，帶槍的「示威者」反而攻占了更多的政府機關，

133

警察局長也宣布辭職。於是兩地的走向截然不同。

4月13日，烏克蘭宣布在烏東執行「反恐行動」（Anti-Terrorist Operation），「頓巴斯戰爭」打響。烏克蘭用反恐的名義，當然是有希望套用「恐怖主義」獲得宣傳效果（當時流行「反恐戰」），另一個原因是不想把他們標籤為「分離主義」，以免「污名化」其他烏東的俄裔（和說俄語的烏克蘭人），甚至把他們推向分離主義分子一方。

實際上，那些人當然不是那種發動恐怖襲擊的恐怖主義者。但同樣，那些「抗議者」亦既不是和平示威者，也不是用原始武器和警方對峙的「歐洲廣場」式的抗爭者，他們也不限於只使用輕武器，他們手裡還有裝甲車、火砲、坦克飛彈等重型武裝，足以和政府軍對抗。他們至少應該被定義為「分離主義武裝」。其實，他們甚至不是單純的本土分離主義者，很多人認為他們中有很多是俄國的軍人，而不是烏克蘭籍的俄裔。如果是這樣，那麼他們中至少一部分是「外國干涉軍」或「侵略者」。但普丁至今沒有承認俄國軍人介入，加上烏東三州有很多人都是雙重國籍，所以真假難分。但一般認為，他們就是那種本土和俄國軍人的混合武裝。

烏克蘭的軍隊一開始表現很差。原因和在克里米亞的分析中一樣：烏克蘭政治真空混亂；軍隊弛廢武力不足；烏東地區俄裔支持度雖然不及克里米亞，但也相當可觀；烏東親政府派並未充分動員；俄國干涉等等。到了4月27日，盧甘斯克也宣布成立「盧甘斯克人民共和國」（Luhansk People's Republic）。5月11日，盧甘斯克和頓內次克分別舉行「公投」，正式宣布「獨立」。

　　對烏克蘭而言，好消息是在哈爾科夫自從一開始奪回政府機關後，就基本在烏克蘭政府手中，雖然此後還有示威抗議，但最終都和平平息。親俄派還想在俄南的奧德薩複製分離主義，結果很快被撲滅了。慢慢地，烏克蘭戰力開始恢復，在烏東兩州的親政府武裝也動員了起來，政府開始收復失地。

　　對比分離武裝，烏克蘭最大的優勢就是有戰機，戰鬥機可以從空中攻擊分離武裝。俄國再干涉，也不想公開直接參戰，也不可能提供飛機給武裝分子（除了太過張揚之外，還因為要操控飛機必須經過長期訓練，不是誰都可以開飛機。俄國的對策就是提供防空武器。俄式防空武器有一定效果，但不能高估，戰果最輝煌的不是打下戰鬥機，而是運輸機，一下子打死了20多個烏克蘭軍人。7月17日，發生慘烈的馬航MH17號被擊落事件，多達約300名無辜的乘客和機組人員死亡。所有的證據都指向烏東的親俄武裝，普丁焦頭爛額。

　　這個事件成為烏東戰事的轉折點。這時，主動權轉到了烏克蘭手上，烏克蘭加緊進攻。8月20日，政府軍攻占了距離頓內次克30公里的伊洛瓦伊斯克（Ilovaisk），該處是鐵路的中轉站，是從俄國支援頓內次克的必經之地，也切斷了盧甘斯克和頓內次克之間的聯繫。這被視為烏克蘭關鍵性的勝利。於是俄國坐不住了，正式派出正規軍奔赴戰場，把烏克蘭軍重重包圍。烏軍完全不是對手，最後盡數被俘。

　　伊洛瓦伊斯克戰役成為頓巴斯戰爭的又一個轉折點。俄國正規軍這次是公然進入烏克蘭領土，「侵略」的指控無法抵賴。烏克蘭在以為要勝利的關頭被猛擊一棍，也不得不正視現實。於

是，雙方在歐洲的調停下，在9月8日簽訂停火的《明斯克協議》（Minsk Protocol）。因為後來又有一個明斯克協議，所以這在後來稱為《明斯克一號協議》。

好景不長，2015年1月，戰事再起。烏克蘭政府在2014年7月奪回控制的頓內次克州的傑巴利采韋（Debaltseve）是突入分離武裝控制區的楔子，只靠一條很窄的通道相連。它也是頓內次克和盧甘斯克之間的交通要道。分離武裝早就想奪過來，並在1月開始針對頓內次克國際機場與傑巴利采韋發動大規模攻擊。頓內次克戰事引發大規模的人道主義危機，大批民用設施被分離武裝炸毀。歐洲極度關注戰事，進行緊急調停。於是在2月12日雙方簽訂了《明斯克二號協議》，要求雙方在2月15日零時前停火。簽訂協議後，分離武裝繼續加緊進攻，攻勢反而更加猛烈。分離武裝的進攻持續到16日，政府軍終於支持不住。自18日起全面撤出傑巴利采韋。這也是頓巴斯戰爭在2022年之前最後一場大規模戰役。

到最後，烏東烏南的分離主義叛亂基本就集中在頓內次克和盧甘斯克兩州，特別是它們東部靠近俄國的頓巴斯地區。雖然烏克蘭軍隊無力收復，但分離武裝也無力挺進，俄國也並未全力支持兩地，雙方處於僵持狀態。最後，烏克蘭穩定占有兩州西部地區，分離主義兩「共和國」就在頓巴斯地區，但中心城市盧甘斯克和頓內次克都在分離主義武裝的手中。

烏東三州之所以沒有像克里米亞一樣被俄國奪去，有很多原因。第一，烏東雖然也是俄裔眾多，但並沒有優勢，根據2001年調查，盧甘斯克和頓內次克的烏克蘭裔分別占58%和56.9%，

即烏克蘭人還是大多數。如果以語言比例，說俄國的人群（即包括說俄語的烏克蘭人）比例成為多數。這也是為何普丁在輿論戰中，要強調「說俄語族群」的原因。然而，在戰爭中，說俄語的烏克蘭人大都站在烏克蘭的一方，而不是俄國的一方。民族因素大於語言因素，普丁的話語沒有完全生效。烏東如此，俄裔比例更低的烏南就更加如此了。

第二，烏東三州地理和克里米亞不同，克里米亞只有一小段陸地和其他部分相連，容易封鎖，烏東則是連成一片，烏克蘭可以源源不斷地增兵輸送物資。

第三，烏克蘭軍一開始毫無準備，戰力不行，但隨著戰爭展開，西方開始提供援助，戰力也開始恢復。同時，烏東的親政府民間武裝也組織起來對抗分離主義（比如著名的「亞速營」），它們被收編到政府軍，戰力比一般政府軍還要強。

第四，普丁並沒有一下子想把烏東也搶過來，克里米亞志在必得，但如果把烏東也搶過來，國際上「吃相太差」，面對大量烏克蘭裔也難以消化。於是烏東不妨維持一個實際的割據局面，它還能成為繼續牽制烏克蘭和西方的棋子。

第五，由於頓巴斯戰爭開始僵持，西方國家也反應過來了加以斡旋，經過談判達成三次協議，於是也固化了戰線。

第六，烏克蘭在5月進行總統大選，溫和派的波羅申科以高票第一輪就獲勝上台，這是烏克蘭從1996年以來第一次。波羅申科的高支持度，有助反駁俄國指烏克蘭「非法政府」的指控；溫和派的立場，有助於反駁俄國所指烏克蘭「納粹當道」的指控。更重要的是，烏克蘭自此有了穩定政府，利於長期抗戰。

## 頓巴斯戰爭的國際法爭議

　　烏東地區的國際法分析，和克里米亞差不多，而且比克里米亞更不如。重複的部分（諸如外國干預、俄國違反國際法等）就不討論了，只說不同的部分。從歷史淵源來說，烏東地區從一開始就是烏克蘭蘇維埃的一部分，克里米亞倒是後來才轉讓的。從民族構成來說，烏東兩州是烏克蘭人占大多數，俄裔集中在頓巴斯地區（因為有大型蘇聯國企）。但俄裔光是要「頓巴斯獨立」，這難度就更大。因為在國際法上，講究的是「領土完整」，一個行政區可以算一個「完整部分」，一個行政區的一部分（比如頓巴斯）就不能算。國際即便支持一個行政區獨立，也不太可能支持行政區的一部分獨立。因為這樣一來，所有少數民族聚集的小地方都有權獨立了。（想像一下，西藏一個自治區搞獨立，和廣東省的一個少數民族自治縣搞獨立，國際支持會有多不同？）

　　對烏東地區稍微有利的，不是在烏東宣布獨立的時候，而是在頓巴斯戰爭開戰並進入長期化之後，這裡有新的因素出現。第一，在各方的調停下，烏克蘭和叛軍達成過三次停戰協議，違反協議的一方可能會處於不利位置。第二，在頓巴斯戰爭中，如果出現針對俄裔的人道主義災難，甚至種族滅絕事件，那麼會大大強化頓巴斯獨立的合理性（正如科索沃的例子一樣）。這個問題筆者將在第十六章綜合分析。因此，接下來主要分析誰違反《明斯克協議》。

　　國際從2014年4月開始就對烏東局勢加以斡旋。4月17日，

烏克蘭、俄國、美國、歐盟四方在日內瓦談判，發表「聯合聲明」[1]，採取「立即行動」，把烏東局勢從戰爭邊緣中拉回來。聲明要求各方「避免使用武力」，要求所有「非法武裝」放下武器，從占據的政府大樓中撤退。烏克蘭政府則同意給那些人提供特赦，不再追究，而且同意政治協商解決，對烏東地區實行「權力下放」（devolution）。歐安會（OSCE）組成的特別觀察團，則負責觀察監督雙方的降溫行為。

《日內瓦協議》對俄烏歐三方都有斬獲。對俄國而言，烏克蘭同意「避免使用武力」、權力下放等都是俄國願意看到的，而且在會議中沒有提及俄國「軍人進入烏東」，變成是烏克蘭內政，對俄國國際形象有利，協議更完全不涉及克里米亞。對烏克蘭而言，最大的收穫是俄國變相承認了烏克蘭臨時政府是合法政府，而且分離主義分子「放下武器」和「從大樓撤退」都是硬指標，不容抵賴。對歐盟來說，最大的得益就是派出歐安會觀察團，讓它成為整個戰事中最權威的「裁判」。

哪一方違反《日內瓦協議》的結果非常明顯，因為分離主義分子拒絕放下武器，也拒絕撤出政府機構。從這個意義上說，烏克蘭政府是理直氣壯的一方。然而，分離主義分子的說法也不是完全沒有道理，因為他們並非談判的一方，沒有必要遵守不是他們同意的承諾。

在《日內瓦協議》之後，2014年6月6日在法國諾曼第舉行了諾曼第登陸70週年紀念儀式。德國、法國、俄國和烏克蘭四方舉行會議。這個會議拋開了在烏克蘭問題上發揮重要作用的美國和英國（它們是布達佩斯備忘錄的簽約國），被稱為「諾曼第

模式」（Normandy Format）。俄國和中國都津津樂道這種拋開英美的模式（於是在2022年戰事中不時聽到中方呼籲回到諾曼第模式和《明斯克協議》的基礎上）。

　　在歐洲的斡旋下，以歐安會為代表（德國和法國），歐洲、烏克蘭、俄羅斯三方談判（所以又叫三方聯絡組，trilateral contact group），在9月8日簽訂了《明斯克一號協議》。和《日內瓦協議》一個很大的區別，就是兩個「共和國」的代表在協議上簽字。對俄國來說，認為烏克蘭承認了兩個「共和國」代表的合法性；對烏克蘭而言，在談判中拒絕兩代表參與，說明自己不承認它們的合法性，但他們加入簽字，於是不能用對自己沒有約束力為藉口破壞協議。

　　《明斯克一號協議》有十二個條款：一、立即停火；二、歐安會負責監察停火；三、烏克蘭實行權力下放；四、在俄烏邊界建立由歐安會監察的安全區；五、立即釋放俘虜；六、特赦；七、繼續對話；八、改善頓巴斯的人權狀況；九、在兩州儘早依照烏克蘭法律安排舉行選舉；十、所有非法武器裝備和人員撤出烏克蘭領土；十一、制定頓巴斯經濟改善方案；十二、為參與談判人員提供安全保護。

　　《明斯克一號協議》有一些比較有標準的可執行的條款（比如停火，釋放戰俘等），但也有模糊不清彈性很大的條款。比如第3條，烏克蘭政府早在協議前（2014年4月1日）就已經宣布要推行「去中心化」，波羅申科上任後更把處理去中心化作為優先事項，這實際上和頓巴斯分離主義者要求的大方向是一致的。然而，這涉及到「去中心化到什麼程度」的問題，也牽涉修憲，

顯然不是一朝一夕的事；比如第9條，「儘早」是什麼時候同樣不清楚。第10條是最重要的，要求「非法武器裝備人員」撤退，但如何界定「非法」恐怕各有各說法。

無論如何，分離主義武裝是首先違反協議的一方。

第一，根據烏克蘭的法律安排，兩州的地方選舉在12月7日。但兩地決意提前到11月2日，而且只是頓巴斯武裝控制的地區的選舉，而不是整個行政區的選舉，選舉的職務是「總統」和「國會」，這當然也和烏克蘭的法律相違背。烏克蘭、歐盟、美國等都不承認這次選舉是合法的。因此，這個選舉違反了明斯克一號協議中「按照烏克蘭法律」舉行選舉的條款。

第二，也是最重要的。在簽訂協議之後，違反協議中最核心的「停火」一項的是分離武裝在2015年1月猛烈進攻烏克蘭實控的頓內次克國際機場和傑巴利采韋（見前）。

當然，俄國也指責烏克蘭違反協議，認為它沒有根據協議實施權力下放。然而，這種說法毫無道理。因為協議在9月簽訂，第二年1月分離武裝就發動進攻，誰會認為在短短四個月，就能完成修憲這類的大事呢？

在傑巴利采韋戰役爆發人道主義危機之際，各方又加入調停。於是2月12日簽訂了俗稱《明斯克二號協議》[2]（正式名稱為 Package of Measures for the Implementation of the Minsk Agreements）。協議有13條，大意為：一、2月15日零時停火；二、由歐安會監督雙方把重型武器撤離出指定區域；三、歐安會監督停火；四、頓巴斯地區重新進行地區選舉；五、特赦；六、釋放戰俘；七、為人道救援提供便利；八、全面恢復社會和經濟聯繫；九、恢復

烏克蘭對邊境的控制；十、撤出非法重型武器和人員；十一、烏克蘭憲法改革；十二、地區選舉中的問題應各方討論同意，選舉應符合歐安會標準；十三、三方聯絡組加緊密切合作。

《明斯克二號協議》大部分是《明斯克一號協議》的延續，《明斯克協議一號》的缺點（比如何為「非法武器和人員」）在這個版本中依然存在。這裡值得再討論的是第4、9、11條。這三條應該放在一起看，都是如何處理頓巴斯地區地位的條款（第12條也有關，但更多是程序性安排）。第4條這次明確，所指的「地區選舉」是指在分離主義分子控制區內的選舉，而且必須在簽訂協議30日內由烏克蘭國會批准方案。第9條則強調，在地區選舉結束的第一天，烏克蘭政府就恢復對在衝突地區的國家邊界的控制，直到根據11條制定的完整的政治改革方案實施為止。第11條則規定在2015年底出台新憲法，制定「去中心方案」，給予兩地特殊的憲政地位。

違反協議最多的是第一條停火令。就在剛簽訂協議之後，協議規定2月15日零時停火，分離武裝就先違反了直到16日才停火。此後雖然沒有大戰爭，戰線也基本穩定，但小規模衝突不斷，雙方都指控對方「違反停火協議」。2015年6月8日，烏克蘭國防部長指出，至今分離武裝違反停火協議4000多次，自《明斯克二號》簽訂以來，有100多個烏克蘭軍人和50多個平民被殺。當然這些指控無法一一核實。每次衝突，雙方又再達成臨時停火協議，然後又違反，又達成協議，反覆不斷。如是的停火協議在2021年之前，總共有29次，最後一次是2020年7月27日。[3]但之後依然還有各種衝突。

停火協議不能完全防止衝突，這見怪不怪。因此，在考慮誰先違反協議方面，更重要的是看以上討論的選舉和憲法問題。

在簽訂《明斯克協議》後，烏克蘭國會就很快通過了一項法令，賦予頓巴斯分離主義控制地區有限自治的「特殊地位」[4]。雖然這不是修憲，但算是有了誠意。不過法令規定，只有當頓巴斯地區舉行了符合烏克蘭法律安排的選舉之後才生效。這個條件受到俄國批評指責違反協議，因為它把法令和選舉掛鉤。俄國的說法是沒有道理的，正如上面分析，4、9、11 條是一個整體，特別是第 9 條規定烏克蘭「控制邊界」的時間是從選舉結束開始，到實施改革方案為止。沒有理由實施改革方案反而在選舉之前。

先違反協議的依然是頓巴斯一方。根據烏克蘭法律，10 月 25 日舉行地方選舉。然而，頓巴斯兩地領導人故意宣布提前到 10 月 18 日。這樣的提前是沒有必要的，唯一的用處就是要展示，頓巴斯的選舉不需要按照烏克蘭的安排。這也明顯違反了《明斯克二號協議》中選舉必須依照烏克蘭法律的條款，而這種做法是要顯示烏克蘭對頓巴斯的主權。於是國際社會又開始介入，「勸說」頓巴斯正常選舉。頓巴斯堅決不肯，在選舉前夕宣布把選舉推遲到 2016 年 2 月，繼而一推再推，至今還沒有實行選舉。由於根據協議，烏克蘭在選舉之後第一天才能恢復控制國家邊界，所以烏克蘭至今也沒有控制國家邊界。可見，如果說有誰違反了《明斯克協議》，那麼一定是頓巴斯的分離主義者。當然，這可能是分離主義者有意為之，俄國也樂見其成。

俄國加緊把頓巴斯「整合」到俄國的步伐，比如 2017 年 2 月，俄國承認頓巴斯地區發出的人員和車輛註冊文件，意味著承

認兩個傀儡共和國的半獨立地位。

　　綜上所述，在至今達成的三份協議，即《日內瓦協議》和兩次《明斯克協議》，都是頓巴斯的分離主義者先違反。在第十六章中的討論也將論證，製造最大人道主義災難的也是分離主義武裝。烏克蘭並未對俄裔「種族滅絕」。絕大部分的死傷都是戰場的結果以及不幸波及的平民。總之，八年的頓巴斯戰爭並未增加任何「頓巴斯獨立」的合法性。

# 從《明斯克協議》到全面侵略烏克蘭

　　2015年《明斯克協議》後，烏東地區還是持續戰鬥，打打停停，但戰線基本穩定。烏克蘭堅決不承認克里米亞屬於俄國，世界絕大部分國家也不承認，但慢慢地，一些人開始對之「習以為常」，認為克里米亞被俄國吞併已經是「新常態」（new status quo）。

## 歐美國家的立場

　　烏克蘭面對俄國的侵略，非常需要其他國家的援助。在西方大國中，英美的態度，與德法的態度截然相反。

　　英美被排除在「諾曼第模式」之外，它們又是《布達佩斯備忘錄》的簽字國，對烏克蘭的道德義務更大，於是它們積極支持烏克蘭，主要的措施有兩個，一個是制裁俄羅斯，一個是軍援烏克蘭。在制裁俄羅斯方面，主要措施是切斷俄羅斯能源公司在西方市場上的融資，打擊俄羅斯經濟。在軍援烏克蘭方面，主要是

一、向烏克蘭提供西式的武器；二、訓練烏克蘭軍隊；三、與烏克蘭軍隊聯合演習等。根據美國資料計算，在2014到2022年2月開戰前，美國向烏克蘭提供了總共27億美元的軍事援助[5]，還有其他對烏克蘭的社會援助尚未計算在內。英美的軍事援助是烏克蘭軍隊現在可以抵擋俄國入侵的關鍵。

　　德法是「諾曼第模式」和《明斯克協議》的參與者，他們傾向和俄國保持關係。它們都認為，加強和俄國的聯繫能避免俄國變得更糟糕，降低俄國和西方之間的敵意。這種想法的基礎是自由派那種「經濟結合可以避免戰爭」的理論。法國的新總統馬克宏外交上活躍，也有大國的抱負，然而在對待俄國的問題上，卻依然一廂情願。至於德國總理梅克爾，就更是普丁的好朋友了。對俄國的侵略烏克蘭的行為，德法大至上都是輕輕放過。德法對烏克蘭援助多是人道主義支援，軍事援助不能說沒有，但多限於放射性廢物處理等間接性的項目。

　　最重要的是，德國極力推動連結俄國的海底天然氣管道北溪二號，這不但大大加強德國對俄國的能源依賴，還能繞過烏克蘭的管道：俄向德提供天然氣不需經過烏克蘭，讓俄國對烏克蘭使用能源武器更加得心應手，不需擔憂停止供氣時連供給德國的氣也停了。對德國而言，這不是壞事，可以從俄烏天然氣糾紛中置身事外。但俄烏天然氣糾紛受影響的不只是烏克蘭和德國，還有一眾東歐國家也受影響。因此，放在整個歐洲的大格局，德國的做法說得不好聽就是「自私」，沒有一個「歐洲大哥」的樣子。

　　德法對俄國的態度，也和美英有關。在2016年，英國通過脫歐公投，一下子就不再是歐盟的一部分了，此後一直在以德法

為主的歐盟扯皮脫歐的事。在美國方面，歐巴馬後期爆發美國竊聽梅克爾電話事件，美德關係疏離。到了川普上任，美歐關係更糟糕，無論在氣候政策（退出巴黎氣候協議）、貿易戰、能源問題（要求停止北溪二號）、北約軍費問題（要求增加國防開支），還是中國問題（要求禁止華為）都矛盾重重。這些矛盾固然重要，但川普動輒以「制裁」、「懲罰」、「威脅退出北約」這類負面的手法去壓迫歐洲屈服，觀感極差，才是美歐關係惡化的關鍵。這時馬克宏都說，北約要腦死亡了。這時興起的論調是，俄國歷史上一向是歐洲大國平衡的一部分，翻譯一下意思就是把俄國視為歐洲可以平衡美國的工具。

毫無疑問，川普在2016年選舉獲勝與普丁的「假新聞戰」有莫大關係，川普被質疑「通俄門」，即與普丁「串謀」當選總統。川普在競選中公開要求普丁「駭客掉希拉蕊的郵箱，把秘密公諸於世」，儘管他本人是否「通俄」沒有確實證據，但其兒子女婿、高級顧問、競選辦成員在競選期間與俄羅斯接觸都有大量證據。在上任後，他主張的「美國優先」政策，嚴重破壞美國和盟友的關係，這都是普丁所高興見到的。普丁唯一不滿意的，是川普在位時沒能改善美俄關係。這有兩個原因：第一，在川普，他是一個「破壞者」多於一個「建設者」，對「拍照打卡」用以宣傳的興趣更大。第二，川普手下都是反俄派，國會也是反俄派當道，川普也有心無力。

在美烏關係上，川普最具爭議的事件，是要求烏克蘭總統澤倫斯基公開宣布將調查拜登家族在烏克蘭的貪腐（指拜登的兒子杭特‧拜登曾在烏克蘭一家能源公司Burisma擔任董事），以換

取川普批准國會已經通過的對烏克蘭援助法案。此事引起美國政壇軒然大波，因為這相當於「總統利用職權勾結外國打擊國內政敵」，也引發對川普的第一次彈劾案。儘管給烏克蘭的援助最終放行，但也足以看出川普在位對普丁的好處。

## 重啟加入歐盟與北約

波羅申科上任後，對俄關係的重點就是克里米亞和烏東戰爭，但普丁不肯撤出克里米亞也不肯減少對烏東分離武裝的支持。烏俄關係只能無可挽救地陷入僵局。烏克蘭迫不得已地進一步轉向西方。2014年6月，烏克蘭和歐盟簽署了「聯合協議」（Association Agreement），即亞努科維奇突然拒絕簽署的文件，烏克蘭實質性地走在加入歐洲的道路上。

波羅申科更重要的舉動是重新開啟了加入北約的進程。2014年11月27日，波羅申科在新一屆國會開會演說時宣布要重返與北約整合的進程，12月23日，國會以303比8票廢除了2010年烏克蘭不結盟聲明（2010年6月3日通過）。12月29日，波羅申科宣布會再舉行加入北約的公投。此後，他一直在國內推動這件事。烏克蘭也重新啟動與北約的聯繫。2015年，烏克蘭和北約恢復進行一系列的聯合軍事演習。2015年9月，北約向烏克蘭提供540萬歐元的資金，用於現代化通訊系統、改革後期和標準化體系、網路防衛等項目。2017年6月18日，烏克蘭國會通過新決議，把加入北約作為外交優先事項。波羅申科隨後宣布，重新開啟和北約的MAP談判。2018年3月，北約把烏克蘭加入到「希望名單」（aspiring members，名單上還有波士尼亞和喬治

亞）。6月，烏克蘭國會通過國家安全法案，規定加入歐盟和北約為烏克蘭國家安全的目標。到了9月20日，議會提出憲法修正案動議，把加入歐盟和北約作為中心目標。動議在2019年2月7日以極大比數（385票中有334票贊成）通過[6]，於是爭取加入歐盟和北約成為烏克蘭的「憲政責任」。這下子完全固化了烏克蘭的加入西方路徑。

## 澤倫斯基當選

2019年3月，烏克蘭總統大選。代表「人民公僕黨」出戰的戲劇演員澤倫斯基異軍突起。澤倫斯基在從2015年開始播出的電視喜劇《人民公僕》中扮演一個中學歷史教師，卻誤打誤撞成為烏克蘭總統；在上任後，他拒絕與寡頭和貪官合作，大力懲治貪腐以及其間發生的各種趣事。電視劇在烏克蘭極受歡迎。烏克蘭人民厭倦了寡頭政治，於是寧願素人上台尋求改變，心態就是再差也不比現在差。澤倫斯基的主要對手都是在政壇打滾多年的「老海鮮」寡頭：波羅申科是「巧克力大王」，從庫奇馬時代就加入政壇；季莫申科是能源寡頭，更是持續十多年「三雄混戰」時代的主角之一。正是在這種情緒下，澤倫斯基在第一輪投票就遙遙領先（澤倫斯基30%，波羅申科16%，季莫申科13%），在第二輪投票中，澤倫斯基宜73%：24%大比數擊敗波羅申科當選。於是在電視劇中，他一個不小心做了總統，現在在現實生活中，也一個不小心做了總統。

在選舉地圖中有趣的是，本身是溫和派代表的波羅申科，得票優勢區域主要集中在烏克蘭西部，即傳統上比較右翼的地區；

烏克蘭其他地區大都投澤倫斯基的票。因此，從選票分布看，烏克蘭是更向中間靠攏，而不是向右翼靠攏。這也是反駁所謂烏克蘭「納粹化」的有力證據。

趕在澤倫斯基上任前，烏克蘭國會以278票贊成，38票反對，通過了《保證烏克蘭語言為國家語言法案》（Law of Ukraine "To ensure the functioning of the Ukrainian language as a state language"），波羅申科立即簽署生效。法案規定，在30多個公共領域（如行政、媒體、教育、科學、文化、廣告、服務等），實行烏克蘭語優先政策。

澤倫斯基帶著人民的希望上台，但在烏克蘭戰爭開戰之前，他的政績可以用乏善可陳形容，其大量任用演藝圈的朋友，更帶來任人唯親的指責，和「演員治國」的嘲諷。在外交上，澤倫斯基並不是「反俄派」，相反他上任之初就嘗試和普丁溝通，如何解決烏東困局，還任命前總統庫奇馬作為烏克蘭代表參加三方聯絡組。當然這是系統性問題，無法解決。澤倫斯基更不是民族主義者，比如他在2019年就和波蘭達成協議，撤銷了紀念二戰裡面烏波戰爭（烏克蘭人爭取從波蘭獨立）中涉及戰爭罪行嫌疑的烏克蘭民族主義分子的紀念碑。在加入北約和歐盟的問題上，澤倫斯基基本上是按照原先的軌道走。

進入2021年，俄國開始在俄烏邊境集結軍隊，拉開2022年烏克蘭戰爭的序幕。對俄國為何在這時行動，很多人都大惑不解。筆者認為最合理的解釋，是川普下台，拜登上台，要重新團結北約盟國。換言之，普丁在歐洲拉一派打一派的好日子看來到頭了。加上在拜登上任後，澤倫斯基就向拜登要求支持烏克蘭加

入北約。無論是給拜登下馬威也好，無論是想搶占實利也好，普丁都要幹點事。

2月21日，俄國國防部宣布在邊境舉行數千人規模的「大規模軍事演習」。據分析，這和烏克蘭2月19日指控親俄派議員梅德韋丘克（Viktor Medvedchuk）「資助恐怖主義」把他列入制裁名單有關。他是普丁的密友，也是烏克蘭在廣場革命後最著名的親俄派（他隨後在5月被起訴叛國罪）。3月3日，「頓內次克共和國」宣布獲得准許，對烏克蘭可以實施「預防性攻擊」。

作為對俄國的回應，北約在3月16日也開始進行「Defender Europe 2021」演習，有27國共計2萬8千人參加，是數十年來北約最大的演習之一。作為回應，4月初，俄國再次在邊境大規模演習，這次規模高達十萬人級別。3月26日還發生俄軍向烏克蘭控制地區（Shumy村）發動火箭攻擊，死亡四人的事。[7]根據情報，俄國在邊境布置了28個營級戰術單位（battalion tactical group）與大量的軍事裝備，在頓巴斯總共部署了14個團，共計28000人，還有2000名軍事顧問。[8]在三月底到四月初還發生針對烏克蘭的多起砲擊事件。俄國還製造「假新聞」指烏克蘭無人機攻擊導致1名兒童死亡，但歐安會觀察團調查後認為沒有證據顯示兒童死亡是烏克蘭攻擊造成的[9]。

烏克蘭試圖政治解決，於是利用歐安會機制，召開特別會議討論俄烏邊境和克里米亞的軍事集結，但俄國拒絕出席，4月13日還驅逐了烏克蘭駐聖彼得堡領事。鑑於烏東形勢緊張，澤倫斯基向北約發出緊急請求，要求北約給出烏克蘭加入的時間表。

4月，俄國還把一批軍艦從裡海運到黑海參加軍事演習，這

非常不尋常，因為裡海是內陸海，軍艦轉運非常困難，除了要增加黑海的兵力沒有其他原因。4月14日，烏克蘭三艘海軍船隻要進入亞速海，被俄國六艘船隻攔截，這不但不尋常，還違反國際法。因為即便俄國宣稱克里米亞是俄國領土，進出亞速海的刻赤海峽也是用於國際航行的海峽，烏克蘭（和其他國家的船隻）都有權通過，何況烏克蘭是亞速海的沿岸國還有重要港口。俄國的做法相當於封鎖了亞速海。稍後，俄國以軍事演習為名，宣布關閉黑海部分海域半年（直到10月）。不但烏克蘭譴責俄國不遵守國際海洋法公約，北約也被俄國做法激怒。美國、法國、英國、荷蘭、義大利等戰艦此後相繼駛入黑海，挑戰俄國不合法的做法。黑海形勢變得非常緊張。

這一輪的緊張局面，以俄國在4月22日宣布演習軍隊將於5月1日返回軍營而告一段落。但美國情報指出，大部分俄軍實際沒有回到原駐紮地，在俄烏邊境還有約80000名俄軍，大批武器更是留在原地[10]。但無論如何，在姿態上，俄國是降溫了。

這是引往2002年烏克蘭戰爭的第一階段。可以看到，俄國正是挑起緊張局勢的一方。烏克蘭的親俄派梅德韋丘克被檢控是否「政治控罪」不好說，但畢竟是烏克蘭的內政，無法合理化俄國在邊境的大規模軍演，更無法合理化對烏克蘭開火攻擊（導致4人死亡）。北約固然有大規模演習，但這是俄國大規模演習後的螺旋式惡化的效應。俄國對黑海和亞速海的封鎖更嚴重違反國際法。烏克蘭試圖在歐安會機制政治解決，但俄國根本不理會。

2021年6月，北約布魯塞爾峰會發表公報，重申支持烏克蘭的領土完整和主權；重申在2008年布加勒斯特峰會上做出的決

定，「即烏克蘭將成為聯盟的成員，成員國行動計劃是該進程的一個組成部分……我們堅定地支持烏克蘭有權決定自己的未來和外交政策路線，不受外界干擾。」注意，公報只是重複了2008年峰會的說辭，在接納烏克蘭上沒有新立場。9月1日，澤倫斯基訪美與拜登會晤。在聯合聲明中，拜登重申對烏克蘭的支持和加強雙邊戰略防衛合作，支持烏克蘭不受外來勢力干預地決定外交政策的權利，包括其加入北約的渴望。注意，聯合聲明也只是重複了2008年峰會和2021年峰會的說法，何況當中沒有說「支持烏克蘭加入北約」。有人認為，這兩份文件不顧俄國立場，推進了烏克蘭入北約的進程，要為局面惡化負責。這種說法是沒有根據的。

到了2021年11月，俄國部隊再次在烏克蘭邊境集結，這次集結直接通往戰爭。11月13日，澤倫斯基說，烏克蘭情報顯示，俄國在俄烏邊境集結起十萬大軍，比此前估計的七萬人多了三萬。普丁矢口否認，反過來指責北約軍艦進入黑海惡化局勢。從11月底到12月初，雙方均指責對方在頓巴斯附近增兵。如俄國12月1日反指責烏克蘭在頓巴斯前線派駐12萬5千軍隊。[11] 12月9日，普丁發表講話，指責烏克蘭的「俄國恐懼症」是走向「種族屠殺」（genocide）的第一步。[12]

與此同時，俄國和北約開始就「北約東擴」談判。12月7日，普丁和拜登進行視訊會議，普丁說北約企圖把烏克蘭納入是危險的舉動。12月10日，拜登與澤倫斯基通電話，保證「不會在沒有烏克蘭參與的情況下，討論和決定涉及烏克蘭的事」。12月15日，俄國正式向美國和北約分別遞交了協議草案，雙方展開談判。此後，北約和俄國的談判（而非頓巴斯局勢）一直是事

態發展的中心議題。

## 普丁漫天喊價

在草約中，俄國對美國[13]提出以下七大要求，包括：一、美國同意俄國提出的「安全不可分割、平等和不可貶低的原則」，不實施影響對方安全的措施。二、雙方不使用其他國家的領土用以預備實施攻擊對方。三、美國必須同意北約不再東擴，拒絕任何前蘇聯國家加入北約（特別是烏克蘭和喬治亞）。四、美國不在非北約前蘇聯國家的領土上部署軍事基地。五、互相不部署可能招致認為威脅對方安全的武力和武器。六、雙方不得在各自領土和外國領土上部署可以打到對方的地基中程飛彈和短程飛彈。七、雙方在本國以外的地方不能部署核武，已部署的要撤回。[14]

對北約則提出四大要求：一、北約在歐洲領土上的軍事部署（包括人員和武器）回到1997年5月27日前的狀態。二、不在可以打到對方領土的位置部署中程和短程飛彈。三、北約承諾不再擴張。四、北約必須不在烏克蘭、東歐、高加索、和中亞領土上進行任何軍事活動。[15]

可以看到，這份草稿要價之高，根本是美國和北約無法接受的，連「漫天要價」都不足以形容其過分。以對北約要求而言，北約不再擴大（而不是僅僅不東擴）完全違反了北約的門戶開放政策；東歐包括波蘭捷克等東歐八國，它們已經是北約成員，要北約不在它們領土上進行任何軍事活動，根本不可能（比如軍事演習也是軍事活動）。要北約把部署回到1997年前的狀態，意思就是把已經在東歐部署多年的基地全部撤銷。這些都完全是強人

所難。以對美國的要求而言就更過分了，範圍甚至遠超歐洲。比如美國在日本的軍事基地，也被俄國認為「預備實施攻擊對方」，於是也必須撤銷。在一些條款中，看起來是「互相」的平等的，實際完全不平等。比如說互相不在外國部署戰略武器，但美國在海外有眾多軍事部署，俄國只有敘利亞一個基地，俄國的要價脫離實際可想而知。

在俄國宣傳中（包括中國媒體，甚至美國一些親川普媒體），美國「不肯同意北約不東擴」是戰爭的罪魁禍首，但只要看看普丁的要價，就知道「北約不東擴」根本只是整套要求中相對不那麼貪婪的一個。

儘管俄國的要價這麼苛刻，美國和北約依然和俄國在日內瓦進行多輪談判，拜登在12月30日也和普丁通電話。這次美國採取了公開談判的戰術，但俄國的要求之高也無所遁形，俄國在輿論上變得被動，這讓俄國非常不高興。談判簡單來說就是根本談不攏。為了留有餘地，1月26日，美國向俄國遞交保密的正式書面回覆。2月1日，普丁聲稱在書面回覆中，美國拒絕了俄國的三大「關鍵要求」：一、北約不擴張；二、不在俄羅斯附近部署進攻性武器；三、北約回到1997年5月27日狀態。2月17日，俄國向美國正式書面回覆。由於後面的書面回覆都是保密的，因此不知道俄國最後的真實要價是什麼，但「三大關鍵要求」都是無法答應的，尤其是「北約回到1997年5月27日狀態」根本脫離實際。

在俄國與美國北約談判的同時，烏克蘭、德國總理蕭茲和法國總統馬克宏也在嘗試以「諾曼第模式」，與俄國談判。烏克蘭

還請出與俄國關係不錯的以色列尋求調停。以色列答應了，但俄國拒絕了以色列參與。到了1月底，烏克蘭答應俄國要求，撤回草擬中的「必須收復克里米亞和頓巴斯」的議案，這樣換來了1月28日在巴黎舉行的四國會議，宣布繼續執行2015年《明斯克二號協議》。然而烏克蘭的緊張局勢依然持續。馬克宏是打電話給普丁最積極的西方領導人，但只得到俄國無意升級危機等廉價的口頭保證，以及北約不答應條件就會導致與俄國的軍事衝突之類的威脅。

　　俄國從未試圖在聯合國的框架內解決問題，甚至拒絕討論。1月31日，安理會才召開第一次有關烏克蘭危機的會議，俄國試圖阻止會議，但在10票支持下（俄國和中國反對，3票棄權，由於這是程序問題，所以俄國沒有否決權）。會議變成了雙方表態和辯論的場所，大多數國家站在烏克蘭的一方，但會議可想而知並無決議。

　　進入1月，俄國再次升級在烏克蘭邊境的軍事集結，其中又在1月底與白俄羅斯在白俄羅斯境內的演習規模最大。這時，戰爭風險已非常高。俄國開始撤退在烏克蘭的外交官，美國英國荷蘭等也開始撤退外交人員。英美情報機關開始頻頻報警，預測俄國會入侵烏克蘭。但俄國和中國一致指責美英「拱火」[16]，「煽動誇大戰爭危機」。俄國還宣布結束白俄羅斯境內的軍事演習，軍人已回到原駐紮地。這當然是掩人耳目的小動作和「資訊作戰」，西方情報指出大部分都沒有回到原地，只不過轉移到其他前線。但當時，確實有很多人認為戰爭爆發風險不大，普丁只是「虛張聲勢」，就連烏克蘭總統澤倫斯基也說，不應該誇大戰爭

風險。

　　到了2月初，局勢一度平緩下來，似乎印證了以上說法。但其實原因是冬奧運在北京展開。奧運會傳統上是象徵和平的。古希臘時代的奧運會，戰爭都會停下來為奧運會讓路。現代奧運會也一再強調「團結」和「和平」的象徵意義。在奧運會前，聯合國大會還剛剛通過決議，在冬季奧運會前後90天內不發生軍事衝突。雖然這個決議沒有約束力，但俄羅斯如果在奧運會期間發動攻擊，會帶來非常負面的影響。尤其這次冬奧運在中國舉行，中國主席習近平更不喜歡看到普丁在奧運期間動武。根據西方傳媒的報導，正是習近平向普丁提出要求。普丁自己也準備出席冬奧運開幕式，也不能掃中國的興。俄羅斯有過2008年北京奧運會期間入侵喬治亞的前科，當時令中國非常不高興。但當時中國實力還不濟，俄羅斯則因油價紅利而國力強大。但俄羅斯現在實力比不上當年，依賴中國的支持。普丁不敢無視習近平的要求。

　　2月4日，普丁到了北京與習近平會面。在他到達前一天，中國新華社發表文章〈俄羅斯和中國：著眼於未來的戰略夥伴〉，宣稱：「俄中全面戰略協作伙伴關係進入新時代，達到了前所未有的水平，成為高效、負責和面向未來的典範。」會面後，中俄雙方發表了《中華人民共和國和俄羅斯聯邦關於新時代國際關係和全球可持續發展的聯合聲明》[17]，其中明文「雙方反對北約繼續擴張，呼籲北約摒棄冷戰時期意識形態，尊重他國主權、安全、利益及文明多樣性、歷史文化多樣性，客觀公正看待他國和平發展」。中國外長王毅稱：「中俄戰略合作沒有止境、沒有禁區、沒有上限。」[18]

　　中國對俄國的戰略支持，無疑加強了俄國侵略烏克蘭的決心。然而，到底習近平是否知道普丁的侵略計畫，目前難以定論。中國政府堅持不知道俄國的入侵計劃。實際上，中國媒體指責英美「誇大戰爭風險」，一直持續到戰爭開始之後才被「打臉」，中國也沒有提前在烏克蘭執行撤僑計劃，以致戰爭開打很多僑民無法撤出怨聲載道。

　　事實證明，英美情報機關的預測完全正確。俄國早就計劃入侵，而且還是全面入侵。2月17日開始，頓巴斯的緊張局勢已開始升級。2月21日，普丁宣布「承認頓內次克人民共和國和盧甘斯克人民共和國」。晚上普丁命令俄國進駐頓巴斯地區。這已屬於「侵略行為」。但普丁的計劃還不在於此。2月24日，普丁宣布在烏克蘭執行「特別軍事行動」，大軍從幾個方向進攻烏克蘭，侵略烏克蘭戰爭全面爆發。

## 總結

　　綜觀從2015年到戰爭爆發前的事態進展，俄國依然是無理的一方。

　　首先，在頓巴斯，如果說誰違反停火協議的指責，因為雙方實際各自違反得太多而無法確定誰是「始作俑者」，那麼頓巴斯不肯按照烏克蘭法律進行選舉，就是最明顯違反《明斯克二號協議》的一方，也是頓巴斯問題遲遲無法處理的關鍵原因。

　　其次，俄國指責烏克蘭計劃把收復克里米亞寫入法律是「違反協議」，實際上沒有一個國家會承認領土被別國占領是合法

的，而且《明斯克協議》中根本沒有提及克里米亞的問題。

第三，烏克蘭把進入歐盟和北約寫入法律，被俄國認為是挑釁，然而，正是俄國搶去克里米亞和煽動烏東叛軍在先，烏克蘭要加入北約獲得安全保證合理合法。

第四，俄國在和美國及北約的談判中，提出了超乎常理的高要價，美國和北約根本不可能接受。

第五，俄國拒絕在聯合國框架下解決紛爭，甚至也不願意在歐安會框架下解決。這違反了以聯合國為中心去處理國際爭議的傳統做法。

第六，俄國在邊境大規模集結，尤其是借道白俄羅斯，這完全是發動戰爭的準備，儘管存在最後關頭喊停的可能，但主動侵略的野心昭然若揭，事實證明俄國也是發動戰爭的一方。相反，無論是北約的演習，還是烏克蘭把軍隊集結到頓巴斯前線，都是因應俄國大規模集結的防禦性準備。北約既無入侵俄國的可能，烏克蘭也沒有當時進攻頓巴斯的打算。

第七，俄國承認兩個共和國「獨立」，這完全撕毀了《明斯克協議》中，承認頓巴斯是烏克蘭一部分的立場。

第八，俄國對黑海和亞速海的封鎖，違反了聯合國海洋法公約。

最後，俄國對烏克蘭的全面悍然入侵，更徹底違反國際法。理由和俄國搶奪克里米亞的相似，這裡就不重複詳細分析了。只是要指出，如果說搶奪克里米亞已經是不可原諒，那麼全面入侵，以「滅國」或「變為附庸國」為目的的侵略，更是不可原諒。其惡劣性比克里米亞事件嚴重得多。

第五章

# 烏克蘭戰爭的9種歷史敘事

　　面對一個重大的事件，我們都會問原因是什麼，它的發生是必然的還是偶然的？戰爭爆發的原因，裡面有一些長期的因素，也有一些短期的因素。在這裡，筆者希望進一步從長期的，或者說在歷史尺度下，再次討論烏克蘭戰爭的深層次原因。這就是這裡所指的「歷史敘事」。

## 第一，俄羅斯擴張習性的延續

　　俄羅斯是世界最大的國家，面積達1713萬平方公里，遙遙領先後面幾個（排第二到四的加拿大、美國或中國，領土都「只有」900到1000萬之間）。這還不是俄羅斯歷史的最大疆界。在蘇聯時代，蘇聯的領土達2200萬平方公里，比美國、中國與印度相加還大。沙俄時代更不得了，一戰前夕，沙俄面積2280萬平方公里。在歷史上，這個總面積僅次於蒙古帝國和大不列顛帝國的鼎盛時期。和所有大國一樣，有這麼大的領土絕對不可能是「和平擴張」而來的。如果說要我們評選對土地欲望最強烈的國家，那麼俄國排第二，沒人能爭第一。筆者此前已經詳列過俄

國的擴張，從莫斯科大公國脫穎而出起，幾乎沒有一個十年不打仗。而且那些戰爭大多數是俄國主動挑起的，目的不是「搶地」就是乾脆「滅國」。

俄羅斯的土地擴張是「大陸式」的擴張，而不是「海洋式」的擴張，甚至也不是「遊牧民族式」的。

以英國為代表的海洋式的擴張，大都不在本土周邊，大多以殖民地式統治為目的，或為經濟，或為地緣政治（或兼而有之），它們考慮的不是如何整合同化，而是如何管治更方便省力，符合經濟原則。雖然有經濟剝削的成分，但大都能保有殖民地原生社會的傳統（比如香港）。適時地讓殖民地獨立是常態。而且獨立後，原殖民地一般願意和原母國保持聯繫，甚至以文化歷史的連結為榮。很多原殖民地人民還非常願意移民到原母國。

以蒙古為代表的草原遊牧民族式的擴張。有人認為，俄國人身上有蒙古人的血液，於是也繼承了遊牧民族的習性。然而，遊牧民族擴張有其「天然邊界」，即適合放牧的大草原，始終是其龍興之地和統治中心。對草原疆界以外的土地，遊牧民族不是作為搶掠的對象，就是用一種「間接統治」的方式，而且無意把自己的生活方式強加在那些地方。於是即便是擴張得來的地方，也通常不會建立穩固統治。

相反，俄國的「大陸式擴張」完全以兼併土地為目的，擴張的對象都是本土接壤的地區，而且總伴隨著滅國、殺戮和殘酷的同化。前文經討論了對烏克蘭的同化。對其他民族更殘酷，包括把整批民族遷往萬里之遙的地區（如克里米亞韃靼人遷往遠東，朝鮮人遷往中亞等），放在現在都可歸結為「文化種族滅絕」。

而且，俄國吞掉了土地，就絕不會輕易吐出來。像把阿拉斯加賣給美國，是少見的昏了頭的操作。「俄國很大，但沒有一吋多餘土地」是常態。而且，在失去土地之後，它們還會以「自古以來」的理由，為重新侵占這片土地念念不休。

俄羅斯對周邊的侵略，也和美國、加拿大、澳洲、巴西、阿根廷等國家的擴張不同。那些在新大陸的擴張，對象是「原住民」，在當時的國際法認知中是「uncivilized」民族，不以「主權國家」對待。相反，俄國的擴張對象，除了北亞地區之外，都是「civilized」民族，在國際法上都是「國家」。因此俄國的擴張行為是一種「侵略」，性質大不一樣。

俄國為什麼有這麼大的擴張欲望？有三個原因：一、直接經濟利益上；二、地緣政治上的安全感；三、對出海口的追求。

一、直接的經濟利益就是對土地欲望。土地對俄羅斯人來說意味財富。一個是耕地，一個是礦產資源。俄國的欲望這麼大還在於，它搶的地雖然很多，但大部分都不怎麼好用。俄國土地最大片在西伯利亞和遠東。但要知道西伯利亞是全球最冷的地方，全年平均溫度零度以下，不是重重針葉林就是荒原。事實上，俄國在遠東的人口，全部集中在中俄、蒙俄、哈俄邊境附近窄窄的人口帶上。這種地方不適宜耕種，有資源也很難開發。即便俄國在歐洲的部分，也大部分都是天寒地凍的地方。拿破崙和希特勒相繼折戟俄國，就是因為太凍。所以俄國人守著這些看著很大卻不實用的地方，無時無刻不想著更多的土地。

經歷蒙古征服後，俄羅斯有著草原民族的混血。然而，和草原民族不同，俄羅斯人是農耕民族，草原民族慣於征服，但征服

的目的在搶掠和獲得進貢，核心的經濟方式還是自己的遊牧生活。所以在草原地帶以外的地區都缺乏持久的專注。俄國這點就不同了，它搶奪的土地是耕種的。因此，吞了就不會吐出來。

二、俄羅斯對土地欲望強烈的另一個原因是：俄羅斯是一個嚴重缺乏安全感的國家（正如美國外交家凱南在「長電報」中所言），需要更多的土地來保護核心地區的安全。俄羅斯心中的理想結構可以比喻為一個六層結構的同心圓環。從裡到外是：核心區域──非核心區域──衛星國──芬蘭化國家──緩衝地帶（中立國或緩衝國）──其他國家。

首先，最要緊的是自己的核心區域，即莫斯科等俄羅斯的「龍興之地」。

其次，在核心區域外圍，是自己國土的非核心領土，比如遠東和中亞，俄羅斯不斷搶奪土地，原因就是把「非核心領土」擴大，這樣才能更好的保護核心土地。同時，在核心領土被攻擊的時候，也可以向「非核心領土」撤退，以便捲土重來。

對俄國而言，「非核心領土」非常重要。俄羅斯號稱「戰鬥民族」，然而看俄國的軍事歷史，俄軍面對面的打仗並不十分強。無論是拿破崙戰爭還是二戰的蘇德戰爭，俄國一開始都大敗，都是靠所謂「戰略縱深」，步步退卻，把對手拖入持久戰場才取勝。俄國的所謂「戰略縱深」其實就是指領土夠大。相反，如果戰爭不深入俄國內部，那麼俄國常常就是輸。重要的例子包括1850年代的克里米亞戰爭，1905年的日俄戰爭，即便在一戰中，俄國也不敵德國，全靠德國有個「豬隊友」奧匈帝國，俄國在東線戰場才堪堪頂住。

　　之後，在非核心領土外圍，是一圈完全收入自己控制的衛星國，比如以前的東歐諸國。這是蘇聯時代的新「發明」。在冷戰時期，這些衛星國無論在軍事上、政治上、外交上、意識形態上都被蘇聯控制，成為蘇聯對抗美歐的戰略前緣。

　　第四，在衛星國外圍，是「芬蘭化」國家。所謂「芬蘭化」（Finlandization）是指在冷戰期間，在蘇聯邊上的芬蘭，在面對蘇聯吞併的威脅下，採取了一種小心翼翼的「事大主義」。在外交上，芬蘭既不加入北約，也不加入歐盟。在幾乎所有國際事務上都順從蘇聯。芬蘭也是少數不以任何方式抵制1980年莫斯科奧運會的西方國家。在內政上，政府禁止國內反蘇的言論和文藝，對言論自由進行審查和自我審查。直到冷戰結束後，芬蘭才參加歐盟，成為歐洲的一分子。但芬蘭至今沒有加入北約。

　　第五，在芬蘭化國家外圍是「緩衝地帶」。這種緩衝地帶可以是中立國，這以瑞典為代表。當一國宣布永久中立時，就默認它會成為一個兩不相幫的緩衝地帶。但更多的緩衝地帶是大國爭奪的國度，而俄羅斯是爭奪直接控制權的一方。

　　這類緩衝地帶的最佳案例就是19世紀的英俄「大博弈」（big game）。作為世界最大的兩個國家，英俄在內亞展開激烈的角逐。雙方鬥爭的焦點就是要在兩國之間（英印政府和俄國西突厥斯坦）如何劃出緩衝區。從西到東，在西線，英俄在伊朗劃分勢力範圍；在中線，阿富汗成為兩國緩衝區；在東線，俄羅斯向南爭奪「東突厥斯坦」（即新疆），英國向北爭奪圖伯特（即西藏）。

　　19世紀末到20世紀初期，遠東也有小型版的「大博弈」。

俄國還是主角，另一個主角換成了日本。俄日在從朝鮮半島——滿洲——蒙古一線展開激烈的爭奪。在朝鮮半島到滿洲，日俄經過日俄戰爭劃分了勢力範圍（朝鮮半島歸日本，滿洲分為北滿和南滿。至於蒙古地區，俄國支持外蒙古，日本支持內蒙的蒙疆聯合政府（德王政權）。

最後，在「緩衝地帶」外圍，才是其他國家。這些國家可以是友好國家，可以是兩不偏幫的國家，也可以是敵對國家，總之是俄國難以直接參與控制的國家。對俄羅斯而言，當然是友好國家最好，敵對國家最差。

這「六層同心圓環結構」當然是高度概念性的。在實際操作中，光是地理條件就不會真的允許有六層結構這麼多。比如中俄之間在遠東接壤，中國就屬於俄國不能直接控制的「其他國家」，它們之間就不可能有緩衝國。

俄羅斯的安全要這麼多層保護，當然是土地越多越好了。值得指出的是，隨著統治的鞏固、經濟的發展、資源的發掘，「核心區域」會越來越大，需要用「外圍土地」保護的地帶也越來越多。於是圓環也會不斷外擴，直到擴張到地理上的「天然疆界」為止。

三、俄羅斯在擴張中還非常著重對出海口的追求。在大陸型的國家中，海洋就是最大的天然疆界，海岸線是擴張的極限。然而，爭奪海岸線或出海口，對俄國而言超出了「天然疆界」的意義。縱貫羅斯國家的發展歷史，在莫斯科公國（俄羅斯的前身）崛起之前，羅斯國家對海岸線的欲望並沒有這麼大。無論在北方波羅的海，還是南方黑海的海岸線，都是其他民族的領土。直到

俄羅斯崛起之後，對海岸線的熱情才無比地高。彼得大帝和凱薩琳二世這兩個最有名的擴張者，都把精力放在爭奪海岸線上。彼得大帝的攻擊是「大北方戰爭」奪得波羅的海海岸線。凱薩琳二世的功績是俄土戰爭獲得黑海海岸線。

　　俄羅斯對出海口的強烈欲望，還是從彼得大帝的歐化政策開始的。彼得大帝在1697到98年間，率團訪問歐洲國家，自己還經常微服到歐洲民間學習各種知識和技能。有海上馬車夫之稱的荷蘭是彼得最羨慕的國家，彼得還在一家荷蘭造船廠當了四個月的學徒。從歐洲之旅回國後，他進一步堅定「打開面向西方的窗戶」的方向。對彼得而言，出海口就是那道打開歐洲的窗戶。俄國是陸地國家，本來就不靠海。沒有強敵的出海口就是北冰洋，根本不能用。於是只能在波羅的海和黑海上擴張了。俄國對出海口欲望的另一個方向是遠東，當然北亞的海洋線也大部分都是常年冰封之地。這就是為何俄國一定要把海參崴這個北亞良港搶到手之故。

　　因此，俄羅斯的土地擴張欲望，既揉合了草原民族對草地的追求，又揉合了對海洋國家的嚮往，還加上俄國人獨特的不安全感，這種擴張欲望刻在骨子裡的，在歷史上反覆出現。在沒有經過「現代化」之前，無非是「誰是下一個受害者」的問題。

# 第二，大博弈、地緣爭霸與權力失衡

　　俄國擴張既然是刻在骨子裡的習性，那麼就必然有制止擴張的因素，阻止其不斷擴張下去。這個因素第一是海洋，即大陸國

家的自然疆界;第二是鄰國的抵抗;第三是「全球帝國」的阻力。

在鄰國的阻力方面,可以看到,俄國/蘇聯歷史上的最大擴張範圍,大致上都到了鄰近強國的邊上。以沙俄時代為例,繞著俄國的是中華帝國、英屬印度、波斯、鄂圖曼、奧匈帝國、德國、瑞典。中國、波斯、鄂圖曼都是在走下坡路的帝國,事實上俄國已經從它們手中獲得大片領土。奧匈帝國和德國都是足以和俄國抗衡的強國。

至於英屬印度,就屬於第三種情況。即「全球帝國」對俄國的阻力。這就是前面提及的「大博弈」。在19世紀,英國和俄國對峙的「大博弈」成為國際關係衝突的中心議題之一。

到了二戰之後,英國衰落,同一文明體系的美國崛起,在冷戰中取代了英國成為對抗蘇聯的「全球帝國」。美國的任務甚至比英國更艱巨。在大博弈時代,俄國雖然是強國,但當時強國還有德法美日等。到了冷戰時代,蘇聯已成為第二強國,這時的蘇聯,不再像大博弈年代只顧在周邊和世界帝國對抗,還把對抗的戰線進一步延長到全球。因此美蘇爭霸的冷戰時代是一場全球的對抗,儘管最主要的戰場還是在蘇聯周邊。

從19世紀開始,就有各種地緣政治的國際關係理論被開發出來,解釋為什麼會發生「大博弈」。現在很多現實主義的概念,比如「地緣政治」、「心臟地帶vs邊緣地帶」、「緩衝區」等理論都是在大博弈時代最早出現的,到了美蘇爭霸年代,還有不少理論被進一步提出,完善和修正舊有理論。

1904年,英國人麥金德(Halford J. Mackinder)在《歷史地

理樞紐》中提出「心臟地帶和世界島」理論，把歐亞大陸中部看作世界島的心臟地帶。心臟地帶外圍是大陸邊緣的「內新月形地帶」，再外圍是由近海島嶼和南北美洲澳洲組成的「外新月形地帶」。麥金德認為掌握世界島的國家會不斷強盛，具備擴張島歐亞大陸邊緣的能力。他總結出「三段論」：「統治東歐者，必將統領心臟地帶；統治心臟地帶者，必將統治世界島；統治世界島者，必將統領世界。」幾乎同時代（或稍後）的美國人斯皮克曼（Nicholas Spykman）則提出「邊緣地帶」理論，針鋒相對地提出「誰支配邊緣地帶，誰就控制歐亞大陸；誰支配歐亞大陸，誰就掌握世界命運」。

後來又有人提出「中間地帶」，意思是跳出單純的地理框架，作為兩個集團對抗中的緩衝（即亞非拉第三世界），又有人提出「通道理論」，認為對通道的控制，無論是路上通道還是海上通道，才是最重要的。這些理論都是對麥金德和斯皮克曼理論的補充和修正，但影響力都遠不如以上兩者。

在地緣政治學之後，現實主義的國際關係也被歸納總結出來（摩根索、卡爾、華爾茲、米爾斯海默）。美國人華爾茲提出的結構現實主義理論強調了「權力平衡」，認為權力平衡可以維持一段長時間的和平，而且一旦偏離，世界有「自動回到權力平衡」的狀態。華爾茲強調「離岸平衡」的概念，認為美國最有資格成為離岸平衡的操盤手。

美國人米爾斯海默的攻勢現實主義則對「自動回到權力平衡」不這麼樂觀：他同意國際關係是無政府的，在本質上沒有秩序可言，然而他強調，國和國之間的關係是互不信任的，因為一

個國家總是無法完全知道其他國家的意圖，在這種無處不在的猜疑中，要保證安全只能無休止地追求力量，甚至不得不先發制人，最後引發大國之間的戰爭，即「大國政治的悲劇」。然而，米爾斯海默的樂觀之處在於，大洋的存在讓不同陸地的國家無法征服對方，所以陸地大國和陸地大國的衝突固然不可避免，但陸地大國和海洋國家之間的衝突並非無法避免。更重要的是，由於存在「離岸」的海洋大國，「離岸平衡」是可行的。

在二戰後，美國外交家凱南曾撰寫著名的「長電報」，核心內容是建議對蘇聯採取「圍堵」（containment）政策（儘管他沒有用這個詞）。他的邏輯是，俄國是極度缺乏安全感的國家，所以一直追求提高實力和擴張勢力，只有擴張才能讓自己感覺安全。然而，蘇聯的作風雖然強悍，但並非「沒有理性」，對「力量的邏輯」高度敏感。只要對手擁有足夠的力量，並顯示願意使用這種力量，蘇聯就會知難而退，不會進行有損威望的攤牌。凱南建議美國不直接對抗蘇聯，但建立包圍圈，向蘇聯展示力量。

在冷戰後，美國獨大，成為唯一的超級大國，俄國無力再和美國全球爭霸，但在俄國周邊的對抗繼續，美國對俄國的戒心依然存在。直到川普政府把「頭號敵人」改為中國之前，美國的「頭號國家敵人」，即不算非國家的對象（比如恐怖主義等），始終是俄國。即便把頭號敵人改為中國，俄國還是美國的二號敵人。

因此，一直以來，地緣政治理論中的「中心帝國」vs「世界帝國」依然存在。俄國要擴張，美國要圍堵，這種結構性的矛盾依然繼續。在這種邏輯下，在俄國周邊國家個個都可能是「烏克

蘭」。在美國戰略理論家布里辛斯基1997年的《大棋局》中，烏克蘭是「地緣政治的支點」，如果能納入西方，就能大大削弱俄羅斯，更便於美國圍堵它。

然而，衝突能避免，得益於權力平衡。2009年時任副總統拜登在訪問完烏克蘭和喬治亞後，告訴美國媒體：俄國的人口和經濟都在萎縮，不得不在廣泛的國安問題上適應西方，包括對前蘇聯國家鬆手和減少核武（force the country to make accommodations to the West on a wide range of national-security issues, including loosening its grip on former Soviet republics and shrinking its vast nuclear arsenal.）。[1]這被解讀為：「俄國沒有能力也沒有權利在前蘇聯的任何地方建立勢力範圍」。這可以為蘇聯解體後三十年的美俄關係提供註腳。

結合歷史進程和以上理論，不難得出一個邏輯。

一、美國和俄國都認為麥金德和斯皮克曼那一套地緣對抗理論，繼續適用於美俄關係，於是對中間地帶的爭奪如故。根據凱南的理論，俄國有不尋常的不安全感，注定要擴張。

二、然而，俄國實力大減，既無法支持擴張，也無法支持起華爾茲的結構現實主義理論中的「權力平衡」，於是沒法維持和平狀態，除非它「自動到達下一個平衡」。

三、在這個過程中，米爾斯海默的理論派上用場。美俄之間互相不信任，無法知道對方的底線，不得不先發制人，最後引發大國之間的戰爭。

四、根據凱南的理論，俄國有尊敬力量的邏輯，必須不斷展示力量才能圍堵。然而，在特定時間內，美國都沒有勇於「展示力量」，特別是歐巴馬當政時，以外交軟弱著稱，正是他任期內發生了克里米亞事件。在拜登當政時，由於阿富汗的撤退也被認為是軟弱，在2021年底開始的談判中，也反覆聲明，北約不會參戰。這是再發生烏克蘭戰爭的重要原因。

俄國和中國媒體鼓吹的「美國把俄國逼到角落，俄國不得不反抗」，就是這種結構性矛盾的歷史敘事一面。無非是把目光放在「俄國被美國圍堵」上還是「美國阻止俄國擴張上」。

在2014年之後，美俄關係已經無法逆轉，分別是螺旋式下降還是直線下降而已。川普上台，以及中國的崛起，讓一些人看到另一種逆轉的可能。這時，世界出現了「麥金德體系」到「斯皮克曼體系」的轉變，「心臟地帶」俄羅斯的衰落，「邊緣地帶」的中國的崛起，印證了斯皮克曼理論中「邊緣地帶」更重要的理論。鼓吹「聯俄制中」成為一時的熱潮。然而，套用米爾斯海默的理論，美俄之間的信任度其實比美中之間還低，聯俄制中根本不可能。事實也證明如此。

# 第三，恢復蘇聯的帝國光榮

無論從面積從人口看，俄國都注定是一個「天然的大國」，擁有「大國的抱負」。從伊凡三世莫斯科大公國獲得獨立開始，

俄國就積極擴張，當時已經是歐亞大陸的大國（從面積看）。到了伊凡四世正式獲得「沙皇」稱號，更彰顯了俄國要成為「第三羅馬」。[2]沙俄把自己視為「羅馬帝國」的繼承者，擁有征服其他地區，恢復羅馬榮光的「昭昭天命」。

從彼得大帝開始，通過和歐洲國家的作戰，俄國就真正進入國際大國角逐的舞台。在歐洲的主要戰爭中，俄羅斯從來不缺席。經過大北方戰爭、七年戰爭、歷次俄土戰爭、三分波蘭，俄國的實力在拿破崙戰爭中達到巔峰。作為擊敗不可一世的拿破崙的主力，俄國不但是「列強」之一，還是位列「最強」之一，在維也納會議上成為「四大強國」之一。實際話語權和英國相等。

在接下來的半個世紀，英國與俄國展開「大博弈」，競爭還從歐洲擴展到全球。英俄分列當時第一第二強國，在從歐洲到遠東（某種程度還包括北美）展開角逐。英俄角逐取代了英法在18世紀的角逐，成為國際政治的核心議題。英俄競爭也是最典型的海權帝國vs陸權帝國的對峙。到了一戰後，蘇聯依然繼續和英國的大角逐，儘管當時蘇聯和英國的實力都有所下降，但蘇聯依然是國際舞台的大玩家。在二戰中，蘇聯作為戰勝國，在土地上獲益最豐厚，還借助共產主義輸出，建立了共產主義陣營。這時美國取代了英國的地位。美蘇爭霸成為冷戰時代的主題。兩者也延續了那種海洋帝國vs陸權帝國的模式。

由此可見，俄國在將近二百年，都是國際政治最重要的國家。俄國不能成為次等國家，不能沒有尊嚴，更不能成為其他國家的小弟。或者說，這就叫做「帝國的氣質」，「帝國情結」。

很可惜，蘇聯解體宣告了俄國衰落時代的降臨。以俄國視

線，蘇聯解體一下子讓俄國少了四分一土地，二分一人口。在從計劃經濟到市場經濟到巨變時，俄國GDP幾乎連續下降十年，俄國虛弱無比，從世界第二大國一下子變成似乎無足輕重無人尊重的國家，人民生活素質急遽下降，預期壽命變短，人人爭相移民到西方國家，人口減少，連中國人也嘲笑「俄國為什麼這麼慘」。俄國人緬懷蘇聯，主要是因為俄國人無法接受俄國不再是大國的心理落差。俄國人更無法忍受的，是他們認為美國和西方國家以一種冷戰中的「戰敗國」的心態對待俄國，「缺乏對俄國的尊重」。普丁上台，宣告「給我二十年，還你一個強大的俄羅斯」，就這樣切中俄國人民的心理。

　　普丁治下，俄國一度經濟好轉，成為金磚四國。然而，俄國經濟繁榮高度依賴能源和糧食出口，說白了就是「歐洲的沙烏地阿拉伯」。普丁沒有多元化俄國經濟，一旦能源價格低落，俄國又被打回原型。2008年金融危機後，俄國經濟波動很大。在2014年之前在上升，但2014年後下降。2020年的GDP還不及2008年。目前俄國GDP排名十大不入，不如中國一個江蘇省。

　　與此同時，其他新興力量的崛起已取代了俄國的位置。美中矛盾早就超越了美俄矛盾成為世界頭號矛盾，印度等國家也逐漸趕上來。俄國現在還撐著「大國」的威名，主要靠三樣：一、大批核武和軍火庫；二、聯合國五大常任理事國；三、能源和糧食。其中前兩樣都是蘇聯時期留下的老底。其他硬實力軟實力，都只是地區強國的配置罷了。它實際上已失去了全球政治的影響力。

　　在國際政治領域，常有「美中俄大三角」的理論。在筆者

看來，這個理論名不副實。俄國早就失去和美中較勁的能力。中國人特別喜歡，不過是因為中俄聯合對美國，「二比一」更好聽。就算俄國近年來和中國結盟，表面上是「平等的夥伴」，實際上是「中國為大，俄國為小」，這是歷史上首次「中俄實力逆轉」，俄國對此心知肚明。

　　眼看要退出大國舞台，俄國當然非常不滿。而它又認為，美國以及美治和平體系以及這套體系下的規則和秩序，是這些問題的根源。

　　以上這些，就是「美國把俄國逼到牆角」、「美國要遏制俄國發展」、「美國要肢解俄國」等理論大行其道的背景。總而言之，俄國要恢復昔日榮光，要重新獲得尊重，就要挑戰美國，挑戰美國體系。

　　於是，俄國急切需要一種「儀式」，讓美國「尊敬俄國」，對歐洲和其他美國盟國「殺雞儆猴」，也向中國、其他對美治和平不滿的國家和世界證明俄國還是「世界大國」，足以和美國平起平坐。正如俄國外長拉夫羅夫所說，此舉要挑戰美國主導的國際體系「旨在結束美國主導的世界進程」，其他國家不敢幹，就由俄國出手。

## 第四，未完成的帝國解體戰

　　對俄國而言，失去「帝國」地位固然心有不甘，但蘇聯解體這一失去帝國地位的「過程」才是普丁等人感到忿忿不平的關鍵。

　　蘇聯的解體過程，從1989年「蘇東波」事件算起到1991年解體，延續了兩三年。但幾年時間，對這麼一個龐然大物的轟然倒下，依然快到無法想像。特別是真正的解體過程，從1991年8月的政變到年底的解體，更只有短短幾個月，簡直可以用「魔幻」二字形容。當時各國的政治家和評論家，幾乎沒有一個會預計到這種自由落體式的進展。於是即便是「勝利者」的美國和西方，也都沒有做好準備。如果歷史可以再回頭一次，很難說會有同樣結局。

　　如果從橫向對比，蘇聯的解體過程更是和平和順利得驚人，完全不符合一般大國解體必會經歷戰爭的「慣例」。歷史上的帝國解體時，秩序崩潰，激烈戰爭通常不可避免。有主體民族的內戰、有主流民族不願意「國家分裂」而各小民族要「民族自決」的戰爭，還有民族之間爭地盤的戰爭，通常綿延多年。

　　比如，大清帝國解體時，經歷了幾十年的戰爭，最後蒙古獨立出去，新疆、西藏、滿洲都經過戰爭而被漢人政府重新「統一」。鄂圖曼帝國解體本身就是戰爭之中戰敗的後果，而且還發生殘酷的土耳其獨立戰爭、希土戰爭、亞美尼亞戰爭。沙俄帝國解體經歷嚴重的紅軍與白軍對抗之內戰，還有蘇波戰爭、烏克蘭獨立戰爭等系列戰爭。奧匈帝國解體時就爆發激烈民族國家與民族國家之間的戰爭（所謂「巨人的戰爭完了，侏儒的戰爭剛剛開始」）。和蘇聯解體同時代的南斯拉夫解體，也經歷三場戰爭（克羅埃西亞戰爭、波士尼亞戰爭、科索沃戰爭）。唯獨蘇聯解體，不但沒有內戰，各加盟共和國「分手」大體上還非常和平。此後，雖然有一些小規模的戰爭（如車臣戰爭等），但與偌大一

個蘇聯解體相比，不算得什麼。

在某種意義上說，戰爭（或衝突）是一種儀式，讓各國真正接受現實，建立長久的穩定關係。蘇聯解體沒有戰爭，當然是幸運。然而，正是因為缺乏這種儀式，依歷史先例看來，是未完的解體，到最終，還要通過儀式去最後完全解決。俄國在周邊有四個傀儡國，就是蘇聯解體「未完成」的實例。俄國搶走克里米亞是另一個例子。現在的烏克蘭戰爭，同樣可以視為這個過程的延續。因此，在某種意義上，烏克蘭戰爭是「遲來的蘇聯解體戰」。

蘇聯解體沒有經歷戰爭，有幾個直接的後果。

第一，雖然俄國當年是主動推進蘇聯解體的國家，但普丁等大批俄國人沒有接受蘇聯解體的現實。比如普丁認為「蘇聯解體是20世紀地緣政治上的最大災難，對俄羅斯人民來說這是一個悲劇」。在很多俄國人看來，蘇聯的解體是俄國的挫敗，而且還是莫名其妙的挫敗。用普丁的話來說，蘇聯解體是「在潑水的時候，連同孩子一起倒掉了」。

第二，一個連帶的後果是，儘管在蘇聯解體時，各國分割遺產時都有條約，但俄國人後悔了這些條約，認為也是錯誤的一部分。特別對俄國這種「戰鬥民族」而言，沒有戰爭就把土地（諸如克里米亞）「送出去」，更是從心底裡不服氣。在普丁的眼中甚至更遠，連烏東烏南（他喜歡用18世紀的名稱「新俄羅斯」稱呼它們），在蘇聯時期剛成立就劃給烏克蘭，都是一個錯誤。

第三，對烏克蘭而言，獨立來得太快，太輕鬆。國民之間沒有刻骨銘心的共同經歷，缺乏深厚的共同體意識，在國家建構上

存在問題。烏裔俄裔分野，烏克蘭語人群和俄語人群的分野，在派系鬥爭、民主內耗的年代越來越極化。最終成為被俄國利用的弱點。相反，我們看到，經過歐洲廣場革命、克里米亞危機、頓巴斯戰爭，烏克蘭人民的凝聚力越來越團結。到了這場烏克蘭戰爭，烏克蘭民族才真正地鍛造了起來。在烏克蘭中與俄國相關的有三種層次，俄語使用者，烏克蘭俄裔，烏克蘭中有俄國國籍的人。普丁在宣傳中，一直嘗試用「俄語使用者」去代替「俄裔」，就是希望最大化自己能招攬的人口。然而，實際效果是，現在「說俄語的烏克蘭裔」，一面倒地站在烏克蘭的一方，在東部南部前線，他們還是最積極抵抗侵略守衛家園的戰士。烏克蘭戰爭成為鍛造「烏克蘭民族」的煉鋼爐，把烏克蘭語烏克蘭人和俄語烏克蘭人，緊緊地融在一起。

從這個意義上說，烏克蘭戰爭是推遲了30年的蘇聯解體戰爭。

# 第五，民族主義與泛民族主義鬥爭的延續

蘇聯分裂為15國，俄國要找烏克蘭開刀，有更深刻的歷史因素。正如筆者在討論俄烏千年關係流變的時候所寫，俄羅斯、烏克蘭、白俄羅斯都為東斯拉夫民族系統，都可追溯到基輔羅斯以及其後一系列「羅斯國家」。在17世紀，在哥薩克人併入俄羅斯之後，大羅斯（俄羅斯）、小羅斯（烏克蘭）、白俄羅斯等稱呼開始興起。

在一些極端的俄羅斯民族主義者的眼裡，東斯拉夫民族們即

羅斯民族們，實際都是一個民族，是一家人，他們甚至不承認烏克蘭（小羅斯）是一個民族。沒有這麼極端的俄羅斯民族主義者認為，儘管烏克蘭和俄羅斯是兩個民族，但應該在「大俄羅斯民族」的旗幟下統一起來。這種意識形態稱為「大俄羅斯主義」（Greater Russian Nationalism），是「泛民族主義」（pan-nationalism）或「大民族主義」（macro-nationalism）的一種。比「泛民族主義」更「泛」的，是以語言為標準的「語言民族主義」，這種主義認為，所有說同一種語言（甚至相近的語言）的民族，不管是不是民族淵源方面親近，都應該成為一個國家。

「民族主義」、「泛民族主義」、「語言民族主義」的對立面就是「帝國主義」，即認為一個國家的建構，可以由多種異質民族和多元文化構成。不難看到，民族主義、「泛民族主義」和「語言民族主義」之間有共同點，也是相輔相成的。「泛民族主義」和「語言民族主義」的終極目標，都是把不同民族不同語言最終同一化，成為一個民族、一種語言，最終歸依的還是民族主義。這和「帝國主義」以及同樣承認多元化的「公民主義」是完全相反的。

在19世紀民族主義興起的時候，泛民族主義和「語言民族主義」等也同時興起，民族主義vs泛民族主義vs語言民族主義vs帝國主義的鬥爭相當激烈。鄂圖曼人的「泛突厥主義」，中國的「中華民族主義」等都是這類「泛民族主義」的產物。

大俄羅斯主義不只存在俄羅斯人中，還存在於烏克蘭人中。不少烏克蘭人也是大俄羅斯主義的支持者，他們與烏克蘭民族主義者的衝突，是烏克蘭獨立運動歷史的一部分。

　　布爾什維克興起之後，蘇聯取代了沙俄帝國。為了建構蘇聯國家，列寧等人以階級鬥爭取代了民族或帝國，認為只有無產階級才是國家建構的基礎。在這種理論中，民族、帝國甚至國家本身最終都是要消亡的，蘇聯就是無產階級國家的榜樣。

　　由於帝國消亡了，一批反共的俄國知識分子提供了另一種俄國民族主義，去解釋一個「大俄國」（特別是中亞地區屬於俄國）的正當性，即所謂「歐亞主義」（Eurasianism）。傳統的俄羅斯民族主義和大俄羅斯主義，都把俄羅斯（和東斯拉夫民族們）視為羅斯國家的後裔。於是在這種敘事中，俄羅斯人是「歐洲人」，蒙古人的征服，被視為民族屈辱史。然而，在歐亞主義的論述中，俄羅斯人不再單純是歐洲人，而是歐洲人和亞洲人的混合體。蒙古征服不再是屈辱的被征服被統治史，俄國人反而是蒙古帝國的正宗繼承者。因此，俄國有理由把領土擴張到蒙古帝國的歷史領域（特別是中亞）。

　　歐亞主義和「俄語民族主義」對疆界的主張有不少重合的地方，比如一般認為是當代「歐亞主義」代表，在中國被捧為「普金國師」的政治理論家亞歷山大・杜金（Aleksandr Dugin），實際的主張就是俄國「有權」擴張到俄語地區，或「曾經的俄語地區」。

　　杜金是不是真的「普丁國師」不清楚，但至少在烏克蘭的問題上，他們的看法表面上相似，但實質不一樣。上面說到，普丁認為烏東烏南劃給烏克蘭都是歷史的錯誤，烏克蘭的疆界是「拼湊出來的」，但杜金的看法更極端，他認為烏克蘭根本不是一個民族，而是「拼湊出來的民族」，烏克蘭西部是一個民族，烏克

蘭東部的是「俄羅斯人」，所以俄國絕對有權拿回那些土地。

　　俄國的敘事中的「烏克蘭不是合法的國家」、「烏克蘭是俄國的一部分」等等，都源於此。

# 第六，未完成的轉型正義

　　國家擴張的終結，除了周邊國家的抗衡以及「世界帝國」的阻力，還可能由於國民的自省，從本質上去除「擴張的基因」。以一戰、二戰、60與70年代解殖民化和左翼運動三個關鍵分水嶺，很多以前的擴張型帝國紛紛去除了「擴張的基因」。我把它稱為廣義的「轉型正義」，即國家不管出於被迫也好，出於自願也好，出現一種對戰爭罪行以及歷史上的「壞事」進行反思和批判的潮流，從而在整體社會層面，在思想上革新，認識了是與非的底線。

　　二戰的發動者，作為戰敗國的德國和日本，就經歷過這種轉型正義。日本制定了「和平憲法」，否定了「戰爭權」，在戰後將近80年裡是世界最和平的國家。德國總理布蘭特（Willy Brandt）在波蘭「驚天一跪」，對二戰罪行深深懺悔，成為全球反思戰爭罪行的榜樣。德國和世仇法國攜手並肩，以兩國為核心建立歐盟。

　　二戰中的戰勝國英國和法國，在第二次中東戰爭即蘇伊士運河危機失敗之後，痛定思痛，開始了主動的解殖過程，更放棄了擴張的欲望。

　　戰勝國美國，在一戰中最早提倡民族自決（威爾遜十四點和

平聲明），在二戰中自我承諾不謀求土地擴張和倡導成立聯合國（羅斯福），在左翼運動中廢除種族歧視政策，推動種族平權，此後更對自己的歷史進行系統性的反思，向歷史上的受害者以國家的名義道歉。加拿大、澳洲、紐西蘭等從殖民地成長起來的國家，也紛紛與美國步伐一致。

在西方國家的帶動下，韓國等亞洲國家、東歐等國家在冷戰後也紛紛進行轉型正義，反思自己的歷史罪行。

然而，蘇聯由於其戰勝國的身分，以及在二戰後成為和美國對抗的第二大國的地位，根本無人能迫使它反思。於是蘇聯一直有一種勝利者的心態，從未反思自己在戰爭中的罪行，沒有為戰爭罪行道歉。

蘇聯在二戰中是無辜的嗎？當然不是，在二戰初期，蘇聯是納粹德國的同盟，出兵侵略（和吞併）了芬蘭、波羅的海三國、波蘭和羅馬尼亞，侵略了芬蘭，建立所謂東方戰線。如果不是德國後來進攻蘇聯，「哥兒倆」自相殘殺，蘇聯也是盟國要作戰的對象。在二戰後的安排中，蘇聯還是唯一繼續進行領土擴張的大國，從東歐到遠東，蘇聯都有土地進帳。在戰爭中，蘇聯犯下無數的戰爭罪行，在戰爭初期侵略其他國家時，已犯下大量罪行，包括大屠殺、強姦、虐待、搶掠、流放，甚至種族清洗等。在戰爭後期攻入德國，對著「敵人」德國人，其罪行更是令人髮指。根據估計，紅軍士兵在二戰末期強姦了超過200萬德國婦女，其中20萬人之後死於傷口、自殺，或是直接被謀殺。在其他東歐國家和中國東北，類似罪行也多不勝數。在戰後，因應國界變遷，蘇聯更主導發起大規模的民族強制遷移（比如把德國人從現

在變成蘇聯的土地上趕出去），更引發無數的人道主義災難。

在蘇聯時期，蘇聯固然同樣沒有和美國等戰勝國一樣「自行反思」；在蘇聯解體初期，儘管俄國有過一些有識之士對轉型正義的反思，但在整個國家層面同樣缺乏反思。於是，從蘇聯到俄國，對二戰的敘事，依然是「永遠正確的」，即蘇聯付出了全球最大的犧牲，戰勝了納粹德國、法西斯和日本軍國主義。每年5月9日，蘇聯和俄國都進行盛大的閱兵，紀念蘇聯的豐功偉績。

在這樣一面倒的敘事下，俄國成為少數從未對二戰進行轉型正義式反思的國家，它至今認為在二戰中是完全正義的。光從俄國對「納粹」的理解，獨立特行地等用於「與蘇聯作對的人」，其與國際觀念脫節之大就可見一斑了（俄國論述中的「俄國要把烏克蘭去納粹化中」就是這種心態）。缺乏對戰爭的反思，導致了俄國人的思維還停留在二戰年代，最接受對弱肉強食的一套邏輯。俄國時代，更加上了對帝國「不戰而敗」地解體的怨恨。俄國沒有想過，所謂「失去」的「自己的土地」也是靠侵略得來的。就這樣，俄國把侵略視為理所當然，沒有什麼心理負擔，同時在烏克蘭戰爭中更容易犯下戰爭罪行。

因此，二戰結束了，但從實現「轉型正義」角度看，二戰並未結束；在四十多年後的冷戰勝利了，同樣也沒有把二戰後應該完成的事完成了。烏克蘭戰爭可以說是這種使命未完成的惡果，也可以說是最後完成使命的契機。

# 第七，民主自由與獨裁的文明衝突

　　一個國家是否推行「轉型正義」，歸根到底就是這個國家主體價值觀問題。一個國家主張何種價值觀，則和是否實行真正的民主自由制度高度掛鉤。不難看到，所有成功實行了轉型正義的國家都是民主國家。專制獨裁國家沒有一個推行過轉型正義。

　　在一戰、二戰和冷戰中，民主和專制的對抗至少成為戰爭主題的一部分，而且比重還不斷加大。一戰中，民主的美國英國法國是戰勝國的主力，專制的德國奧匈帝國鄂圖曼是戰敗國的主力。但協約國中還有俄國日本等專制國家。到了二戰，民主vs專制的成分進一步提高，在主要參戰國家中只有蘇聯「意外地」成為盟國，戰敗國的德國、日本、義大利全是專制國家。到了冷戰，民主自由與專制之戰就成為壓倒性的主題。無疑，美國支持過肯加入對抗蘇聯的獨裁政府；蘇聯也支持反美反殖的「左翼民主政府」，但兩個集團的核心對抗者，無疑就是民主自由國家對抗打著社會主義旗號的專制獨裁國家。

　　冷戰後不久，山繆・杭亭頓（Samuel Huntington）和他的學生法蘭西斯・福山（Francis Fukuyama）分別提出了兩種相對的理論。福山在《歷史的終結與最後一人》提出「歷史終結論」，主張西方國家的民主自由制度勝利了，而且可能是人類社會國家政府制度演化的最終形式或終點。福山的理論也把「民主和平論」包含在內（democratic peace theory），即民主國家之間能避免戰爭。於是福山樂觀地認為，衝突會越來越少。

　　亨廷頓則在《文明衝突與世界秩序的重建》提出「文明衝突

論」，認為文化差異是根深蒂固的，喜愛同類憎惡異類是人的天性，文明之間的衝突不但不會消滅，還長期主導世界政治，「地球越小，衝突越嚴重」。他進而按照「西方vs其他」的比較展開討論，認為在「其他文明」中，中國文明、伊斯蘭文明是西方文明的最重要對手，俄國、日本、印度文明是「搖擺對象」，「其他文明」之間也互相衝突。

兩種理論雖然不是完全針鋒相對的，但在三個關鍵的問題上，即人類政治發展是否線性向前進步的？西方式的民主自由制度是否真的完全勝利了？國家與國家之間的衝突是否就會避免？卻是完全相反的。

歷史隨後的發展肯定了亨廷頓的正確性，福山的歷史終結論在很多人口裡成為笑柄。然而，是政治制度導致衝突，還是文明導致衝突，歷史還未給出肯定的答案。儘管文明會影響政治制度的實現，但並非不同的文明就必然會選取不同的政治制度，亨廷頓列舉的日本文明、印度文明，都選取了民主自由制度；伊斯蘭文明、中國文明都沒有民主自由。

在蘇聯解體之初，西方對俄國成為民主國家有高度的期盼，這既符合西方的民主自由制度輸出的既定政策，也因為當時「民主和平論」成為主流理論。俄國也確實有過短暫的民主。然而，俄國現在的民主徒具形式，實質上卻在普丁治下變成專制國家。俄國這種「重返專制」（以線性理論的觀點屬於走回頭路）的路徑，明顯伴隨著俄國和西方關係的惡化。最顯而易見的分水嶺是2008年，普丁以一種「太上皇」的手法，把總理推上前台做總統，自己搖身一變為總理幕後操縱，以繞過憲法的連任限制，實

質性地延續自己的統治。此事在西方引起軒然大波，意識到雖然俄國名義上還是個民主國家，實際上已和專制無疑。對俄國的態度也從此改變（當然也有其他原因）。到了普丁再度上台，先是修憲延長總統任期，再是更徹底修憲，可以「重置」自己的總統任期，關係惡化更大退步。

作為一個對比的例子，中國近年來與美國關係惡化，非常重要的分水嶺也是源於2018年中國的修憲，讓美國對中國民主化前景的信心完全撲滅了。

# 第八，現實主義、自由主義與建構主義之爭

在政治學和國際關係學的分類上，福山屬於「自由主義者」，亨廷頓屬於「現實主義者」。無論在學界、在政界還是國際關係的國安界上，兩種主義的鬥爭從未停止。

在20世紀之前，現實主義占了壓倒性的上風，叢林法則、社會達爾文主義、弱肉強食、拳頭就是道理、「真理在大砲的射程內」等，成為國際關係中的「標配」。大國可以為所欲為，可以劃定勢力範圍。小國必須卑躬屈膝，不是依附大國就是中立不選邊。那是一個大國政治的黃金時代。俄國作為大國，在當時呼風喚雨。

然而，到了19世紀末，自由主義（或理想主義）理論開始應用在國際關係上。1899年召開第一次海牙會議，出台主張和平解決紛爭的《和平解決國際爭端公約》，以及有關戰爭準則的《陸戰法規和慣例公約》，主張戰爭也必須「盜亦有道」，有

底線。1907年第二次海牙會議，進一步提出更多的規範性的公約。這是有關戰爭及和平的公約體系的開端。到了1917年，美國總統威爾遜提出《十四點和平方案》，提出成立國際聯盟，是自由主義的新一級台階。1927年《巴黎非戰公約》或《凱洛格—白里安公約》（Kellogg-Briand Pact）進一步要求各國放棄戰爭作為國家的外交政策。在二戰之後，非戰公約成為審判戰犯的法律依據。到了二戰之後，美國總統羅斯福主導的聯合國的成立更成為自由主義的偉大成就，儘管它還帶有很強的現實主義標記，最明顯的就是「五大常任理事國」的存在。

　　自由主義國際關係觀主張以協助取代對抗，否定以武力和脅迫作為解決紛爭的方式的合法性，通過超國家的機構（聯合國）協調各國以及作為和平處理紛爭的場所，把那種「完全混亂，毫無道德」的國際關係用有序的、以規則為基礎（rule-based）的國際法體系所取代，國家無論大小，在國格和權利義務上都是平等的，在聯合國都是一國一票（除了安理會上的五大國）。以「和平和發展」取代「對抗和競爭」，追求「全球利益」而不是「國家利益」。

　　無論自由主義還是現實主義，都屬於理性主義系統的理論，即認為利益是先天性的，無非全球利益還是國家利益在先。但冷戰後興起另一種理論——建構主義理論（constructivism），國家利益可以「建構」出來。或許可以把國家道義與個人道德做一類比：原始人大概只有利己的私欲而沒有道德；但人類社會進程中逐漸發展起道德體系，這套體系都是建構出來的。國際關係亦如此：許多中心概念，包含無政府、權力、國家利益、安全危機、

利益與身分（如誰被視為盟友，誰被視為敵人），也是社會建構與人為的結果。這種思維方式讓人們得以建立信念體系，理解所處的世界：我們想像世界是怎麼樣，決定我們的行為。去探求它「本為什麼」，就已是塑造它「變成什麼」。根據這種理論，並不存在國際政治「本為什麼」的命題，只存在它過去與現在是怎麼樣的問題。正如我們不能因為原始人時代的缺乏道德體系，就認為人類社會「本來就應該這樣」。至少在過去幾十年，馬基維利式的不擇手段、弱肉強食的叢林法則都不適用於描述過去幾十年的國際體系；強調國際法規則、尊重自由民主人權法治，是實實在在的國際關係典範，而不僅是「遮蓋現實政治的薄紗」。

在冷戰年代是自由主義和現實主義交替爭鋒的年代。但到了冷戰後，自由主義的國際觀占據更大的上風，加上符合建構理論所塑造的話語，和平與發展、世貿組織、全球供應鏈、全球化、人類共同體、多元化、氣候能源糧食等全球危機之類的話語，也極大地促進了國際社會的演變。

然而，在國際觀念在演變的同時，正如上述，俄國的國際關係觀還一直停留在「現實主義」的框架下。諸如「大國的權利需要被尊重」（意味著小國的權利可以被犧牲，違反國格平等的原則）、「烏克蘭是俄國的勢力範圍」（勢力範圍論是現實主義的過時理論）、「克里米亞關乎俄國安全」（為自己國家安全可以搶奪土地是俄國一直以來的標準理論）等等，都是充滿濃厚的「現實主義風」。而且，現實主義、自由主義、建構主義，不但在國際關係適用，也同樣在社會政治中適用。於是有趣的是，在西方認為「俄國重返專制」的同時，俄國也認為西方掉入了「墮落的病

態的自由主義」，比如同性戀、女權等等，只有俄國堅持的東正教文明，才能成為替代性的傳統文明價值，反對西方墮落的自由主義。[3]注意到現在美國國內在烏克蘭戰爭中「支持俄國」、「體諒俄國」的政客和評論家，大都是保守派或現實主義者。烏克蘭戰爭很明顯地成為自由主義和現實主義交鋒的延續，無論是從國際關係看，還是從社會政治看。

# 第九，維持現狀與修正主義之爭

在中俄的嘴裡，烏克蘭戰爭有很多敘事方式，比如「多極世界vs單極世界」，「霸權與反霸權」，「歐洲是歐洲人的歐洲，不是美國人控制的歐洲」等等。這些看似五花八門的說辭，實際都是一個，就是「現狀主義」vs「修正主義」的衝突。

國際關係的現狀就是在「美治和平」（Pax Americana）下的「長和平」（long peace）狀態。在1945年後，在以美國為首的國際力量主導下，全球持續70多年沒有發生嚴重的戰爭。美治和平這個術語的出現，是為了類比羅馬和平（Pax Romana）、蒙古和平（Pax Mongolica）、大英和平（Pax Britannica）等「長和平時代」。

以上所討論的「主義」框架下，美國不但是主導自由主義和建構主義的一方，還是靈活使用現實主義的一方。在現實主義方面，美國擁有最強大的武力、經濟、金融、科技、盟友體系；在自由主義方面，美國主導了條約體系、聯合國系統及其他重要國際機構的建設；在建構主義方面，美國掌握了建構議題的話語

權，掌控英語這種實際全球語言的最重要媒體，在網際網路時代掌握最大的媒體和社交媒體攻擊。無論是「硬實力」還是「軟實力」上都首屈一指。無論是否承認都好，這就是現在世界（至少是中俄發起挑戰前的世界）的「現狀」（status quo）。

中國和俄國對這種現狀是不滿的，都認為「現狀」遏制了自己的發展。於是以上討論的各種五花八門的敘事，實質就是一個，正如俄國外長拉夫羅夫所說，要推翻「美國主導的國際體系」。即所謂的「修正主義」（revisionism）。於是，維護現狀還是修正現狀，成為「現狀主義」陣營還是「修正主義」陣營的鬥爭的核心議題。

現狀主義vs修正主義是歷史上最常見不過的鬥爭。霸權國家傾向於維護現狀，新興國家傾向於修正現狀。

如果是地區霸權要挑戰世界霸權，就會搬出「門羅主義」式的說辭，諸如「歐洲是歐洲人的歐洲」、「亞洲的問題應該由亞洲人民來處理」等等。以前者為例，這裡的「歐洲」是包括俄羅斯在內的，背後的意思就是歐洲不應「由美國主導」，應由俄羅斯主導。

順便說一句，在歷史上的所有門羅主義的版本，只有19世紀初，美國外長昆西·亞當斯提出的正宗版本「門羅主義」是正義的，是地區廣受歡迎的。因為當時美洲正面臨被歐洲列強「二次殖民」的風險，門羅主義的政治表態是抵抗殖民主義復活的得力宣言。其他此後各版本的門羅主義，包括美國自己後來在19世紀末復活的門羅主義，都無一不是這類地區霸權要推行自己的擴張欲望，而打出來的藉口。

如果是想在全球範圍內挑戰世界霸權，就會發生前幾年成為熱話的美國政治學家艾利森（Graham Allison）在2012年提出的「修昔底德陷阱」（Thucydides Trap）（見《注定一戰》），即當在現狀中的霸主的地位受到新興強國的威脅時，兩個國家之間就有很大可能爆發戰爭。

中俄同為「修正主義國家」，但兩國的做法有所不一。俄國的實力只配「地區強國」，於是宣示「歐洲人是歐洲人的歐洲」。而且俄國的做法比較粗暴。2014年奪取克里米亞對國際現狀和國際規則的破壞，已經是修正主義赤裸裸的挑戰，但還可以用「克里米亞原先就是俄國的」等藉口辯護。到了現在公然侵略烏克蘭更是上了新台階，再怎麼樣的藉口也騙不了人，全球絕大部分國家都譴責，只有四個國家支持，就是「公道自在人心」的明證。

中國在2014年左右還只想當一個地區霸權，於是說「亞洲的問題要靠亞洲人民來處理」。但短短幾年，已不滿足地區霸權，希望在全球範圍推翻美國。在思維下，中國試圖系統性地修改整個國際體系、國際規則和國際話語，而不僅僅是「粗暴違反國際規則」。以2021年阿拉斯加會議楊潔篪對布林肯和蘇利文的長篇「面斥不雅」為標誌，中國發起全面挑戰美國體系的號角。

戰爭爆發後，俄國一時指責西方要把「新秩序」加給俄國，[4] 一時又強調要建立「新秩序」[5]。到了4月11日，外長拉夫羅夫終於宣告：俄國尋求結束美國主導的世界秩序。[6]

我們該如何評價「修正主義」？一方面，修正主義者的要求並非完全沒有道理，比如修正主義者國力增強，要求調整國際秩

序，增加話語權也無可厚非（但修正主義國家也是雙重標準的，它們享有的現狀也不容別人分沾，比如日本印度等要求入常，中國就反對）。然而另一方面，修正主義者不能拋開國際規則，不能「霸王硬上弓」，用武力和脅迫，達到自己修正國際秩序的目的。普丁公然通過違反國際法和國際準則的方式，侵略其他國家，強行企圖推翻二戰後建立的國際關係現狀。而這正是俄國和普丁之所以令人無法接受的根本原因。

# 第六章

# 誰是罪魁禍首？
# 烏克蘭戰爭為何爆發？

　　2022年2月24日，俄羅斯軍隊從北面、東北面、東面、南門四個方向入侵烏克蘭，其中北面的入侵借道俄國的小弟白俄羅斯，俄國還派空降兵突擊烏克蘭首都基輔。這天成為後冷戰時代的終結，將會被載入史冊。

　　俄羅斯為何侵略烏克蘭？在討論這個問題之前先要指出三點。第一，原因和藉口是不同的，藉口可以是冠冕堂皇的話，但不等於是真實的原因。第二，原因有很多不同的層次：遠的有歷史性原因，中的有近期的脈絡和利益分析，近的還有個人的最終決策等等。這裡討論的主要是直接原因。第三，原因是一種客觀的評述，它不牽涉到這個原因是否正確正義，是否合理合法。關於後者，筆者會在後面的文章中詳細評述。本文所論述的「原因」，完全從現實主義角度出發。在這個角度中，俄國是主動侵略者，當然是最大的責任人。烏克蘭作為「招致入侵的受害者」，美國作為促進者，歐洲作為「使能者」（enabler），它們並非毫無值得反思的地方。

# 俄羅斯面向

對俄羅斯而言，侵略烏克蘭主要有幾個原因。一、歷史原因和普丁的個人情結。二、吞併烏克蘭有利可圖（即使是部分吞併），包括實際利益和改善安全形勢。三、由於俄裔眾多，吞併烏克蘭更容易。四、時不我與，早動手好過晚動手。

## 一、歷史原因和普丁的歷史情結

俄國入侵烏克蘭有極為豐富的歷史脈絡因素，前面章節已有詳細討論。簡而言之，這些包括俄國在歷史上擴張欲望、發自內心的不安全感、大俄羅斯情結、烏克蘭被視為「俄國歷史上的一部分」、俄國對冷戰喪失大國地位的怨恨、俄國未經轉型正義、企圖恢復蘇聯榮光等等。這裡重點提一下特別重要的「大俄羅斯情結」。

俄羅斯、烏克蘭、白俄羅斯都是東斯拉夫人建立的國家「基輔羅斯公國」的後代。基輔羅斯在13世紀被蒙古滅亡，三民族由此分化。對羅斯公國滅亡後的發展，俄羅斯和烏克蘭有非常不同的詮釋。發源於莫斯科大公國的俄羅斯認為，自己是羅斯公國的「正宗」，以恢復「羅斯國家」為己任。伊凡四世稱沙皇時的正式封號就是「全羅斯沙皇」（Tsai of All Rus）。俄羅斯之後不斷壯大，也確實統一了所有的羅斯國家，完成了天命。對俄國而言，蘇聯解體固然是「永遠的痛」，但蘇聯中三個東斯拉夫國家分家才是「痛中之痛」。比痛更痛的是，基輔羅斯中心就在烏克蘭首都，基輔被視為「羅斯之母」，是東斯拉夫文化之根源。自

視為羅斯正宗的俄國，居然連起源之地都在另一個國家，豈非極大的心理痛楚？

在俄國這種專制國家，領導人的意志就是國家的意志。偏偏俄國總統普丁是一個極具濃厚歷史感的政治家。對大俄羅斯歷史、蘇聯解體、俄國復興等都有超出其他領袖的執念。[1]比如他認為烏克蘭是「我們自己歷史、自身文化、精神空間不可分割的一部分」，是蘇聯錯誤創造出來的國家，用「新俄羅斯」稱呼烏東和烏南地區。[2]他喜歡用「自古以來」合理化俄國的擴張，比如他在今年6月9日紀念彼得大帝大北方戰爭350週年的講話中就說彼得大帝發動大北方戰爭只是「把屬於俄羅斯的領土收回來」，並把烏克蘭戰爭與之相提並論。[3]同時普丁還是一個「屈辱感」很強的領袖，對俄國被西方「欺騙了」不戰而敗耿耿於懷，堅持「蘇聯解體是地緣政治災難」，宣告「給我20年，還你一個強大的俄羅斯」。

他一心想重組俄語圈的俄國勢力範圍，即歐亞國家聯盟。原先烏克蘭一直搖擺在俄歐之間，烏克蘭還是「兄弟之邦」。到2014年，烏克蘭不要加入俄國的「關稅同盟」，要爭取入歐，注定和俄國越走越遠。這是當年俄國奪走克里米亞和分裂頓巴斯地區的情感因素。當然，這樣做對「留住烏克蘭」適得其反。烏克蘭反而變為仇人，還決意加入北約。合理的詮釋是，普丁不懂「北風與太陽」的故事，把烏克蘭親手趕走了，普丁於是更生氣了。因此，俄羅斯出兵烏克蘭，歷史和情感因素占了很重要的地位，俄國也希望通過烏克蘭戰爭能一戰重新奠定俄國的大國地位。

## 二、侵略烏克蘭對俄有利可圖

侵略別國要付出不少代價，總是有利益才會做。在俄國的宣傳中，侵略烏克蘭用「國家安全」為藉口，這完全掩蓋了它對烏克蘭的「貪欲」。占領或至少部分占領烏克蘭對俄國實際利益（而不僅僅是安全利益）很大。

以占領土地到什麼程度而言，俄國有最低目標、中間目標、次高目標和最高目標。最低目標是固化在頓巴斯地區的統治，中間目標是奪取整個烏東和烏南即黑海沿岸地區，次高目標是在沿著第聶伯河劃江而治占領整個左岸地帶，最高目標就是直接占領烏克蘭。現在吞併烏克蘭幾無可能，但在戰爭之初，最高目標並非天方夜譚。從普丁一開始多個方向圍攻，還直奔基輔就知道，志不只在烏東三州。連美國都準備讓澤倫斯基搞流亡政府。萬一普丁冒險成功，拿下烏克蘭，那麼利益可就太大了。

**土地和資源**。在俄國土地中，越南方的土地就越好。在沙俄和蘇聯時代，俄國土地質量還算不錯。但蘇聯一解體，以俄羅斯視角，土地沒了1/4，人口沒了1/2。最不幸的是，失去的土地全是最有價值的南方土地，這從失去的土地人口比例就可見一斑。烏克蘭土地更是著名的黑土帶，世界大糧倉；烏東頓巴斯還有優質煤礦。俄國本身也是農業大國（得益於從烏克蘭延伸到俄羅斯的黑土地帶）和礦產大國，但沒人會嫌資源多。資源不但能賺錢，還手握關鍵物資，可更好地打能源牌、糧食牌、礦產牌，給其他國家「卡脖子」。

除了土地和資源，烏克蘭東部還是蘇聯時期重要的工業基

地，軍工重工非常發達。關鍵是，這些工業在蘇聯時代是為俄羅斯工業配套的。烏克蘭獨立後，俄羅斯還要從烏克蘭進口這些產品。與其被人「卡脖子」，不如「先搶為敬」。

**出海口**。烏克蘭還擁有黑海海岸線，克里米亞就是黑海戰略地位最高的地區，擁有最好的港口和海岸線。八年前，俄國已占領了克里米亞，但同樣，海岸線不會嫌多。何況黑海上的奧德薩、馬里烏波爾等也都是優秀港口。更何況，在占領整個南部沿海地區後，俄國還可把摩爾多瓦的俄國附庸「聶斯特河沿岸共和國」在地理上連起來。這對俄國戰略意義同樣重大。

在這些實際利益後才是**安全感**。烏克蘭的情況也可以很好地套用筆者提出的「六層同心圓環結構」理論（見第五章）去理解，即俄國把土地按照地理位置分成六種重要性不同的區域：即核心地區、外圍地區、衛星地區、芬蘭化地區、緩衝／中立地區，與其他地區。烏克蘭緊靠著俄羅斯腹地，烏克蘭邊境距離莫斯科只有500多公里。2014年前的烏克蘭是一個緩衝國。它在親俄和親歐間搖擺。但經過2014年克里米亞事件，烏克蘭在奪土之恨下已不可能再親俄。於是從「緩衝國」變成「其他國家」，還是一個滿心反俄的「敵對國家」。俄羅斯在頓巴斯地區搞出了兩個「衛星國」去緩衝。但隨著烏克蘭要加入北約，俄羅斯就認為即便固化了「衛星國」也不足以緩衝，遂有侵烏事件。

根據「同心圓結構」框架也可評估從「安全需求」出發的俄國的幾個目標，無非就是按同心圓結構看烏克蘭可放在什麼位置。對俄國而言，最理想的莫過於重新吞併烏克蘭，這樣「俄屬烏克蘭」就成為同心圓的第二級「非核心地區」。普丁在電視講

話中否認烏克蘭民族國家的「合法性」等言論都是為吞併整個烏克蘭定調。

　　烏克蘭是個大國，烏克蘭人反俄情緒極為高漲，這種情況下，吞併整個烏克蘭不完全現實。沿著同心圓結構，下一級是「衛星國」，即在烏克蘭建立一個由俄羅斯控制的親俄政權。然而，烏克蘭是民主政權，只要保持真正民主選舉制度，就不可能確保一直親俄。除非俄國推翻了現在烏克蘭政權後，把它改造為一個披著民主外衣的獨裁政權（比如白俄羅斯）；或乾脆就取消烏克蘭民主制度，直接回到軍事強人模式。但這樣「開倒車」在現代國際政治中成本同樣很大。

　　對俄國而言，更現實是把烏克蘭變成「芬蘭化」的國家。「芬蘭化」無疑是對該國主權的損害和屈辱：在理論上，所有主權國家都有權決定自己的外交路線，更有權處理自己內政，保障言論自由。這是1648年西伐利亞和約後建立起來的國際法有關主權國家的原則。然而，相比完全被蘇聯控制的東歐國家，在強大武力威嚇下，「芬蘭化」又不失為在現實政治下一種值得考慮的權宜之策，因為它畢竟保留了大部分的主權。

　　比芬蘭化再次一級的選擇就是緩衝地帶中的中立國。從普丁宣布要把烏克蘭「中立化、去軍事化、去納粹化」可知，俄國的最低目標是至少把烏克蘭變成一個中立國。「中立國」聽上去很美，其實即便俄國也不太喜歡真正的中立國，因為在國際法意義上的中立國是受國際法保護的，其他國家要脅迫中立國就直接違反國際法。俄國在需要時視國際法為無物，但在明面上往往還會找一些理由。烏克蘭成為真正的中立國，俄國就不太方便脅迫

它了。

　　因此，普丁的如意算盤就是，在俄羅斯大軍強力打擊之下，烏克蘭政權會被迫在「被兼併」、「被衛星國」、「被芬蘭化」和「中立國」之間四選一。由烏克蘭政府被迫接受芬蘭化，應當是俄羅斯最可能接受的方案。

　　以上討論的是如果把「剩下的」烏克蘭完整保存下來的情況。但依據以上分析的結合經濟利益和海岸線，俄羅斯非常可能進一步肢解烏克蘭。以上討論的最低目標、中間目標、次高目標，都是這些情景。至於如何做，是擴大兩個「傀儡共和國」，再建立新的「傀儡共和國」或者「自治政權」，在一些烏克蘭領土上駐軍，讓烏克蘭政府在剩餘國土上做「維希政府」等等？都是依據情況發展而定的。

## 三、普丁以為烏克蘭是軟柿子

　　考慮侵略時，利益固然要分析，成本同樣要分析。在戰前，至少在普丁眼裡，拿下烏克蘭的困難不大。首先，俄國加上自己的小弟白俄羅斯加上從烏克蘭奪得的克里米亞，已經三面包圍烏克蘭，而且烏克蘭的地形以平原為主，適合俄國「鋼鐵洪流」的作戰方式，對俄國非常有利。烏克蘭在8年前的窩囊表現，讓普丁感覺烏克蘭不堪一擊，澤倫斯基這種演員出身的總統，在普丁眼中大概也是「小丑」一個。

　　其次，俄羅斯在擴張和控制周邊國家時，最大的武器就是「俄裔」。烏克蘭俄裔眾多，在蘇聯時代，大量俄人在蘇聯大型國企進駐的帶動下湧入烏克蘭。頓巴斯地區更是大型國企的集中

地，俄人社區就是以這些大國企為中心成長的。頓巴斯之所以現在還是俄人為主，就因蘇聯時代的移民政策。有了「海外俄人」，俄羅斯要建立傀儡政權並不困難。何況頓巴斯的俄裔政權也成立八年了。

烏克蘭不但俄裔多，在烏克蘭裔中也很多都以俄語為母語，澤倫斯基的母語就是俄文。這是從沙俄時代開始俄化政策的成果。當年俄國和蘇聯不允許出版烏克蘭文書籍，學校只用俄語教學，俄語為唯一官方語言，烏克蘭語被說成「鄉巴佬的語言」。烏克蘭獨立30年，還沒來得及逆轉「俄化」的結果。於是「烏克蘭籍俄裔」、「俄語烏克蘭人」就成為普丁以為在烏克蘭能得到支持的民意基礎。

當然事實恰好相反，「俄語烏克蘭人」也積極抗俄，至今俄國還找不出有人肯當「烏克蘭版的汪精衛」

## 四、時間不在俄羅斯的一方

這場戰爭在此時爆發的原因，還在於時間對俄國不利。這有三重含義。

一、在可見的將來，俄國要「翻身」的機會幾乎沒有，國際上的實力只會越來越弱。世界的中心已轉移，在新一輪科技競賽中，俄國再次沒有跟上潮流。俄國沒有晶片產業，沒有全球性的科技公司，沒有具規模的人工智能和大數據的產業。俄國固然想發展人工智能，但採用「國家主導、軍工優先」的策略，注定很難追趕。俄國人口、市場和俄語使用範圍有限，也都注定無法在「大數據」上和美中爭鋒。[4]在2014年因為克里米亞事件被制裁

後，俄國經濟每況愈下，2020年GDP已跌到2008年水平，缺乏資金更難以在「燒錢」的高科技產業上跟上。

　　二、拜登上台，美國不會改變美俄政策，俄國難以等到美俄關係好轉。從2008年俄國入侵喬治亞開始，美俄關係就變差；到2014年搶走克里米亞，美英歐盟更開始制裁俄國。在2016年美國大選中，普丁出手支持川普，大打資訊戰，成功幫助川普擊敗對俄強硬派希拉蕊·柯林頓。普丁對川普寄以厚望，指望可緩和美俄關係。川普的民粹主義和極端現實主義令北約瀕臨「腦死亡」，對俄國自然大大有利。然而，川普只是「說得好聽」，其親俄政策始終受到手下反俄派阻撓，共和黨控制的國會也出台多項法令阻止川普對俄妥協。於是，川普固然破壞美歐團結「有功」，但在撤銷對俄制裁等實質性改變俄國處境的問題上卻無寸進。更何況，川普破壞美歐關係時，也傷害俄國利益。比如在北溪二號天然氣管道問題上，美國制裁北溪二號，令管道遲遲不能完工。在川普手下看來重點是阻止德國加大對俄國的能源依賴，但在川普看來重點是歐洲不買俄國能源就可以買美國能源了，兩種出發點最後不謀而合。

　　到拜登上台，全面修復被川普破壞的美歐關係，同時對俄國也沒有放鬆。民主黨上次被俄國「搞沒了總統」，現在上台了更對普丁不客氣。所謂「聯俄制中」，在川普時都做不到，在拜登時更做不到。美國對中國強硬，但也沒有放過俄國。近年來還有美國（和盟國）可同時壓制中俄的論述。美俄關係好轉無望，普丁就坐不住了。於是要趁美歐關係重整陣腳未穩時發起進攻。

　　三、烏克蘭軍隊在2014年不堪一擊。但在美英大力支援八

年後，武力已不是以前可比。對頓巴斯武裝的優勢越來越大。假以時日，俄國還是要直接參戰。與其等到烏克蘭壯大到連俄國都難以應對再動手，還不如趁實力還綽綽有餘時（至少俄國在開戰前是這麼認為的）把烏克蘭拿下，至少也可以固化在頓巴斯的統治。

# 烏克蘭面向

在烏克蘭戰爭中，烏克蘭毫無疑問是受害者，但從現實主義角度，並非沒有可以檢討的地方，有長遠期的，也有近期的。

從遠期說，烏克蘭獨立之初也是一手好牌，可惜都打爛了。

## 一、民生凋敝、政治腐敗

第一，在獨立前，烏克蘭是蘇聯經濟發達的地區，重工業尤其發達，軍工業更占蘇聯約三成多的產能，是蘇聯工業體系中重要的一環，經濟基礎不能說不佳。然而獨立後，原先很多重工業產業（特別是軍事工業）整個體系都被瓦解了，烏克蘭又找不到工業出路，於是經歷「去工業化」，農業倒成為經濟支柱。烏克蘭又沒有俄羅斯、哈薩克那樣豐富的能源資源（烏克蘭有煤礦，但沒有多少石油天然氣），能源上還非常依賴俄羅斯的天然氣。2008年，烏克蘭達到略低於人均GDP四千美元的頂峰就一直起伏，至今尚未回到2008年的水平。總而言之，烏克蘭變成原蘇聯國家中的後進分子。在所有歐洲國家中更是倒數第一。更有甚者，烏克蘭的工業區以俄羅斯人聚居的東部為主，農業則在烏克

蘭人占絕對優勢的西部。這樣發展不平衡無疑加大了俄羅斯裔烏克蘭人的離心力。

烏克蘭在獨立後，沒有發展為一個優秀的民主國家。不錯，烏克蘭有民主，但烏克蘭同時政治腐敗，整個國家成為寡頭和政客勾結的玩物。2004年，烏克蘭爆發橙色革命，以為民主的力量能改變。結果下一次選舉，被橙色革命推下的亞努科維奇，居然又被選上了。這正好說明烏克蘭「無人可挑」。正是亞努科維奇在2014年歐洲廣場事件中扮演不光彩的角色，導致克里米亞被奪。

澤倫斯基以喜劇演員的身分，被直接選舉上總統，這在世界史無前例。有人說美國總統雷根也是演員，其實雷根在選總統之前，已不是演員好多年，早就轉型為職業政客了，還當過加州州長。澤倫斯基當選正反映了烏克蘭人民對政治經濟是如何不滿，寧願破天荒找一個只有「電視劇中的政治經驗」的人來試試，「反正也沒差」。

烏克蘭獨立多年，無法搞好經濟與政治。國家弱，就容易被侵略。這是千古不變的真理。

## 二、輕易放棄核武

在獨立之初，烏克蘭是世界第三核武大國。很多蘇聯時代的核武就部署在烏克蘭（此外，白俄羅斯和哈薩克也有核武，但數量都不多）。核武是當代國際關係的「護身符」，沒有的國家還想著要。然而，烏克蘭沒有看清形勢，過早地放棄了核武。

誠然，當時幾乎所有有核國家都施壓要求烏白哈三國放棄核

武，這基於對核擴散的擔心可以理解。然而，烏克蘭如果真不肯放棄，是不是就一定不行呢？那倒是難說，關鍵是肯付出多少代價的問題。反正現在都知道，就連北韓也可從無到有發展出核武，烏克蘭當時有大量核武在手，籌碼只會更多。

況且，即便真的要放棄核武，也可談一個更好的安全保障條件（比如要求加入北約歐盟之類），然而，烏克蘭當時只和美俄英簽訂1994年《布達佩斯安全保障備忘錄》，裡面規定烏克蘭同意放棄核武，而其他各國承認並確保「烏克蘭在現有領土上的獨立和主權」，「避免使用武力威脅烏克蘭」等。然而，備忘錄這種形式的文件本身的法律約束力成疑，而且裡面也沒有強制性條款，即若任何一方違反協議會有什麼法律後果，其他國家有什麼義務。於是到了2014年，俄違反承諾，公然奪取克里米亞時，烏克蘭就欲哭無淚，美英雖然制裁俄，但也缺乏更有效的行動。

值得指出的是，在中文世界，美英沒有使用更強硬的手段，也沒能阻止俄羅斯占領克里米亞，被宣傳為「美英承諾靠不住」。然而，誰才是真正「違反承諾」的一方呢？顯而易見是俄國。烏克蘭遵守承諾放棄核武，根據條約，俄國就沒道理對烏克蘭進行軍事威脅甚至是分割領土。這種侵略公然違反了自己所簽訂的條約，中國輿論卻顛倒是非，處處為俄羅斯辯解，彷彿俄羅斯搶別人的土地是迫不得已一樣。

說句題外話，中國對烏克蘭領土完整也有責任。就在2013年底（俄羅斯占據克里米亞前幾個月），中國和烏克蘭簽訂《關於進一步深化戰略夥伴關係的聯合聲明》，裡面規定：「雙方強

調，在涉及國家主權、統一和領土完整的問題上相互堅定支持是兩國戰略夥伴關係的重要內容。雙方相互堅定支持對方根據本國國情選擇的發展道路，支持對方為維護國家獨立、主權和領土完整，保障政治社會穩定，發展民族經濟所做的努力。」又規定：「中方根據聯合國安理會第984號決議和1994年12月4日中國政府關於向烏克蘭提供安全保證的聲明，承諾無條件不對作為無核武國家的烏克蘭使用或威脅使用核武，並在烏克蘭遭到使用核武的侵略或受到此種侵略威脅的情況下，向烏克蘭提供相應安全保證。」當時中國媒體一片歡呼，說中國有能力為其他國家（烏克蘭）提供「核保護傘」，是大國崛起的象徵性事件。結果過了幾個月，中國就翻臉不認帳，彷彿這件事沒有發生過一樣。說實在，烏克蘭對中國相當不錯，中國軍工業突飛猛進，從烏克蘭進口的軍事技術功勞「大大的有」，別的不說，光是第一艘航空母艦，就是從烏克蘭購買的船身。

總而言之，烏克蘭輕易地放棄核武，等於自動放棄了護身符，這是最大的戰略失誤。更何況，烏克蘭除了放棄核武外，在2014年之前對常規軍備也極端弛廢，軍隊形同虛設，否則不可能在2014年毫無還手之力。

## 三、戰略發展舉棋不定

烏克蘭在獨立後看不準形勢，沒有明確自己的國際關係道路。它既沒有像波羅的海三國一樣，抓住俄羅斯元氣未復，就儘快加入歐盟北約；又沒有像白俄羅斯那樣，死心塌地做俄國小弟；還沒有像哈薩克那樣一心尋求平衡。由於政府交替，烏克蘭

一時親歐，一時親俄，來回搖擺，莫衷一是，各走極端。

　　這樣到了普丁治下的俄羅斯依靠能源價格高漲而恢復元氣（大致上以2008年喬治亞戰爭為分界線），烏克蘭的處境就非常艱難了。再到2014年，烏克蘭親歐派占了上風，不但把親俄派的總統亞努科維奇轟下台，還在國內掀起反俄情緒。於是給了普丁一個趁機搶過克里米亞的機會。俄羅斯還挑動「烏東三州」，特別是頓巴斯地區的俄羅斯裔「獨立」，持續的戰火一直至今。

　　在發展舉棋不定之外，雪上加霜的是沒有儘早處理烏克蘭境內俄裔問題。在蘇聯時期，大量俄裔進入烏克蘭。而且，烏克蘭不但俄裔眾多，還分布不均，在克里米亞和頓巴斯地區尤其集中。

　　歐洲歷史早就說明，跨境少數民族給民族國家帶來的危害。在二戰前，在波蘭的烏克蘭人就希望波蘭烏克蘭人和蘇聯烏克蘭人成為一個整體。蘇聯解體後，喬治亞的南奧塞帝人（和俄國境內北奧塞帝人是同一民族）和摩爾多瓦的俄裔都在俄國支持下成立傀儡共和國。烏克蘭並非對這個問題不了解；也不是真的沒有辦法解決：克里米亞是「自治共和國」，不好處理，但頓巴斯地區沒有自治權，要解決的話還是有辦法的；而是對俄烏關係沒有既定戰略策劃。一時親歐，一時親俄，自然也不可能處理這個問題。

　　把烏克蘭在冷戰後的戰略和同屬蘇聯的波羅的海三國及哈薩克的相比，就更可以說明烏克蘭的不足。由於俄國「大陸型擴張主義」喜歡用「自古以來」作為藉口，因此從蘇聯解體開始，波羅的海三國和哈薩克就面臨被俄羅斯重新吞併的陰影。

　　波羅的海三國對被重新吞併的恐懼最為人所知，它們也是「反俄」最堅決的國家。但它們的形勢比烏克蘭和哈薩克都好。波羅的海三國都有現代國家歷史（一戰與二戰之間是獨立國家），它們與歐洲其他國家接壤（波蘭），文化和其他國家相通（立陶宛和波蘭歷史關係悠久，愛沙尼亞和拉脫維亞都是芬蘭的兄弟國家），況且三國經濟情況在蘇聯時代也是各加盟共和國中靠前的，也不是非常依賴俄羅斯。因此，三國獨立了，但並不孤單，也不隔絕，更容易經濟轉型。它們在二戰中被蘇聯再次吞併，違反了歐美在《凡爾賽條約》中讓它們從沙俄獨立的保證，歐美對此有情感和道德上的歉疚。因此，它們加入歐盟和北約是三國顯而易見的發展途徑，歐盟北約也願意接納它們。這樣拿到了「免死金牌」，再也不怕俄羅斯的武力威脅了。

　　哈薩克（和其他中亞四國）同樣面對「重新被吞併」的危險，但它們的處境和現實和波羅的海三國又有所不同，不能採取同一策略。中亞五國並無現代國家的歷史。它們地處內陸，無論是東面的中國還是南面的伊朗阿富汗，都不是靠得住的國家。它們的現代經濟部門幾乎都是在沙俄和蘇聯時期發展而成的，經濟極度依賴俄羅斯。中亞在沙俄時代為俄羅斯吞併，歐美國家沒有道德上的責任；它們的宗教不是無神論就是以伊斯蘭教為主，歐美國家更沒有多少共同情感。它們地理上隔絕，也不太可能加入歐盟和北約。因此，在獨立之初，它們在世界上除了抱團取暖，幾乎就孤立無援。它們一方面需要擔心「二次吞併」的問題，一方面又離不開俄羅斯。相對而言，在蘇聯解體的初期，俄國自顧不暇，五國沒有即時被「二次吞併」的危機。這就是為何在獨

立之初，它們積極加入「獨立國家國協」，此後更加入以俄國為首的「集體安全條約組織」。在五國中，哈薩克既是最大、最重要、資源最豐富的國家，又是唯一與俄羅斯接壤的國家，中長期被「二次吞併」的危機最大。

在這種情況下，最佳戰略就是引入其他勢力，對衝危機。在不得不依賴俄國的同時，儘快趁著俄國自顧不暇的窗口期，打進能平衡俄國的勢力圈子。哈薩克長期領袖納札爾巴耶夫（Nursultan Nazarbayev）就是個中高手。哈薩克獨立以來，納札爾巴耶夫就一直是哈薩克總統，直到2019年退居幕後。他一面穩住俄羅斯，不執行激進的「排俄」政策，一方面積極鼓勵平衡外交。

首先，納札爾巴耶夫積極推動成立突厥語國家的組織。「突厥語民族」準確地說不是一個民族，而是多個民族被「突厥化」之後形成的「超民族」共同認同。在19世紀的泛突厥運動興起，認為所有的突厥語民族應該團結起來。在蘇聯解體後，在土耳其之外多出了五個突厥語國家，這種思潮再起。正是在他的積極響應下，1992年，由土耳其牽頭，哈薩克、吉爾吉斯等國召開了第一屆「突厥語國家首腦峰會」。1994年，第二屆峰會確定中心議題為「確認突厥語國家走向一體化」。說實在，雖然這些組織都是土耳其牽頭，但土耳其當時勢力很不足，如果沒有納札爾巴耶夫的積極推動，土耳其是很難成事的。後來，納札爾巴耶夫也繼續積極響應和推動突厥一體化運動。土耳其總統艾爾多安把納札爾巴耶夫稱為「突厥世界的元老」，實至名歸。

其次，積極加入伊斯蘭世界。在蘇聯統治下，哈薩克是個

「無神論」國家。納札爾巴耶夫重拾伊斯蘭信仰，一大批清真寺重開，加入伊斯蘭合作組織。納札爾巴耶夫還特別注重打造和遜尼派領袖國家沙烏地阿拉伯的關係。

　　第三，加入中國牽頭的上海合作組織。雖然根據中國的說法，上海合作組織主要目的是反恐，不是封閉的軍事政治集團。但西方的視角則是以中國和俄羅斯為首的中亞地區安全保障集團，是北約未來在東方的平衡器。但以哈薩克的視角，它同時也是拉近中國以平衡俄羅斯的工具。哈薩克還大力支持中國的一帶一路政策，鼓勵中國投資，大量能源和礦物出口中國。這在一些人看來，不無「投靠中國」的意味，然而，以國安視線，最主要的目的還是平衡俄羅斯。

　　第四，哈薩克還非常重視和美歐的關係。它是北約和平夥伴關係計劃的參與國。它更利用自己一小部分領土在歐洲，把自己視為「歐洲國家」。最明顯的就是在體育領域，其他四國都加入亞洲足協，只有哈薩克是歐洲足協的成員。哈薩克還鼓勵西方的各種NGO在當地活動。原因不是他不顧忌所謂「顏色革命」，而是只有拉入歐美，才能更好地平衡俄羅斯。

　　就這樣，納札爾巴耶夫統治下的哈薩克依靠突厥、伊斯蘭、中國、歐美四股勢力，才能平衡俄羅斯。

　　在拉入各國平衡的同時，哈薩克又緩慢地處理境內俄羅斯人的問題。在蘇聯時代，哈薩克內俄人眾多，1970年時，俄裔占42%，哈薩克裔只有32%，反而是少數。在蘇聯解體前夕，雙方都是40%上下。然而，到了2021年，哈薩克裔上升到68%，占人口絕大多數，俄裔降到20%，雖然很多，但兩族力量對比已經

大為改觀了。

　　哈薩克採取了幾個手段，第一是鼓勵海外哈薩克人回流移民，約有100萬哈薩克人這麼做。第二，廢除雙國籍，要求二選一，很多俄羅斯人因此回流俄羅斯。第三，俄羅斯人聚居在哈薩克北部，遠離首都阿拉木圖。哈薩克想出了遷都的計策，1997年遷都北方的阿斯塔納，隨著新首都的發展，大批哈薩克人遷移北方，大大稀釋了俄羅斯人在當地的比例。

　　哈薩克的蘇聯時期也深受俄化影響。在哈薩克獨立時，俄語使用率高達60%，哈薩克語只有30%。哈薩克同樣採用了緩慢但堅決的推廣哈薩克語的措施，逐步調整了俄語的地位。1993年宣布哈薩克語為母語，俄語為「民族交流語言」；1995年修憲，哈薩克語為國語，俄語有「相同地位」。總之是溫水煮青蛙。哈薩克最大膽的舉動，就是在土耳其的幫助下，把哈薩克的拼寫，從俄國的西里爾字母，改為拉丁字母。這樣一來可以拉開和俄文的距離，也可以大量輸入以土耳其為代表的突厥文化。

　　與哈薩克處境類似，烏克蘭自1991年獨立起就面臨被俄羅斯「二次吞併」的潛在危機，其風險甚至比哈薩克更大。一來是大俄羅斯主義情結；二來是烏克蘭地理位置更重要；三來是烏克蘭境內有太多俄羅斯裔。然而，烏克蘭在獨立後，沒有找到適合的國際關係路線圖，最終導致目前的困境。這和哈薩克在納札爾巴耶夫治下，引入突厥、伊斯蘭、中國、美歐等多股勢力平衡的高明手腕，真是差距太大了。

## 四、激進的反俄政策令俄國找到侵略藉口

　　筆者一直強調，2014年俄羅斯搶奪克里米亞是二戰後最惡劣的事件。它不但首先違反了《布達佩斯備忘錄》，也違反了俄羅斯烏克蘭1997年《俄烏友好合作夥伴關係條約》（Russian–Ukrainian Friendship Treaty）第二條中「尊重各自領土完整，確認雙方現在的邊界不可違背」的條文。更重要的是，它是二戰後迄今唯一以武力奪取其他國家領土的事例。即便蘇聯侵略阿富汗，也只把阿富汗當成附庸國，沒有企圖把阿富汗土地據為己有。如果一個大國對條約視為無物，隨時可以撕毀，如果一國被廣泛承認的土地，能被其他國家不合法地奪走，那麼二戰後所建立的國際準則，將蕩然無存。世界只會重新走上唯力是視的叢林法則，是現代國際關係文明的大倒退。

　　然而，筆者也要強調，烏克蘭人當時的反俄情緒儘管可以理解，推翻總統也完全是內政，但在操作上過於激進。比如，當時出現大量排俄的言論；列寧的塑像被拉倒；議會通過法案，所有地區都把烏克蘭語作為唯一官方語言（此前在13個地區俄語是官方語言之一）。這些行為過於激進，也完全沒有考慮俄羅斯可能的反應。「廢除俄語」一項連歐洲國家也發聲反對。

　　在這次俄烏戰爭中，出現很多「小國不應挑釁大國」的評論。放在一般的意義來說，這個原則不能說錯。然而，這應該放在2014年時評論，而不是現在。在2014年之後，面對國土被搶，領土被分裂，就不是「小國挑釁大國」的問題了，而是「被侵略要不要反抗的問題」了。

如果讓2014年重來，烏克蘭人應該更謹慎。這不是「責備受害者」，而是要總結經驗，告別「幼稚病」。

# 美國與歐洲的角色

這次烏克蘭戰爭，俄國和中國都抨擊「美國是始作俑者」，就連美國專家、評論人、政客也有很多認為「美國不是無辜的」。從現實主義角度，這種說法未嘗沒有道理（儘管它不能合理化俄國的侵略）。同時我也要加上「歐洲也不是無辜的」。

## 一、美俄對抗是俄烏戰爭大背景

從19世紀開始，英俄「大博弈」就成為國際關係主要矛盾之一，在二戰後，英俄對抗變成了美蘇對抗，但英美本是一家人，俄蘇更是換個名字而已。事實上，不但美蘇在冷戰中對峙，在冷戰過後，美俄對抗多於合作的狀態。在葉爾欽時代，美俄在北約出兵科索沃問題上不愉快。到了普丁時代，雖然普丁支持美國在伊拉克的反恐戰爭，但2002年美俄關係到了轉折點。

2002年，美國退出《反彈道飛彈條約》，以建立自己的飛彈防禦系統，這被俄國視為重新開始軍事競賽（儘管美國建立防禦系統是防禦性的，但被俄國認為損害了「互相摧毀的安全保障」）。

2003年，俄國反對美國伊拉克戰爭。更加強烈反對北約第二次擴大（把東歐國家和波羅的海都納入北約）。反對美國和中亞國家簽訂天然氣和石油開發協議。反對在喬治亞的「玫瑰革

命」，並在2004年反對在烏克蘭的「橙色革命」。

2007年，美國宣布在波蘭設立彈道飛彈防禦系統，以及在捷克建立雷達追蹤系統。美國的說法是可以幫助歐洲抵禦來自伊朗和北韓的飛彈威脅（俄國攻擊波蘭不需彈道飛彈），但俄國認為是針對自己，並把此事和古巴飛彈危機相提並論。2008年，美國和波蘭簽訂協議，作為對波蘭的回報，美國再宣布在波蘭部署愛國者飛彈（防空飛彈系統）以應對（俄國）威脅。美國和捷克的雷達追蹤系統協議也幾乎同時敲定。俄國則以在加里寧格勒（Kaliningrad）部署進攻性的短程飛彈回應。美俄的另一條戰線在伊朗。俄國支持伊朗的「核電站計劃」（美國認為伊朗發展核武），反對「用武力解決問題」。小布希聲稱「如果希望避免三戰，就應該阻止伊朗製造核武」。無論美俄，都把伊朗核武問題和歐洲防禦系統問題掛鉤。

2008年，俄國強烈反對美國（和眾多國家）宣布承認科索沃獨立，認為開了一個「危險的先例」。俄國更反對美國支持烏克蘭和喬治亞加入北約，並警告烏克蘭加入北約將會導致俄烏關係的「深刻危機」（deep crisis），嚴重影響俄國和西方的關係。為了殺雞儆猴，俄國在2008年找藉口在奧運期間入侵喬治亞，發動震驚世界的喬治亞戰爭。美國強烈譴責，認為俄國的欺凌行為在21世紀不可接受。美俄關係跌入低谷。

2008年美國總統選舉，對俄強硬派麥凱敗選，歐巴馬決心「重置」美俄關係。這時普丁也「退居二線」做總理，總統換上梅德維傑夫。美俄關係出現轉機。歐巴馬和梅德維傑夫在倫敦G29峰會中宣布重置兩國關係，並呼籲伊朗放棄核武計劃。在

歐巴馬時代，伊朗核協議被視為他的主要政績，證明大國攜手可以解決世界難題。2010年，美俄達成了削減核武的「新開始」（New START）條約，取代《1991年戰略武器裁減條約》。美國還支持俄國加入世貿。於是，從2009年至2011年初，美俄關係得到回暖。

然而，到了2011年中期，美俄關係再惡化。對抗在三條戰線爆發。2012年，普丁重出江湖當總統，親自出馬，也加劇了美俄對抗。

第一是阿拉伯之春。美國和北約介入利比亞內戰，和阿拉伯國家一起支持敘利亞的自由軍政權推翻阿塞德政權。俄國均強烈反對，特別是敘利亞是俄國僅存的海外軍事基地（除了烏克蘭的克里米亞有俄國租借的海軍基地）。隨後，北約和俄國雙雙介入敘利亞內戰。

第二，俄國繼續施壓撤銷北約在東歐的飛彈防禦系統。為此出動戰略轟炸機和戰略核潛艇在美國周邊航行，美軍出動戰機戰艦應對。2014年，美國指控俄國違反了1987年中程核武條約，測試被禁的中程巡航飛彈（可以繞過針對彈道飛彈的飛彈防禦系統）。

第三，2012年美國通過了「馬格尼茨基法案」（Magnitsky Act，為了紀念因揭發俄羅斯政府腐敗問題而被羈押至死的稅務會計馬格尼茨基〔Sergei Magnitsky〕），允許美國制裁俄國違反人權的官員。俄國則報以禁止美國公民收養俄國兒童。2013年，美國爆發史諾登事件，俄國在美國反對下收容史諾登。

到了2013年底，烏克蘭爆發歐洲廣場抗議事件，2014年

初，俄國占領克里米亞，開始侵略烏克蘭的第一步。美國和英國基於《布達佩斯備忘錄》義務，制裁俄國，並支持烏克蘭。自此，美俄關係從「惡化」走上不歸路。2016年，俄國干涉美國選舉，更令美國傳統國安界暴怒。「冷戰2.0」這個稱呼，最早就是用於美俄關係惡化。

從以上2014年前的美俄關係可以看到，雙方鬥爭的主線有幾個：第一，北約東擴。第二，北約在東歐部署防禦性武器，俄國發展部署針對東歐的攻擊性武器。第三，針對前蘇聯國家，烏克蘭、喬治亞、中亞，美國不斷支持「顏色革命」、發展雙邊關係、支持加入北約等方式，力圖減少俄國的影響。俄國則以各種方式，包括侵略、控制建立傀儡、分裂等不合法的方式，試圖重新控制前蘇聯國家。第四，在更外圍的國家，伊朗敘利亞等，雙方也展開角逐。第五，雙方各自插手對方的「內部事務」，更加劇了對立。

從這個意義上說，美國當然不是「無辜」的，因為美國不斷向俄國擠壓，才會讓俄國感到「逼到了牆角」。正如米爾斯海默說：用棍子戳熊的眼睛，熊也不會當沒事發生。但在這一方面，俄國同樣不是「無辜」的，如果俄國不是堅持自己「擁有勢力範圍」的權利，為何會被覺得「戳眼睛」？

## 二、歐洲對俄國的縱容，是使能者

在烏克蘭戰爭中，歐洲也不是無辜的。這裡的歐洲，主要指起主導地位的「舊歐洲」。

首先，歐洲在早年的北約東擴問題上，積極性更在美國之

上。在第一次東擴時，柯林頓希望慢一點，歐洲倒是希望快一點。有了第一次東擴，才有以後的東擴。在俄國和西方關係搞僵了的轟炸南斯拉夫事件上，歐洲也是積極的推動者。在烏克蘭的橙色革命和歐洲廣場革命中，歐洲對烏克蘭人的支持完全不在美國之下。因此，要說搞砸了與俄羅斯的關係，歐洲與美國責任不分彼此。

其次，歐洲對烏克蘭加入歐盟不緊不慢，從來沒有放在「戰略」的高度考慮問題。於是尤申科時代積極加入歐盟不得要領。亞努科維奇上任後繼續入歐談判，但歐盟提出很多亞努科維奇認為不能接受的條件。這樣本來一直在與歐洲談判的亞努科維奇才會（或才有藉口會）臨門一腳不簽《聯繫協議》，轉向俄國主導的關稅同盟，引發了歐洲廣場革命。假使當時歐洲積極一些，恐怕廣場革命都不會發生，俄國不會奪走克里米亞，不會挑動頓巴斯戰爭，現在也很可能不會入侵烏克蘭。

第三，在俄國奪取克里米亞後，德法主推「諾曼第模式」，也是《明斯克協議》的參與者，這個模式排除了美英的參與，讓普丁很滿意。與美英希望對俄強硬相反，德法傾向和俄國保持關係，它們認為加強和俄國的聯繫能避免俄國變得更糟糕，降低俄國和西方之間的敵意。這種想法的基礎是自由派那種「經濟結合可以避免戰爭」的理論。於是最致命的問題是，德國極力推動連結俄國的海底天然氣管道北溪二號，這不但大大加強德國對俄國的能源依賴，還能繞過烏克蘭的管道：俄向德提供天然氣不需經過烏克蘭，讓俄國對烏克蘭使用能源武器更加得心應手，不需擔憂停止供氣時連供給德國的氣也停了。對德國而言不是壞事，可

從俄烏天然氣糾紛中置身事外。但俄烏天然氣糾紛受影響的不只是烏克蘭和德國，還有一眾東歐國家也受影響。因此，放在整個歐洲的大格局，德國的做法說得不好聽就是「自私」，沒有一個「歐洲大哥」的樣子。

第四，德法對俄國的態度，也和美英有關。在2016年，英國通過脫歐公投，一下子就不再是歐盟的一部分了，此後一直在以德法為主的歐盟扯皮脫歐的事。在美國方面，歐巴馬後期爆發美國竊聽梅克爾電話事件，美德關係疏離。到了川普上任，美歐關係更糟糕，無論在氣候政策（退出巴黎氣候協議）、貿易戰、能源問題（要求停止北溪二號）、北約軍費問題（要求增加國防開支），還是中國問題（要求禁止華為）都矛盾重重。這些矛盾固然重要，但川普動輒以「制裁」、「懲罰」、「威脅退出北約」這類負面的手法去壓迫歐洲屈服，觀感極差，才是美歐關係惡化的關鍵。這時馬克宏都說，北約要腦死亡了。這時興起的論調是，俄國歷史上一向是歐洲大國平衡的一部分，翻譯一下意思就是把俄國視為歐洲可以平衡美國的工具。這也是在過後幾年，兩國一直和俄國關係不錯的深層次原因。

前面兩點導致西方和俄國，烏克蘭和俄國關係惡化，後面兩點又帶來對俄國的綏靖，讓普丁有更多籌碼。正是這些因素相加，歐洲作為一個「使能者」，才導致現在的烏克蘭戰爭。

## 結論

烏克蘭戰爭爆發的原因非常複雜。從縱向看，既有遠代的歷

史恩怨，也有近代的利益糾纏，也有當下的政治角力。從橫向看，它是三個不同層次的矛盾共同作用的結果：第一，烏克蘭內部，烏克蘭裔和俄羅斯裔之間、烏克蘭語使用者和俄羅斯語使用者之間的矛盾；第二，烏克蘭和俄羅斯之間的矛盾；第三，西方和俄羅斯之間的矛盾。

在寫前六章時，筆者不斷反覆思考，烏克蘭戰爭是必然的，還是偶然的？到底烏克蘭戰爭能否避免？烏克蘭戰爭爆發既有現實政治的必然性，也有政府乃至個人決策的偶然性。回到2014年，克里米亞固然有這樣那樣的歷史脈絡，但假如俄羅斯總統普丁是一個遵守國際條約和國際法的人，假如烏克蘭總統亞努科維奇以民族國家為重而不是逃亡俄國成為普丁的工具，假如烏克蘭革命人民和反對派能意識到國家有被侵略的危機而謹慎行事，俄國很可能就不會悍然奪走克里米亞，也就不會有現在的烏克蘭戰爭。克里米亞事件之後，烏克蘭局勢很難通過和平的方式解決，然而，如果不是俄國得隴望蜀，支持頓巴斯分離主義，烏克蘭不可能因克里米亞而和俄國開戰。儘管筆者在分析中指出為何烏克蘭戰爭會在這個時間點爆發，但戰爭是否「一定」會在這個時間點打響，也並非完全沒有另一種可能。比如，雖然普丁已積極備戰，但如果沒有在最後一刻獲得中國「中俄關係上不封頂」承諾的定心丸（儘管沒有證據肯定中國事先知道侵略計畫），普丁或許會三思。

# 第七章

# 全面入侵的俄軍原來是紙老虎！

　　俄羅斯侵略烏克蘭的戰爭，至今已進行了三個多月。如果只用一個詞形容，就是「跌破眼鏡」。

　　回到戰爭之初，俄羅斯氣勢洶洶，兵分多路，從本土在三個方向入侵，還從白俄羅斯—烏克蘭邊境直撲烏克蘭首都基輔，並派出空降部隊突襲基輔，目標直指烏克蘭總統澤倫斯基。開始一兩天，烏克蘭全面告急，北部邊境城鎮紛紛陷落（包括車諾比核電站），還有大批城市被兵臨城下。驟眼看來，烏克蘭就要脆敗。當時中國媒體一片樂觀，某專家甚至揚言，現在的看點是烏克蘭幾時宣布投降，「是19小時還是24小時」。對俄羅斯戰情樂觀（對烏克蘭悲觀）不只中俄，事實上，就連英美都準備好把澤倫斯基送到外國建立「流亡政府」。

　　可以肯定，普丁對戰爭的最初設想就是突擊烏克蘭，在最短時間內迫使烏克蘭投降，在西方展開制裁有效前，造成控制烏克蘭的既定事實，再和西方談條件。由於俄羅斯擁有開戰的主動權，可挑選「出其不意」的時候發動戰爭。

　　鑑於現代戰爭必然有無法隱藏的大規模兵力調動，為了突襲策略，普丁做了兩手功夫。一方面在俄烏邊界及白烏邊界進行長

時間的大規模集結和軍事演習，既讓軍隊處於作戰狀態，也令烏克蘭防守疲態，防不勝防。另一方面每每在美英情報機關放風說俄國會入侵，俄軍就宣布演習結束「撤退」，一邊發放假訊息（如在1月底宣布「軍隊撤退」）、一邊反駁西方的「真情報」，還可指責西方美英「製造緊張氣氛」、「煽風點火」等。在真真假假的資訊戰中，西方情報反而變成「狼來了」，讓烏克蘭麻痺大意。

　　可以說，這個戰術基本成功有效，除了英美情報界一直在示警外，歐洲乃至烏克蘭大部分國安界和輿論都相信普丁意在恐嚇，不會真的出兵；即便出兵，最多就是在頓巴斯地區。就連烏克蘭總統澤倫斯基也為局勢降溫。最終結果是，烏克蘭人沒有做好戰爭準備，重兵布置在東部，首都基輔空虛。普丁在全面進攻之前，還先承認了兩個傀儡「共和國」「獨立」，又宣布俄軍將進入這兩個「共和國」，虛張聲勢，把視線東引，掩飾了兩日之後就發動全面進攻的真正意圖，特別是從白俄羅斯烏克蘭邊境直取烏克蘭首都基輔的突襲。

　　在普丁預想中，這次戰爭會一如1956年的匈牙利事件、1968年的布拉格之春、2008年的喬治亞戰爭，乃至2014年奪取克里米亞的翻版，「王師一到」烏克蘭舉手投降。

　　就在戰爭全面爆發的第二天，還當烏克蘭看似岌岌可危即將脆敗之際，筆者就在社交媒體說：「不要對烏克蘭的軍力這麼沒有信心。」在戰爭初期，烏克蘭根本沒有準備，所以一開始烏克蘭不利，完全可以理解。然而，當烏克蘭「回過神來」，就需要重新評估了。

果然，特種部隊突襲一擊不中（非常關鍵）；澤倫斯基既沒有給普丁嚇倒，又沒有出逃；俄軍在各條戰線都遇到烏克蘭軍民的抵抗。戰爭過去一個星期左右，俄羅斯沒有占領一個主要城市，奪得的基輔外圍機場又被烏克蘭奪回。戰爭初期最大規模的戰鬥——2月25日開始的哈爾科夫爭奪戰，雙方反覆拉鋸，往往有消息說俄軍獲得進展，烏克蘭又宣布重新奪回控制權。於是在戰爭開始不久，俄軍「閃電戰」就宣告失敗，普丁速戰速決的「神機妙算」徹底破產。就連淪為俄羅斯宣傳機器的中國官方媒體也不得不承認戰況膠著，「俄軍拉胯」，遠不如預期。

即便在閃電戰破產之際，還有人認為不能就此說俄軍不行。理由是，俄羅斯第一天就打到首都基輔，現在開戰還只有十幾天，進攻遲滯也沒有什麼大不了。想當年波斯灣戰爭美國糾合多國聯軍打海珊也用了幾十天（準確說是首尾43天），俄軍的形勢還要「等著看」。

然而，這兩者的狀況不能這麼比。烏克蘭首都基輔距離白烏邊境只有100多公里，還不如廣州到香港，開車一個多小時，中途沒有什麼障礙。俄羅斯原意是閃電戰，計畫用最快的速度控制基輔和占領大城市，讓烏克蘭低頭認罪。這和當年美國打伊拉克阿富汗等都是推翻政府、控制全國的目標更是完全不一樣。更何況當年海珊統治下的伊拉克號稱百萬雄獅，剛剛打完兩伊戰爭（對比自己面積更大、人更多的伊朗還占上風），軍備和戰力在中東都首屈一指，是地區一霸。相反，美國上一次對付一個中型國家的戰爭就是越南戰爭，焦頭爛額地苦戰10年最後不得不退出戰爭。於是當時很多人真心認為，伊拉克不見得會輸。想不到

美國為首的聯軍採用了新戰法，先大規模空襲和飛彈襲擊關鍵軍
事設施，完全摧毀伊拉克的空軍和防空（伊拉克有當時名氣很大
的飛毛腿飛彈）。美國直到2月24日才動用陸軍進攻，結果到2
月28日就結束戰爭。陸軍真正的參戰只有5天。而且從戰爭一開
始，聯軍就展示壓倒性的優勢，無人再會懷疑聯軍是否會贏，只
是時間問題。這和俄羅斯在烏克蘭的戰績真是天壤之別。

　　接下來，俄烏繼續在基輔、哈爾科夫和南部戰線激戰。如果
單單是閃電戰失敗，還不至於令人如此吃驚。這時俄羅斯傳說中
的「鋼鐵洪流」在人民心目中依然威力無窮。很多人還認為俄
羅斯在隨後的會戰中還會輕鬆解決烏克蘭。有人甚至認為對基
輔「圍而不攻」只是普丁的妙計，是普丁本來就想這樣打，一面
「圍城打援」，一面要故意拖延時間「拖垮西方」（後者當然是無
稽之談，但凡有軍事和歷史常識的都知道，真正可能被拖垮的都
是陷入戰爭中的國家，而不是在一旁支援的國家）。

　　然而戰事繼續令人跌破眼鏡。俄軍在每條戰線上都進展不
大。俄軍沒有如一些人預期的「大範圍穿插」，把烏克蘭軍隊切
割開東西兩半；也沒能對基輔和哈爾科夫「圍城打援」，西方對
烏克蘭的軍備和物資援助還能源源不斷地送到前線。俄羅斯甚至
連制空權都沒有完全掌握：俄軍固然摧毀了烏軍的大部分空中力
量，但烏克蘭的地對空防空體系依然有效運作，令俄羅斯空軍不
能自如行動。俄軍漸漸被拖入持久戰的節奏。

　　到了3月25日，在戰爭進行了一個月左右，俄軍單方面宣布
「第一階段戰爭結束」。到此時，俄軍的戰績非常糟糕。俄軍最
初有主攻四個方向：北部的首都兼第一大城市基輔、東北部的第

二大城市哈爾科夫、東部的頓巴斯地區、南部的克里米亞半島以北地區。但俄國只占領了一個南部主要城市只有30萬人口的赫爾松（Kherson），南部和東部軍隊以及海軍合圍亞速海沿岸的50萬人大城市馬里烏波爾，但至今尚未攻陷。至於基輔和哈爾科夫已僵持一個多月之久。俄軍宣布第一階段結束後，包圍基輔軍隊在4月初撤離。烏克蘭「光復」基輔外圍被占領土，成為烏克蘭抵抗侵略的標誌性勝利事件。

雖然戰爭時期雙方的損失按慣例都是各執一詞，差距很大，很難證實。但據傳俄軍已有多名高級將領被擊斃，相當可靠（儘管傳言中為兩名中將五名少將之說無法完全證實），俄軍損失之慘重不難想見。[1]西方情報界估算，俄軍在宣布第一階段結束時，已有7000多名士兵陣亡。還認為俄羅斯已動用計劃內的可用兵力的90%以上，想繼續增兵有難度。[2]

總而言之，俄國一直掛著「世界二號軍事強國」的名頭，俄羅斯人又號稱「戰鬥民族」，卻打出了「紙老虎」的模樣，令人超級吃驚。

烏克蘭在戰爭第一階段的表現比筆者當初的樂觀預期還要出色。筆者雖然不是軍事專家，但對烏克蘭樂觀的理由並非只靠亂猜。俄國軍隊為什麼這麼「掉鏈子」？這既有俄羅斯方面的原因，也有烏克蘭方面的原因。

# 從俄羅斯方面說

## 一、普丁高估俄軍實力，錯誤地採取突襲戰略

在普丁治下，俄羅斯經歷的戰爭都是不堪一擊的弱國或內戰對手。在普丁當政之初的車臣戰爭，是俄羅斯正規軍用飛機坦克大砲在陣地戰中對付基本上只有槍械的車臣分離主義武裝分子，車臣是彈丸之地，車臣人基本只是孤軍作戰，沒有外援。而俄羅斯還有蘇聯時代的餘勇，力量對比不成比例。就這樣，俄國還付出了陣亡幾千軍人的代價。2008年攻打喬治亞，面對的是一個只有400萬人的小國（其中還包括叛離中央政府的兩個親俄「獨立共和國」）。喬治亞整個國家政府軍只有一萬人上下，而光是俄軍就出動7萬人，還要加上叛軍的一萬人兵力。2010年代在敘利亞用兵只有數千人的規模，而且是作為聯軍的一部分，只負責空中打擊和飛彈打擊，沒有參加地面戰。2014年，普丁奪取克里米亞，當時烏克蘭一團混亂，俄軍刀不血刃，連像樣的抵抗都沒有。2022年，普丁干預哈薩克「平亂」，出動特種部隊，面對的是散兵游勇一般的對手。

可以說，俄軍在過去幾十年都未曾進行過有實戰意義的地面戰爭。相反過去幾十年，美國的對手是伊拉克（波斯灣戰爭時是百萬雄師，伊拉克戰爭時也有40萬軍隊）、南斯拉夫（20萬軍隊）等，對手要強太多。

KGB出身的普丁，對特務系統那種「特別行動」有天然的親近感。以上幾次戰爭的輕易勝利，加上以往蘇聯出兵匈牙利

（1956）和捷克（1968）也都是「王師」一到對手紛紛繳械投降，它們都令普丁深信，俄軍只要一出兵烏克蘭，烏克蘭就會給嚇住了。於是出兵奇襲，讓部隊突然占領首都，甚至活捉烏克蘭總統澤倫斯基，就成為普丁的第一選擇。2022年初在哈薩克的成功還在腦海裡，更給普丁增加了突襲的信心。

俄羅斯在軍事上主要有四個動作。第一，多路出擊，企圖讓烏克蘭顧此失彼，更希望烏克蘭失去抵抗意志；第二，用飛彈和空軍摧毀烏克蘭的空軍和海軍；第三，以基輔為重點奇兵突襲，一方面用坦克部隊長驅直入，一方面派空降兵進入機場。第四，圍攻烏克蘭東部哈爾科夫以圖殲滅烏克蘭在東部的精兵。

據西方傳媒透露的俄國作戰時間表，普丁原來想3月8日之前就讓烏克蘭投降，全面占領烏克蘭結束戰鬥。在戰爭一開始，俄羅斯就找來車臣的雇傭兵，要捉拿或刺殺澤倫斯基。同時，不惜讓白俄羅斯借道，讓部隊快速挺進基輔，以接管基輔。然後，要不迫使烏克蘭現政府城下之盟（投降）；要不推翻現政府，由傀儡政府統治。

然而，烏克蘭政界和民眾的抵抗侵略意志堅定，第一個動作沒有產生心理上的壓制效果。第二個動作基本見效，問題是烏克蘭空軍和海軍本來就羸弱，即便摧毀了也沒有多大意義。捉拿澤倫斯基是關鍵一步，如果成功，那麼確實可能一舉占領烏克蘭。然而，它嚴重依賴於運氣。如果運氣不在自己一邊就很麻煩。澤倫斯基不但沒有被抓住，就連車臣的頭目也被烏克蘭人擊斃了。這樣一來，俄國進攻基輔就變得過於冒進，空降兵被烏克蘭圍攻，等於送人頭。長驅直進的坦克部隊反而令補給線過長，烏克

蘭人放這些部隊通過，利用情報（很可能是北約配合提供的）精準打擊補給線，軍車被擊毀，坦克中途缺油被空置比比皆是。

　　哈爾科夫的爭奪戰是雙方軍隊「對撼」，照理來說俄羅斯以陸軍聞名，應該大占優勢才對。但正所謂「是驢是馬，要拉出來走一走才知道」，現在看來，「戰鬥民族」也並非那麼能征善戰。總的說來，俄羅斯的戰術基本還停留在二戰那套「鋼鐵洪流」上，現代戰爭的立體化、訊息化戰術無影無蹤。

　　所謂「開弓沒有回頭箭」，戰爭何時開始由普丁控制，何時結束卻不再是普丁說了算了。

## 二、糟糕的戰爭準備

　　由於普丁把希望寄託在「特別行動」的運氣和「烏克蘭喜迎王師」想像上，於是無論在作戰方案還是後勤調配上都非常不足。很多無法想像會發生在「第二軍事強國」上的事都一一發生。比如坦克走到一半就沒油要被拋下，大批軍車在通往基輔的道路上擺開60多公里的「一字長蛇陣」，都讓人覺得匪夷所思，不知伊於胡底。有人還鼓吹這是普丁用兵神妙，讓敵人猜不透。但事實可能就是普丁把戰爭想得太容易，自己騙了自己。

　　不但對戰爭的物資準備不足，俄國的戰爭動員也非常糟糕，普丁根本沒有充分動員起俄羅斯人的「侵略情緒」，無論從社會層面還是軍隊層面都如此。

　　入侵之前和幾天後，普丁連續發表兩次長篇電視演講，為自己侵略烏克蘭找理由。顯而易見，這正說明了第一次沒有足夠的鼓動效果，所以才要加碼，才有第二次的必要。但既然第一次沒

有效果，讀稿機一樣的第二次，又能多鼓動多少人呢？

　　俄羅斯國內的反戰情緒比想像的高，俄國爆發大規模的反戰示威，被政府鎮壓。俄國數千著名學者聯名發表反戰公開信。多名在海外比賽的俄國運動員也都表示「反對戰爭」。俄羅斯電視台工作人員冒險在直播時打起反戰標語，說俄國政府一直在欺騙人民等等。反戰言論是如此廣泛，俄國不得不使出了類似香港「國安法」那些打擊「假消息」的嚴苛法律，最高刑罰監禁15年。實際上就是封殺反戰言論，俄國人不但不能說這是「侵略戰爭」，就連把戰爭說成「戰爭」都不可以，只能按照俄國官方說法是「特殊戰鬥任務」。3月16日，普丁又不得不再次在電視台發表萬言講話「我們怎麼辦？」，再次為侵烏戰爭正名，還辯稱「特別軍事行動進展順利」，「正在按計劃執行」，同時斥責西方試圖利用「第五縱隊」摧毀俄羅斯，以及批評「民族叛徒」。

　　在最應該進行戰爭動員的軍隊層面，普丁做得同樣很差。烏克蘭駐聯合國大使在聯合國大會特別緊急會議的環節辯論中讀出一段令人淚下的俄羅斯陣亡士兵的簡訊：

　　「媽媽，我不在克里米亞了，我不在訓練營了；

　　媽媽，我在烏克蘭，這裡正在進行真正的戰爭；

　　我很害怕，我們轟炸所有目標，甚至平民；

　　我們被告知，烏克蘭人會歡迎我們；

　　但他們在我們的車前面倒下，堵在我們車輪前面，不讓我們過去；

　　他們叫我們法西斯，真是太難了。」

　　在發完簡訊之後，這個士兵就陣亡了，真是人間悲劇。絕大部分侵略烏克蘭的俄羅斯士兵都是一年義務役，都是剛剛成年的孩子，還都是媽媽的寶貝。從簡訊中可知，他們根本不知道自己的任務是什麼，更不知道戰爭的目標和意義，還以為烏克蘭人真的「喜迎王師」。直接了當地說，這些孩子都是被騙去烏克蘭的。缺乏道德支持，士氣必然低落，這也是俄軍進展緩慢的重要原因。

　　普丁演講中那套「大蘇聯夢」，「大俄羅斯夢」，那種裝扮成受害者的國恥動員，在俄羅斯未必那麼有效，這次侵略倒像是普丁自己野心的大冒險。從這個意義上說，普丁不但害了烏克蘭人，還害了無辜的俄羅斯年輕人。

## 三、戰鬥民族變成「紙老虎」

　　如果說戰略有誤，準備不足倒也罷了，這在以後戰爭中可補救。然而進入持久戰階段，俄軍繼續不利，倒讓人看出了俄軍更根本問題還是在「實力不足」。俄羅斯人被稱為「戰鬥民族」，現在看來雖然還不至於是「紙老虎」，但實力肯定被高估了，不打不知道，一打露了餡。

　　首先，俄羅斯資源不足，極大限制了軍事能力。

　　現代軍事最重要的「硬實力」就是資源，戰爭同時是經濟實力的比拚。軍事投入，分分秒秒都是錢，到了打仗，更是錢堆出來的。

　　俄羅斯近年經濟一直下滑，GDP前幾年就已比不上中國一個廣東省，現在連江蘇省也超過俄羅斯。礙於經濟實力不足，俄

羅斯的軍事發展一直有矛盾：是發展高科技武器和戰略武器為先，還是普及「中等科技的常規武器」為先？

俄羅斯選擇了第一條路線，花了大力氣去研製五代機、超音速飛彈等高新武器，還繼續花大錢維護核武。俄國無疑擁有了高科技武器，但數量都只能充場面，做樣子。像超音速飛彈這些武器用一次少一件，震撼力有餘，實際效用有限。付出代價就是在軍中普遍應用還是蘇聯時代那些老舊設備，和烏克蘭此前那些蘇聯武器基本沒有代際差別。雖然俄國也宣布用了飛彈和戰機「精準攻擊」了上千個烏克蘭的軍事目標，但明顯這些攻擊都沒有「壓制性」的作用，而且庫存還剩多少都是個疑問：現在俄國又用上二戰式的飛機扔炸彈戰術，顯示了「精準武器」的數量不足。至於核武無疑有很大的威懾力，但幾乎沒有人相信俄國敢用，那些核威脅更像是「打嘴砲」。

俄羅斯軍費本來就有限，中間還存在大量的貪腐行為。比如哈佛法學院法學教授馬修·史蒂芬森（Matthew Stephenson）就撰文指出「俄軍的腐敗，是烏國意想不到的盟友」[3]。俄軍在蘇聯時代已是腐敗問題的重災區。到了俄國時期沒有改善，近年更嚴重。俄國最高軍事檢察官在2019年承認，2018年俄軍涉及腐敗的金額高達70億盧布，是2017年的4倍。史蒂芬森歸納出四項俄軍目前可能與腐敗相關的問題。一、物資採購相關的腐敗，即俄軍食品、燃料等物資短缺。俄國常可見燃料被轉到黑市上出售；本應購買新口糧的錢則被中飽私囊。這次戰爭中，士兵居然要吃過期好久的食品，坦克戰車都沒有油而中途廢棄，這些根本無法想像會在「第二軍事強國」身上出現的事都是採購貪腐的直

接後果。二、購買設備和設備維護的貪腐，比如戰爭中，士兵居然用民用的對講機互相通訊，這種「明碼」的方式毫無保密可言，不但可以被截聽，還可以被定位定點清除。三、訓練上的偷工減料。比如戰機機師等需要高水平技能的兵種，飛行員飛行時數均有限，又缺乏西方空軍採用的先進模擬器和廣泛訓練項目。四、在人事安排上受賄，把不合資格不夠能力的人安插上去，升官的人為拿回投資又繼續下一輪的受賄，這樣進入惡性循環。

其次，俄軍陸軍兵力不足。

在一般人印象中，俄國等同蘇聯，是陸軍大國，擁有「四百萬雄師」，「鋼鐵洪流」。然而，蘇聯解體多年，俄國人口只有蘇聯的一半左右，在人口上也無法支持原先規模。再加上經濟不景氣要裁軍，俄軍沒有「400萬雄師」好久了。現在俄軍總兵力剛剛100萬出頭，但當中主力的陸軍只有35萬人左右。這些陸軍還要分守各方，不能全部都派到戰場（否則北約一個偷襲，俄國就慘了）。於是在烏克蘭戰場，投入20萬左右的兵力（絕大部分是陸軍）已是極限。

而且這些陸軍中，還有40%左右的義務兵。他們只接受一年訓練，是俄國進一步挑選職業軍人的基礎。一年義務兵用於防守或許還可以，但只有職業軍人才真正具備出境作戰的真實能力。實際上，根據俄國原先法律，義務兵確實不可以出國作戰；直到2019年，俄國才修改法律，規定服役四個月以上的義務兵可在海外維和，但依然不能參加戰爭。可是在侵烏戰爭中，俄國已用上大量的義務兵。可見其兵力準備遠不能適應這場侵略戰爭的要求。

再次，軍改之後的「營級戰鬥群」戰術成效不彰。

2008至2015年，俄羅斯先進行了「謝爾久科夫軍改」（Anatoly Eduardovich Serdyukov，前任國防部長），再進行「紹伊古軍改」（Larisa Kuzhugetovna Shoigu，現任國防部長）。軍改進程有一定反覆，但大致思路都是壓縮編制，把集團軍原本以「師」為主力的兵團，改為以低一級「旅」為主力。把以往團級的最小作戰單位變成營級，即所謂「營級戰鬥群」（BTG）。

營級戰鬥群約600至800名官兵，以一個機械化步兵營為核心，配備大約10輛坦克和40輛步兵戰車，有200名步兵，圍繞機械化步兵營組建和配備防空、砲兵、工程和後勤支援單位等其他軍種。這樣改革一來為了適應現代戰爭對機動能力和多功能作戰能力的要求，二來也是為了把資源和軍備都集中在這個精英「核心戰鬥營」。這種「營級戰鬥群」戰術已和印象中的「鋼鐵洪流」差距甚大了。

「營級戰鬥群」聽上去很好，但在這次戰爭中還是「不好用」。最關鍵的問題是「營級戰鬥群」雖然比原先的團級小，但基本上還以野戰為目標的單位。一個上千人的戰鬥群對城市戰而言依然太大。美國打城市戰名義上是「旅級」單位，實際作戰時化整為零，以排級和連級為單位，靈活得多。

第四，嚴重缺乏城市戰經驗。

以上「營級戰鬥群」的問題，實際上源於俄國對城市戰缺乏經驗。城市戰不同於野戰，現代城市的鋼筋水泥建築是「天然」堡壘，非常難用砲火徹底摧毀，而且即便摧毀了，其廢墟和殘骸也非常難清除。進攻一方在前進時嚴重受限於既有的道路系統，

倒塌的建築隨時變成路障。城市地形異常複雜，有太多可供藏身的空間，特別是地鐵和地下工事等地下通道。即便在大街和廣場上，也有高層建築、拐角處等隱蔽位置。在城市中還有大量的平民，戰火對準平民會引起人道主義災難，是現代戰爭所不能容忍的。城市中的著名建築和文化地標也必須避免，否則也算是文化滅絕的罪行。最關鍵的是，對這個城市的地形，防守一方一定比進攻一方更熟悉，更能隱藏，更有機動性。

美國花了很多時間和實踐經驗來研究完善城市戰，大致上有幾點。第一，要用空中配合的立體戰，用飛機、直升機、遠程操縱的無人機等繞到後方，從高空攻擊在隱蔽處和拐角處的敵人。第二，要配備可拐彎的武器；第三，要善於打夜戰，用夜戰的優勢彌補對地形不熟悉的劣勢。第四，協同作戰非常重要，這需要先進的通訊方式去協調。第五，要有周密的後勤支援，隨時補充物資和修復車輛。

而以上這些，俄軍都沒有經驗。上一次俄軍打城市戰還是在20年前的車臣戰爭年代，那時的戰術還是「萬砲齊轟」把整個城市夷為平地。在敘利亞戰爭中，俄國只管空中打擊，不管城市戰。難怪普丁還想招攬敘利亞軍人來打仗。

順便說一句，中國對城市戰更加沒有經驗。上一次對越南的戰爭採用的也是「萬砲齊轟」摧毀涼山的戰術。於是現在中國民間輿論不少「心痛普丁」、「對烏克蘭人太仁慈了」、「為什麼不大砲轟城打爛烏克蘭？」這說明這些中國民間輿論對現代城市戰的認識還不如普丁。

# 從烏克蘭方面說

## 一、烏克蘭本身是個中型國家，不容易占領

在地理上，烏克蘭面積60萬平方公里，全歐洲第二。即便放在全世界也排第45，是一個中型國家。面積比「帝國墳場」阿富汗（65萬平方公里）只小一點點，比近年其他國際戰場的伊拉克、敘利亞、葉門等都大。烏克蘭雖然面臨俄羅斯和白俄羅斯「半包圍」，但在西部和北約國家有不短的邊界線，容易接受北約補給。烏克蘭整個國家形狀大致上是個較寬的長方形，不容易被切斷。此外，烏克蘭的地形是大平原，理論上確實有利俄羅斯式的大兵團推進，但同時也不利於把烏克蘭切割開來。烏克蘭雖然現在經濟較差，但在蘇聯時代積累下來的「老本」令烏克蘭城市化程度很高（約70%人口生活在城市）。正如前述，在現代戰爭中，城市本身就是一個大碉堡，方便推進到城市周邊是一回事，攻占城市又是另一回事。

從人口上說，烏克蘭有4413萬人口，也算是個中型國家（世界排名35）。俄羅斯1億4000萬人口，只相當於烏克蘭三倍左右。當然比烏克蘭多很多，但算不上「壓倒性優勢」。烏克蘭的兵力有20萬左右，武器也不少，而且後備部隊有90萬之多。俄羅斯總兵力雖然有100萬之多，而且武器更多。如果全面對抗，在中立戰場打一仗，烏克蘭當然打不過俄羅斯。但現在戰爭的性質不是這樣。俄羅斯不可能把兵力都調過來打烏克蘭。俄羅斯遠勝於烏克蘭的是空軍和海軍，有大量的戰略武器（核武），

至於在陸軍上，雙方暫時看不到數量級或代際的差別。因此，俄羅斯空中打擊成功占盡優勢是一回事，到了地面占領，到了城市攻防戰，又是另一回事。

## 二、烏克蘭政治家表現出愛國者擔當，人民抵抗意志強

現代戰爭的關鍵有兩個：資源與意志。意志上，烏克蘭是被侵略的一方，現在看來人民抵抗意志非常堅強，在全球也得到普遍支持，所有文明國家的人民都表示「今日都是烏克蘭人」。在聯合國大會譴責俄國動議得到大比數票贊成，人心向背一望而知，這些聲援大大激勵烏克蘭人的抵抗意志。只要烏克蘭頂住第一輪進攻，堅持不投降，俄國就很頭痛。

無數例子都說明，在國家危機中，領導人的品質和堅持至關重要。戰爭至今，烏克蘭政治家的表現可圈可點，令人刮目相看。

這裡要大力讚揚現在成為國際大紅人的總統澤倫斯基（Volodymyr Zelenskiy），他堅持留在基輔主持大局，既拒絕轉移到相對安全的西部城市，也拒絕美英提出協助流亡海外的建議。他發表慷慨激昂的電視講話，有力駁斥了俄羅斯所謂「烏克蘭被納粹控制」的指控，更得到世界的同情。針對俄羅斯炮製的「總統已跑路」假新聞，他每天在社交傳媒上亮相，力證自己依然留在基輔。不時走上基輔街頭直播，向全國人民精神喊話。最重要的是，作為烏克蘭的領導，他堅持不投降。作為前喜劇演員，他沒有跟著普亭的劇本走。他從一個不怎麼樣的總統，一下子成為

烏克蘭民族英雄，烏克蘭人民抵抗的主心骨。

還要讚揚的是他超乎一般政客的動員、應用新媒體和國際遊說的能力。一個有趣的證據是，就在戰爭開始之初，中國媒體口徑一致地說「烏克蘭成為西方的棄子」，後來一兩個月，倒是反轉過來說「西方被烏克蘭綁架」、「引火燒身」。如果真有什麼「綁架」這回事，就不得不說澤倫斯基把「棋子變成棋手」的能力占了大部分功勞。

其他烏克蘭政治家的表現也可圈可點。澤倫斯基的政敵、前總統波洛申科（Petro Poroshenko）在關鍵時刻沒有抨擊現政府「為什麼挑釁俄羅斯」，而是拿起AK47、呼籲國民抵抗。基輔市長、前世界拳王克利奇科（Vitali Klitschko）表示自己別無選擇，會為國家全力奮戰。整個烏克蘭主流政界至今還沒有人做「汪精衛」。俄羅斯現在也大概放棄了扶持「偽政府」的打算了。

筆者對烏克蘭政界的腐敗和無能，對澤倫斯基此前的施政不當都頗不以為然。然而，在這個關鍵時刻，他們全部都表現出了愛國者的擔當，令人肅然起敬。對比那個阿富汗總統，在塔利班還沒打進喀布爾，自己就先夾帶私逃，簡直天淵之別。

正是在這些政治家的帶領下，烏克蘭軍隊沒有潰散。蛇島13壯士面對俄國軍艦的威脅寧死不屈（後來證實是被俘虜）、基輔戰士捨身炸大橋，烏克蘭男人紛紛拿起武器奮起保家衛國，就連婦女也不遑多讓。以烏克蘭語為母語的烏克蘭人的抵抗意志當然不在話下，就連以俄語為母語的烏克蘭人現在也站在烏克蘭的一方抵抗俄國侵略。

## 三、烏克蘭在過去八年戰力得到極大提升，還採用最適合的戰術

資源又可分為兩類，一個是軍人素質，一個是武器和後勤。軍人素質如果不高，再有戰鬥意志也沒有用。越是現代化的戰爭，對軍人素質的要求就越高。

烏克蘭戰爭準確地說，不是始於2022年，而是2014年。正如現在中國認為「八年抗戰」的說法不準確，從九一八事件起開始算「十四年抗戰」才對一樣。8年前，烏克蘭軍備弛廢，很多蘇聯時期的裝備拿出來都不能用，軍人更是缺乏現代戰爭訓練。於是面對俄國大軍未戰先降。

但在過去8年，烏克蘭戰力得到很大提升，和2014年不可同日而語。首先，由於頓巴斯地區一直打仗，烏克蘭經歷6輪徵兵，多達上百萬人有戰爭經驗。論戰爭經驗，特別是城市戰經驗，他們比俄羅斯士兵更多。

其次，這8年中，美英給烏克蘭提供了大筆撥款援助，單是美國，在今年二月戰爭前，過去8年累計軍事援助就是30億美元左右。這些軍援主要分為兩個部分，一是購買美國軍備，二是訓練烏克蘭士兵。烏克蘭雖然窮，但它是「文明」國家，這點非常重要。在蘇聯制度的遺產下，烏克蘭全民教育程度很高，即便低下階層的人也有基本的閱讀水平、知識結構和學習能力，能短時間掌握被訓練的內容。美國一訓練教官對比烏克蘭人和阿富汗人，就大為讚嘆烏克蘭人「一教就會」。

在美英訓練下，烏克蘭戰鬥人員的素質早就不是吳下阿蒙。他們熟悉美國的武器（所以現在可以熟練使用美國的單兵武

器），熟悉美國的戰法（特別是城市戰），建立和美國的密切軍事溝通渠道（比如接受美國情報）。

在第一階段的作戰中，烏克蘭就採取了龜縮城市作戰的正確戰略，不和俄國在田野作戰，同時加強襲擊俄軍供給線，令俄軍進退兩難。在這個戰場，烏克蘭既有主場之利，又最大化了過去8年的訓練成果。

## 四、西方對烏克蘭的物資支援，特別是情報資訊戰

資源的另一方面是武器和後勤，很明顯，沒有武器，再有經驗的戰士也沒有用，武器再多，如果沒燃油沒食物也沒有用。烏克蘭雖然窮，軍備更遠遠比不上俄國，但國際支援充足，極大程度彌補了烏軍的劣勢。烏克蘭西部和北約接壤，北約可源源不斷提供資源，俄羅斯無力封鎖這些補給線。西方給予烏克蘭的大量戰爭資源是烏克蘭抗戰至今的物資保障。這些資源包括軍備、糧草，及收留難民以讓前方戰士無後顧之憂等。就連最「親俄」的德國在開戰後也大幅轉向，同意向烏克蘭支援攻擊性武器，這是二戰以來德國最重要的政策改變。

在第一階段戰事中，北約國家主要提供的是單兵武器，它們都在戰場上被證明行之有效：反坦克個人飛彈專門針對坦克頂部的薄弱部位，可在兩公里之外打坦克，把「鋼鐵洪流」變為活靶子，是對抗俄羅斯坦克的有效武器；「刺針」個人飛彈是反直升機的利器，對抗俄羅斯的空中優勢。

北約雖然表明不會派兵參戰，但在情報、網路和輿論戰等方面都在支援烏克蘭。在情報資訊戰方面更起到關鍵作用。情報是

現代資訊化戰爭最重要的資源，美國的軍用衛星系統、馬斯克的星鏈（starlink）、在北約邊境日夜巡行的偵察機、部署在北約國家境內的偵察儀器，不但可以監視俄軍部署，還大量監聽俄軍對話，可把俄軍一舉一動都近乎實時地提供給烏克蘭。北約給烏克蘭的單兵武器只有配合情報和定位，才能最大程度發揮作用。一旦提供坐標，前線烏克蘭軍人只要輸入設定和操作按鍵那一下。

無人機在戰爭中更大發神威。美國「全球鷹」偵察專用無人機就是24小時不間斷地沿著烏克蘭邊境和黑海沿岸偵察的主力，正是它給烏克蘭提供源源不斷的資訊。土耳其偵察打擊一體的無人機「拜拉科塔爾」（Bayraktar）TB2因屢立戰功也成為明星，更成為國際軍火市場的搶手貨。它價格低廉，但在戰場上被證明非常有效。事實上，在美國近二十年的反恐戰爭中，無人機越來越多地承擔偵察和攻擊重任。無人機加GPS加衛星地圖加衛星通訊，既可以把千里之外的戰場訊息傳回控制中心，控制中心又可在千里之外指揮無人機發動攻擊。如此的資訊化作戰，真正做到決戰千里之外。無人機作戰可大幅減少己方的人命損失。更大的潛在好處還在於，由於無人機可以在境外控制，因此很容易規避「北約不參戰」要求：只要無人機已是烏克蘭軍隊的財產，由誰操控很難查證。北約會否向烏克蘭提供更先進的無人機成為下一階段軍援的重點。

大數據和人工智能也發揮了作用。以上討論的「傳統」偵察資訊現在都是海量數據，需要巨大的數據處理能力和先進算法才能發揮功效。此外，烏克蘭軍方開發的一個手機應用eBopor，讓烏克蘭人可以用手機隨手拍見到的俄軍動態，然後直接傳回到

數據中心，通過分析之後就成為重要的情報來源。社交媒體也是重要資訊來源，不少案例都是俄軍把自拍傳上社交媒體，然而就被精準擊斃。這種「全民情報員」模式大大補充了傳統情報渠道的不足，但它也更需要演算法和運算能力才有用。

　　與烏克蘭與北約相比，俄國沒有跟上資訊化戰爭的潮流，基本還停留在機械化戰爭年代。第一，儘管俄軍聲稱摧毀了很多戰略目標，但烏克蘭的通訊系統一直暢通無阻，顯示俄軍對敵方的訊息阻隔在現代戰爭中的重要性沒有太大認識。第二，俄軍在戰爭中的資訊化應用程度低，戰爭中屢次傳出少將甚至中將級別的高級軍官被殺，就因為這些軍官要上前線指揮，但在美國作戰時，高級指揮根本不用上前線，資訊都從前線即時傳送到後方。可見俄軍資訊化水平的落後。如前所述，城市戰是對資訊作戰要求最高的類型，俄軍處處受阻就不出意外了。第三，俄國雖然也有無人機，但論先進性沒有美國的好，論價廉物美（被打壞了不心痛）又比不上土耳其，其和大數據的結合更是相形見絀。最後，俄國資訊程度之差有時令人瞠目結舌，比如坦克會在烏克蘭迷路，軍人使用民用對講機通話等等。總之，俄羅斯常規軍隊沒有跟上資訊化作戰潮流，實戰能力怎麼看都不是世界「第二軍事強國」的風範，不但無法和美國北約相比，甚至可能還在中國之下。

# 普丁為何打錯算盤？

　　在侵略烏克蘭之前，普丁肯定想不到俄軍如此不濟，烏克蘭

的抵抗意志這麼強，國際社會如此團結，反制力度如此強烈，進展如此不順利。簡單地說，普丁完全打錯算盤。

第一，普丁要在歷史上留下功名，急於實現「大俄羅斯夢」。但他完全搞錯了方向。俄羅斯想要烏克蘭與自己「同行」，最好方法就是真正把烏克蘭當作平等的朋友，讓「三個俄羅斯」團結在一起。普丁反其道而行之，先搶了烏克蘭一塊地；又策動烏克蘭分離主義，現在還要出兵打人家，然後再說「烏克蘭就是一家人」，還有比這噁心的嗎？

第二，普丁的問題和一切獨裁者一樣，獨裁時間越久，就越難掌握真實的資訊。一、行事沒有制約，一切順順利利，於是就越來越按經驗而剛愎自用，自以為一切都盡在掌握。二、執政越來越長，身邊的阿諛奉承之輩就越來越多，只有挑普丁喜歡的話說，才能讓普丁高興，官運亨通。執政越久，這種「篩選效應」就越強。三、輿論管制，不愛聽的言論，手下就先幫他刪了，解決不了問題就解決提出問題的人，越來越難接觸反對的聲音。如果不明白，想想袁世凱如何被《順天日報》騙了，就明白了。

第三，在重重壓力下，普丁失去方寸。在國際社會看來，普丁雖然是個危險的獨裁者，但不失為一個理性的人。然而，從普丁悍然入侵開始，這種「理性」的預期就已要打個折扣。自開戰不利，普丁居然發動核威懾，又恐嚇芬蘭瑞典等動作，讓國際社會懷疑普丁已經失去平日的冷靜和理智，在精神上處於不穩定的狀態。這樣就導致越來越大的誤判。

第八章

# 戰爭第二階段：烏克蘭處境更艱鉅

　　從俄羅斯2月24日全面侵略烏克蘭起（以俄國突襲基輔為標誌），戰事已進入第五個月。基本上可判斷，俄軍完全沒達到戰略目標（雖然俄國一如所料地聲稱，戰爭取得勝利）。到了四月初，俄羅斯宣告「第一階段的特殊軍事行動」結束，俄軍從基輔附近撤兵。4月19日，俄國宣布戰爭進入第二階段，把騰出來的兵力調配到烏克蘭東部頓巴斯和烏克蘭南部沿岸，加緊圍攻烏克蘭南部沿岸大城市馬里烏波爾。根據俄軍中部軍區代理司令明尼卡耶夫（Rustam Minnekayev）4月22日稱，俄軍「特別軍事行動」第二階段的任務是全面控制頓巴斯地區和烏克蘭南部地區。

## 俄軍在第二階段的三任務

### 第一、全面占領烏克蘭東部三州或至少兩州

　　烏克蘭東部三州（烏東三州）指哈爾科夫、盧甘斯克、頓內次克（由北到南）。這三州中有不少俄羅斯裔人。頓巴斯地區橫亙盧甘斯克與頓內次克，俄羅斯裔人在這兩個州的南部和東南

部，分別建立了「盧甘斯克共和國」和「頓內次克共和國」，它們都是俄羅斯的傀儡。從2014年起，烏東三州就持續衝突，是為「頓巴斯戰爭」。筆者在戰前已分析，俄國在烏克蘭危機中最想要的是兩樣：第一，固化在頓巴斯的統治（無論是「獨立」也好，併入俄國也好）；第二，讓北約白紙黑字承諾不再擴充。這是俄羅斯發動戰爭的「最低目標」。

在第一階段的戰事中，俄羅斯打錯了算盤。如果普丁如很多評論家所預測，只是承認頓巴斯兩共和國「獨立」，甚至最多只是增兵頓巴斯地區，那麼西方的反應絕不會像現在那麼強烈。2月22與23日這兩天，普丁就分別幹了這兩件事，而當時西方的反應，從政府到輿論，都相當克制。直到24日，俄軍從北線突擊基輔全面入侵，西方才炸了鍋，烏克蘭戰事走上不歸路。

但無論如何，普丁的「最低目標」依然不變。兩傀儡「共和國」甚至還在策劃，舉行所謂「獨立公投」加入俄羅斯，這相當於重演克里米亞事件的戲碼。俄羅斯也在為兩傀儡「共和國」辯護。4月26日，在普丁與到訪的聯合國秘書長古特瑞斯的會晤中就說，兩國「獨立」只是依據「科索沃的先例」。

烏東三州中，哈爾科夫州中心城市哈爾科夫是烏克蘭第二大城市，重工業、文教科研機構雲集，1934年以前還是「烏克蘭蘇維埃加盟共和國」的首都，政治經濟文化在烏東三州中最重要。二戰期間，德國和蘇聯在此爆發四次爭奪戰，可見其重要性。俄羅斯當然希望把這個重要城市據為己有，但烏克蘭把最精銳的重兵駐守哈爾科夫。在第一階段，俄軍圍攻哈爾科夫（Battle of Kharkiv），一度傳出將要陷落的消息，但最終被擊退，當時被

形容為「死亡最慘重的戰役」之一。此後，俄軍繼續在哈爾科夫外圍駐紮，而且占領了哈爾科夫以東的俄烏邊境領土。烏克蘭也試圖反攻，但雙方沒有太大進展。

盧甘斯克與頓內次克有頓巴斯地區這個大煤礦，資源價值非常重要。頓巴斯戰爭中兩個「共和國」就是依託這個大煤礦而建立的。值得指出的是，它們並非兩州的全境，在2022年烏克蘭戰爭爆發前，它們都只占領了兩州約1/3的地區，但都占領了該州的首府（均與該州同名）。

## 馬里烏波爾圍城戰

在東部兩州，俄軍主力首先放在了靠海的頓內次克州。尤其是頓內次克州南部沿岸的馬里烏波爾市，這是該州在頓內次克市之後的第二大城市，該州最重要的工業中心，有諸多鋼鐵冶金機械廠，都是從蘇聯時代遺留下來的大型國企，也是烏克蘭亞速海沿岸重要港口。在過去八年的頓巴斯戰爭中，該地是烏克蘭政府軍在頓內次克最重要的軍事據點，有大量的彈藥和糧食儲備。

它也是烏克蘭國民警衛隊特種部隊「亞速營」（Azov Regiment）的所在地。該營原是在2014年5月自發成立的烏克蘭民兵，在2014年11月被正式收編為烏克蘭國民警衛隊。可想而知，能這麼積極參戰的，大部分都有強烈的民族主義（愛國主義）傾向，在政治光譜上以右翼到極右翼分子居多（有趣的是，其中說俄語的烏克蘭人眾多）。在俄國的宣傳中，這是「納粹部隊」。俄國在開戰後聲稱要在烏克蘭「去納粹化」，矛頭就指向這支部隊。

　　於是，烏克蘭戰事全面開戰後，馬里烏波爾就稱為俄國攻堅的重點（馬里烏波爾圍城戰）。由於馬里烏波爾臨海及距離頓巴斯叛軍區很近，俄軍和頓巴斯分離主義叛軍在水陸兩線對它重重包圍。如果說在基輔等地，俄軍還顧忌轟炸平民設施的話，那麼在馬里烏波爾，俄軍採取「無差別轟炸」的作戰方式，斷水斷電斷網等「超限戰」手段，也「一個都不能少」。一些中國網民鼓吹的「普丁對烏克蘭太心軟」的說辭，在馬里烏波爾圍城戰中被徹底打臉。馬里烏波爾圍城戰成為戰爭初期最殘酷的戰爭。俄軍空襲婦幼醫院、空襲大批兒童躲藏在內的劇院等人道主義悲劇，都發生在馬里烏波爾。俄軍在戰爭初期還迅速佔領了馬里烏波爾以北的札波羅熱州沿岸地區，斷絕了烏克蘭援軍。

　　進入四月份俄軍漸次占據了市中心和港口區，烏軍只能據守在工廠區的幾個鋼鐵廠。那些鋼鐵廠不是普通的工廠，正如蘇聯時代的大國有企業一樣，是一大片生產生活區域。光是最後據點亞速鋼鐵廠（Metallurgical Combine Azovstal）就占地十幾平方公里），在規劃時就已有戰爭準備，地道密布。烏軍正是依仗這些設施全力死守。到了四月下旬，所有守軍退到亞速鋼鐵廠，繼續頑強抵抗。鑑於俄軍也傷亡慘重，普丁日前命令對鋼鐵廠「圍而不攻」，改為圍困迫降（但據烏克蘭方說，俄軍依然持續轟炸）。儘管烏軍抵抗頑強，但由於無法增援，馬里烏波爾完全陷落只是時間問題。接下來兩星期，各方為留在鋼鐵廠的平民開放人道主義通道談判和交換戰俘談判。到了 5 月 21 日，馬里烏波爾最後一批 500 多人的守軍投降，城市正式淪陷。

　　馬里烏波爾雖然淪陷，但烏克蘭軍隊在孤立無援的情況下，

抵抗將近三個月，拖住了大批俄國軍隊，減輕了烏克蘭其他戰線的壓力。正如澤倫斯基所言，他們全部都是烏克蘭英雄。俄軍攻佔馬里烏波爾之後，完全佔領了亞速海沿岸，把克里米亞和頓巴斯連成一片，形勢大好。

馬里烏波爾圍城戰傷亡慘重。據烏克蘭頓內次克地區軍事當局負責人帕夫洛·基里連科（Pavlo Kirilenko）在4月22日在接受採訪時表示，自俄羅斯入侵烏克蘭以來，估計馬里烏波爾市有2萬至2.2萬人死亡，全市95%的建築被摧毀。儘管烏克蘭方面有誇大的嫌疑，但估計現實情況雖不中也不遠。由於戰事太慘烈，資訊極為封閉，引發的人道主義危機恐怕超越大部分人的想像。美國衛星公司（馬薩爾科技）的地圖就顯示，當地或出現了多個「萬人坑」。

## 北頓內次克圍城戰

盧甘斯克是最靠近俄羅斯的州，親俄勢力最強大。在開戰之初，俄軍和親俄武裝就侵占盧甘斯克東北部地帶（和哈爾科夫州的占領地區連成一片），而且還圍攻了該州重要城市「北頓內次克」（Sievierodonetsk，該市是「盧甘斯克共和國」占領了原首府盧甘斯克市之後，烏克蘭在該州的統治中心），但並未攻下該市。此後，在該州戰事進展甚小。原因之一可能是俄國目標在全取烏克蘭沿岸，於是對不靠海的盧甘斯克不太上心。

到了第二階段，俄軍在東部的主要目標變成以兩個傀儡共和國為基地，先把整個盧甘斯克和頓內次克打下來。從基輔和哈爾科夫撤出的俄軍也大都調動到這裡。馬里烏波爾局勢大定後，重

點就到了北頓內次克。4月8日，俄國飛彈空襲克拉馬托爾斯克火車站（Kramatorsk railway station），導致59個平民死亡（7個是兒童），100多人受傷。這次對平民的襲擊預示了新一輪頓巴斯戰爭的慘烈程度比以前有過之而無不及。

4月18日，俄軍對烏東三州發動大規模轟炸，頓巴斯戰線正式打響。在頓巴斯，俄軍有兩個傀儡共和國叛軍相助，兵力比烏克蘭多一倍（到十萬級別），光是四月下旬，俄軍就投入戰場達6萬人之多（76個營級戰鬥單位）。據稱，還有多達1至2萬名來自敘利亞等地的雇傭軍。[1]

四月下旬，俄軍開始由北方開始發動進攻。五月以後一直逐步蠶食，先後攻陷了北頓內次克以北和以西的幾個城鎮。在5月5-13日進行的「頓內次河（Donets River）渡河戰」尤為慘烈。烏軍奮勇抵抗，俄軍花了八天時間才擊退烏軍過河。烏克蘭聲稱擊斃一千多名俄軍，俄方報告的數字中，俄軍陣亡也有五百餘人。俄軍渡河後，繼續向北頓內次克挺進。

5月20日，俄軍取得突破，陸續攻陷外圍幾個小城鎮，開始在北頓內次克市區與烏軍進行激烈的巷戰。俄軍在5月31日攻取市中心，烏軍繼續佔據城市外圍與俄軍對峙。接下來一個月堪稱戰爭爆發以來最慘烈的時刻。俄烏雙方以重型大炮對轟，俄國以10：1甚至40：1的火力優勢，大佔上風。在五月底，烏軍每天有50至100人戰死；到六月初，每天陣亡人數達200人；到六月中，數字直逼500至1000人[2]。到6月25日，烏軍不敵，剩餘軍人全部撤出。北頓內次克淪陷後，俄軍繼續進攻烏軍最後在盧甘斯克最後一個主要據點，與北頓內次克隔河相望的利西昌斯克

（Lysychansk）。7月2日，俄國宣布攻陷該市。第二天宣布「解放」整個盧甘斯克。

## 第二、占領烏克蘭南部的沿海地區

這是俄國「次低要求」的目標。俄國要把烏克蘭所有海洋沿岸地區即烏南，也全部奪下來，把烏克蘭變成一個內陸國。烏克蘭的沿海州分，由東到西，依次為頓內次克、札波羅熱、赫爾松、尼古拉耶夫、奧德薩。東面的三州位於亞速海北岸（頓內次克、札波羅熱、赫爾松），西面的三州（赫爾松、尼古拉耶夫、奧德薩）位於黑海北岸。赫爾松州位於中間，同時瀕臨亞速海和黑海。赫爾松州南部是向黑海突出的克里米亞半島（2014年被俄國占據）。

在開戰之初，俄國就從南線進攻（當時是北線、東線、南線三路包圍）。戰爭初期著名的「蛇島十三勇士」事件，就發生在南方沿岸的小島蛇島（Snake Island，在烏克蘭和羅馬尼亞交界點海岸對開的小島）。在戰爭剛開始，莫斯科號巡洋艦「莫斯科娃」（Moskva）和巡邏艦瓦西里・貝科夫號（Vasily Bykov）就砲轟蛇島。根據烏克蘭發放的錄音，烏克蘭守軍對俄羅斯的招降以爆粗回應。此後烏軍守軍失聯，消息指十三勇士均陣亡，他們隨後被授予最高榮譽「烏克蘭英雄」。事件極大地激勵了烏克蘭軍民的抗戰熱情，也大大增加了西方世界對烏克蘭的同情。西方國家相信烏克蘭人民會抗戰到底，從而才會投放更多的軍事支援。此後證實他們都被俘而沒有陣亡，最後在戰俘交換中被釋放。儘管整個事件作為雙方宣傳戰的一部分（俄國當時針鋒相對

地宣布82名烏軍「投降」），難免有這樣那樣的失真，但烏軍戰士奮勇抗敵的精神沒有被歪曲。

相比北線的出師不利，俄國在南線進展算是理想。在南方戰線，俄軍也採取了先東後西的戰略，先奪取東邊的亞速海沿岸地區，再試圖奪取西邊的黑海沿岸。考慮到烏南地帶親俄勢力不多，俄國的進展成果比東線還要重要。俄軍占領的第一個大城市就是赫爾松州的首府赫爾松。目前，俄國占領幾乎整個赫爾松州，以及札波羅熱州的大部分（兵臨首府札波羅熱市城下）。俄軍就這樣占領了烏克蘭東部亞速海的所有沿岸地區（除了關鍵城市馬里烏波爾），不但封鎖了烏克蘭在亞速海的出海口，還打通了俄占克里米亞和頓巴斯地區之間的陸路連接。亞述海成為俄國控制的「內湖」。占領黑海沿岸的赫爾松市還有一個重大意義，因為它是烏克蘭最大河流第聶伯河（也是歐洲按長度算的第三大河）的出海口，控制了該市就等於控制了烏克蘭經由第聶伯河進出口的線路，扼住了烏克蘭通過海運的對外貿易。

俄軍在南部地區的進展迅速有兩個原因。第一，戰爭之初，烏克蘭在南方守軍是最差的，主要精銳兵力都放在東部，剩餘兵力也投入了首都保衛戰。第二，俄軍在南部地區採用水陸並用的戰略，俄國海軍對烏克蘭是壓倒性優勢，有海軍在近岸支援，俄軍能更增強火力以及更方便地調動兵力。在南部戰區中，烏克蘭把俄軍的黑海艦隊旗艦巡洋艦「莫斯科娃」號擊沉。「莫斯科娃」是俄國排水量第三大的軍艦。其沉沒不但是俄國海軍在這場戰爭中的最大損失，也是整個俄軍最大損失之一，給烏軍很大的鼓舞作用（也是為蛇島軍人復仇了）。然而，客觀地說，由於俄

軍的海軍實力尚存，少了一艘戰艦，對戰局影響並不大。

　　到了戰爭第二階段，俄軍繼續對烏南沿岸城市進行轟炸，但由於主力都在烏東，烏南進展不大。烏克蘭倒是在烏南發動反攻，希望重新奪取赫爾松市。烏軍奪回了一些土地，但至今尚未進攻到赫爾松。烏軍最大的成果是在7月1日重新控制蛇島，但那主要是俄軍主動撤退的結果。烏軍雖然利用無人機攻擊蛇島守軍，但並未嘗試登陸奪回。

　　接下來，俄軍在南線舉動可能有兩個方向：一個是向北深入內陸，一個是繼續沿西岸攻擊烏克蘭最大的海港奧德薩。

## 第三、攻占奧德薩，打通從俄羅斯德涅斯特河左岸的通道

　　對俄羅斯而言，向西攻占奧德薩的意義更重要。5月1日傳來消息，俄國用P-800「縞瑪瑙」高精度飛彈（Oniks，北約代號SS-N-26，一般稱為「寶石反艦飛彈」）攻擊奧德薩附近的軍用機場。這正好預示了奧德薩攻防戰會成為新的主要戰場。俄國若能攻占奧德薩以及烏克蘭西部黑海沿岸地帶，對俄國的戰略形勢意義重大。

　　首先，奧德薩非常重要。由凱薩琳二世建立的奧德薩，是目前烏克蘭第三大城市，也是最大的港口，有「黑海珍珠」之稱。在沙俄時期，它甚至是俄國第四大城市，僅次於莫斯科、聖彼得堡和華沙。蘇聯時期，它是蘇聯的重要軍港。烏克蘭獨立後，它又成為烏克蘭的最大軍港（克里米亞半島上的塞瓦斯托波爾是最大軍港，但它一直被俄國黑海艦隊租用，烏克蘭海軍的基地在奧

德薩）。在奪取了奧德薩，烏克蘭再無大港。如果奧德薩能被俄國占領，那麼西岸沿海更容易被俄占領，這樣俄國就能完全封殺烏克蘭的出海口，從而獨霸黑海北岸。因此，俄國占領奧德薩，無論在軍事上、經濟上、政治上甚至文化上，都是大大的有利。

其次，在陸路，黑海北部沿岸走廊能打通從俄國直達前蘇聯加盟共和國摩爾多瓦的叛離地區「德涅斯特河沿岸共和國」（Transdniestria）的通道，把俄國和自己的衛星傀儡國家連成一片。在俄國扶植起來的四大「傀儡共和國」中，它是唯一以俄裔為主的地區。它位於摩爾多瓦南北向的主要河流德涅斯特河的東岸（左岸），是德涅斯特河到摩爾多瓦與烏克蘭邊境的一個非常窄長的地帶，在蘇聯時期一直屬於摩爾多瓦加盟共和國，但產業結構以蘇聯國營企業為主，人口也多是俄羅斯族裔。在蘇聯分裂前一年的混亂年代，由於摩爾多瓦的獨立傾向，那些親蘇聯的俄裔就尋求從摩爾多瓦獨立出來，繼續留在蘇聯。1990年，親蘇分子宣布從摩爾多瓦蘇維埃加盟共和國中「獨立」為「德涅斯特河沿岸摩爾達維亞蘇維埃社會主義共和國」，自稱升格為蘇聯的加盟共和國（與俄羅斯、烏克蘭、摩爾多瓦等十五個加盟共和國平起平坐），但此舉沒有得到摩爾多瓦或蘇聯的承認。到蘇聯解體，摩爾多瓦獨立，這些親蘇分子已沒有蘇聯可留，於是就宣布獨立。它得到俄國大力支持，並派兵進駐（目前有常駐1500名俄軍）。摩爾多瓦是個小國，根本沒有力量對抗俄羅斯，也只能「維持現狀」了。

儘管俄國在「德涅斯特河沿岸共和國」有實際存在，但畢竟是「飛地」。而且和加里寧格勒這個俄國在波羅的海的飛地不

同，加里寧格勒沿海，俄羅斯從海路可連接。相反，「德涅斯特河沿岸共和國」是內陸，俄國只能從空中連接，要飛越烏克蘭或摩爾多瓦的領空。更由於摩爾多瓦本身也是內陸國，要穿越其領空前，也要穿越羅馬尼亞或烏克蘭領空。因此，一旦發生歐洲國家對俄國封鎖陸地和領空的情況（正如現在），「德涅斯特河沿岸共和國」就成為「甕中之鱉」。從這種意義上說，歐洲國家對俄國的「領空禁飛令」，倒像是讓俄國非要把「德涅斯特河沿岸共和國」也和本土連在一起的催化劑。

再次，一旦俄國把「德涅斯特河沿岸共和國」也連成一片，那麼它就能繞到烏克蘭後方，在北部、東部、南部和西南部四個方向「包圍」烏克蘭，還能直接威脅烏克蘭的西部。烏克蘭不但沒有了出海口，在地形安全上更處於不利一方。

最後，通過這些操作，還能把俄國的前沿進一步推到烏克蘭以東的摩爾多瓦和羅馬尼亞，在南部戰線直接威脅北約國家（羅馬尼亞）。這完全符合俄國一向希望的能把戰線推多前就推多前的地緣戰略傳統。

## 烏軍在第二階段為何形勢不利

總的說來，在至今為止的第二階段戰事中，俄國步步為營的戰法，進展雖然慢，但確實取得穩步勝利。俄國在第二階段戰事取得優勢的原因有幾個。

第一，在東線，烏克蘭的任務從「抵抗俄軍侵略」變成了抵抗侵略和主動進攻「收復失土」相結合，因此前一階段讓俄國吃

了大虧的城市戰，也變成了更傳統的陣地戰。一旦進攻被俄國和親俄武裝控制的城市，可能反過來要讓烏克蘭成為城市攻堅的一方。在這種情況下，前一階段大發神威的單兵武器就不太適用了。北約國家最近決議向烏克蘭提供重型武器，包括坦克、自行火砲、戰車乃至飛機等重型「進攻性武器」，正是出於這種考慮。

　　烏克蘭軍人在這次戰爭中展現高素質，這主要得益於過去8年美英對其培訓。然而，當初培訓等項目主要是針對烏軍和親俄武裝在城市戰中的戰術，對大規模的陣地戰並不注重（因為親俄武裝當時也沒有多少陣地戰的武器）。俄國在戰爭第一階段雖然變成「紙老虎」，但很可能是因為俄國不熟悉城市戰。到了俄國熟悉的陣地戰，那種機械化部隊的「鋼鐵洪流」是雄風猶在，還是繼續在資訊化作戰前同樣是紙老虎，還有待驗證。而且俄國還有制空權。這就是為何烏克蘭在赫爾松和哈爾科夫反攻中雖然都取得進展，但成果都很有限之故。

　　第二，經過一番辯論，在4月26日舉行的以北約為首的40國國防部長會議上，北約多國終於同意提供重型武器，[3]但與輕型武器「傾囊相送」相比，數量有限，性能上小心翼翼。以美國為首的北約有三個擔憂。（一）害怕提供較長程的武器，烏克蘭會用這些武器攻擊俄羅斯境內目標。美國得到烏克蘭再三保證，才答應送出射程達80英里的M142 HIMARS輕型火箭系統，此前送出的系統射程只有40英里。（二）害怕高科技武器被俄軍得到，破解和複製西方的技術。所以高新武器還拆除了高科技的部分，造成西方先進武器降級的諷刺現象。（三）害怕送得太多太

先進，引起俄國與北約衝突。烏克蘭想要的飛機，北約就始終沒有送，最多只送直升機和無人機。

第三，在馬里烏波爾和頓巴斯戰線，俄軍一改攻打基輔時，尚較注意避免向平民下手的戰法，回到傳統的「萬砲齊轟」的戰術。這不但大大增加了戰爭的殘酷性，也用盡了俄軍在重型武器上的優勢。

第四，北約雖然提供大量重型武器，但如何把武器安全地運到前線會是戰場關鍵。俄羅斯不會蠢到等這些武器運到戰場，才在戰場上對付它們。俄羅斯早就宣稱北約給烏克蘭運輸的武器是「合法打擊目標」。由於俄國有制空權，又可以發動飛彈攻擊，因此運輸路線充滿風險。事實上，最近俄國就多次宣布攻擊了烏克蘭的軍火庫（可想而知裡面有很多北約提供的武器）。烏克蘭不能攻擊俄國境內目標，等於綁起雙手。於是，俄軍不但武器更多，射程更遠，還可以打擊對方後方卻不擔心自己後方受襲，自然佔盡優勢。

第五，在烏克蘭進攻親俄地區時，很可能會變成「客場作戰」，反而被俄裔人士視為「侵略者」。而且進攻時必然可能導致包括平民在內的人員傷亡。儘管作為抵抗侵略的一方，烏克蘭先占據道德高地，但如果烏克蘭進攻導致大量俄裔平民傷亡，烏克蘭在輿論上也會處於不利的狀態。在這點上，烏克蘭除了在戰術上必須注意之外，在宣傳輿論上也要早作準備，特別是幾乎可以肯定，俄國和其同夥的宣傳機器一定會發動輿論戰。當然，由於烏軍反攻進展不大，目前還沒遇到這個問題。

儘管在東線烏克蘭面對很大困難。但在南線烏克蘭的形勢似

乎更不利。面對俄軍通過海陸夾攻的形式攻打南部海岸，烏克蘭至今沒有顯示出足以應付的方法。烏克蘭大概可以阻止俄軍深入內地，但似乎難以阻止俄軍占領沿岸地帶。烏克蘭（和北約盟友）需要找到合適的戰略，否則只能被動挨打。

值得注意的是，第二階段戰事很可能導致烏克蘭戰爭升級。一方面，如果俄國持續攻擊北約補給線時，北約是否以某種形式參戰保障就是一個很現實的問題。另一方面，當俄國攻占了整個烏克蘭沿岸，直面羅馬尼亞，且當俄國要把「德涅斯特河沿岸共和國」也連為一片，羅馬尼亞和摩爾多瓦如何反應就耐人尋味。俄國恐怕不介意把戰火燒到摩爾多瓦，儘管它會受到更大的國際壓力，但「蝨子多了不愁」。然而，羅馬尼亞是一個北約國家，現在有美軍駐紮。當俄軍把前線推進到羅馬尼亞邊界，直接威脅羅馬尼亞安全時，北約不可能不高度防備。一個不小心擦槍走火，恐怕戰爭就會急劇升級。

## 西方盟國支持至關重要

在第二階段戰事展開之後，烏克蘭戰爭很明顯將長期化，而且目前看來烏克蘭戰場形勢並不理想。這時最令人擔心的有三點。第一，烏克蘭人民對戰爭失去信心，可能導致戰場上的崩盤。第二，西方人民因熱情消耗麻木以及代價逐漸顯現（如通貨膨脹、能源危機等）而降低對烏克蘭的支持度。第三，一些政客產生軟弱動搖的綏靖情緒，比如前美國國務卿季辛格就說烏克蘭應該接受國土喪失的目標，法國總統馬克宏也似乎想勸烏克蘭接受現實。[4]值得指出的是，這三種情緒都被俄國的輿論戰所放大。

就在這個徬徨時刻，美國總統拜登6月1日在紐約時報投書〈美國在烏克蘭的「為」與「不為」〉（What America Will and Will Not Do in Ukraine），保證「任何關於烏克蘭的決定都不能沒有烏克蘭的參與」，自己不會私下或公開向烏克蘭政府施壓，要求其做出任何領土讓步。他還指出「我們明白自由是要付出代價的，所以美國人將與烏克蘭人民一道堅持下去」。[5]

拜登的立場推動了法德意等歐洲大國放棄綏靖等念頭。法國總統馬克宏、德國總理蕭茲、意大利總理德拉吉聯袂訪問基輔，宣布對烏克蘭繼續戰鬥的支持，並說「是否放棄領土換取和平只能由烏克蘭自己決定」，「我們的責任就是與價值站在一起，與國際法站在一起，也就是與烏克蘭站在一起」[6]。第二天，英國首相強森第二次訪問基輔，重申對烏克蘭的支持。

在大國領袖的推動下，烏克蘭連連收穫新支持。6月24日，歐盟正式接納烏克蘭成為「歐盟候選國」，烏克蘭入歐再進一大步。這當然也是對烏克蘭人民的巨大鼓勵。6月27日，G7峰會，七國領導宣布「無限期」支持烏克蘭。6月30日，北約峰會各國領袖宣布為烏克蘭提供更多武器。期望在這一連串的鼓勵下，烏克蘭能繼續抵抗，直至勝利。

第九章

# 俄烏談判現階段為何無法實現？

在俄烏戰爭期間，談判解決問題的呼聲一直存在。3月29日，俄羅斯和烏克蘭在土耳其進行了第六輪談判（或第五輪面對面談判），堪稱迄今和談進展的最高峰，一度讓不少人看到和平的曙光。還營造和談氣氛，俄國還在25日宣布第一階段戰事結束，大幅減少在基輔和切爾尼戈夫的軍事行動。在會談後甚至傳言，雙方已取得「重大進展」。然而，談判之路還遙遙無期。

## 烏克蘭為何無法接受俄國的六大條件？

先簡要回顧一下雙方前幾輪談判。首輪談判在2月28日在烏白邊境，沒有做出任何決定，只找到了一些可以預測共同立場的優先主題。烏克蘭方面透露提出「撤出所有俄羅斯軍隊，包括從克里米亞和頓巴斯撤出」的條件。同日，普丁與法國總統馬克宏通電，提到停戰「三大條件」：一、承認俄羅斯對克里米亞的主權；二、解決烏克蘭國家的非軍事化問題；三、確保其中立地位。

第二輪談判3月3日在白波邊境的比亞沃維耶札森林舉行，

主要討論建立人道主義走廊的問題。第三輪談判3月7日在土耳其安塔利亞（Antalya）舉行，土耳其外長卡夫索格魯（Mevlut Cavusoglu）參加會談，俄烏雙方沒有達成任何協議，只在人道走廊問題上取得一些進展。3月10日，俄烏外長在土耳其安卡拉進行了首次高層面對面磋商，儘管沒有達成協議，但外長能見面說明有進步。第四輪談判是3月14至17日的線上會議。談判前，烏克蘭媒體稱從外交部可靠消息人士處得到了俄國提出的六大停戰條件。會議後，烏克蘭方面形容已提出了「聽起來更現實」的方案，土耳其外長也形容取得進展。然而在3月17日，俄國總統普丁打電話給土耳其總統艾爾多安，提出了俄國的「六大條件」：一、烏克蘭要保持中立，放棄加入北約；二、依據奧地利中立模式進行裁軍和相互安全保障；三、「去納粹化」；四、消除在烏克蘭廣泛使用俄語的障礙；五、承認對克里米亞的吞併；六、承認烏克蘭頓巴斯地區的兩個「共和國」獨立。他說的與媒體此前透露的基本一樣，無非次序換了一下。

　　到了3月21日的第五輪談判，雙方有了進一步進展。烏克蘭總統澤倫斯基說他準備討論烏克蘭承諾不尋求加入北約，以換取停火、俄羅斯撤軍和烏克蘭的安全保障，其中可能包括頓巴斯地區和克里米亞安全保障問題等。但所有協議中的重大妥協必須經過全民公投決定才能坐實，因為這涉及修改憲法的問題。澤倫斯基也提出和普丁「面對面」談判的建議，但俄國說只有當接近達成協議階段才能與普丁見面。

　　到了第六輪的談判，雙方更形容取得重大進展，烏克蘭方面更說「已做好足夠的基礎讓俄烏兩國元首會面」。俄方也認為取

得一定的進展。在戰場上，俄國此前宣布「第一階段作戰任務」結束，第二階段任務將集中在頓巴斯地區。會議後，俄國再宣布決定大幅減少在烏克蘭首都基輔及北部城市切爾尼戈夫的軍事行動（但強調並非「停火」）。

這些都給和平帶來曙光，不少輿論甚至有一種「和平就在眼前」的樂觀。然而，對照俄羅斯提出的「六大條件」以及目前雙方公布的「讓步」，筆者對此非常有保留。當然要指出，談判細節是保密的，所以只能根據有限資訊進行評價。

六大條件按照難易程度可分為三組：容易、中等、困難。相對容易的是照顧俄語的地位和「去納粹化」，中等的是「非軍事化」和「中立國地位」，困難的是兩個領土要求。從第六輪談判的焦點也可以看到：相對容易的基本沒有怎麼談，困難的也沒有怎麼談，雙方都在「中等難度」的條件上拉鋸。

## 俄語重新成為官方語言

在蘇聯時代之前，烏克蘭地區大量使用烏克蘭語。到了蘇聯時代，烏克蘭經歷了俄語化運動，俄語才普及。烏克蘭獨立前後，烏克蘭語重新成為官方語言之一，到了1996年，烏克蘭修憲，烏克蘭成為唯一的官方語言。但是由於俄語還被廣泛應用，在克里米亞等地俄羅斯裔還是絕大多數，於是在2012年，烏克蘭給予了一些地方政府，俄語作為另一種官方語言的地位。這有點類似加拿大的魁北克省，法語是官方語言之一的情況。2014年，在推翻亞努科維奇之後，烏克蘭國會曾通過激進的廢除俄語在地方政府作為官方語言的法案，但該法案被否決。於是至今，

在地方政府，俄語還是官方語言。

一個國家採用什麼語言為官方語言，本來是一個國家內政，外國無權干預。但礙於烏克蘭的實際情況，以及俄語至今也是地方政府官方語言之一，把俄語重新定為全國的官方語言也不是無法接受的事。況且定為官方語言是一回事，實際上如何操作又是一回事，有很多可以自由解釋的空間。而且，烏克蘭最好的策略，就是把其他「少數民族」語言也定為官方語言（比如克里米亞韃靼語、猶太語和波蘭語），以便「稀釋」俄語作為官方語言的實際效果。這有點類似台灣的情況。

## 去納粹化

這個條件幾乎沒有可執行性。烏克蘭是否存在「新納粹組織」？存在的，但類似右翼組織全歐洲都有，就連俄國自己也有。基於言論自由和結社自由原則，西方國家不可能禁絕。很簡單，如果指定「亞速營」是非法組織，解散之後換個名字重新成立組織也不是難事。如果明目張膽地鼓吹種族優越主義被禁止，那麼換個說法也一點都不難。判定是否「新納粹」也沒有統一的標準，你說是，他說不是，只會互相扯皮。歐洲對納粹言論和結社最敏感的，執法最嚴厲的非德國莫屬，但就連德國也有「新納粹組織」崛起，可見一斑。

難於執行可能導致兩種相反的後果。一方面，如果烏克蘭承諾「去納粹化」之後，有可能執行不力而被俄國責難。但另一方面，由於這個承諾幾乎不可能百分百執行，所以俄羅斯也未必就會把這個條款當真。「去納粹化」的彈性是如此之大，反而讓雙

方不難在這個問題上互相妥協。這個條款很大程度上只是給普丁一個台階可下而已。

　　由此可見以上兩個問題都不是什麼障礙，實際上也從未成為談判焦點。

## 中立國和非軍事化

　　過了相對容易的條件的「淺水區」，就進入實質問題的拉鋸區。第六輪談判的讓步（或妥協）重點也在於此。非軍事化和中立國雖然是兩個條件，但適宜把它們一並考慮。因為無論非軍事化還是中立國也好，都牽涉到如何保障烏克蘭的安全的問題。

　　綜合各方的說法，烏克蘭提出了新建議：

一、烏克蘭願意成為國際法保障下的永久中立、不結盟、無核武國家，即所謂「中立化」。

二、如果得到包括俄羅斯在內的「安全保障國」的同意，烏克蘭將放棄加入軍事聯盟（即不加入北約），不在其領土上設立外國軍事基地以及外國駐軍，不舉行軍事演習。即所謂「非軍事化」。

但相應地，烏克蘭要求得到明確的安全保證。

一、烏克蘭的安全由國際擔保，安全擔保國除了聯合國安理會五常（美國、英國、法國、中國和俄羅斯）之外，也納入土耳其、德國、加拿大、義大利、波蘭和以色列。

二、烏克蘭可援引北約第五條（集體防衛權），一旦有國家
（俄國）入侵（發生任何針對烏克蘭的戰爭、侵略、軍
事行動和任何變相的混合戰爭時），安全擔保國須在三
天內進行磋商，而且有法律義務對烏克蘭提供國安援
助，特別是提供軍備和設立禁航區。

三、目前有爭議的領土（克里米亞和頓巴斯地區）將不包括
在安全擔保範圍內。

四、作為補償，俄羅斯不得反對烏克蘭加入歐盟。俄國似乎
也願意答應。

應該肯定，烏克蘭提出的建議非常有價值，但「保障機制」
目前還非常抽象，或者說不可靠。如何把保障清晰化，是下一階
段談判的關鍵。

其實，如果不是克里米亞被搶和頓巴斯戰爭，烏克蘭也不會
拒絕「中立」的地位。烏克蘭本來也並非一味要加入北約和「反
俄」。在2008年後，烏克蘭對加入北約就不熱衷了，2014年歐
洲廣場革命的重點是加入歐盟。它再變得一心要加入北約，是俄
國非法兼併克里米亞及策動頓巴斯兩個「共和國」獨立之後，不
得不為的「應激性反應」。烏克蘭本來加入北約就相當不容易，
況且經過這幾個月事態的演變，就是瞎子也可看到，烏克蘭加入
北約並不切實際。

問題是，烏克蘭提出如果放棄加入北約乃至答應「中立」，
就應該得到相應的「保障機制」，這個要求合情合理。烏克蘭要
加入北約，無非就為了北約有一個保障的承諾和機制。然而，在

不加入北約的情況下，如何確保「保障機制」成為一個大難題。

在1994年的《布達佩斯安全保障備忘錄》中，烏克蘭放棄核武，作為回報，俄英美三國（後來加上法中兩個有核國家）保證烏克蘭的主權獨立和領土完整。這本來就是一種「保障機制」。然而有用嗎？實踐證明，2014年俄羅斯就搶走克里米亞。英美固然反對俄羅斯侵略，實施制裁措施，但都是隔靴搔癢。至於中國就更不提了，好像完全忘了這回事一樣。既然曾經令烏克蘭放心的《布達佩斯備忘錄》「保障」被證明是沒有用的，那麼新的「保障機制」又如何能給烏克蘭信心呢？

烏克蘭提出一系列國家保障，然而先不說有多少國家願意成為擔保國，就算那些國家肯「保障」，一旦俄國入侵，這些保障國真敢冒著和俄羅斯開戰的風險，提供直接軍事介入嗎？真能提供「禁航區」嗎？而且光是把一大堆國家拉進來作為擔保國，筆者就很懷疑成效。擔保國不是越多越好，多了一些三心兩意的國家，到時就成為推皮球大戰，反而起不到真正的擔保作用。

與「中立」相關聯的是「非軍事化」。很顯然，要烏克蘭完全取消軍隊不現實，那麼「非軍事化」的程度，就極大影響了「擔保」的可靠性。

如果烏克蘭的軍力還大致維持現狀（但答應不發展「大規模殺傷性武器」和加強軍備），那麼假設擔保國能輸送軍備和設立禁航區，烏克蘭就很可能抵禦一陣。然而，和「去納粹化」不同，「非軍事化」有很明確的可驗證標準，比如有保持多少軍隊，能擁有什麼武器等等。這些問題在第六輪談判中還沒有具體觸及，但可想像，俄國肯定不會允許烏克蘭的「非軍事化」是

「做做樣子而已」，必然要求烏克蘭大幅降低軍力。在這個問題上一定會進行激烈的角力。

假設烏克蘭按照俄羅斯設想的「非軍事化」要求，那麼就基本失去防禦能力了。其實單就烏克蘭提出的沒有經過擔保國（主要指俄羅斯）同意，就不能軍事演習，這已是「自廢武功」。很可能這八年來，這支由北約訓練的烏克蘭部隊將不復存在。烏克蘭很可能回到2014年時那種軍備弛廢的時代，一旦俄國入侵，西方即便按照條約提供武器又有什麼用？

以上討論是站在烏克蘭立場分析的。站在俄羅斯立場，對「中立國」的理解肯定不是如同瑞士奧地利那類真正的「中立國」，而是成為一個「芬蘭化」國家，比如不能有「反俄言論」，不能有「反俄政策」等等。如果烏克蘭以後不能服服帖帖小心翼翼，就很容易會成為俄羅斯干涉的藉口。如何在談判中，拉近這兩類對「中立國」的不同理解，相信也不是一件容易的事。

## 有關克里米亞和頓巴斯地區的領土問題

領土問題一直是最難點。從第一輪談判烏克蘭要求俄羅斯歸還克里米亞和撤出頓巴斯地區看，雙方分歧極大。在以後幾輪談判談得也不多，但原因不是不重要，而是「沒法談」。

在民族主義情緒高漲的國家，沒有人膽敢在領土問題上讓步。即便菲律賓在中國壓力下也沒有在幾塊礁石的「黃岩島」（民主礁）上退讓。更何況是克里米亞半島和頓巴斯地區這兩片人口眾多，經濟發達，地理位置重要的土地？別看現在澤倫斯基

是英雄，一旦他做出讓步，立即就會失去政治正當性被轟下台
（當然他不會這樣做）。現在烏克蘭願意把「領土爭議」和停戰
脫鈎，並提出「在15年內通過雙邊談判」解決俄羅斯於2014年
從烏克蘭兼併的克里米亞半島問題，算是做出了相當大的讓步。
即便如此，澤倫斯基還堅持，烏克蘭政府的妥協都必須進行全民
公投，必須獲得公眾支持才會經由議會批准。在「割讓領土」的
問題上（假如真的做出這樣的妥協），全民公投通過的可能性為
零。

　　在俄羅斯方面，這次在烏克蘭事件上的最主要目的有兩個：
第一個就是要固化克里米亞和頓巴斯地區的占領，第二個才是北
約東擴問題。因此，烏克蘭提出的長期談判方案，根本不能滿足
普丁的胃口。頓巴斯地區可能還好說，克里米亞在俄國看來已經
是「俄國領土」，澤倫斯基還要「談判解決」，根本不可能接受。

　　筆者盡量避免用所謂的「擱置爭議」去形容「烏克蘭方
案」。在中文語境下，這很容易和釣魚台或南海等「擱置爭議」
相混淆。比如，1978年中日達成「擱置爭議」的默契，日本真
的長期沒有進一步固化其對釣魚台的實控。但現在克里米亞和頓
巴斯都在俄國手上，俄羅斯可不會像日本人那樣「傻乎乎」地乾
等。「擱置爭議」就等於給俄羅斯大筆時間去固化對這兩個地區
的統治。實際上，兩傀儡共和國已迫不及待地要「公投加入俄
國」了。因此，有的中文輿論說什麼在這些領土問題上，「要擱
置爭議」、「當代人解決不了的問題，讓更聰明的下一代解決」
等等，實在太壞了。

　　以上我們討論的，是戰爭第一階段結束之際，俄國提出的六

大條件。但談判還有很多其他方面，會構成更大的問題。比如俄軍現在占領的烏克蘭領土（在克里米亞和頓巴斯之外）怎麼辦？頓巴斯地區是否退回戰前控制狀態；有關戰爭賠償（無論用什麼名義）和對戰爭罪行的追究等等。

進一步說，在俄羅斯在戰前提的三大要求：北約不東擴，撤走俄羅斯周邊戰略武器，北約退回1997年邊界，都是以北約為談判對象。美歐對俄羅斯的制裁則是新增的難題。美歐剛剛做出了能源大轉向的決定，不可能因為烏俄停戰就退回原狀等等。這些問題都是烏克蘭戰爭解決的構成部分，但目前的烏俄談判顯然無法把其包括進去。

## 令人髮指的布查大屠殺

進入四月，和談突然停了下來，因為戰事發生了關鍵轉折點震驚世界的布查大屠殺。4月2日，在烏克蘭軍隊收復首都基輔外圍城市布查（Bucha）時，發現大批平民死傷的慘絕人寰的場景，據信是俄軍占領期間的戰爭暴行。「布查大屠殺」立即震驚世界。布查位於基輔市西北，是基輔州的一部分，即「大基輔」外圍衛星城，距離基輔市中心約30公里處，人口不足四萬。

俄羅斯在2月24日發動全面侵略烏克蘭的戰爭。進攻目標之一就是從烏克蘭白俄羅斯邊境向南而下分進合擊地包圍和進攻基輔。俄羅斯的首要戰略目標就是安托諾夫機場（Antonov Airport），這個機場就位於布查以北只有5公里左右的小鎮戈斯托梅利（Hostomel）。俄軍在2月27日控制機場後，南下進攻布

查。儘管武力差距懸殊，但俄軍直到3月12日才徹底控制這個小城。烏克蘭軍民在布查之戰中的頑強抵抗，有力地延緩俄軍直取基輔的企圖。在戰爭初期，俄國車隊擺開著名的綿延65公里的「一字長蛇陣」（Russian Kyiv convoy），就從邊境沿著Prybirsk、Ivankiv等城鎮，南下到布查前線。在控制布查後，俄軍再進攻其南方緊鄰的小城伊而平（Irpin），但始終沒法完全控制伊而平，俄軍在基輔西北的戰線就停留於此。3月下旬，伊而平守軍反攻，逐漸奪回多個被俄軍控制的地區。3月29日，俄國宣布「第一階段作戰計劃已結束」，開始從基輔外圍撤軍。4月1日，烏克蘭軍隊收復布查。這幾場戰鬥分別稱為「安托諾夫機場之戰」、「戈斯托梅利之戰」、「布查之戰」和「伊而平之戰」，屬於基輔圍城戰役的一部分。

收復布查後，記者發現大量死傷平民的案例。綜合目前各家媒體報導，目前有幾類事件。

一、大街上有眾多死去的平民，他們穿著日常衣服，在死前似乎正在進行日常工作，如撿木材生火、遛狗或提著購物袋等。屍體外觀完整，似被槍殺的而非炸彈炸死。還有寵物和主人一起被槍殺。有很多屍體雙手或雙腳被綁，看起來是被行刑處決。

二、在俄羅斯人離開後發現了一個埋有300人的「亂葬崗」。此外據當地居民所言，還有另外57具屍體埋在另一座亂葬崗裡。布查市長費多魯克（Anatoliy Fedoruk）也說，該市至少有280名遇難者必須就地埋葬在亂葬崗中。

三、一些具體案例如下。3月4日，俄羅斯軍隊殺死了三名
　　手無寸鐵的烏克蘭平民，他們正為狗隻收容所運送狗
　　糧。3月5日上午，俄羅斯士兵發現一對載著兩個試圖
　　逃跑的家庭之汽車駛向奇卡洛娃街，俄羅斯軍隊繼續向
　　車隊開火，打死了第二輛車上的一名男子。前車被槍擊
　　中著火，兩名兒童和他們的母親被燒死。在一個地下室
　　裡發現了18具被謀殺的男人、女人和兒童的殘缺不全
　　屍體。屍體顯示其生前飽受酷刑的證據；耳朵被剪，牙
　　齒被拔掉。一張照片顯示，一名男子和兩或三名赤身裸
　　體的婦女屍體蓋在毯子下，俄羅斯士兵試圖在逃跑前在
　　路邊燒掉她們的屍體。

四、根據布查市的倖存市民口述。當時很多人一直躲在地下
　　室躲避俄羅斯人，不敢出來。他們其中的一些人數週沒
　　有燈火，也沒有電力，只能用蠟燭來燒水和做飯。他們
　　還描述了當時俄軍的惡行：士兵挨家挨戶地詢問人們，
　　破壞他們的財產，並搶劫他們的衣服並穿到自己身上；
　　平民在離開家園尋找食物和水時遭到槍擊；儘管當地基
　　礎設施遭到破壞，缺乏水和供暖等基本必需品，但占領
　　阻止他們離開；狙擊手向平民開火；武裝車輛隨機向該
　　市的建築物開火；俄軍拒絕向受傷的平民提供醫療援助
　　等等。

　　以上案例未必全部屬實，也很可能還有更多案例浮現。但目
前慘況已顯示，在俄軍占領期間，很可能發生了嚴重違反國際法

和人道主義的大屠殺事件。這令人心痛，更令人憤慨。

　　值得注意的是，布查大屠殺只是俄軍侵略期間的「慘案」之一，在俄軍的其他占領區和攻擊區，已不斷傳出「慘案」指控。俄軍圍城長達兩個多月的馬里烏波爾更是重災區。在當地，俄軍轟炸一家婦科醫院，把一個正準備生產的婦女炸傷，最後一屍兩命。3月16日又轟炸一個躲避砲火的劇院[1]，據報導致約600人死亡，儘管在劇院外的廣場上用大字寫明了有小孩在內。原人口數十萬的馬里烏波爾，整個城市被砲轟為一片廢墟，發生「慘案」是很可能的事。

　　不出所料地，俄羅斯辯稱，這些事不是俄軍做的，而是烏克蘭和西方媒體「栽贓」。俄國外長拉夫羅夫表示布查的情況是烏克蘭方面意圖詆毀俄羅斯政府的「虛假的攻擊」，被西方國家和烏克蘭在社交媒體上報導的屍體都是刻意偽造的。在中國，更有不少網民急不迭地幫俄羅斯辯解，認為「從邏輯推理分析，俄軍沒有必要這麼做」。

　　從侵烏戰爭開始，這種「指控」vs「栽贓」的輿論戰就貫穿整個戰事。事實上在其他現代戰爭中，這類輿論戰也絕非罕見。

　　對事實的最終求證，只能有賴具權威性的中立機構依據獨立調查而獲得。當然，再權威的機構得出的結論也不可能是百分百的事實，但可認為這種調查都比任何單方面的聲稱更接近事實，也更有權威性。

　　權威機構的介入應立即進行，但調查尚需時日，在結果出來前，我們也必須對這類事件有一種基本的立場。「從邏輯推理分析，俄軍沒有必要這麼做」，是一個非常拙劣的洗地方式。現代

歷史上不少戰爭罪行的案例，絕大部分都符合「從邏輯推理分析，沒有理由這麼做」的條件。比如，在波士尼亞戰爭中，塞爾維亞人有種族屠殺穆斯林的必要嗎？在科索沃戰爭中，塞族軍隊有種族屠殺阿爾巴尼亞裔人的必要嗎？根本都沒有必要，但這些罪行就是確確實實發生了，並在具備公信力的國際法庭上予以確認。更推前一些，「南京大屠殺」有必要嗎？當然也沒有必要。

　　戰爭的殘酷性就在於：大部分按照正常邏輯推理沒有必要發生的事，甚至不可能發生的事，到最後都不可避免地發生了。因此，用正常時期的邏輯推理，去理解戰爭時期那種「人性被魔性控制」的特殊場合，非常脫離現實。

　　五月初，烏克蘭情報機關放出截聽到的俄國一軍人打給自己媽媽的電話錄音，[2] 敘述他們如何虐待烏克蘭戰俘和平民致死。最殘忍的是，他們在戰俘身上，用刀子把皮膚割開一個「小玫瑰」狀的小口，讓肉翻出來，這樣直接刺激神經，為受害者帶來巨大的疼痛感，非常折磨人。有一個烏克蘭戰俘身上被開了21個這樣的小口，包括手指和陰莖這些密布神經的地方。他又提到把一個囚犯打到「髖骨移位」，在不斷羞辱他的過程中還殺死了這個烏克蘭人。還有因為發現一個老人手機中有軍隊照片，就把他器官打到爆裂而死。這些行為當然是慘無人道的。

　　相比三月初在聯合國烏克蘭大使在聯合國大會辯論上放出的俄軍士兵「給媽媽最後簡訊」，這個電話的情緒已大不一樣。當時俄軍人對侵略烏克蘭毫無準備，帶有強烈的罪惡感，現在俄軍人在炫耀自己的虐待殺人行為。最令人震驚的是，其母還以一種讚賞和鼓勵的語氣回應，說這些烏克蘭人就該死，「你幹掉的都

不是人」。

戰爭令人瘋狂，喪失理智，獸性大發，這又是一個明證。就像二戰時的南京大屠殺侵華日本兵，難道先天就這麼獸性？他們當時就能做出獸性的事，俄國士兵現在就是二戰侵華日本士兵的翻版。

事實上，這類戰爭罪行是如此之多，情況是如此之類似，完全可建立一個模式，讓人們在事件被完全證實之前，採取首先相信受害者的態度。作為對比，可參考在近幾年確立「社會新典範」的「#MeToo運動」。當受害者「說出來」時，社會現在會先預設相信受害者。這種「先信任並求證」的態度，正是現在應該採用的立場。

## 大屠殺令談判遙遙無期

布查大屠殺至少有五個效應：第一，布查大屠殺事件令烏克蘭人更加憤怒，抗俄意志更強烈。烏克蘭總統澤倫斯基再次呼籲西方繼續升級制裁，提供更多武器。

第二，布查大屠殺事件進一步激起「歐美亞太抗俄共同體」對俄羅斯侵略烏克蘭的憤怒。「共同體」所有政府、歐盟、北約都強烈譴責「可怕的戰爭罪行」，美國總統拜登、法國總統馬克宏等強調必須實質性地「升級制裁措施」。4月9日，英國首相強森訪問烏克蘭，成為西方大國第一個出訪烏克蘭的領袖。接著，歐盟委員會主席馮德萊恩、美國國務卿布林肯和國防部長奧斯丁等也聯袂出訪，紛紛表示將給烏克蘭提供更多的援助。在制

裁進入「深水區」，每次升級制裁都會給自己國家帶來難題，但各國願意做出更大的犧牲支持烏克蘭。

第三，布查大屠殺事件也讓更多「西方以外」的國家站在烏克蘭一方。沒有參與抗俄「共同體」的其他國家，比如以色列、智利、摩爾多瓦等也譴責戰爭罪行。隨後在聯合國大會中，各國通過了把俄羅斯逐出「聯合國人權理事會」的決議（俄國搶先宣布自行退出）。雖然票數比不上聯合國大會上一次譴責俄羅斯的決議，但「逐出」是一個強烈得多的表態，俄國和中國也更大力度地施展外交壓力，議案能通過，證明了聯合國主流國家的意志之堅決。

聯合國人權事務專員（UN High Commissioner for Human Rights）巴切萊特（Verónica Michelle Bachelet）發表聲明：指出這些問題或「涉及戰爭罪行以及嚴重違反國際人道主義和國際人權法」，要求加以調查。[3]聯合國秘書長古特瑞斯在4月28日訪問烏克蘭，探視了受戰爭罪行影響的地區，表示「完全支持國際刑事法庭」對俄羅斯戰爭罪行的調查。隨著時間推移，越來越多的慘案被公開，俄羅斯面對的國際壓力必然進一步增大。

第四，布查大屠殺事件令烏克蘭和「歐美亞太抗俄共同體」的目標放得更大。

3月26日，拜登訪問歐洲時說「普丁不能繼續掌權」（For God's sake, this man cannot remain in power），一度引發風波。俄國譴責拜登「意圖顛覆」。美國國務院、白宮和其他外交人員連忙「救火」澄清，美國「沒有尋求政權更迭的意圖」，這句「脫口而出」的話，是拜登在與難民互動時「情緒化的表現」，「一

個正常人對他當日聽到的故事做出的基於是非觀念的反應」。眾多（西方）媒體都批評拜登的「失言」或會「影響和平進展」。其實，在俄國入侵烏克蘭後，拜登對普丁的口頭攻擊相當一致。早在出訪歐洲前（3月17日），拜登就認為普丁是「戰爭罪犯」。在布查大屠殺事件被揭發之後（4月4日），拜登在接受新聞採訪時，再次明確說出「這次戰爭罪行，（普丁）應受追究」。

　　與前兩度「拜登失言」引發的擔心不同，在布查大屠殺被公諸於世後，拜登的態度得到更多認同。前世界棋王俄國政治家（普丁的批評者）卡斯帕羅夫（Garry Kimovich Kasparov）於4月4日在《華爾街日報》上發表評論文章〈拜登說了真話，普丁必須下台〉就斷言「如果西方的道德混亂讓俄國有了重整旗鼓的機會，那麼烏克蘭的犧牲都會白費」（Ukraine's sacrifice will be in vain if the West's moral confusion gives Russia a chance to regroup.）。[4]

　　第五，由於以上種種，事件也令談判前景完全悲觀。此前盛傳俄烏談判「有進展」，一些人覺得「和平在望」，但筆者認為除了俄國提出的「六大條件」中有難以逾越的障礙之外，還特地提及「戰爭罪行、戰爭賠償」等問題都是談判重要障礙。布查大屠殺事件正屬於這類「戰爭罪行」。如果在「協議」中沒有對這類戰爭罪行的追究條款，烏克蘭人不會「埋單」；但在俄國一方，只要戰爭發動者普丁在台上，俄國就不可能答應。

　　總而言之，由於雙方條件差距太大，和談本來就很艱難，加上了戰爭罪行，更是「國仇家恨」，和平更難上加難，邊打邊談，以戰場上的成績決定談判桌上的籌碼，注定是一個漫長的過程。

第十章

# 聯合國戰場：
# 反俄同盟的11場勝利

俄羅斯悍然入侵烏克蘭震驚世界。「歐美亞太抗俄共同體」除了利用各種方法支持烏克蘭和制裁俄羅斯之外，聯合國成為一個重要的國際政治和輿論陣地。自從二戰後成立聯合國以來，聯合國就一直在國際事務上扮演重要角色。在「後冷戰時代」，國際結束了兩個陣營的對峙，聯合國的地位更加重要。俄羅斯在這個戰場節節失利。

## 第一次勝利：聯合國安理會譴責案

俄羅斯剛發動侵略，在歐美亞太國家的支持下，聯合國安理會就進行緊急辯論，並進行了有關譴責俄羅斯的草案的表決，15個成員國以11票贊成，3票棄權，1票反對被否決。顯而易見，草案被否決並不是因為安理會成員國的大多數不支持，而是因為俄羅斯作為「五大常任理事國」之一，有一票否決權。這意味著只要俄羅斯反對，議案就沒有通過的可能。因此，這個表決關鍵

看點，不是有沒有通過，而是多少票贊成。11比1的比例，完全說明了俄羅斯在安理會的孤立。是聯合國內對俄羅斯的「第一次勝利」。

在11個支持的國家中，美國、法國、英國、阿爾巴尼亞、愛爾蘭、挪威六國都是歐洲國家（歐盟或北約），譴責俄羅斯毫不意外。剩下來五國中，有三個非洲國家（加彭、迦納、肯亞）和兩個拉美國家（墨西哥和巴西）。作為非洲和拉美的代表，它們能譴責俄羅斯，證明俄羅斯確實失道寡助。就憑這五票，親俄輿論就不可以繼續宣傳「西方國家的輿論不能代表國際輿論」，「發展中國家」發出和「西方發達國家不一樣的聲音」等等理論了。中國自稱「最大的發展中國家」，又揚言自己「永遠和發展中國家站在一起」。這次的投票無疑是被打臉了。

這3票棄權是中國、印度和沙烏地阿拉伯聯合大公國。中國是俄羅斯的實際盟友，沒有跟隨俄羅斯投反對票，這對反對侵略國家是一大勝利，代表中國不敢冒天下之大不韙。剩下兩個國家印度和沙烏地阿拉伯聯合大公國的棄權票，多少令一些人意外，因為近年來，印度加入了美日澳印的「四角安全框架」，沙烏地阿拉伯聯合大公國是美國在中東的主要盟國之一。這裡解釋一下為什麼。

印度長期以「獨立大國」定位，它和中俄美日等關係是錯綜複雜的。它和中國交惡才加入到四角安全框架，是臨時的利益聯繫，這不代表它就是「美國的人」，甚至不能說它就是美國的盟國。印度一直都和蘇聯／俄羅斯親厚。在冷戰時代，自從1955年印度總理尼赫魯訪蘇之後，印蘇關係就非常好。在1962年中

印衝突中，蘇聯站在印度的一方。在之後的印巴戰爭中，蘇聯支持印度（特別是支持印度對喀什米爾的主權），中國則支持巴基斯坦。印度進口了大量的蘇聯武器。在後冷戰時代，印度和俄羅斯關係依然很好。俄羅斯和印度同為「金磚四國」成員，關係密切。印度依然大批進口俄羅斯武器（印度將近7成武器由俄羅斯提供）。雙方的經濟合作也非常密切。前幾年，蘇聯更把印度拉進中國主導打造的「上海合作組織」中，這被中國不少評論家認為給上合組織「摻沙子」。

沙烏地阿拉伯聯合大公國作為美國的中東盟國，又是聯合國安理會中唯一的中東國家，為什麼不譴責俄羅斯就更耐人尋味。其實原因也很簡單，美國的中東盟友的關注點不在烏克蘭，也沒有把俄羅斯視為敵人。他們的頭號敵人是伊朗，雖然俄羅斯是伊朗的背後支持者，也支持敘利亞的阿塞德政權（但伊朗才是最大的支持者），但俄羅斯畢竟不是直接出面的一方，現在如火如荼的葉門戰爭（伊朗支持的武裝組織和葉門政府作戰）俄羅斯也沒有明確表態。因此，美國的中東盟國並不願意直接（過快地）在戰爭中站隊。其實不說沙烏地阿拉伯聯合大公國了，就連美國在中東的鐵桿兄弟以色列，對俄羅斯也是態度曖昧。

當然，正如前述，安理會表決五大國有「一票否決權」，譴責俄羅斯議案通不過是預期之內。表決不在於通過與否，而在於在這個過程中讓各國表態，給俄羅斯增加國際壓力。

# 第二次勝利：召開聯合國大會緊急特別會議

更重要的戰場還在聯合國大會。安理會在譴責俄羅斯草案被俄羅斯否決後，立即啟動新議程，通過安理會「2623號議案」，召開聯合國大會緊急特別會議（UN General Assembly Emergency Special Session）。這種作法的根據是在1950年由美國提出後聯合國大會通過的377號決議，即「安全理事會遇似有威脅和平、破壞和平，或侵略行為發生之時，如因常任理事國未能一致同意，而不能行使其維持國際和平及安全之主要責任，則大會應立即考慮此事……」。這屬於安理會的「程序性議題」，所以常任理事國也沒有否決權。於是，這個作法就是把安理會五常不能達成一致的事擺到聯合國大會上討論。這種緊急特別會議是很少見的，在歷史上此前只進行過十次緊急特別會議。上一次是1997至2002的以巴衝突。成功召開聯合國大會特別緊急會議的影響不是單一的，在特別緊急會議不是「一次會議」，而是一種特別的會議機制，可以反覆召開、持續辯論，是一個持續向俄羅斯施加國際壓力的場所。因此，能召開這個特別會議是對俄羅斯的「第二次勝利」。

# 第三次勝利：譴責俄羅斯入侵

在聯合國大會緊急特別會議上，經過三天辯論，大會以141票贊成，5票反對，35票棄權，12國沒有投票，以超過了2/3的門檻，通過了對俄羅斯（和其小弟白俄羅斯）的譴責議案（ES-

11/1號決議）。這個大比例的結果完全說明了國際社會反對俄羅斯的侵略，是對俄羅斯的「第三次勝利」。

在投贊成票的141個國家中，有幾點值得注意。首先，所有歐洲國家（包括土耳其），除開前蘇聯國家，都投了贊成票。俄羅斯在歐洲的好兄弟塞爾維亞也投了贊成票，令人意外。大洋洲所有國家都投下贊成票。

第二，美國所有的亞洲中東盟友，除了伊拉克，共十國都投了贊成票（巴林、約旦、以色列、沙烏地阿拉伯、卡達、沙烏地阿拉伯聯合大公國、葉門、阿曼、黎巴嫩、科威特）。所有東南亞11個國家中9個投了贊成票（包括中國的小弟柬埔寨，此外緬甸的代表並非軍政府代表）。東亞的日本、韓國，南亞的尼泊爾、不丹、馬爾地夫和阿富汗（非塔利班政府代表）4國也投了贊成票。所以整個亞洲算下來，除開了前蘇聯國家，反對的2票（北韓、敘利亞），棄權的9票，贊成的有25國。因此，亞洲絕大部分國家都贊成譴責俄羅斯。

第三，拉美投贊成票的國家也遠超過一半。就連非洲是最多國家不投贊成票的（包括反對、棄權、不投票共24個），但還是少於非洲國家的半數（54個）。因此，在每一個大州，都是贊成票高於非贊成票。

五票反對中，除了俄羅斯和白俄羅斯外，還有三個是北韓、敘利亞、厄利垂亞。北韓和敘利亞不用多說了，厄利垂亞是冷戰後從衣索比亞獨立出來的國家，從1991年獨立至今一直由伊薩亞斯·阿費沃爾基（Isaias Afwerki）擔任總統，實行一黨專政，是全球自由指數最低的國家之一，被稱為「非洲北韓」，聽到這

個外號就知道是什麼貨色了。

12個沒有投票的國家可分為兩類，一類是在俄羅斯影響下的「前蘇聯國家」，包括亞塞拜然、土庫曼、烏茲別克。它們不投票實際上是出於俄羅斯施加的壓力。它們沒有投反對票支持俄羅斯，已非常了不起了。另外9個國家（八個非洲國家和一個拉美國家委內瑞拉）動機不明。

在35個棄權國家中，中國和印度此前已談論過了。在安理會投棄權的沙烏地阿拉伯聯合大公國，這次投了贊成票。其他的棄權票國家可以分為四類。第一類是前述的其他前蘇聯國家（亞美尼亞、哈薩克、吉爾吉斯、塔吉克），棄權就是對俄羅斯的不支持。第二類是和俄中有密切關係的國家，包括越南、寮國、蒙古、巴基斯坦、孟加拉國、斯里蘭卡、伊朗、古巴。同理，他們棄權就代表「不支持」。第三類反美政府在台上的拉美國家，比如薩爾瓦多、尼加拉瓜、玻利維亞等，它們不贊成，出發點主要是「反美」。第四類是一眾非洲國家，它們以南非為首的15國，它們投棄權票的動機無法一一考究，但南非在聯合國大會上發言，倒是可以做一參考。南非說，自己不是不反對俄羅斯入侵，但認為「西方國家」在以前其他國家被侵略的時候，西方國家並沒有以這種強度去譴責侵略者。如果南非這次投了贊成票，就等於承認了「國與國之間的不平等」。這種說法不是完全沒有道理，亞洲的伊拉克投下棄權票，或許也是這種思維。但丹麥代表的發言正好是一種回應「如果因為以前做得不夠好，就要現在也做得不好，這是錯誤的想法，正確的做法應該是，以前做得不夠好，就在這一刻開始做好，以後以此為標準」。顯然，丹麥代表

的意見更有道理。

　　總之，在聯合國大會緊急特別會議這次最重要的投票中，出現「眾望所歸」地譴責俄國。這個決議雖然沒有法律綁定力，但具有很大的政治壓力。不但對俄羅斯構成壓力，對暗中支持俄羅斯的國家也有壓力。好比中國，自己支持以聯合國為核心的國際體系，正如中國主席習近平在2021年聯合國大會一般性辯論發言時指出：「世界只有一個體系，就是以聯合國為核心的國際體系；只有一個秩序，就是以國際法為基礎的國際秩序；只有一套規則，就是以聯合國憲章為基礎的國際關係基本準則。」現在全世界國家「民意」非常清晰，而且無論是發達國家還是發展中國家，無論哪一個大洲，都是譴責俄羅斯占大多數，於是中國也就無比尷尬了。

　　值得指出的是，中國輿論為了扭轉國際場合的不利，又發展出兩種邏輯。第一，很多國家沒有制裁俄羅斯，於是中國媒體就說「它們沒有和美國站在一起」。這種說法當然不堪一擊，制裁一個國家並不是一件小事，制裁別人永遠是七傷拳，傷了別人也傷了自己。而且大國制裁小國常見，小國制裁大國絕無僅有。非要一些國家（尤其是小國）制裁俄國這個龐然大物才能算是「支持美國」，這是強行拔高支持的標準。事實上，大致可以分幾個程度的支持譴責俄羅斯，加入對俄制裁是「強烈支持」，投贊成票是「支持」，不投票和投棄權票是不置可否（但實際上態度要具體分析，見上），只有反對票才是真正「緊跟俄羅斯」。

　　第二，以人口論，有將近一半的人口「不支持美國」。國際社會的秩序，是國與國不分大小一律平等，一國一票，是「數國

旗，而不是數人頭」。如果中國堅持習近平所說的以聯合國為核心的國際體系，那麼怎麼能又「數人頭」呢？再說，把所有投棄權票和不投票的國家都說成「不支持美國」，那麼怎麼不說世界95%的人都「不支持俄羅斯」呢？這分明是玩弄文字遊戲而已。

在聯合國大會「第三次勝利」之後，支持烏克蘭的力量還在幾個聯合國下屬機構再接再厲，接連贏得幾次勝利。

# 第四、第五次勝利：人權和戰爭罪行。

第四次勝利發生於2月28日，國際刑事法庭（International Criminal Court）檢控官主動表示，將調查俄羅斯在烏克蘭可能犯下的戰爭罪行。第五次勝利發生於3月4日，聯合國人權理事會通過成立獨立調查委員會，調查俄國入侵烏克蘭期間涉嫌侵犯人權、違反戰爭罪行和人道主義罪。而且獨立調查委員會的結果，可以直接應用在國際刑事法庭和國際法庭上。

# 第六次勝利：國際原子能機構

3月4日，俄羅斯攻打烏克蘭南部全歐洲最大的核電廠札波羅熱核電廠，違反了《1949年日內瓦協議》（Geneva Conventions），該協議規定，進攻水壩、岩脈、核電廠等可能導致大規模平民傷亡的設施和地理結構，都屬於戰爭時的非法行為。國際原子能機構3月4日通過了決議，譴責俄羅斯入侵烏克蘭，並呼籲俄羅斯讓烏克蘭控制其所有核設施，只有兩票反對：

俄羅斯與中國投下反對票（這是中國唯一投下反對票的表決）。

# 第七次勝利：海牙國際法庭

2月26日，烏克蘭向聯合國海牙國際法庭（International Court of Justice）提交訴訟，主要指控有二：第一，俄軍出兵烏克蘭是沒有合法性的侵略行為。第二，俄軍在烏克蘭犯下種族滅絕罪，違反《種族滅絕罪公約》（Genocide Convention）。烏克蘭要求法庭頒下臨時措施，立即停止俄羅斯入侵。3月8日，海牙國際法庭展開第一次聆訊，俄羅斯拒絕參加；3月16日，海牙國際法庭做出了不利俄國的裁決。[1]

裁決有三項。第一，俄國應該（shall）立即停止從2月24日開始在烏克蘭領土上的軍事行動。第二，俄國應該保證，任何軍事和非正常武裝單位，無論是直接指揮的還是其支持的，以及任何可能受其操控和指揮的組織和個人，都必須停止以上所指的軍事操作。第三，雙方應該克制避免採取行動，導致加劇和擴大呈送給法庭的爭議，或令爭議更難解決。

有意思的是，在三項裁決中，只有最後一項得到一致通過。前面兩項裁決都是13比2。投反對票都是俄國和中國法官。在投贊成票的法官中，有好幾位都來自在聯合國大會投棄權票或不投票的國家，包括印度法官、烏干達法官、摩洛哥法官。他們在這個裁決中投贊成票。俄國法官反對是理所當然的。由於沒有棄權票，所以有理由認為，中國法官的投票明確表達了政府的真實立場，即「支持俄國」（而不僅是中立）。

# 第八次勝利：俄國安理會動議被否決

在聯合國系統節節敗退後，俄國（和中國）也試圖反撲，打著「人道主義」的藉口，提出措辭溫和甚至偏幫俄國的動議，諸如把「侵略」說成是「衝突」，呼籲「交戰雙方」停火，其他國家不要「火上澆油」等。

3月23日，俄國在聯合國安理會提出「人道救援烏克蘭」的提案。這類議案的特點就是，明明知道俄國美化自己侵略戰爭的動機，但是要「反對人道主義救援」就會被俄國用來宣傳「西方國家不支持人道主義」。於是各國即便反對，也不好投「反對票」，只能投棄權票。這樣至少可以避免美英法擁有的「一票否決權」。然後打著人道主義的旗號，也可能拉上一些國家投贊成票。如果能這樣，即便無法通過（要求至少九票贊成，沒有任何大國反對），也可以改變俄國和中國在國際輿論中的孤立。

可是，投票再次令俄國和中國失望，固然一張反對票都沒有，但除了中俄兩票贊成，其他國家全部都投棄權票。2比13的比數充分證明俄國和中國的算盤騙不了其他國家。正如英國駐聯合國大使吳百納（Barbara Woodward）在辯論中所言，「如果俄國在乎人道情勢，就會停止轟炸孩童、結束圍城戰術，但他們沒有。」

# 第九次勝利：聯合國大會第二次角力

3月25日，聯合國大會主席應22國要求復會，繼續討論烏

克蘭戰爭。這次的重點是「人道主義災難」。這時由烏克蘭和其盟國為一方，以南非為另一方，分別提出互相競爭的草案。烏克蘭方的草案「侵略烏克蘭的人道主義後果」，和南非草案「烏克蘭衝突引發的人道主義局勢」。光是從名字就知道立場的差別：烏克蘭方認為是「侵略戰」，南非方認為是「衝突」。結果烏克蘭草案（聯合國大會 ES-11/2 號決議）獲得通過。票數是 140 票贊成，5 票反對，38 票棄權，10 票缺席。可以看到，票數和上一次表決非常接近，投反對票的還是那五個國家，中國投棄權票。南非草案則只獲得 50 票贊成，67 票反對，尚未達到可以付諸表決程序動議的足夠票數而無疾而終。

# 第十次勝利：把俄國逐出聯合國人權理事會

　　四月初，烏克蘭收復基輔附近的小鎮布查時，揭開了「布查慘案」，震驚世界。此前，俄羅斯一直宣傳「烏克蘭是自己兄弟」，刻意營造自己的軍隊是「正義之師」、「人道主義之師」。中文的挺俄輿論還說「普丁太心軟」。布查慘案揭穿了這些謊言。

　　就布查事件，國際對俄羅斯展開新一輪譴責和制裁，聯合國大會再成為戰場。烏克蘭美國等 54 國代表提出決議草案，「是否把俄羅斯逐出聯合國人權理事會」。這是至關重要的戰場，因為「譴責」和「逐出」是兩種截然不同態度。譴責是口頭上的，是政治壓力；逐出是實際行動，俄羅斯有真實損失。俄國此前警告，即便投棄權票的國家也視為「不友好」，能否讓一些弱小國

家也敢說不，成為大疑問。

4月7日，聯合國大會就草案表決，正如此前預計，這是一次艱難的勝利。93票支持，24票反對，58票棄權，18票缺席。由於棄權和缺席都不計入分母，所以議案以78.6%的比例，超過2/3，通過了ES-11/3號決議，暫停俄羅斯在人權委員會的席位。這次中國投反對票。由於俄國和中國聯手和發動外交遊說，這次勝利得來不易，肯定有不少國家頂不住壓力從贊成變成棄權，從棄權變成反對。幸好最後還是勝利了。

反對票中重要的國家有：中國、「挺俄四丑」（北韓、敘利亞、白俄羅斯、厄利垂亞）、中亞四國（除了土庫曼）、東南亞的越南和寮國、伊朗、拉美左派國家（尼加拉瓜、古巴、玻利維亞）、阿拉伯國家中的阿爾及利亞。容易見到，很多原先在前兩次投票中的棄權票，現在都變成了反對票。

棄權票中重要的：整個南亞次大陸（印度、巴基斯坦、孟加拉、不丹、尼泊爾、斯里蘭卡、馬爾地夫）、拉美（巴西、墨西哥）、主流阿拉伯國家（埃及、卡達、沙烏地阿拉伯聯合大公國、科威特、葉門、阿曼、突尼西亞、伊拉克、約旦、巴林）、主流東南亞國家（新加坡、印尼、馬來西亞、泰國、汶萊）。同樣，這裡也發生了「投票遷移」，一些在前兩個決議中的同意票，現在變成了棄權票。

這裡最值得一提的就是新加坡，因為新加坡是「抗俄共同體」中唯一投棄權票的國家。根據新加坡外長的說法，新加坡認為應該先由國際獨立調查團隊在烏克蘭調查違反人權和國際人道主義法規的事件，在此之後，新加坡才能做出判斷。新加坡認為

這符合新加坡一直以來的「以規則為基礎的國際多邊體系」和「依照程序的機制」（due application of its mechanism）」。[2]

　　支持票包括：歐洲所有國家（甚至包括塞爾維亞、匈牙利、摩爾多瓦、土耳其，當然除了俄羅斯和白俄羅斯）、大洋洲主流國家、拉美大部分國家、東南亞的菲律賓、阿拉伯國家中的利比亞。

　　這裡值得一提的是塞爾維亞。塞爾維亞總統武契奇（Aleksander Vucic）是整個歐洲最挺俄國的，不但拒絕加入制裁，甚至還不願意稱呼為「侵略」。他每每把南斯拉夫當年被北約轟炸，西方國家承認科索沃的事拿出來對比，質疑西方的「雙重標準」。武契奇在中國是「硬氣」、民族英雄，也屢屢被中國媒體當成是「歐洲意見也很分裂」的證據。武契奇在4月3日塞爾維亞總統競選連任成功，在中國網民中一片歡天喜地。當然誰都知道，塞爾維亞從南斯拉夫內戰開始就是俄國的小弟，也不是歐盟國家，挺俄不是新聞，不挺俄才是新聞。這次塞爾維亞居然投贊成票，這是令人大跌眼鏡。俄國人不少指責他「出賣俄國」，在中國親俄網民看來，就是「怎麼這濃眉大眼的也叛變革命了？」根據武契奇的說法，是歐洲國家向他施加壓力，讓他不得不妥協云云。然而，歐洲施壓不是意想不到的事，連這小小壓力也受不住，真對不起中俄人民的期望。說實在，塞爾維亞現在還想加入歐盟（還是武契奇自己第一任提出的），結果在大是大非問題上表現得這麼「有性格」地和歐洲對著幹，那麼他加入歐洲幹什麼？

　　土耳其投贊成票也令人刮目相看。土耳其本身人權也不怎麼

樣，一直被歐洲和美國指責，屬於那種「主權高於人權」的國家。這次戰爭中，土耳其成為縱橫捭闔的中心國家，只有它才能把俄烏兩國拉著和談。這固然得益於土耳其自己的實力，但其相對中立的地位（比如沒有參與制裁俄國）正是其長袖善舞的必要條件，歐洲對它不加入制裁也沒有多加施壓（和歐洲對中國及印度的態度形成鮮明對比）。土耳其贊成議案，萬一得罪俄國的話，這個唯一的斡旋者就不好當了，不但對土耳其是損失，對歐洲也是損失。有趣的是，俄國（和中國）輿論都很少專門把土耳其拉出來責備，土耳其繼續做斡旋人。可見，最關鍵的還是自己的實力要夠。

至於非洲國家，還是和前幾次一樣分散，這裡就不多做分析了。

在聯合國大會表決最後結果公布之前，俄國率先宣布自行退出。這一幕，在當年日本退出國聯，蔣介石退出聯合國等場合反覆出現，無非就是戀人分手時那套「我飛你不是你飛我」的面子之爭。

# 第十一次勝利：關於俄羅斯之否決權的辯論

聯合國安理會中，五大國有一票否決權，可否決任何認為不符合自身利益的決議案。自聯合國1945年成立以來，俄羅斯總共使用否決權143次，是使用否決權最多的國家；美國位居第二（86次）；英國使用30次；法國和中國均使用18次。這種濃厚的大國例外的規則早被各國詬病，要求改革。然而，改革涉及修改

聯合國憲章，這不但需要聯合國大會2/3票數支持，更需要所有常任理事國都同意。在現實情況下不可能做到。

2019年，列支敦士登提出改革，退而求其次，要求五常行使否決權時必須說明否決理由，卻始終難以推動。現在俄國入侵烏克蘭，令人對其否決權的質疑具備合理性：俄國完全拋開聯合國系統行單邊主義，聯合國安理會對俄國，只是一個憑藉自己否決權而阻撓國際干預的工具，限制其否決權的使用變成了迫切的需要。

4月26日，聯合國大會以協商一致的形式通過決議案[3]，要求五常在安理會動用否決權之後，必須召開聯合國大會，投否決票的五常必須解釋理由，各國展開辯論。雖然辯論沒有法律效力，只算提供一個討論的平台，但在無形中，會增加五常動用否決權的成本。

由於沒有正式投票，所以沒有各五大國的官方投票態度。然而從各國的表態大致可以推斷。俄羅斯反對提議，認為這樣的改革只會讓聯合國內部更加分裂。俄國外長拉夫羅夫說，此舉就是想建立一個完全有美國西方控制的「新聯合國」，取代現有的聯合國。中國態度同樣是反對的，中國外交官認為「在事件中很可能引發程序上的困惑和混淆，難以確定能否達到預期目的」。中國輿論更批評「此舉就是把安理會的權力讓渡一部分給聯合國大會，從本質上說就是瓦解五常是聯合國體系根基的事實」。

美國、英國、法國都表態支持決議。美國更是積極推動，是唯一事先公開支持的五常國家。美國積極推動聯合國的改革，獲得了絕大部分國家的支持。這種高姿態獲得了良好的聲譽，讓美

國在軟實力上再勝一仗。這也引來中國的「酸溜溜」，認為是美國「作繭自縛」。

　　其實，各國對俄國不遵守國際法，不尊重聯合國機制深感憤怒，並非無因。事實上，俄國不但不尊重聯合國機制，就連聯合國秘書長古特瑞斯也不放在眼裡。古特瑞斯實際上是努力保持不過於刺激俄國的人，比如他多次呼籲和平，但都沒有直接譴責俄國侵略。4月26日，他才在戰爭開始後第一次訪問俄國和烏克蘭。但訪問俄國沒有實質性的進展。相反在烏克蘭首都基輔訪問時，俄國發射飛彈攻擊基輔，爆炸點距離其下榻的酒店只有幾公里。這可以算是赤裸裸地羞辱聯合國，告訴聯合國秘書長，拳頭才是老大。俄國對聯合國的蔑視態度，表露無遺。

　　此時此刻，人們大概更關心，是否能剝奪俄羅斯的否決權。在戰爭之初，烏克蘭和英國就提出，俄國違反了聯合國憲章第六條，聯合國應取消俄國常任理事國之席位。這樣做難度很大，因為要取消俄國的否決權，最直接的做法就是修改聯合國憲章第23條（裡面規定五常為美蘇英法中）[4]。但修改聯合國憲章需要聯合國大會2/3通過，而且必須五常全部支持。有人提議直接趕出聯合國，這也不現實，因為聯合國憲章第六條就是：「聯合國會員國中，有屢次違犯本憲章所載之原則者，大會經安全理事會之建議，得將其由本組織除名」。可見，開除出聯合國，也是必須經安理會決議。換言之，只要俄國投反對票，就算再多國家支持也沒有用。

　　儘管現實性的可能極低，但在程序上繞過俄國否決權並非完全沒有可能。第一個辦法是，直接禁止俄國派出聯合國代表。沒

法派出，就沒法行使否決權。這在聯合國中有先例。1970年，全權代表委員會建議聯合國大會不接受南非代表，因為南非當時實行種族隔離政策。1973年，聯合國大會否決南非代表的合法性。於是南非直到1994年才「重返聯合國」。在這個案例中，南非的聯合國會員資格沒有被取消，但由於代表權被剝奪，所以變相把南非「趕出聯合國」。另外一個例子是匈牙利。1956年，匈牙利發生革命，蘇聯和其他華沙條約國家侵略並推翻了民眾支持的納吉政權，幫助卡達爾上台。美國代表對卡達爾派出的代表提出異議，認為是「外國勢力軍事干涉下建立的威權政府」。全權證書委員會接受美國的異議向大會提交報告，但大會推遲表決，直到1963年卡達爾政權已穩定下來，異議才取消。

　　第二種辦法是，如果俄國出現兩個政府，那麼可利用「代表權」的爭議，把代表普丁政權一方「趕出聯合國」。對台灣讀者而言，這等同五十年前聯合國大會「把蔣介石的代表趕出去」，讓俄國沒法使用否決權。最近的類似例子是緬甸和阿富汗，緬甸軍政府和阿富汗塔利班至今沒有獲得聯合國代表席位，因為舊政府代表繼續被承認為合法代表。這種做法固然需要「另一個俄國政府」，但技術上只有由俄國人出頭，組建一個俄國新政府，或者「流亡政府」，那麼就可以搞這樣的操作。

　　第三個辦法是，在聯合國憲章上五常的代表是蘇聯，而不是俄國。蘇聯解體後，俄國繼承了蘇聯的位置。但這不是通過修改聯合國憲章達成的。事實上，當初是十二個獨立國協國家中的十一個，寫信同意讓俄國繼承蘇聯的席位，然後由當時還是蘇聯一部分的俄羅斯總統（蘇聯尚未正式解體）葉爾欽在戈巴契夫辭職

的前一天向聯合國秘書長遞交信件，要求繼承蘇聯在聯合國的位置。當時傳閱了信件，無人反對，於是俄國就此繼承。然而，俄國繼承蘇聯的席位，並未經過任何決議。這形成一個巨大的法律缺陷。因此，即便承認這個過程是合法的，但並非無法逆轉，至少並不需要修改聯合國憲章。

　　無論如何，在聯合國體系的多次投票表態中，國際社會大比例地站在烏克蘭的一方，這充分說明了，國際社會對俄羅斯侵略烏克蘭的反對立場。儘管礙於聯合國的大國政治機制，這些決議不能阻止俄羅斯，但絕非「沒有用」的，它們和國際反對聲音一起，有力地在道義上支持烏克蘭人民的反侵略鬥爭。歷史證明，要贏取一場戰爭，道義因素是不可或缺的。當然，如何推動聯合國改革，也是國際社會的重任。

第十一章

# 制裁戰：國際制裁會有效嗎？

　　俄羅斯侵略烏克蘭後，「歐美亞太抗俄共同體」紛紛展開制裁。根據操作主體的不同，制裁可分為三類：官方制裁、企業退出、社會抵制。在物質層面影響最大的，莫過於政府制裁和企業退出。這些制裁是什麼？制裁有沒有用？俄國的反擊是否有效？這些都是本文要嘗試回答的問題。

## 史無前例的大制裁

　　從俄羅斯宣布承認頓巴斯兩個「共和國」開始，美國已開始宣布新一輪制裁，但當時只制裁和頓巴斯相關的人和企業。兩天後俄國全面進攻，美歐一下子加大了制裁力度，其他國家也加入。筆者把加入制裁的國家（和地區）都稱為「歐美亞太抗俄共同體」，或簡稱「抗俄共同體」。俄國則把這些參與制裁國家都列為「不友好國家清單」。[1]

　　從一開始，國家制裁措施力度之大就令人吃驚。這包括凍結俄羅斯外匯和黃金；凍結普丁、高官和俄羅斯富豪的資產；把俄國七家主要銀行踢出國際銀行交易的SWIFT系統；對俄羅斯封

鎖領空；禁止向俄羅斯出口高科技產品；取消俄羅斯的最惠國待遇；停止審批北溪二號；禁止買入俄羅斯能源；禁止《今日俄羅斯》（RT）電視台等。一些制裁在預料之中，但也有一些「核選項」的制裁。比如直接制裁一個大國的最高領導人（普丁），在國際關係上非常罕見。又如禁止使用SWIFT系統，原本中國輿論普遍認為美國「不敢打」，結果兩天後就真把俄羅斯踢出去了。再如美國禁止輸入俄國能源，中國輿論前幾天還嘲笑美國「一邊制裁一邊買俄國石油」，結果沒過兩天美國也禁了。這些嘲笑通通變成打臉，但也正好說明，這次抗俄共同體是來真的。

　　跨國企業紛紛退出俄羅斯，數量之多，檔次之高，也史無前例。這包括新聞媒體CNN、Bloomberg等停止在俄羅斯廣播；線上娛樂公司網飛、迪士尼、華納時代等紛紛暫停在俄羅斯的服務；谷歌、臉書、推特等紛紛暫停在俄羅斯的廣告；蘋果、耐吉、彪馬、愛迪達等停止在俄羅斯銷售；麥當勞、星巴克、可口可樂等停止在俄羅斯的業務；石油公司退出俄羅斯的市場及與俄羅斯能源公司的合作；Visa卡和Mastercard停止在俄羅斯的業務，也大量限制俄羅斯人的海外使用等。四大會計公司退出俄國業務。可以說，俄羅斯與西方從冷戰結束後三十年建立的「西方化」生活，「一朝回到解放前」。

　　此後制裁陸續增加，根據媒體總結[2]，到5月4日為止制裁多達4000多項[3]（不同媒體統計不同，因為何謂「一項」有不同的認定方法），有超過1200家公司退出俄國[4]。國家主導的制裁，根據對象包括三類：針對個人的制裁，針對特定企業的制裁，針對整個國家的制裁；根據種類，制裁分為金融、能源、貿易、航

空和旅行、凍結財產、媒體資訊六大類。

　　然而，美歐制裁看似轟轟烈烈，俄國也一度風聲鶴唳，但很快俄國又穩住陣腳。最直觀的數字是俄國貨幣盧布，一開始盧布匯率急跌到原先價格（一美元兌70多盧布）的1/2，四月又漲回原先的水平，現在（七月）盧布居然升到一美元兌50多盧布的水平。要知道，這幾個月，各主要貨幣兌美元都在下跌，歐元在七月甚至到了和美元等價的低位。盧布在劇跌後逆水行舟，不得不說是個奇蹟。因此，烏克蘭的兩個戰場，在軍事戰場上俄國變成「紙老虎」；但在金融經濟戰場，俄國反而是贏家，美國變成「紙老虎」。

　　這不得不令人質疑，制裁真有效嗎？但要衡量制裁是否有效，我們得要先說明有效的定義是什麼。如果說我們期望制裁會讓普丁停戰，那確實是無效的。準確地說，光靠制裁讓侵略國收手，歷史上幾乎沒有先例。在二戰中，美國制裁日本，不但沒法讓日本從中國撤兵，還讓日本擴大戰爭，突擊珍珠港。韓戰，美英制裁中國（禁運），中國還是和美國繼續打仗（禁運的急需品，則通過香港走私獲得）。在侵略戰爭之外，美國對委內瑞拉、古巴、伊朗、北韓制裁多年，也沒法改變它們政府的行為。

　　如果說，制裁在「阻止戰爭」中或許有用，那麼它一定不是「結束戰爭」的好武器。在侵略者發動戰爭之前，制裁的威脅可能令他三思。但發動戰爭時已過了「三思」時期。雖然西方制裁如此規模龐大，完全超出了普丁的想像，但也無法讓普丁停手。結束戰爭只能靠戰爭：不是戰爭打敗俄國，就是抵抗到俄國已感到硬骨頭啃不下去，無利可圖，才會收手。

然而，在這次制裁中，西方確實想過利用制裁讓俄國收手。這是因為西方現在有了新武器，即「金融武器化」。這也是西方各項制裁中，最倚重「短期見效」的一個。西方對俄國使出的金融戰可以分為幾個部分。

第一，凍結俄羅斯央行在西方的外匯儲備，禁止央行進行美元交易，阻止俄羅斯直接投資基金（防止俄國以應急基金等方式繞過制裁）。

第二，西方把7家俄羅斯銀行從SWIFT系統中移除。

第三，把俄羅斯主要銀行列入「特別指定國家」名單（SDN），不得和這些公司交易。這份名單逐漸擴大，最大的國有銀行俄羅斯聯邦儲蓄銀行（Sberbank）以及最大的私人銀行——阿爾發銀行（Alfa Bank）都列入其中。

第四，禁止歐美公司在俄國的任何新投資。

第五，堅持要求俄羅斯用美元或歐元償還到期債務和利息（原先規定就以美元或歐元償還），否則視同違約。

這些措施等各有自己的用處，大大限制俄國使用美元和歐元等能力（禁止美元交易，移除SWIFT系統），減少俄國可以實際運用的美元歐元數量（如凍結外匯儲備），限制俄國獲得新美元（禁止投資），耗盡俄國的外匯資源（如用美元還債）。其最終目標就是讓俄國極度缺乏美元和歐元這兩種國際應用最廣的國際貨幣。

在西方的設想中，金融武器化可以快速地損害俄國經濟，導致盧布直線下降，在俄國製造金融動盪，股市停擺，銀行擠兌，精英和中產階級損失慘重，經濟運作受阻，工廠停工，人民失

業。進而產生巨大心理壓力，上層思變，下層動盪，迫使普丁改變（甚至被推翻）。

這種金融武器化在前全球化時代是無法做到的，因為當時金融根本沒有連為一體，沒法打。在全球化之後，以金融為武器的情況出現過好幾次。最著名的是2017年土耳其和美國交惡，美國讓土耳其里爾幣值急跌，最後土耳其不得不靠「沙烏地阿拉伯王子主謀殺人事件」反將美國一軍才擺脫困局。現在西方對俄國使出的「金融武器」比對土耳其大不知多少倍。然而，現在不但制裁沒有效，而且還看上去還輸了，這就值得進一步分析。

# 為什麼西方發動的制裁戰會輸？

## 第一，俄國應對得當

在一開始，莫斯科證券交易所指數下跌33%，俄國立即股票停市，避免股市進一步暴跌。俄央行大幅升高基準利息率，從9.5%升到20%，以此補償銀行儲戶的損失，避免銀行擠提。俄國實施資本管制，要求出口商所持有外匯80%賣給央行，禁止俄國股票證券外國持有者賣出股票走資，限定俄國人今年兌換外幣1萬美元上限。最重要的還是，規定「不友好國家」必須用盧布支付石油天然氣。這些措施有力地支撐了盧布匯率。

俄國的處理方法和中國現在的金融制度很相似，就是實施外匯管制，建立金融防火牆：「牆內」必須用盧布，外國要進來就必須把美元交給央行用作外匯，出去才能重新換成外匯。現在，

盧布不能自由地和美元兌換，有限額，外資也不能撤資。這樣就最大程度地把外匯截流到央行的手上。

起到最人作用的還是最後一條「盧布支付能源」。事實操作中，歐洲不是直接用盧布支付，而是在俄國銀行開一個歐元戶頭，再開一個盧布戶頭。歐洲公司按照歐元價格（合同上說明用歐元或美元）把錢放入戶頭，再在該銀行轉換為盧布，再用盧布支付給俄國公司。因此，歐洲實際上還是用歐元支付的，所以雖然媒體渲染為「用盧布買能源」，這種做法卻沒有違反歐盟規定。但這樣和以前差在什麼地方呢？就是所有的交易都集中在俄國銀行裡，於是俄國就能獲得外匯了，也不怕西方凍結。所以，「盧布支付能源」有兩個作用，第一，在心理上支持了盧布的價值；第二，在實務上獲得外匯，這也支持了盧布的幣值。

當然，現在俄國既然進行了外匯管制，那麼盧布的幣值也不能完全反映在官方匯率上。俄國黑市美元交易重新出爐，根據最近（五月中）報導，大約比官方價格高20%左右。

## 第二，俄國手上有能源和糧食等硬通貨

一個國家的幣值，歸根到底還是看國際收支情況。國際收支是逆差，就很難阻止貨幣貶值（除了美國），國際收支順差，加上市場管制，貨幣至少可以不貶值。

俄國的優勢就是有全球的「硬通貨」：能源和糧食。這兩項都是各國不得不要的，可以說，奢侈品沒有就沒有了，服務少一些就少一些，但是沒有主糧，沒有燃油、沒有電，現代社會根本不能運行。在2014年後，俄國依靠這兩項大宗商品，經常項目

都是一直順差，海外資產4400億美元，外匯儲備6400億美元。即便現在很大一部分海外資產和外匯儲備被凍結（約3000億美元，俄國沒想到美國和盟友會凍結外匯），但只要有能源和糧食，還是能換取外匯支持盧布。

歐洲因為對俄國能源依賴太大，所以不得不給金融制裁留下缺口。為俄國天然氣工業股份公司能源貿易提供服務的Gazprombank至今沒有被移除SWIFT，也沒有列入SDN名單。歐洲還可通過這個銀行進行能源交易（如上面提及的歐元轉盧布），俄國還可源源不絕獲得外匯。

其實即使歐美停止進口俄國能源，俄國能源還是能找到買家（除了「綁定」的管道石油氣），無非是如何規避使用美元和歐元的問題。無論中國還是印度都很樂意進口俄國能源。它們進口也不一定自己用，很大可能是當二道販子轉頭賣給歐洲賺個差價。

由於戰爭的關係，能源價格和糧食價格都在上漲，所以俄國出口數量減少了，但獲得的金額卻增多了，對俄國反而是好事。

## 第三，俄國早有準備

由於從克里米亞戰爭開始，西方就金融制裁俄國，於是俄國對「金融武器化」早有準備。俄國自己就開發了SPFS系統，進行類似SWIFT系統的轉帳匯款業務。SWIFT系統把很多俄國銀行踢走之後，備用手段可以派上用場。而且近年來中國人民幣積極國際化，中國和俄國有本幣互換協議，即不通過美元進行交易，直接使用人民幣和盧布。雖然交易額有限，但機制已經在那

裡，直接可以用。

金融武器化，是全球化的產品，能不能用好，取決於全球化水平高不高。從2014年開始，俄國已經歷了初步脫鉤化，因此八年後金融武器化對俄國效力不佳，也不是無法預見的。

## 制裁還有用嗎？

儘管西方的金融戰失敗了，但不等於制裁是沒用的。西方的制裁戰現在要看長線，即投資戰和貿易戰，在生產端（禁止投資、科技禁運）打擊俄國，而不是市場端（不買俄國貨），才能持久地削弱俄國的能力。

首先，禁止能源進口。即西方國家不買俄國能源，如果能在短期做到，那麼會很有用。但是根本做不到，在歐洲需要時間找替代品時，俄國也正好有時間找替代市場。正如前述，只要市場還是這麼大，始終還是會重新到達均衡。在這種情況下，西方不買俄國能源的意義，只是在於讓歐洲擺脫俄國的能源依賴。要想讓能源禁運生效，必須讓俄國找不到出口市場，比如讓更多的國家加入禁止進口，或者長臂管轄打擊購買俄國能源的外國企業。這恐怕未必是西方能做到的。有關能源的另一個政策，西方企業退出俄國能源投資，也禁止外國資金投資俄國能源，從生產端破壞俄國的能源業，反而可能更見效。此外，俄國能源生產也有很多西方國家的設備和技術，停止輸出這些技術，停止維續保養設備，也是從生產端打擊俄國能源的方法。

六月底的G7峰會上，各國討論了兩個新的制裁方案。其中

之一是對俄國的能源出口限價。這是一個很有新意的想法，如果一開始就使用限價而不是禁運，這不但同樣損害了俄國的收入，歐洲能源危機也沒有那麼嚴重，最重要的是能爭取更多國家的支持。但現在，西方國家不是已經禁止進口，就是宣布大幅減少進口，自身市場無法成為限價的籌碼。那麼在全球如何實施俄國能源限價？目前還不得而知。一種可能的方式是通過西方把持的保險業務，比如不給運送超過限價的油輪承保。但可行性還需要進一步研究，而且俄國也可能有反制手段。

G7峰會的另一個制裁措施是禁售俄國黃金。俄國是世界第二大黃金生產國，理論上說有一定效果。然而和石油糧食等一個道理，黃金屬於硬通貨，雖然它不是基本需求，但沒有人會拒絕黃金。所以這個措施的作用也是有限的。

其次，糧食是俄國的另一出口大宗。但糧食禁運比能源禁運更不現實，因為糧食的流動性比能源還要高。禁運糧食造成的國際影響也更嚴重（比如導致某國饑荒，在道義上就很難正名）。從生產端打擊俄國糧食比打擊能源更容易，比如俄國高度依賴西方國家的種子和殺蟲劑。這兩項都是高科技，俄國很難找到替代品（相反俄國輸出的化肥是低科技）。然而，同樣打擊糧食生產在國際上的影響不好，所以未必能用。

第三，對俄國最有用的長期制裁，是針對俄國嚴格的高科技出口管制，比如晶片。俄羅斯不是晶片的消費大國，似乎「沒有用」。但俄國幾乎所有電子產品、設備、儀器、機械等都需要進口，而這些都涉及高科技。抗俄共同體陣營已經囊括了大部分的高科技輸出國。其他輸出國（如中國）也需要用來自抗俄共同體

陣營的晶片或零件，或者市場嚴重依賴西方國家。一些中國公司出於規避風險考慮，就已宣布停止對俄出口。因此，高科技禁運加上長臂管轄加市場抵制，足叮令俄國高科技產品進口大幅下降。

第四，長期而言，金融制裁能繼續損害俄國的融資能力，在缺乏資金投入下，俄國經濟會繼續受打擊。盧布現在的超高利息也大大增加了俄國人持有盧布的意願，保障了盧布價格不下滑，但這樣的高利息嚴重打擊投資，屬於飲鴆止渴。這比指望盧布貶值的「貨幣戰爭」更有效。

第五，美歐相繼取消對俄的最惠國待遇，讓俄國其他產品出口西方市場能力減弱，順帶也降低了俄國對其他地區出口的競爭能力。這讓俄國那些並非「硬通貨」（糧食、能源）的出口大受打擊。

第六，長遠而言，西方國家實現與俄經濟脫鉤，把俄國排除在西方國際經濟體系之外，甚至比打擊俄國經濟更加重要。這不但是烏克蘭戰爭的一部分，還是「去全球化」的一部分。去全球化的代價是沉重的，如果沒有一個重大的契機難以推動。烏克蘭戰爭就是這個重大契機。

總結來看，在對俄制裁戰中有幾個教訓。一、硬通貨非常重要，四大關鍵物資，能源、糧食、晶片（代表高科技）、軍火武器，一個不能少。手中有關鍵物資，才能「卡脖子」，也才能不怕別人制裁。二、金融武器化或貨幣戰爭，是短期武器，務求一擊即中，不能有缺口。三、從生產端打擊比消費端打擊更有效。

# 第十二章

# 文化戰：歐美社會的「文化拒俄」不符合正義嗎？

## 史無前例的「文化拒俄」

前文說到，「歐美亞太抗俄共同體」的制裁分三類：政府、企業、社會民間團體。從效用上說，政府制定的制裁政策當然是影響最大的。但從對輿論的震撼而言，民間層面的「文化拒俄」措施最令俄國（和中國）驚愕。[1]

體育界的拒俄風暴首先在影響力最大的足球界開始。原定將在三月底與俄羅斯在俄羅斯聖彼得堡進行世界盃預選賽附加賽的波蘭率先宣布，不但不會到聖彼得堡參賽，而且在任何場地都不會和俄羅斯作賽。隨後，同一組的捷克和瑞典也紛紛支持波蘭的決定，宣布即便俄羅斯過了波蘭，自己也不會與俄羅斯比賽。幾乎同時，英國、威爾斯、蘇格蘭足協也相繼宣布，在可見的一段時間內，任何情況下都不和俄羅斯的各級球隊比賽。法國足協則建議直接把俄羅斯踢出世界盃。歐洲足聯（UEFA）也宣布原定在5月聖彼得堡舉行的歐冠決賽將移師其他地方舉行。

　　國際足聯（FIFA）原先設想採取溫柔一些的態度：一、取消俄境內舉辦任何國際比賽（包括世界盃外圍賽）；二、俄國以「俄羅斯足球聯盟」的名義參賽；三、比賽時不得使用俄國旗和國歌。但這個「軟弱」立場立即遭到強烈反對。波蘭等足協不但猛烈抨擊，還再次強調在任何場合下都不會與俄羅斯隊比賽。制裁措施不得不在24小時後就加碼：國際足聯和歐洲足聯取消了俄各級國家隊和俱樂部的國際比賽資格。於是在歐霸盃，德國萊比錫紅牛俱樂部與俄羅斯的莫斯科斯巴達俱樂部的16強比賽也被取消。

　　除了封殺俄球隊外，歐各國足協和俱樂部也以各種方式紛紛支持烏克蘭。如英超和德甲都把徽號換上烏克蘭國旗的黃藍兩色；有隊員戴烏克蘭國旗顏色的袖標。英超巨無霸切爾西的老闆是俄羅斯石油大亨阿布拉莫維奇（Roman Abramovich），在英政府制裁令下，球隊面臨被凍結的危險，不得不宣布出售球隊。法國宣布中止法甲在俄羅斯的轉播等等。

　　在奧運會方面。奧委會宣布鼓勵屬下各體育委員會拒絕俄運動員參賽，或至少不能讓以俄國名義參賽。奧委會之決定雖沒有封殺「俄羅斯運動員參賽」（因為一來是鼓勵性而不是強制性，二來還有以「俄羅斯奧委會代表隊」參賽的「漏洞」），但在全球拒俄風暴的壓力下，那種「以中立名義」參賽的模式再也行不通。各協會包括奧委會自己紛紛封殺俄運動員。

　　在北京召開的冬季帕奧會，奧委會原先聲明俄羅斯和白俄羅斯選手可參賽，但在各方壓力下又是在24小時內反轉，兩國運動員也被拒絕參賽。國際花滑協會拒絕了俄國運動員參加三月份

在法國舉行的花滑世錦賽（儘管俄羅斯幾個「娃」是女子比賽大熱門，雙人滑也是熱門）。國際田聯、排聯、兵聯、冰上曲棍球聯、F1賽車協會也宣布類似決定。俄總統普丁是國際柔道聯合會的名譽主席，但柔聯剝奪了其頭銜；世界跆拳道聯盟也撤銷了普丁的「榮譽黑帶九段」稱號。

在文藝界。歐洲年度音樂盛會「歐洲歌唱大賽」（Eurovision Song Contest）拒絕了俄羅斯人參加。著名俄羅斯指揮家捷傑耶夫（Valery Gergiev）因為不肯與普丁保持距離，被慕尼黑愛樂樂團解雇，他原定在世界各地的音樂會活動也被取消，尤其重要的是從1996年開始就與荷蘭鹿特丹合作每年9月舉辦的「捷傑耶夫音樂節」被取消。著名女高音歌唱家涅特列布科（Anna Netrebko）在未來兩季的美國紐約大都會歌劇團（MET）的演出都被中止，也被蘇黎世歌劇院和巴伐利亞歌劇院解除合同等，她宣布從此退出音樂表演。個別歐洲劇團甚至暫停上演俄國的歌劇和芭蕾舞劇。

其他民間機構也紛紛採取措施，有的想也想不到，比如國際貓科動物協會（The Federation Internationale Feline，簡稱FIFe）不再認證生長在俄羅斯境內的貓的血統；俄樹木協會不再參加「歐洲年度樹木」（European tree of the year）評選等。中國的輿論驚呼「連貓和樹都被制裁」。

在企業退出俄羅斯大潮中，原因各有不同：有政府明令退出（比如油企退出在俄羅斯合資企業），有政府的制裁令之下衡量利害關係而退出（比如高科技公司不再向俄國出口），但絕大部分都是完全自發退出。這種情況也可歸在「民間抵制」的行列。

「歐美亞太抗俄共同體」對俄羅斯的制裁是史無前例的。但這些制裁，特別是民間的「文化拒俄」也帶來一些爭議。有人認為，西方不是有言論自由嗎？何況如果不譴責普丁就被解約，難道連沉默權也沒有；有人認為，俄羅斯運動員是無辜的，因國籍而制裁是種族歧視；有人認為，「不是說『體育與政治無關』嗎」？諸如此類。筆者認為，這些指責通通不能成立。從戰爭爆發一開始，筆者就積極主張「民間拒俄」。

## 體育無關政治？

親俄輿論一說到運動員被禁賽，就會問「不是體育無關政治嗎」？西方怎麼這麼雙重標準？不得不承認，「體育無關政治」是一個非常容易令人誤解的用語。

「體育無關政治」這句話的準確起源很難考究，但其精神大概可追溯到古希臘時期，奧林匹克比賽時，各國要停戰為比賽讓路。現代奧林匹克運動之父顧拜旦（Le baron Pierre De Coubertin）認為，體育精神超越政治，堅持奧委會不能被政治操控。這些大概都是「體育無關政治」理念的源頭。

然而，政治無處不在，任何事情都不可能「無關政治」，體育當然也不例外。事實上，體育由於其極高的關注度和世界性的參與，還特別喜歡和政治拉上鉤，這是不以人們意志為轉移的事實。納粹德國1936年奧運會作為德國「制度優越」的展示物；2008年北京奧運也成為「大國崛起」的標誌；1980年美國中國等抵制莫斯科奧運會抗議蘇聯侵略阿富汗；在冷戰時期，奧運會

比賽被視為兩種政治制度優劣的比拚；比賽之後頒獎禮要升國旗唱國歌；中國崛起後，奧運會金牌榜超越美成為中國民族主義的執念，直到現在中國輿論還不斷指責美國有媒體用「獎牌榜」而不用「金牌榜」是為了「貶低中國、輸不起」；1986年世界盃，馬拉杜納帶領的阿根廷用「上帝之手」戰勝英格蘭勝出，被視為為阿根廷在福克蘭群島戰爭中戰敗報仇雪恨；美國橄欖球運動員在場上「下跪」抗議種族主義等等。即便刻意強調「體育與政治無關」的場合，不少實際上就是政治工具，比如著名的乒乓外交就是打著體育旗號的外交接觸。

那麼，我們一般說的「體育無關政治」難道都是騙人的嗎？當然不能這麼說，關鍵要如何正確理解。

「體育無關政治」說的是體育應該超越「政治分歧」。舉個例子，在冷戰時期，體育是極少數兩個陣營的人民（運動員）能接觸的場合，運動員在體育場上公平競爭，互相鼓勵，表達友誼，這就體現了雖然雙方政治理念不同，但依然可以在體育的場合和平共處。又比如，在奧運場合，不允許打有爭議性的政治性標語，比如「XX獨立」之類，這同樣是「體育無關政治」，即體育不是「表達政治分歧」的場所。

「體育無關政治」的第二層意思是強調體育組織的獨立性，即「體育不受政治干預」。奧林匹克組織非常強調其非官方的身分，雖然實際上很多國家的奧委會都是官方機構（真正完全民間的奧委會寥寥無幾，美國是一個），但全球體育組織至少在表面上自成系統，努力拒絕公權力的干預，有自己的一套裁決系統。正因如此，一些國際體育組織（如國際足聯）的腐敗變成「三不

管」地帶，最後還要美國用「長臂管轄」才能繩之以法。當然這也不是沒有好處，比如國際體育協會會把運動員看作自己一家人，在中國網球運動員彭帥事件中，她的「娘家」國際女子網球協會（Women's Tennis Association）為她發聲最積極。[2]

然而，「無關政治」固然提倡「超越政治分歧」，卻有兩個例外：和平和人道主義。在奧運會章程第二條第四款中就有「to cooperate with the competent public or private organisations and authorities in the endeavour to place sport at the service of humanity and thereby to promote peace」。事實上，在顧拜旦的眼中，體育同樣要推廣價值觀，除了體育精神之外，還有和平和人道主義。

第一，「體育無關政治」不等於「體育無關戰爭」。「體育無關政治」指的是體育超越「政治分歧」，要求各方暫停政治紛爭，特別是戰爭。在古希臘時期，戰爭要為體育讓路，奧林匹克運動會舉辦的那天，所有戰爭都要停止。有什麼紛爭，比賽過後再說。因此，奧林匹克精神是最反戰的，最提倡和平的。這也是為何在奧林匹克開幕式上，傳統都要放和平鴿的原因。冷戰期間，兩個陣營無疑是對立的，但當時是政治對立，而不是戰爭。所以體育成為彌合分歧的工具。但1980年奧運會前，蘇聯侵略阿富汗，這已經超越了「政治分歧」，多國（包括美國和中國）就發動抵制莫斯科奧運會，至今依然被廣泛認同。可見，體育制裁對戰爭的發動國早有先例。

第二，這裡我們不需要仔細分辨「人道主義」的定義，只要看近年來在賽場上各種反種族主義、反歧視的儀式，就可以理解何謂「體育為人道主義服務」。反種族主義是不是政治的一種？

當然是，那麼能說「體育與政治無關」嗎？

可見，體育與政治無關，也不等於體育與價值觀無關，政治必須不能是違反文明社會的底線和基本價值觀。侵略戰爭破壞和平，況且俄國侵略烏克蘭前，在聯合國大會還通過了在北京冬奧運和帕奧運期間（冬奧運開始前90天到帕奧運結束後90天內）不得發生軍事衝突的決議。侵略戰爭也造就人道主義災難，烏克蘭小鎮發生的布查大屠殺就是一例。如果體育界對此熟視無睹，或者裝裝樣子，才是真正的違反奧運精神。

# 要求藝術家表態違反言論自由和沉默權嗎？

同樣不。首先，嚴格意義上說，所謂言論自由，至少以美國標準而言，是「政府不能因言論而打壓乃至定罪公民」，但這種對言論的保障，不包含私人機構對言論有所約束。作為對比，俄國出台新的言論管制打擊「假新聞」：若把俄羅斯的行動稱為「侵略」，甚至僅僅形容為「軍事行動」（俄國認為這只是「特別任務」），都有可能獲刑，最高刑罰達到監禁15年。普丁教你認識何謂真正的「沒有言論自由」。

私人機構（公司或組織）對言論的進行約束並非毫無根據。最簡單的理由就是，如果與該私人機構有關的人所做出的言論非常不受歡迎，會影響了私人機構的形象和收入。同時，在很多情況下，這類不受歡迎的言論是那種有違當時當地公眾普遍道德要求的言論，私人機構也被認為需要承擔社會責任。比如，現在俄國侵略烏克蘭，支持俄國侵略的言論就被普遍視為違背道德的。

此外，不但言論的內容是重要的，何人發出言論同樣重要。這有一個符合比例原則的問題。比如公眾人物、形象代言人，或私人機構高層等，他們本來就有話語權，也代表機構形象，言論理所當然更受關注，公眾要求會更高，於是當他們發出如此言論時，受到的壓力就越大。至於一個普通的員工，如果在私底下發表這些言論，私人機構因此解雇他們，社會的同情多半反而落在這些員工身上。

　　一般而言，社會普遍支持沉默權，即每個人都有不發表意見的權利。然而也不是沒有例外的。比如這次捷傑耶夫和涅特列布科被解約就不能視為被剝奪了沉默權。這是因為這兩位藝術家都不是普通藝術家，也不是向來不問政治的人。他們不但很有名望，而且很早就是政治化了的藝術家。他們的名望無須多說明。在政治化方面，他們都是普丁密友，也同為為普丁熱情的支持者。

　　捷傑耶夫一直支持普丁在2014年兼併烏克蘭的克里米亞的行動，他正是當年連署支持普丁的名人之一。鑑於他有支持普丁的「前科」，這次要求他對俄國侵略表態，也並非要他譴責普丁，只是要他與普丁保持距離即可，有何不合理之處？他任職的慕尼黑，還是烏克蘭首都基輔的友好城市，在俄羅斯攻擊烏克蘭之際，解雇他就更有理由了。

　　涅特列布科（她是捷傑耶夫發現和提攜的）是普丁「裝點國家門面」的形象工具，屢次被普丁邀請到克里姆林宮親自授勳為「國寶級」女高音，是2014年索契奧運會開幕式的主唱女嘉賓（奧運會之後普丁就奪去克里米亞）。在克里米亞事件後，她還

與頓巴斯地區分離主義領袖在「新俄羅斯邦聯」（Novorussian，頓巴斯地區兩個「共和國」組成的邦聯，現已解散）的國旗前合照，又捐款給當時已被分離主義分子控制的頓內次克的歌劇院。

他們作為普丁的長期支持者和政治形象工具，又不肯在這次侵略事件與普丁保持距離，解雇他們不是因為他們拒絕對侵略烏克蘭發聲沒有沉默權，不是藝術被政治化，更不是捕風捉影的「麥肯錫主義」，而是對曾公開支持侵略者的名人採取的正確行動。

# 「企業退出」和「文化拒俄」是西方追求社會正義的結果

在制裁事件中，我們經常見到風向的轉變。比如，美國之前還買俄國石油，兩天後就禁止進口；美國可口可樂和麥當勞剛剛說不退出俄國市場，過兩天就關閉業務；日本Uniqlo剛剛強調衣服是基本需求不應退出，現在又退出了。跟車貼太緊就容易翻車，往往昨天才嘲笑西方公司「光說不做」，想盯著看笑話，結果「打臉」就是一兩天內的事。

如此大規模的「退出」和「拒俄」，超出了很多人的想像。然而，但凡這幾年在西方生活過的人對這類事件都最熟悉不過了。在一些被視為「大是大非」的問題上，比如「黑人的命也是命」、「種族歧視」、「LGBTQ」等，人民對政府、企業、行業組織要求越來越高。

對中國人來說，去年發生的新疆棉就是一個好例子。西方報

告先說中國「種族滅絕」維吾爾人，再指出中國在新疆強迫維吾
爾人強制勞動摘棉花，既違反了人權，也違反了世貿組織禁止強
制勞動的規定以及公平競爭原則。於是一個行業組織出報告把使
用新疆棉的企業列出來。接下來，一個個西方服裝鞋襪品牌都發
聲明，自己不使用新疆棉。中國人則由官方媒體出面，號召中國
人抵制這些品牌。品牌公司於是又忙著在中國市場救火。

　　品牌公司面對的困難是，如果不發聲明宣稱不再使用新疆
棉，它們在西方的市場就大受影響。它們不得不表態。但是說
了，在中國的市場就大受影響。於是國際品牌處於一個兩難狀
態。有中國人把這稱為「表態政治」，認為這是「白左」肆虐。

　　其實，「表態政治」對中國人而言其實一點都不陌生。在中
國類似的「表態政治」一早就有。中國企業表忠心太多太久就不
說了。針對外國人和外國企業的「吃飯砸鍋論」就是中國發明
的。中國一開始說，不能「吃飯砸鍋」，一邊賺中國人的錢，外
國明星稍有「冒犯」，立即就被封殺。到了後來，就連沉默權也
沒有。比如當年南海仲裁庭裁決，在中國「吃飯」的明星們不轉
「一點都不能少」，就會被說成漢奸。或許，中國人習慣了「中
國例外論」，認為「吃飯砸鍋論」只有中國人做得，外國人做不
得，所以看到外國也有，就莫名驚詫。或許是疫情期間，這些人
與西方社會太脫節的結果。

　　這種情況發生，正是西方社會人民對社會正義的要求越來越
高的體現。在以前，企業是賺錢為主，社會責任基本不理。即
便受到表態壓力，也可以用「企業盈利是最高目的」、「企業倒
了，工人受苦」等藉口推搪過去。但現在時代不同了，人民想的

是，「國際大企業從社會賺了這麼多錢，就不能對社會正義笑笑走開」。至於盈利下降、倒閉的話工人受苦，這是企業要解決的事，不是社會要解決的事。換言之，西方的「表態政治」和「吃飯砸鍋論」的邏輯差不多。

這種「表態政治」對不對完全是個價值判斷。比如中國的「吃飯砸鍋論」，民族主義者和小粉紅一定說好。關鍵是不能雙重標準，總不能說，「吃飯砸鍋論」就對，「退出俄國」就不對。

追求社會正義的結果，在一定程度上進一步促進脫鉤化，讓全球化走向終點。正如新疆棉事件，西方社會要「表態政治」，中國社會要「吃飯砸鍋」，兩者不能兼得，越來越不能讓你腳踏兩條船，雙方夾擊制裁，國際性大企業，遲早還是要退出的，早晚而已。

## 制裁的本質是「脫鉤化」

親俄言論對各國制裁「無辜」的俄羅斯運動員藝術家，甚至連樹和貓都制裁等都大驚小怪，其實這是看不到這次「文化拒俄」的本質。歐美國家對俄羅斯的制裁分兩類：一類是真正的政府制裁，政府頒布的法令就是這一類。第二類，即商業機構和民間組織的所謂制裁，並不是在通常意義上的制裁，而是一種自發的抵制、脫鉤。

制裁是懲罰，懲罰多少，是否過當，可以爭議。脫鉤就是「不和你玩」而已。以體育為例，以前俄羅斯官方暗中支持服用禁藥釀造醜聞，其他國家雖然很不滿，但也只是不讓俄羅斯以國

家名義參加奧運會而已，那叫「懲罰」。現在，幾乎所有比賽都沒法參加了，這就叫「脫鉤」。

從國際足聯和奧委會等的決策過程，可以看出這種「脫鉤」在很大程度上是由下而上推動的結果，奧委會等真心不想把俄國踢出去，但歐美國家的成員國根本不願意和俄國人比賽了。於是，機構們就只能二選一，不是讓俄羅斯走人，就是歐美國家離開自立門戶。這樣，這些機構還有選擇嗎？畢竟俄國只是一個國家，歐美亞太卻有幾十個。當然，也有一些行業組織自發地認可了這種脫鉤，但可想而知，如果這些組織不把俄羅斯趕出去，其成員國組織也會推動它們這麼做。

其實，自從俄羅斯一宣布承認兩個傀儡共和國，筆者就指出，俄羅斯與歐美亞太的「大脫鉤」不可避免，更何況俄羅斯還完全入侵烏克蘭！完全可以想像，隨著俄羅斯侵略的持續，更多的脫鉤化陸續到來。

這種脫鉤有沒有用呢？這要看如何定義「有用」。普丁應該不太關心自己的名譽主席被取消。正如一些中國人說這是「傷害性很小，侮辱性很大」。這就對了，「不和你玩」是表明一種態度，而不在乎它是否真的能阻止普丁。

老實說，很多足球運動員也確實是無辜的，不能和國際其他運動員比賽，也是很無奈。然而，這個舉動，就是要讓俄羅斯人真實地感覺到，侵略別國是要付出代價的，要和自己的生活發生連結。如果世界讓俄羅斯人感到依舊歲月靜好，侵略歸侵略，生活歸生活，那麼就是變相鼓勵侵略而已。

至於俄國抨擊歐美亞太公司退出俄羅斯「那些患有『恐俄

症」的西方官員不在乎俄羅斯乃至歐洲的民眾會因為這些愚蠢措施失去工作和收入」之類，這就搞笑了。俄羅斯不在乎烏克蘭數以百萬計的難民，不在乎葬身烏克蘭的士兵和其家人，卻要求歐美亞太公司在乎俄羅斯有人失去工作？

# 第十三章

# 能源戰：
# 烏克蘭戰爭驚醒歐洲能源迷夢！

　　烏克蘭戰爭對世界經濟格局影響相當深遠。它至少將在能源、食物、戰略物資供應鏈、金融與世界貨幣、國際投資和國際大企業等方面上，顛覆了後冷戰時代三十年來的全球化想像。全球歷史進程的鐘擺將無可避免地向「脫鉤化」方向回擺。限於篇幅，這裡主要討論能源問題。

　　當「後冷戰時代」正式終結，傳統大國衝突回歸國際舞台中心之際，能源安全重新成為焦點。烏克蘭戰爭中，作戰一方俄羅斯是全球最重要的能源提供之一，而侵略戰爭的惡劣程度，令俄羅斯和歐美國家都不能再保持後冷戰時代的「政治歸政治，經濟歸經濟」。俄羅斯手中的「大規模殺傷性武器」就是能源。

　　歐美都知道能源是俄國最重要的出口產品，封殺能源出口就可以大力打擊俄國經濟；但同時顯而易見，減少俄羅斯能源的進口就會令歐美能源供應短缺。美加英等可承受這種陣痛，美加相繼宣布停止進口俄國能源，英國也宣布在今年底之前停止進口。但歐洲卻成了「歐美亞太抗俄共同體」的軟肋，因為歐洲對俄國

能源的依賴太深了。

　　俄羅斯是世界上第三大石油出口國、第二大天然氣出口國，俄羅斯是遠遠排第一的歐洲能源供應者。2020年，歐洲總共從俄羅斯進口了1850億立方米的天然氣，其中1680億以管道方式進口，17億以液化天然氣方式進口。這占歐洲消費天然氣總量的36%。單以歐盟國家算，從俄羅斯進口的天然氣更占其總消費的四成。這樣大規模的依賴，讓歐洲對俄羅斯的能源制裁底氣嚴重不足。在3月10日進行的凡爾賽歐盟會議上，歐盟宣布在2027年（五年後）停止對俄國的能源依賴。6月2日歐盟宣布第六輪制裁，禁止進口俄國海運石油，及在年底減少92%的石油

**哪些歐洲國家依賴俄羅斯天然氣？**

俄羅斯天然氣佔特定歐洲國家的比例（2020年或更新資料）

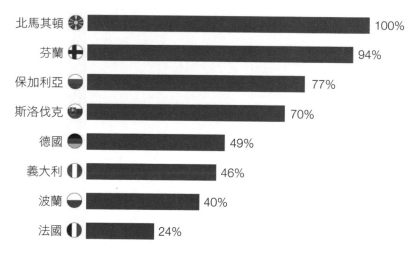

資料來源：歐盟能源監管合作機構

輸入。但說是一回事，能否做到又是另一回事。

# 能源轉型與能源危機

　　無論如何，烏克蘭戰爭令西方國家一下子認識到能源安全的重要性。能源是社會運作的動力基礎。在上一輩人成長的冷戰時代，能源安全是一個非常重要的概念。1970年代的石油危機，不但油價高漲，甚至有價無市，加油站前排長龍等加油的「壯觀」情景在圖片和影片中都可以找到。能源問題是如此占據社會議題核心，乃至當時的文藝影視作品中對「能源危機」的焦慮無處不在。記得1980年代著名動畫片《變形金剛》，狂派和博派機械人爭奪的核心物資就是「能量磚」（energon cube），兩派相爭可謂「得能量磚者得天下」。

　　當時，為了穩定能量的供應，美國改變外交政策，與阿拉伯世界的老大，也是全球石油儲量最多的國家之一沙烏地阿拉伯達成所謂「石油美元」協議，美國向其提供安全保護，沙烏地阿拉伯同意把美元作為石油的唯一計價貨幣。美國憑藉其強大海軍力量為石油輸出（船運）保駕護航。這個體制穩定了來自中東的石油供應，也為其他國家提供「便車」。

　　冷戰結束後，在全球化的自由貿易和全球投資下，能源生產國際化，很多國際能源公司互相持有股份，我中有你，你中有我；能源交易和供需也全球化。世界很少發生嚴重影響能源供應的戰爭，即便有戰爭也沒有到你死我活的地步。絕大部分能源生產國家都以全球能源生產經貿利益為重，在紛爭衝突時也通常能

保證能源基本正常供應。於是能源安全問題被長期忽略了。

　　在後冷戰時代，能源問題還是非常重要的國際議程，但「能源安全」退居二線，關注點很快就轉移到了「碳減排」上。對抗全球氣候變化所帶來的「危機」的氣候主義思潮興起。氣候主義者認為：一、全球氣候變化是地球最重要的危機，將會導致整個生態惡化、海平面上漲、人道主義災難，甚至人類毀滅等悲劇；二、成因主要是人類在大量使用化石能源時釋放出的二氧化碳導致全球變暖；三、積極地減排可阻止危機。在這「三段論」之下，氣候主義者積極推動「碳減排」，主導了後冷戰時期能源問題的議程。

　　減排有兩種方向。第一是減少能源消耗，這與能源安全的概念並不矛盾：使用能源少了，能源安全自然就更容易保障。第二是能源轉型，從「骯髒」的傳統能源轉到「清潔」的能源。正是這個能源轉型，改寫了能源生產和貿易的版圖。原先擁有豐富煤礦的國家，比如德國，由於急於淘汰用煤發電，可再生能源又跟不上，能源供應出現巨大缺口，於是不得不大量進口天然氣；在開始電動車革命之後，對電的需求進一步升高，於是對天然氣的需求更高。這樣雙管齊下，整個社會過度依賴天然氣。從能源安全的角度，就是自廢武功。當然，德國更加奇葩的，是即便還未完全淘汰煤電，但自己已經不挖煤了，轉而從俄國進口。

　　歐洲增大對天然氣依賴的另一個因素是核能使用的減少。前面說過，在碳排放意義上，核能是一種乾淨能源。在冷戰之後，歐洲的核能發電比例曾一度升高。然而，核廢料處理和核設施安全一直為人所擔憂。但在2005年之後，核能就一直在衰退中：

歐洲原有的核電廠生命週期逐漸到期，歐洲（除了英國和法國）又停止新建核電廠。在這個問題上，德國又引領歐洲風潮，因為德國的反核運動力量是最強大的。特別值得一提的是2011年日本福島核事故之後，德國發生聲勢浩大的反核示威，梅克爾宣布在2022年之前關閉所有境內17所核電站。正是在德國的帶動下，歐洲其他國家也紛紛加速了廢核工程。

## 北溪二號凸顯德國缺乏大國擔當

德國作為一個壞的榜樣，除了拋開煤礦和廢核自廢武功之外，還過於依賴「敵對國家」（俄國）。這以北溪二號管道的爭議最為人所知。北溪二號是通過波羅的海從俄國向德國運輸天然氣的管道（與原先的「北溪一號」並排）。德國之所以建設這條管道，有兩個目的。一來是能源缺口，二號可以倍增從俄羅斯到德國的天然氣供應。二來，從俄國到德國的其他天然氣管道都要經過波蘭和烏克蘭，俄羅斯每每動用「能源牌」威脅對烏克蘭「斷氣」時，也會連帶讓德國「遭殃」，這即影響德國的天然氣供應，也令俄國的「能源牌」有所顧忌。於是「北溪二號」就能極大地緩解這個麻煩。

國際大批量的天然氣傳輸一般有兩種方法。傳統的方式是通過輸氣管的管道傳輸，天然氣從生產地源源不斷地輸送至目的地。新興的方式是液化天然氣（LNG），先在生產地把天然氣液化，再用巨型專用船隻運送到目的地，在接收站中把液化天然氣再氣化。兩相比較各有優劣。管道方式早期投資巨大（建設

管道），但建設之後營運費用相對便宜。液化天然氣運輸費用一般比輸氣管高，更要加上從氣到液再到氣的轉換費用。單就運輸費用而言，距離越短，輸氣管的成本優勢就更大；距離越長，液化天然氣的運輸費用就越接近輸氣管甚至會低於輸氣管。根據估算，在700英里左右，液化天然氣運輸費用就會低於海底輸氣管；在2200英里左右，液化天然氣就會低於陸地輸氣管。從價格看，歐洲尤其是德國從俄羅斯進口是最經濟實惠的方法。[1]

　　然而，這只是基於價格因素的考慮，如果加上能源安全的國安視角，考慮就完全不同。輸氣管模式是一種「綁定模式」，投入巨大建設連結兩國的輸氣管之後，就很難拋開輸氣管，也不能利用該管道從其他國家運輸天然氣，於是能源就長期依靠該輸出國。液化石油氣是一種「非綁定模式」，只要有接收站，從哪個國家購買都是用船隻運過來而已。對德國和歐洲而言，還要加上提供管道天然氣的俄羅斯是敵對國家，可提供液化石油氣的美國是盟友。

　　在川普當政時期，「北溪二號」就成為美德矛盾的焦點。美國認為俄國是敵對國家，德國不應該在能源這個重要的問題上進一步加大對俄國的依賴，北溪二號應該停止，美國宣布制裁。美國也趁機推銷美國液化天然氣。川普政府的立場完全正確，可惜川普時期美歐關係很差，制裁手腕太粗暴，川普一副「推銷商」的貪婪模樣更令觀感雪上加霜。梅克爾主政下的德國還出現了「美國比俄國更不可靠」的論調。這令德國明知俄國已吞併了克里米亞，也已威脅歐洲安全的情況下，還決意推進「北溪二號」的建設。

在這種思潮下，歐洲進一步加重了對俄羅斯能源的依賴。事實上，從2009年開始，歐洲就已意識到對俄國能源依賴很深，但還是不斷增加這種依賴。即便到了2014年克里米亞事件之後，歐洲還不斷增加從俄國的天然氣入口，2017年更開始進口俄國的液化天然氣。這樣做的原因，除了出於經濟成本，還因為歐洲本身的天然氣產量不斷下降（北海氣田開始枯歇）之故。

實際上，歐洲一直在麻醉自己，夢想認為俄羅斯再壞，也不妨礙能正常對歐洲供應能源。然而，俄羅斯侵烏驚醒了歐洲「能源迷夢」。

## 今後的能源安全政策

在「安全」重新上升為國際關係的首要任務之際，能源安全也重新提上日程。大致的方向有幾點：

第一，能源安全非常、非常、非常重要。每個國家都應把能源安全放在首位，能源不安全就等於國家不安全。

第二，要把能源安全放在氣候變化之上，歐洲國家應改變氣候危機至上的理論。不能一昧嫌煤電骯髒，嫌核電危險，要因地因時制宜。現在，德國為了應對能源危機，又開始討論把廢棄了的煤礦重新運作。法國提出了「重振核電」計劃，歐洲多國又重新開始規劃建核電廠。現在就連賣電動車的馬斯克也認為「特殊時間特殊處理，要立即增加石油和天然氣的產量」。早知今日何必當初？

第三，能源如果確實不能自給，那麼一定要首先靠盟友，而

不是靠敵人，特別是那種與敵人綁定式的天然氣管道更加不能要。此外還要分散供應源。現在歐盟做出了結束對俄國能源依賴的決定，這是正確的。但這個政策要持續，不能俄羅斯與烏克蘭停戰了，就一下子倒退回去。

第四，能源傳輸線路一定要保持暢通，要以強大的海軍保護石油和天然氣的運輸通道。值得一提的是，中國為石油運輸的暢通做了好久準備，「一帶一路」的主要目的就在於此。歐洲人和中國相比，戰略有差距。

第五，不能指望對手會用文明的方法，要做最壞打算。在烏克蘭戰爭中，俄羅斯違反國際法攻擊核電站，說明了只要敵人不尷尬，尷尬就會是你。無論是核電站還是其他主要能源設施，都要做好安全準備，尤其是考慮敵人攻擊時的預案。對一些小國，在做出是否建核電站的決定時，就不能不考慮被攻擊的安全因素。

第六，國際能源版圖必然重新配置，無論在生產（生產能源的種類）、投資（歐美資本是否會再和俄中玩），還是貿易聯繫（進出口對象）、交易方式（是否還是石油美元），還是能源運輸通道的國安問題（跨北大西洋、穿越北冰洋能源通道的地位上升）上的變化，都必須詳細研究。

以上思路不但對歐洲適用，對其他所有國家也適用。

# 第十四章

# 糧食戰：
# 烏克蘭戰爭引發的糧食危機！

　　俄羅斯悍然侵略烏克蘭，在引發能源危機之後，非常可能將引發糧食危機。與能源安全同理，糧食安全問題也必將成為國家戰略的關注重點。所謂「民以食為天」，我們甚至可以認為，糧食安全比起能源安全更重要。

　　烏克蘭戰爭的兩個當事國，烏克蘭和俄國都是重要的糧食生產大國和出口大國。這得益於從克羅埃西亞起，經烏克蘭和俄羅斯南部「中央黑土區」一路延伸到西伯利亞南部的東歐平原黑土帶。¹黑土（Chernozem 或 Black Soil），顧名思義呈黑色，富含腐植質，還含有大量磷、氨、鎂、鈣等礦物質，在農業上是屬於一種上好的土質，農產量極高。在世界上，只有加拿大美國中部的黑土帶可以與東歐平原黑土帶相比。中國東北松嫩平原也有「黑土帶」，被譽為「北大倉」，中國人認為它與前兩者並列為「全球三大黑土帶」，但東北平原的土壤主體是另一種肥沃程度稍差的土壤（Phaeozem），而且面積也和前兩者差距甚大。

　　由於這個原因，烏克蘭和俄國的農業作物產量極高，特別是

葵花籽（用來榨油）、大麥和小麥這三種作物。[2]兩國合計葵花籽產量超過全球一半，大麥超過20%，小麥超過15%。如果看出口，那麼兩國的重要性更大。小麥出口，俄國排第一（全球出口量18%，2021下同），烏克蘭第六（10%）；大麥出口，烏克蘭第三（14%），俄國第四（12%）；玉米出口，烏克蘭排第三（10%）；葵花籽油，烏克蘭第一（38%），俄國第二（26%）。對特定區域或國家而言，比如中東、北非、東非等發展中國家，烏俄作物出口所占的比重更大。歐洲則嚴重依賴兩國的葵花籽油（食用油）。

**烏克蘭與俄羅斯農作物占全球產量的比例**

(2016至2021年平均值)

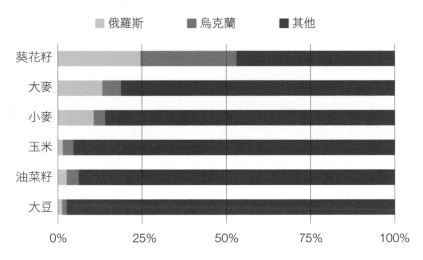

資料來源：聯合國糧食與農業組織

# 戰爭對全球糧食供應和經濟的影響

第一，大糧倉烏克蘭受戰爭影響，無法正常耕種。所謂「一年之計在於春」，春天本來是最好的播種耕種季節，但現在戰爭開打，烏克蘭人不是逃難就是打仗，正常耕種只能是奢望。現在烏克蘭反過來需要歐美給予食物救濟。如果戰事過了春季耕種期，烏克蘭的糧食肯定就失收了。根據烏克蘭的說法，今年會減產四成以上。

第二，出口。糧食出口需要運輸，烏克蘭即便能正常耕種有餘糧輸出，也需要能夠運出來。烏克蘭的糧食出口的80%依靠南方的港口。現在烏克蘭南部正在打仗，大片沿海地區被俄國占據，戰爭造成水雷（雙方都有佈雷）和沉船密佈，水道也不安全。原有的出口方式也不能進行了。

第三，制裁。雖然目前，美歐都沒有把俄羅斯的糧食出口列入制裁名單，但隨著戰爭帳戶，制裁再加碼之下就難說了。同時，現在歐美把俄羅斯很多銀行逐出了SWIFT交易系統，又凍結了俄國在西方銀行的帳號。即便糧食沒有被制裁，也大大提高了糧食交易的難度。

第四，供應鏈被打斷。以上所說的都是最終產品的供應。但不要忘記，在現代全球化這麼多年之後，生產是環環相扣的，沒有一個國家可以一條龍生產。即便在「最原始」的農業也不例外。在農業產業鏈中，有三個重要物資被戰爭影響，俄國既卡住別人的脖子，也被別人卡脖子。俄國的殺手鐧是化肥，重要的化肥輸出國，全球化肥出口中，俄國在氮肥排行世界第一

（18%），鉀肥排行第二（22%），磷肥排行第三（15%）。俄國如果出口化肥受阻，將影響全球農業。相反，俄國的弱項是種子和殺蟲劑。俄國是重要的種子和殺蟲劑進口國。如果說殺蟲劑可以由中國提供（中國是第一出口大國，但美國、德國、法國等的出口量也與之差不多），那麼種子基本掌握在西方種子公司的手中。打亂供應鏈的結果，就是俄國本土和世界其他地方的生產都大受影響。儘管西方對俄國的制裁把這些物資都排除在外，但在整個敵對氛圍下，供應鏈難以保持順暢。

第五，由於戰爭引發能源價格暴漲，這也會反映在農產品價格上，無論作業還是運輸成本都提高了，各種最終農產品的價格當然也是水漲船高，無一例外。

第六，戰爭本來就帶來恐慌性搶購，即便以上因素都可以解決，只要有這麼大規模的戰爭，食品價格就會高。

第七，糧食不僅是人吃的主糧，也包括給產肉動物的食物。糧食供應不足就會導致肉類供應不足，奶類供應不足等一系列問題。

第八，食物供應不足，食物價格全面上漲，其價格上漲還帶動其他商品的上漲，這是這一輪全球大通脹的又一個主要原因。

總而言之，烏克蘭戰爭爆發後，糧食短缺以及與之相伴的價格高漲實在難以避免。而且大疫情已經進行了兩年，各國經濟普遍本來就差，都面對高通膨的壓力。糧食危機對全球經濟更是雪上加霜。這些都是全球經濟被俄羅斯侵略拖累的結果。

在「抗俄共同體」中，亞洲盟友的影響會較小，因為亞洲的主食是稻米，不是烏俄的生產大宗，葵花籽油也不是主流食用

油。對美加而言影響也不太大，因為它們全都是農產品輸出國（美加有第二大的黑土地）。相對而言，歐洲受影響大一些，因為小麥和大麥都是歐洲人的主食，歐洲也是消費葵花籽油最多的地區。

儘管如此，歐洲在糧食問題上的處境遠不如在能源問題上嚴重。

第一，歐洲本身並不太依賴烏俄的小麥，只有地中海東部國家（如義大利）進口烏克蘭小麥較多。歐洲依賴烏俄的葵花籽油，但它並非不可替代的，換一種油就可以了。

第二，糧食在國際貿易上的流動性相對較高。對比能源，特別是天然氣，存在傳輸上的物理限制，但糧食只要運過來就能吃。因此，在糧食危機中，歐洲即便糧食供應緊張，但只要多花點錢就能買過來，不會像天然氣，就算肯花大錢買也沒法突破瓶頸。

第三，當然，也不能說有錢一定能買到，因為糧食供應緊張與否還和各國主糧有關。現在戰爭對小麥的影響最大，即便其他糧食不受影響，也很難填補小麥的生產缺口。如果全球小麥短缺嚴重，也可能出現有錢也買不到這麼多的小麥。然而，歐洲對烏俄的小麥依賴並沒有這麼嚴重，更何況，人民的口味並非不可將就一下，萬一到糧食真的不足導致餓肚子，轉用其他主糧也不是不可以。

因此，與能源危機不同，受糧食危機影響最大的不是「抗俄共同體」盟友，而是一眾糧食依賴進口的發展中國家，如中東、北非、東非等國。它們之中不少本來就非常依賴烏俄的糧食，直

接影響最大。一旦糧食短缺價高者得時，它們也爭不過那些有錢買糧的國家。

　　因此，聯合國的相關機構「聯合國糧農組織」（Food and Agriculture Organization of the United Nations）一再警告，全球糧食安全形勢告急，一旦爆發，或將引發發展中國家的大饑荒。到了五月，危機變得迫在眉睫。多個產糧國家出現禁止輸出糧食的「食物民族主義」，進一步加速全球危機。

　　現在當務之急，就是要先把烏克蘭能運出的糧食先運出去。然而，兩個陣營都指責對方才是阻礙糧食運輸的一方。烏克蘭和西方指責俄國封鎖黑海港口，「故意將饑餓作為戰爭武器，並將整個世界作為人質」。俄國否認阻止貨船通過黑海，並指責是西方制裁促成了糧食危機。

　　普丁建議把糧食運到俄國控制的烏克蘭港口再運出，但這樣等於由侵略者控制了烏克蘭的糧食輸出，烏克蘭無法答應。普丁又建議通過白俄羅斯轉運到波羅的海三國，但要求西方解除對白俄羅斯的制裁。西方也不願意。烏克蘭要求俄國解除對烏克蘭港口奧德薩的封鎖，再雙方排水雷，但俄國即不肯保證不攻擊奧德薩（於是烏克蘭要布雷防禦），也不肯率先掃去俄國布下的水雷。

　　現在比較可行的方法有兩個。一個是改用陸路運出到波蘭（或羅馬尼亞），再經過波羅的海運出，問題是烏克蘭的鐵路軌距和兩國不同，必須在邊境卸貨裝貨，設備容量有限。一個是最近烏克蘭光復在烏羅交界對開海面的蛇島後，可沿蛇島內側運送到羅馬尼亞港口，再由羅馬尼亞運出。據稱一個月可以運送50

萬噸。

　　當然，如果能從奧德薩直接海運輸出，還是效率最高的。這方面，除了聯合國一直在斡旋外，土耳其再次發揮重要作用。六月，土耳其提出由土耳其負責守衛，開闢黑海糧食海上安全通道。土耳其的提議得到各方積極的回應。聯合國提出建立烏、俄、土及聯合國四方機制。如果土耳其方案能最終落實，不但能緩解燃眉之急，對土耳其的國際地位也大有幫助。7月22日，在土耳其調停下，四方簽訂烏克蘭糧食安全出口的協議，國際糧食危機有望暫時緩解。

# 中國囤積大量糧食所謂何事？

　　在全球糧食危機亮了紅燈之際，中國又陷入爭議。根據報導，目前中國囤積了世界所有囤糧的一半：「不到20%的人口囤積了50%的糧食」。中國囤積糧食的政策成為國際焦點。先為中國說句公道話。

　　第一，中國向來有囤積糧食的歷史習慣。而且現在中國是糧食進口國，糧食不能自給自足，囤糧並非不可理解。尤其是這幾年中國不斷強調「絕對安全」，能源安全和糧食安全都是安全的重中之重，囤糧更不是一時之念。

　　第二，有數據顯示，最近十年中國都一直增加囤糧。而這一輪囤糧的快速增長，至少從去年11月就開始了，當時還沒有烏克蘭危機，因此沒有證據說，中國蓄意趁戰爭去囤糧。

　　第三，囤糧是一國主權，即便倒買倒賣「發戰爭財」，在歷

史上也不罕見,更何況現在還沒有出現這種狀況。

然而,對號稱「負責任的大國」的中國來說,在國際糧食面臨危機時,繼續囤積糧食的政策正面臨越來越多的批評,事實上在道理上也說不過去。

第一,作為負責任的大國,又宣稱「人類命運共同體」,中國有責任為解決全球糧食危機提供「中國方案」,不能坐視全球糧食危機不理,搞「食物民族主義」。否則,對中國的形象打擊很大。

第二,現在的聯合國糧農組織的總幹事是中國人。[3]絕大部分來自其他國家的官員,若是擔任「國際組織職務」,他們的身分很大程度上就是獨立的。然而眾所周知,所有在國際組織中擔任職務的中國籍官員,都是「黨的人」,聽黨的話。因此,如果出現了糧食危機,那麼中國就瓜田李下,很難撇清責任。

第三,有人認為,中國囤積的糧食大部分都是中國自己種的,所以並無國際責任。這種說法完全不能成立。中國是個糧食進口國,平時糧食還要進口,更何況大力囤糧的時候。那種說法大概就是,把自己種的糧食囤起來,再大力進口糧食供消費而已。這不改中國大筆採購國際市場上的糧食的本質。由於糧食是全球自由流通的市場,無論中國採購自己生產的糧食也好,大筆採購外國糧食也好,都減少了糧食在國際市場上的供應量。如果不必要地過多囤糧,必然導致糧食價格上漲,進一步加深糧食危機。退一步說,即便中國是一個糧食過剩國,在全球缺糧的情況下,也應該加大出口,而不是截留不放。

　　第四，現在「20%的人囤積50%的糧食」，這個比例太過惹人非議。一旦到了有國家連飯也吃不上的時候，這個反差太明顯。正如能源短缺時，各國主動釋出戰略儲備石油一樣。在糧食危機下，中國不但不該繼續囤糧，反而應該釋放囤積的糧食，增加全球糧食的供應。這是國際社會對中國的期望。

# 第十五章

# 普丁的謬論：
# 「北約東擴威脅論」成立嗎？

　　根據俄羅斯方面的說法，其侵略烏克蘭主要有三大理由。第一，北約「五次東擴」把俄羅斯「逼入絕境」，現在烏克蘭要加入北約，俄羅斯不得不打。第二，烏克蘭在歷史上就不是一個國家，而是俄國的一部分。第三，烏克蘭是納粹主義當道，俄羅斯有權消滅納粹主義。這些理由通通無法成立。

　　關於烏克蘭與俄羅斯的歷史問題，第一章已經有大量討論，而「納粹化」問題將留在下一章討論。本文先批駁「北約東擴威脅論」。這種理論的基本邏輯是：在冷戰結束時，北約曾經承諾不東擴；然而北約後來卻違反承諾，不顧俄羅斯的地緣政治利益和對安全的合理關切，連續五次東擴；現在還要再東擴，把烏克蘭拉入北約；一旦如此，北約可以把彈道飛彈甚至核武部署在俄羅斯腹地附近，十幾分鐘就能打到莫斯科，俄羅斯將面臨嚴重的安全風險。換言之，「俄羅斯被逼到絕境」。當一個大國被逼入絕境之際就有權「反抗」，「不得不打」。

　　這種理論特別容易打動人。在俄羅斯侵略前的幾個月的醞釀

期和戰爭初期，俄國和中國批判美國是「罪魁禍首」，不斷「煽風點火」，就主打這個理由。值得指出的是，不但俄羅斯和中國輿論鼓吹這種觀點，就算在西方也有很多名人這樣說。特別有影響力的包括美國現實主義理論大師《大國政治的悲劇》作者米爾斯海默、寫出著名「長電報」的美國外交家凱南（George F Kennan）、主導「聯中制俄」的美國前國務卿季辛吉、美國最後一任駐蘇大使馬特洛克（Jack Matlock）、現在美國右派福斯電視台最當紅的主播卡爾森（Tucker Carlson）及其嘉賓，甚至還有寫出《世界是平的》的左派記者和專欄作家湯馬斯‧佛里曼（Thomas Friedmann，他引用了以上一些人的觀點）。他們（這裡統稱親俄言論）的基本觀點都差不多：北約東擴沒有尊重俄國地緣政治利益，從北約東擴開始就奠定了現在的結局。如佛里曼在《紐約時報》撰文〈在這場戰爭中，北約並不是無辜〉（This Is Putin's War. But America and NATO Aren't Innocent Bystanders.）。有這些西方權威、有良心的學者的加持，這種說法就更有迷惑性。

然而，只要經過認證審視，就可知道這種說辭完全無法成立，更不能成為俄羅斯侵略的藉口。

# 「五次東擴」是普丁的謬論

在正式分析之前，首先必須指出，親俄言論反覆強調北約所謂「五次東擴」，是個徹頭徹尾的謊言。北約確實在冷戰結束後擴大了五次，但並非五次都是「東擴」，真正的「東擴」只有兩次。[1]

1990後北約五次擴張圖

- 1990時的會員國
- 1999年東擴（波、捷、匈）
- 2004年東擴（波海三國、羅、保等）
- 2009年南擴（克羅埃、阿爾巴）
- 2017年南擴（蒙特內哥羅）
- 2020年南擴（北馬其頓）

　　北約1999年3月第一次擴大，加入波蘭、捷克、匈牙利三國，這確實是東擴。2004年第二次擴大，加入波羅的海三國（愛沙尼亞、拉脫維亞、立陶宛）、斯洛伐克、羅馬尼亞、保加利亞、斯洛維尼亞七國，這也是東擴。但北約的東擴到此為止了。

　　2009年北約第三次擴大，加入克羅埃西亞和阿爾巴尼亞；2017年北約第四次擴大，加入蒙特內哥羅；2020年第五次擴大，加入北馬其頓。這三次都是「南擴」，準確地說是在巴爾幹半島的西南部的擴大。不但每次的規模都很小，而且和俄羅斯都扯不上關係。難道與俄羅斯隔著數個國家的小國加入北約，也構

成了對俄羅斯的威脅？沒有比這個說法更荒謬的了。

　　顯而易見，「五次東擴」是謊言，其實只有「兩次東擴」。有人認為，何必計較東擴了多少次，總之不是擴到了俄羅斯邊上了嗎？這種說法當然不對。只要簡單反問，如果不重要，如果不需要計較，那麼親俄言論何必把「五次東擴」一直地掛在嘴上呢？把兩次東擴說成五次，增加了一倍半，就給人一種咄咄逼人的感覺。因此，這是俄羅斯的話術，是運用假訊息「認知作戰」的一部分。筆者建議，有識之士都不要被假訊息牽著鼻子走。

# 為何北約兩次東擴有理？

## 一、北約東擴是加盟國家的自主選擇

　　北約沒有拿槍指著那些新加盟的國家要它們加入。相反，它們全部都是自願加入的，而且還非常積極，北約拒絕或拖延它們加入，它們還十分焦急。一種說法是北約（特別是美國）對它們「威逼利誘」。「威逼」根本不存在，「利誘」就看你怎麼理解，當這些國家認為加入北約對它們更有利，那就算利誘吧。

　　這些國家加入北約的動機是什麼？北約不是歐盟，不是一個經濟組織而是一個安全組織。加入北約沒有經濟利益。這些國家加入北約的目的只有一個，就是安全。在小布希時代，美國有政客把歐洲分為「老歐洲」和「新歐洲」。老歐洲就是老北約的成員，新歐洲就是在前兩次東擴加入北約的前東歐和前蘇聯國家。在老歐洲和美國矛盾不斷，甚至開始懷疑北約的必要性時，反而

是新歐洲最支持北約。比如，美國要求歐洲各國把國防開支提高到GDP比例2%，老歐洲國家（特別以德國為首）推三推四，最先達標的都是新歐洲國家。新歐洲國家還不惜出地出錢出力，想盡方法要求美國把美軍永久駐紮在自己的土地上。

　　以上這些事實說明了什麼？就是俄羅斯擴張侵略的歷史傳統給東歐國家帶來的陰影，它們被俄羅斯和蘇聯在歷史上的統治和欺壓嚇怕了，不得不找保護傘。北約就是唯一可以給它們提供安全保護的組織。

　　它們的害怕有沒有根據？當然有。新歐洲國家大都是前沙俄帝國侵略占領的土地。波蘭／立陶宛邦聯一度是歐洲的堂堂大國，在18世紀被俄國參與的三次瓜分搞得雙雙亡國。波羅的海三國和波蘭在一戰後才復國，但在二戰中，波羅的海三國又再次被沙俄的繼承者蘇聯吞併，波蘭則再次被蘇聯和納粹德國瓜分。二戰後，波蘭雖然復國了（但二戰初期被蘇聯侵占的土地都永遠被占領了），但和其他東歐國家一樣成為蘇聯的附庸國，強行「被共產主義」。另外兩個東歐國家，匈牙利和捷克斯洛伐克，人民自發的布拉格之春和布達佩斯之春，則先後被蘇聯鎮壓。直到冷戰結束之際，東歐諸國才擺脫蘇聯的控制，波羅的海三國才重新復國。這麼慘痛的歷史記憶，怎麼不可能想方設法地避免歷史重演？

　　最鮮活的例子莫過於最近芬蘭和瑞典希望加入北約。瑞典中立了兩百多年，兩次世界大戰都獨善其身。芬蘭是「芬蘭化」一詞的源頭，因為芬蘭在一戰前就是被俄國吞併的國家，一戰後獨立，還繼續被蘇聯侵略被迫割地求和，二戰後，芬蘭被蘇俄的侵

略嚇怕了，於是主動採用屈辱的自我克制政策，處處小心翼翼，寧願犧牲言論自由和一定的獨立政策，以避免觸怒俄國。冷戰結束三十年，它們也沒想過要加入北約。然而，俄國侵略烏克蘭，再次把這兩個俄國附近的國家嚇怕了，民意前所未有地要求加入北約，而且希望有多快就多快。這兩個國家想要加入北約的唯一原因，就是北約可以保命。正如網上一個段子：「為什麼俄國要打烏克蘭？因為烏克蘭要加入北約；為什麼俄國不打立陶宛？因為立陶宛已是北約成員。」

俄羅斯不虛心反省自己的侵略歷史，不去懺悔自己在歷史上對東歐人民造成的傷害，反而指責新歐洲國家因害怕自己而加入北約，情何以堪？

## 二、北約對俄羅斯構成威脅嗎？

在北約章程中，北約是「防衛性組織」和「維持和平組織」，而不是一個「進攻性組織」。北約章程第五條規定了成員國之間有集體防衛的義務，當一國受到攻擊時，其他國家都有義務相助。但這不意味著每個成員國捲入的戰爭，其他國家都有義務參與。比如，如果一個成員國在沒有被攻擊時捲入戰爭，那麼其他成員國就沒有義務參戰。

北約在冷戰時代產生，但在整個冷戰時代都沒有參與任何一次戰爭。美國當時在參與的戰爭中，北約都沒有插手相助。在後冷戰時代，北約參加的戰爭才增多。有點令人意外的是，北約第一次引用第五條「集體防衛權」，不是因為某小國被攻擊，而是最強大的國家美國被911恐怖襲擊，在阿富汗戰爭中，北約盟國

紛紛根據義務出手相助。

在冷戰後，北約一共參加了其他幾次戰爭，絕大部分都「出師有名」，即獲得聯合國安理會的正式授權。

第一場戰爭是波士尼亞戰爭。聯合國安理會早就通過一系列協議，制裁南斯拉夫，包括成立禁航區和派兵，特別是1993年聯合國安理會836協議授權，派駐聯合國維和部隊防守安全區，同時也派駐北約隊伍進行「尖銳防守行動」（Operation Sharp Guard）執行封鎖任務。在戰爭進行到1994年2月發生第一次塞拉耶佛大屠殺，應聯合國秘書長蓋里（Boutros Boutros-Ghali）的要求，授權北約開始空襲。

第二場戰爭是科索沃戰爭。這次介入雖因為俄羅斯等阻撓沒有在安理會獲得通過，但科索沃人被種族清洗證據確鑿，屬於「不合法但正義」的戰爭。

第三場戰爭是利比亞戰爭。有聯合國安理會的1973號決議（2011年）授權。

第四場戰爭是敘利亞戰爭。這是阿塞德政權與阿拉伯國家聯盟所承認合法的「自由軍政府」之間的戰爭。在北約參戰前，一系列伊斯蘭國家，如卡達、沙烏地阿拉伯和伊朗都已介入戰爭。北約在2014年的直接介入，是在伊斯蘭國成立之後，戰爭性質從單純的敘利亞內戰變成混合了內戰的反恐戰爭，它有聯合國安理會2170號決議（2014年）的明確授權。隨後俄羅斯也直接介入了，還是在沒有任何聯合國安理會決議下加入的。

此外，北約還承擔了大量的維持和平任務（比如在索馬利亞的維和任務，在亞丁灣巡航反海盜等）。

相反，爭議相當大的美國發動的伊拉克戰爭，北約就沒有介入。冷戰期間的英國和阿根廷之間的福克蘭群島戰爭，其他國家也沒有介入。

可見，綜觀北約的歷史，認為北約「威脅別國安全」並無根據。

況且，俄羅斯是世界第一核大國（以核武數量而言），還是世界第二軍事強國。現在俄羅斯攻打烏克蘭，北約都要極力避免和俄羅斯發生衝突。那麼北約怎麼可能進攻俄羅斯？如果北約不會主動進攻俄羅斯，那麼俄羅斯害怕北約什麼？無非是害怕俄羅斯攻擊其他國家不能稱心如意罷了。

## 三、北約從來沒承諾過不東擴

俄國一直在指責北約「東擴」，違反了對俄羅斯的承諾，「西方國家欺騙了俄羅斯」。意思是，原先北約答應過不東擴，結果轉個頭又東擴云云。核心論述無非兩個，一個是西方國家「不守承諾」，一個是西方國家沒有顧及俄羅斯的利益。現在基本清楚，所謂西方國家「不守承諾」、「欺騙俄羅斯」的話，完全是中文媒體與俄羅斯一搭一唱的宣傳。

事實上，當年1990年，美國西德和蘇聯東德進行德國統一談判時的口頭承諾，是「北約軍隊不會部署在東德」（至今，東德土地上尚未北約軍隊部署）。時任蘇聯總統當事人戈巴契夫在2014年10月接受訪問時承認[2]，當時根本沒有談到「北約東擴」的問題[3]。時任蘇聯外長謝瓦納茲的回憶也指出，在當時蘇聯核心圈子內從沒有討論過北約東擴的問題[4]。其實，想想當年的情

況就知道了，華沙條約尚未解散，蘇聯也還存在，北約東擴無論如何是不可能談到的。

現在又有所謂「解密檔案」指，在當年談判時，歐美內部磋商時確實有關於「北約不東擴」的討論。然而顯而易見，內部的磋商只不過是內部討論，與向蘇聯提出保證相差十萬八千里。事實上，到了用內部磋商的文件作為證據，就更加說明了「保證不東擴」是子虛烏有。試想如果有當初北約向蘇聯提出保證的文獻，俄羅斯還不直接了當拿出來嗎？何必把內部文件說事？

俄國也說蘇聯解體後，美國總統柯林頓曾承諾不東擴。然而，事實為，柯林頓對葉爾欽的承諾並非「北約不東擴」，而是北約東擴會把俄羅斯也「擴進去」。從1993年開始，北約就討論推行「和平夥伴關係計劃」（Partnership for Peace），這項計劃本就是北約東擴的步驟。就連俄羅斯自己也在1993年尋求加入北約。

正如1993年9月的一份國務院資料，美國的考慮是通過這項計劃，先把東歐、波羅的海國家納入北約之後，最終在2005年前把烏克蘭、俄羅斯、白俄羅斯都納入北約。1994年1月，和平夥伴關係計劃正式成立。柯林頓在1月的布拉格演講中，提出北約東擴「不是要不要的問題，而是何時的問題」（not whether but when）。俄羅斯對此心知肚明，但仍然與東歐與蘇聯原加盟共和國等一道，紛紛在1994至95年簽字加入這個旨在擴大北約的計畫。

當時談判時，俄羅斯真正反對的是北約東擴「過快」（rapid expansion）。但美國沒有做出什麼書面的承諾，最接近的一次是

在1994年9月27日的會議中，柯林頓對葉爾欽強調北約的東擴一不針對俄羅斯，二沒有排除俄羅斯的意圖，三沒有很快的時間表（no imminent timetable）。北約快速東擴是由歐洲盟國在11月開始積極推動的，俄羅斯向美國提出抗議，在簽字加入後又否決加入。美國急忙救火，柯林頓派出副總統高爾到俄羅斯，最後達成協議，1995年將不會有國家加入北約。1995年5月，柯林頓訪問俄羅斯，再次承諾在1996年俄羅斯總統選舉前，不會有國家加入北約（以免影響葉爾欽的連任）。俄羅斯於是最終才通過加入和平夥伴關係計劃。

正是在這系列談判中，俄羅斯把1990年的事拿出來，作為「美國承諾不東擴」的「證據」。但美國總統柯林頓已經三番四次否認曾做出任何北約不東擴的承諾。從國際法而言，蘇聯解體之後，蘇聯時期的一份「口頭承諾」還有意義嗎？更何況，北約接收其他國家，嚴格意義上也不違反「不部署在東德」的口頭承諾。

俄羅斯與北約真正交惡是1998年科索沃戰爭爆發之後的事。這顯然已經超出了「北約東擴」的範疇。北約的第一次東擴，捷克、匈牙利、波蘭加入北約，已是1999年的事了。可以說，美國反而是努力阻止了北約的「快速」東擴的國家，並沒有不守承諾。

## 四、所謂「安全不可分割」根本不成立

以上「威脅俄羅斯安全」、「北約違反不東擴承諾」等，都是政治性的語言。為了合法化侵略，俄羅斯還必須找出法律上

的理由。俄國的說法就是，歐美先違反了「安全不可分割」（the indivisibility of safety）原則。正如俄國外長拉夫羅夫在2022年2月1日給美國和北約的回信[5]中，就指責美國先違反了1975年《赫爾辛基協議》（Helsinki Accords 或 Helsinki Final Act）中白紙黑字寫明的「安全不可分割原則」。

　　然而，對國際法和國際條約條文熟悉的人都知道，在國際文件中，特別是那些多邊條約（正如《赫爾辛基協議》）中，通常充滿著這種「善意」的詞彙。然而，沒有人知道它具體準確指什麼，通常也不會有人去專門嘗試準確定義它。因為大家都知道，這是表達善意的理念罷了。

　　正如在《聯合國海洋法公約》，就規定海洋應該用於「和平目的」。沒有簽約國會拒絕使用這樣的善意詞彙，但顯然也沒有人當真。因為和平目的根本沒有什麼標準。比如進行海軍演習，是不是和平目的？你說不是，因為海軍是用來打仗的；但我說是，因為只有訓練有素的海軍才可以阻嚇別國發動戰爭。顯然，誰也說服不了誰。

　　因此，作為政治宣傳沒所謂，但要在國際法層面，一本正經地指責誰違反了這樣的善意理念，有識之士都會覺得可笑、外行。記得以前，某「負責任的大國」的專家學者就很喜歡這樣做，但隨著最近十年中國在國際法下了功夫（主要因為南海和釣魚台爭議），這樣的說法也變少了。現在俄國居然也把中國以前的一套學了過去。以前蘇聯說起國際法有自己的一套，現在反而大不如前了。

　　那麼什麼叫「安全不可分割」？大致上就是要照顧各方的安

全的意思（準確含義當然是沒有的）。正如俄國所說「要不大家都安全，要不大家都不安全」。這些話固然好聽，然而在實際操作層面，不但完全沒有準則，而且也經常自相矛盾。比如烏克蘭和俄國關係中，烏克蘭認為加入北約才可避免俄國威脅，才感到安全，但俄國說烏克蘭加入北約就會威脅自己，覺得不安全了。這以誰為準？因此，在國際條約中，有真實意義的不是這些善意理念，而是有（相對）明確客觀標準可以實際應用的條款，或至少是對其內涵已經建立起基本共識的原則。

「安全不可分割」最早出現在1975年的《赫爾辛基協議》中。當時冷戰正進入激烈的對峙階段，歐洲國家（西歐）迫切尋求建立一套可以和華沙集團緩和緊張的對話框架。於是兩個陣營在赫爾辛基開會，最終簽訂了《赫爾辛基協議》，建立了「歐洲安全與合作會議」。冷戰後改名為「歐洲安全與合作組織」（Organization for Security and Cooperation in Europe，OSCE），現有57個成員國，囊括所有歐洲國家，還包括美、加、中亞五國和蒙古等非歐洲國家。

然而，正如這類善意詞的慣例，「安全不可分割」也出現在《赫爾辛基協議》的序言中。《赫爾辛基協議》的核心和基礎是第一部分的十大原則，包括：一、主權平等，尊重天賦的主權權利。二、抑制威脅或使用武力。三、確認邊境的不可侵犯性。四、確認國家領土的完整性。五、確認和平解決爭端原則。六、不干預內部事務。七、尊重人權和基本自由，包括思想自由、良知、宗教和信仰。八、平等和人民自決。九、國與國互相合作。十、在國際法下誠信履行義務。

　　顯而易見，儘管十大原則只是原則，但它比「安全不可分割」這種理念有明確標準得多。比如，就在烏克蘭戰爭中，我們可以輕易就指出，俄羅斯現在違反了多少條原則。粗略一算，至少七條：俄國沒有尊重烏克蘭的「主權權利」（第一條）、使用了武力（第二條）、侵犯了烏克蘭的邊界（第三條）、破壞了烏克蘭領土的完整性（第四條）、沒有用和平方法解決爭端（第五條）、干預烏克蘭內部事務（頓巴斯戰爭）（第六條）、違反了《布達佩斯備忘錄》的義務（第十條）。

　　俄羅斯自己違反了這麼多赫爾辛基協議確立的原則，卻指責西方違反了「安全不可分割原則」，豈非可笑？

　　退一步說，即便我們承認，「安全不可分割」是一個可操作的原則，那麼在《赫爾辛基協議》之後，誰是最大的違反者？蘇聯排第二，沒人敢認第一。世界上最大的安全威脅是什麼，毫無疑問是核武，但是在簽訂《赫爾辛基協議》後，蘇聯急速增加核武，從70年代中期的約一萬件，增加到80年代中期的頂峰四萬件，足足是原先的四倍。那時怎麼不說「安全不可分割」？

　　更何況，歐安組織早就確認，加入軍事條約不違反「安全不可分割」原則。1999年11月歐安組織簽訂《1999伊斯坦堡協議》。[6]這是北約第一次東擴（1999年3月）後，歐安會的一次重要會議。會議制定了《歐洲安全憲章》（Charter for European Security）。其第二部分「我們的共同基礎」（our common foundations）中，第七條提到確認堅持《赫爾辛基協議》；第十條提到「共同和不可分割的安全」。然而，在最關鍵的第8條則白紙黑字地寫明：「每個國家都有同等的安全權利，每個國家都擁有可以自由選擇

和改變自己的安全安排，包括參加同盟條約的『天賦權利』」。（原　文：Each participating State has an equal right to security. We reaffirm the inherent right of each and every participating State to be free to choose or change its security arrangements, including treaties of alliance, as they evolve.）俄羅斯和烏克蘭都參加了這次會議並簽名。

既然自由參加軍事同盟條約和「共同和不可分割的安全」可同時出現，那麼結論只有一個，參加軍事同盟條約（北約）不違反「安全不可分割」。這個條約的時間點也值得一提。它發生在北約第一次東擴後，在簽訂後幾年又發生第二次東擴。這正好證明了北約擴大不違反「共同和不可分割的安全」的理念。

俄國以前白紙黑字承認歐洲所有國家都可以自由加入安全同盟，現在卻指責北約和烏克蘭違反「安全不可分割原則」？難道這《伊斯坦堡協議》又是一份「歷史文件」？如果是這樣，問題來了，為什麼《伊斯坦堡協議》是歷史文件，比它早得多的《赫爾辛基協議》反而就不是歷史文件？

## 五、烏克蘭渴望加入北約乃為俄羅斯所逼

很多親俄輿論都認為：「如果烏克蘭不投靠北約，俄羅斯就不會吞併克里米亞，不會攻打烏克蘭。」這又是一個掐頭去尾、倒果為因的謊言。

事實上，烏克蘭在獨立後，並非一心想著加入歐洲和北約。在1991-2014年之間，烏克蘭一直在俄歐之間搖擺。烏克蘭是蘇聯解體後，最早和俄羅斯及白俄羅斯成立「獨立國家國協」的國

家。作為對比，一心加入歐洲的波羅的海三國，就自始至終沒有加入過獨立國協。烏克蘭固然加入了北約「和平夥伴計劃」，但這是幾乎所有前蘇聯國家都加入的，如前所述，俄羅斯也加入了這個計劃。

烏克蘭開始從親俄轉向親歐，是2004年「橙色革命」才開始。然而，即便2005年上台的尤申科積極希望加入北約，但這種努力在2008年布加勒斯特峰會上，北約否決了烏克蘭成為會員國行動計劃」（Membership Action Plan）之後就結束了。自此到2014年亞努科維奇下台為止的6年時間，加入北約問題從不是烏克蘭的政治焦點。烏克蘭政治鬥爭的焦點在於是否「加入歐洲」，即加入歐盟。2009年，烏克蘭和摩爾多瓦、喬治亞、亞美尼亞、亞塞拜然、白俄羅斯共六國，一起加入了歐盟的「東部夥伴關係」。但烏克蘭直到近期（俄國侵略後）才正式提出加入歐盟的申請。

2014年的烏克蘭「歐洲廣場革命」的焦點就在於總統亞努科維奇原先競選時承諾把烏克蘭帶入歐盟，結果臨門一腳宣布要加入俄羅斯、白俄羅斯和哈薩克的「關稅同盟」。這種違背競選承諾的行為被憤怒的民眾轟下台。從革命的名稱也可知道，這是一場有關歐盟（而不是北約）的抗議事件。

加入歐盟和加入北約是完全不相關的兩個問題。北約是一個軍事安全組織，而歐盟是一個政治經濟組織。不少歐盟國家不是北約的成員，不少北約國家（即便在歐洲）也不是歐盟成員。如果說，加入北約「威脅俄國安全」還可以令一些人信服的話，那麼加入歐盟會影響俄國安全，那就是無理之極。

　　烏克蘭一心要加入北約是在2014年之後。在2014年，俄羅斯非法兼併了屬於烏克蘭的克里米亞，在烏克蘭東部三州，俄羅斯又挑動和支持俄裔分離主義和烏克蘭軍隊作戰。在烏東三州的最東部頓巴斯地區更扶植了兩個傀儡政權「頓內次克共和國」和「盧甘斯克共和國」。對這種土地被吞併和被分裂，還不斷有叛亂戰爭的情況，烏克蘭才不得不選擇加入「北約」。

　　總之，俄羅斯吞併克里米亞在先，烏克蘭積極加入北約在後，這完全是俄羅斯逼出來的。好比胖虎欺負大雄在前，大雄再找哆啦A夢幫忙，這個時間順序千萬不要搞錯。

## 六、烏克蘭加入北約在可見的將來都不現實

　　在克里米亞被奪和頓巴斯戰爭爆發之後，烏克蘭就希望加入北約，2014年8月，總理葉森尤克（Arsenii Yatseniuk）宣布將向國會提出加入北約的路線，又和美國商議如何獲得「非北約主要盟國」（major non-NATO ally）的地位。2014年10月，烏克蘭大選，波羅申科總統更把加入北約提上優先事項。2018年，烏克蘭國會通過修憲，把加入歐盟和北約訂為目標，2019年2月正式寫入憲法。自此，烏克蘭加入歐盟和北約就成為「憲政責任」。

　　然而，無論加入歐盟還是加入北約，都不是烏克蘭一廂情願就可以成事的。就北約而言，一個國家加入北約通常經過三階段，先加入「北約和平夥伴計劃」（Partnership for Peace），在滿足一定條件後再被邀請加入「會員國行動計劃」（Membership Action Plan），然後才有資格開始加盟北約的入盟對話（Process of Accession）。同時在加入北約的談判中，每個成員國家都有一

票否決權。在外長簽字批准之後，還要各國國會批准才能坐實。

　　進入北約必須有幾個基本條件。這些條件有軍事性的，包括必須承諾以和平方式解決紛爭，必須有意願和能力在軍事上對北約有貢獻，候選國和鄰國不能有領土爭端，國家內不能有外國軍事基地，武裝力量結構和裝備應符合北約標準等。也有政治性的，候選國必須是文人政府（國防部長只能由文職人員擔任），必須是民主國家，必須實行市場經濟，必須平等對待少數族群等等。

　　這個過程是冗長的，以2017年加入北約的蒙特內哥羅為例，它在2009年被邀請加入「會員國行動計劃，但直到2016年才被批准加入。現在烏克蘭在哪一步呢？還停留在「北約和平夥伴計劃」階段，連「會員國行動計劃」都沒到。

　　除了烏克蘭之外，還有好幾個國家一直熱切想加入，但因為種種原因至今未成事。比如波士尼亞，在2008年就被邀加入「會員國行動計劃」，但至今尚未正式加入該計劃，因為境內有軍事基地問題未能達到北約要求。

　　比如喬治亞，早在2008年，北約領袖就認為喬治亞一旦滿足條件就可以加入，喬治亞甚至開始參加了一些北約的維和行動。但至今，主要由於喬治亞境內有兩個受俄羅斯支持的「獨立共和國」的關係，喬治亞依然未能進入。

　　比如北馬其頓共和國（原名「馬其頓共和國」），它長期因為和北約成員國希臘關於「馬其頓」國名的爭議，被希臘行使一票否決權。後來北馬其頓改了國名，最終於2020年3月27日加入北約。

　　烏克蘭要加入北約必須面對不少困難。最主要的就是和喬治亞一樣，存在和俄羅斯的領土爭議，包括克里米亞以及烏東頓巴斯兩個「獨立共和國」。烏克蘭現在連「會員國行動計劃」也未能被邀，更遑論進一步的實質性磋商了。其實別說北約了，就連美國的「非北約主要盟國」身分，烏克蘭也尚未得到。

　　就在戰前的危機中，不少北約國家政要已多次公開說過，烏克蘭加入北約在可見的將來都不可能成事，這裡說的「可見的將來」是20到25年。

## 七、北約無法白紙黑字保證不接受特定國家

　　既然如此，那麼北約為什麼不答應「不接受烏克蘭」呢？確實有不少人認為，美國答應不讓烏克蘭加入，不就沒事了嗎？

　　關鍵之處在於，俄羅斯不是要求北約承諾不讓烏克蘭加入，而是要「白紙黑字地承諾永遠不讓烏克蘭加入」。當中的分別就大了。美國人和歐洲人對「白紙黑字」很看重，因為依條約辦事是西方傳統。這和一些國家動輒把「白紙黑字」當成「歷史文件」完全不同。因此，白紙黑字，無論是什麼形式，都不是想給就給的。

　　北約組織的名稱來自「北約」，全稱《北大西洋公約》，它不但是「白紙黑字」文件，還是正式條約，經過28個國家國會批准生效和接受。在美國體系中，這種經過國會批准的條約與國會制定的國內法一樣，處於憲法之下的法律位階。

　　在北約第十條規定：公約成員國可以（may）邀請「任何歐洲國家」加入（原文：The Parties may, by unanimous agreement, invite any other European State in a position to further the principles of this Treaty and to contribute to the security of the North Atlantic area to accede to this Treaty.）。烏克蘭是歐洲國家，所以北約可邀請烏克蘭加入。如果美國總統（或政府）給出白紙黑字承諾不讓烏克蘭加入，就有違反法律之嫌。在其他北約國家也有類似的情況。

在實踐上，北約也一直主張自己是一個「開放」（open）的組織，或稱為「開放政策」（open door policy），其法源就是北約章程第十條。在戰前幾個月與俄羅斯的交涉中，北約也反覆重申這種開放政策。如果北約公開地用白紙黑字承諾，不讓烏克蘭加入，就違反了自己的開放政策，也違反了自己的章程。

這就更不提俄羅斯要求「永遠」不讓烏克蘭加入了，有這個時間限期，更是不可能。

在烏克蘭戰爭爆發前，北約和俄羅斯多次討論，俄羅斯給出了書面要求，美國也給出了書面答覆。由於答覆是不公開的，我們也無從得知美國具體寫了什麼。但筆者估計，美國或許肯口頭承諾在未來一段長的日子不讓烏克蘭加入，但第一不可能「永遠」，第二，也不可能「白紙黑字」。

況且，俄羅斯要求北約不接納烏克蘭只是其要求的一部分，俄羅斯還要求北約「不再東擴」。這更不可能接受。因為按照俄羅斯「五次東擴」的宣傳術，北約不但不能東擴，還不能進行任何形式的擴大。那麼現在北約一直在談判的波士尼亞、北馬其頓和喬治亞，也通通不能進入北約。如果說喬治亞是前蘇聯國家還是俄羅斯鄰國，俄羅斯不喜歡它進入北約還可以理解，那麼要禁

止波士尼亞和北馬其頓就更無道理了。更何況，俄羅斯還要求北約退回1997年之前的狀態，這更加是獅子大開口，漫天要價。

## 八、烏克蘭加入北約並不必然增加俄羅斯的威脅

俄羅斯認為烏克蘭加入北約會威脅俄羅斯，從此北約直接與俄羅斯接壤，北約武裝距離俄羅斯腹地咫尺之遙。這點聽上去很有道理，卻經不起推敲。

在北約第二次擴大時，已把波羅的海三國納入北約中。波羅的海三國直接與俄羅斯接壤，把俄國的加里寧格勒與本土隔開來形成飛地。愛沙尼亞更與俄國第二大城市俄羅斯的文化、經濟、科學中心與交通樞紐聖彼得堡近在咫尺。如果說俄國需要「緩衝地」，那麼北約國家和俄羅斯之間早就貼在一起了，早就沒有緩衝地了。但自從2004年它們加入北約後，俄羅斯所受威脅有增大嗎？如果波羅的海三國沒有增加威脅，那麼烏克蘭加入北約，為何就會增加威脅呢？

一個國家加入北約不等於在北約會在這個國家上部署武器和人員。在每一個北約國家上部署的兵力可分為三類。第一是本國兵力，這些兵力通常也算在「北約兵力」的統計中，但顯而易見，就算這個國家不加入北約，這些兵力也是在那裡的。第二是「多國部隊」兵力，這通常是指除美國以外的其他國家組成的混合部隊。這些部隊的戰力沒有太多實戰考驗。第三類是「美國軍隊」，大家都心知肚明只有美國軍隊才是最能打的。因此，大部分東歐國家為了加強安全感，都想美軍進駐。

然而現實就是，美軍進駐的國家很少[7]。在整個東歐，在

戰前只有五個國家（波羅的海三國加波蘭和羅馬尼亞）有外國駐軍。在北線，美國只駐紮在波蘭（5700人）、立陶宛（450人）。在愛沙尼亞和拉脫維亞上只有多國部隊。它們都是在近年俄羅斯擴張（2014年克里米亞事件之後），北約因應威脅而在2016年的華沙峰會上才決定在這些國家駐兵的[8]。在南線更只有羅馬尼亞有美國駐軍（900人），其他三國（斯洛伐克、匈牙利、保加利亞）連多國部隊也沒有。而且，除了在波蘭，這些外國駐軍都是營級規模而已，可見北約對東歐國家的保護更多的是一種承諾，而不是實質的軍事存在。

在某國駐軍更不代表在某國設立進攻性武器。親俄輿論說，如果在烏克蘭境內部署進攻性武器，那麼俄國連攔截的時間都沒有。軍界一般所指的進攻性武器是指中程彈道飛彈（特別是可以攜帶核彈頭的彈道飛彈）。根據美國與俄羅斯簽訂《中程飛彈協議》，在冷戰後已在歐洲撤除了所有中程飛彈。協議在2019年作廢。這是因為川普時期美國要應付中國在中程飛彈的高速發展，所以廢除了「綁住自己」的條約。作廢所針對的不是俄國而是中國。儘管北約多次指出，俄羅斯在歐洲（部分）已部署了可攜帶核彈頭的中程彈道飛彈，但北約也反覆聲明「不打算在歐洲部署中程核飛彈」。[9]

目前在東歐，只有波蘭和羅馬尼亞設立了彈道飛彈防禦系統，但這個系統是防禦性武器，部署這些武器是為了攔截俄國的襲擊，而不是去襲擊俄國。根據歷史事實可以推斷，即便烏克蘭加入北約，在烏克蘭領土上也不會部署進攻性武器。

更何況在北約冷戰後擴大之前，接壤蘇聯的土耳其領土上就

部署了美軍的核武[10]。雖然現在土耳其不再與俄羅斯接壤（隔著高加索國家），但與俄羅斯在黑海隔海相望。烏克蘭即便加入北約，它會比土耳其對俄羅斯的危險更大嗎？

## 九、不能因為追求「絕對安全」而損害其他國家的安全

我們退一萬步，即便烏克蘭加入北約，俄羅斯固然不高興，但能因為這個緣故去侵略烏克蘭嗎？正如前述，《1999年伊斯坦堡協議》重申了所有成員國都擁有自由參加軍事協議的「天賦權利」（inherent right），因此加入北約有無可置疑的合法性（legality）。這裡再從合理性（legitimacy）方面分析一下。

這裡不得不引用中國外交部回答記者問。2月28日，中國外交部記者會上，發言人被問到「上周，中國外交部說烏克蘭是主權國家。那麼，中方是否認為烏克蘭政府是合法政府？如果是，中國是否呼籲俄羅斯尊重烏克蘭民選政府？」時回答：「各國主權和領土完整都應當得到尊重和維護，聯合國憲章宗旨及原則都應當得到共同維護，這是中方一貫秉持的原則，也是各國都應該堅持的國際關係基本準則。**與此同時，中方也一貫認為，一國安全不能建立在損害別國安全的基礎之上，更不能出於尋求自身絕對軍事優勢和絕對安全而肆意損害別國主權和安全，各國的合理安全關切都應該得到尊重。**」

後面這句「更不能出於尋求自身絕對軍事優勢和絕對安全而肆意損害別國主權和安全」，在當時引起普遍猜測，因為聽起來完全是在指責俄羅斯：正因「俄羅斯要尋求絕對軍事優勢和絕對

安全」，才「肆意損害烏克蘭的主權和安全」。

　　難怪英國路透社第二天追問「你說的一個國家是不是指俄羅斯？還是別的其他國家？」。中國才澄清「我可以給你一個清晰的解釋……各國的合理安全關切應當予以尊重。在北約連續五輪東擴情況下，俄羅斯在安全方面的正當訴求理應得到重視和妥善解決。」

　　中國羅列起大道理時頭頭是道，然而一旦把道理應用在具體事項上就錯漏百出。這裡就是一個例子。很明顯，中國（和俄羅斯）說，俄國在安全方面的正當訴求理應得到重視，又說中國尊重主權和領土完整，那麼為什麼烏克蘭在安全受威脅、主權和國土完整被破壞的問題上的正當不過的訴求，就不應該得到重視呢？

　　說白了，這就是一種「大國安全要被重視，小國安全可被犧牲」的叢林法則罷了。

　　為抽象安全或絕對安全而侵略，在國際法上是不受支持的。即便在二戰之前的叢林法則年代，二十世紀初期的國際法標準教材《奧本海國際法》裡面第二章第五節專門討論「自保」作為侵犯行為的寬恕理由，裡面雖然承認「從國際法最初存在之時起，自保就被視為國家侵犯其他國家的許多行為的充分理由」，但「為了自保而侵犯其他國家，只在必要的情況下，才可以被寬恕」。

　　書中舉例，如果一國獲得情報，鄰國領土上有一群攜帶武器的人正在組織起來意圖襲擊該國的領土，而如果向鄰國當局提出呼籲就可以消除危險，那麼必要的情形就沒有產生。但如果呼籲

無效或無法提出，或者如果耽誤就會發生危險，那麼就發生了必要的情形，而受威脅的國家就有理由入侵鄰國，解除襲擊者的武裝。書中還以1807年丹麥艦隊案等一系列案件解釋了何為「必要性」。[11]

書中還解釋如何判斷「必要性」：「自保行為的合法性問題是適宜也應該最後由一個司法權威或政治團體（如聯合國安理會）以司法資格予以斷定。如果有關國家拒絕將問題交付公正決定，或不遵從公正決定，這種情形就應該視為在自保行為的偽裝下破壞國際法的初步證據。」

在二戰後國際社會建立了以聯合國為核心的國際新秩序，根據聯合國憲章，各國更不能因為抽象的自保理由就侵略其他國家。

顯而易見，俄羅斯入侵烏克蘭，既沒有自保的必要性，在程序上更沒有經過司法權威或政治團體的斷定，從來沒有在聯合國上討論過這個議題，同樣沒有程序上的合法性。

如果說自保，那麼誰更有理由自保？當然是烏克蘭了，國土被奪取和被分裂，已是不光是防止侵略的預先自保了，而是「被攻擊的現在進行式」了。

## 十、與古巴飛彈危機中的美國對比，俄羅斯更顯蠻橫粗暴

在國際關係的現實主義學派看來，俄羅斯作為大國，利益確實要比小國「更值得尊重」。筆者舉出的幾個美國學者的意見（包括米爾斯海默、凱南、季辛吉、馬特洛克等），基本觀點都

是，北約和烏克蘭「沒有尊重俄國」。

他們最常引用的例子就是1962年古巴飛彈武器危機。俄羅斯不允許烏克蘭加入北約，美國當時不也不讓古巴部署核武嗎？美國不也是「大國不可讓旁邊國家不利於己」嗎？根據Whataboutism，俄羅斯哪裡錯了？

對這種論調的詳細分析超越了這篇文章的篇幅。這裡只簡單說一說。

筆者雖然在「應然」維度上不認為「大國應該比小國更值得尊重」，但在「實然」維度上也承認在現實國際關係中，大國確實會比小國得到更多的「尊重」。那些基於現實主義的思考點也絕對有參考的價值。

但現實主義國際關係的人都不太愛講國際法，很多冷戰時期的美國前國安系統中對蘇聯工作的專家都是這類，都先給美國和烏克蘭打一耙。他們腦海裡都還是接受「大國有權為所欲為」的那一套「叢林法則」，而不會注重什麼是國際交往的界線和基本原則，即「以規則為基礎」（rule based）的國際體系。值得指出的是，「以規則為基礎」並非「自由主義國際關係觀」（這應該是以聯合國為基礎的國際體系）的專利。因為早在19世紀叢林法則的年代，也已建構起一套國際法。所謂「盜亦有道」，強盜也要講規則。

以1962年的古巴飛彈危機為例。古巴事件和烏克蘭事件確實有一定的比較意義：美國當時的利益取向和現在俄羅斯的利益取向確實沒有本質分別。但通過以上分析可知，程度上差好遠，因為當時蘇聯真的在向古巴運送核彈頭，而現在只是烏克蘭想加

入北約。然而，這裡的重點不僅是大國怎麼想，更要看大國怎麼做。

美國反對蘇聯在古巴部署核武，用的方法是什麼？美國有把古巴滅了嗎？有像俄羅斯這次侵略烏克蘭那樣侵略古巴嗎？美國距離古巴最近地方只有幾十英里，以美國軍力的強大，分秒之內把古巴「推平」幾次都可以，但美國有這麼做嗎？

沒有。當時確實有人提出攻擊和侵略古巴的方案，但在甘迺迪總統的決斷下，美國否定了這些方案，轉而採用在古巴外圍攔截蘇聯船隻。在國際法上這不是「封鎖古巴」（blockage），因為美國沒有限制船隻進出古巴，只是攔截蘇聯可疑船隻。美國同時在美洲國家組織中進行投票，獲得美洲國家的支持，根據《里約熱內盧條約》（Inter-American Treaty of Reciprocal Assistance）獲得合法性。於是，美國的行為無論在國際關係和國際法上都有合法性。最後，美國和蘇聯互相攤牌，解決爭端。

寫到這裡就能明白，甘迺迪總統和普丁分別在什麼地方了。同樣是不允許鄰國對自己不利，美國以按照國際法行為行事，而且直接針對蘇聯；俄羅斯拋開國際法，直接打烏克蘭。

更加要注意到，事件發生的年代對如何評價非常重要。古巴危機發生的1960年代，固然已是聯合國時代，但現實主義依然盛行。到了60多年後的21世紀已是後冷戰時代（雖然這幾年開始變了），各國講的是和平與發展。俄羅斯居然又引領風潮，一下子倒退到聯合國之前，甚至是19世紀，國際社會能接受嗎？

# 結論

　　經過以上分析，可以清楚知道，俄羅斯的所謂「北約東擴威脅自己」，既不符合事實，也沒有迫切性；烏克蘭希望加入北約，既有合理原因，也有國際法依據，更絕對可以理解，相反，俄國因此侵略烏克蘭，更違反了國際法，充分顯示了俄羅斯的蠻橫和侵略野心。

第十六章

# 普丁的謬論：
# 烏克蘭有「納粹化」嗎？

　　普丁的第三個開戰理由是，烏克蘭被納粹化，俄羅斯軍事行動的目的，就是要對烏克蘭「去納粹化」。無論在俄國提出的目標（要將烏克蘭「去軍事化」和「去納粹化」），還是談判的六大要求中，「去納粹化」都是重要的內容。按照普丁發言人佩斯科夫（Dmitry Peskov）的解釋，「去納粹化」是要清除烏克蘭的「納粹分子、親納粹人士和親納粹思想」。然而，烏克蘭真的存在「納粹化」問題嗎？

## 何為納粹？

　　很顯然，要回應普丁的質疑，首先就要先釐清何謂「納粹化」。對「納粹化」的不同理解，會導致雞同鴨講。值得指出的是，俄國有時的說法是「納粹」，有時的說法是「法西斯」，於是這兩個名詞最好一起理解。當然，這兩個詞的準確含義要討論好久都討論不完，這裡只是簡單介紹一下。

　　在歷史上「法西斯」（fascismo）這個詞先出現，它來源於義大利文 fasces，即束棒，是古羅馬時期一種權力象徵器具，由多根木棒圍繞著一把在中間的斧頭捆綁而成。捆在一起的木棍代表團結，而斧頭（古代用來砍頭）則代表最高權力。官員在活動中出場時，衛兵在他前面高舉束棒，數目越多表示級別越高。義大利墨索里尼用「法西斯」去表示一種混合了民族主義、威權主義、集體主義，以推崇革命和暴力美學的意識形態。

　　「納粹」（Nazi）源自納粹黨（Nationalsozialistische Deutsche Arbeiter Partei），即國家社會主義黨。它同樣推崇民族主義、威權主義、集體主義，也有暴力美學；但相比法西斯主義，它除了每方面都更極致之外，又加上了希特勒的特色。第一是種族優越主義和優生學，種族有優劣之分，雅利安人是最優秀的民族；第二是反猶主義，猶太人是世界一切罪惡和黑暗的幕後黑手，必須消滅猶太人。第三，反同性戀，反女權主義。因此，可以說，納粹主義比法西斯主義更激進。

　　值得指出的是，擁有「威權主義、集體主義、暴力美學」等特徵的，還有共產主義。但在共產主義中，階級而不是民族才是社會鬥爭的核心，共產主義不承認私有制，這兩點是共產主義和法西斯主義／納粹主義的分野。因此，正牌的共產主義者，如列寧，是不講民族主義的，他講的是階級鬥爭，列寧最反感的就是俄羅斯沙文主義。中國的毛澤東在這方面和列寧有點相似，也用階級取代民族。一個比較諷刺的是，如果一個共產主義政黨，變得承認私有制，又強調民族主義，那麼它和法西斯主義的分野就不太大了。

　　由此可知，要成為納粹主義，民族主義、威權主義、集體主義、種族優越、反猶、反同性戀／反女性主義這些元素，一個都不能少。

　　以此衡量，烏克蘭距離納粹主義相當遙遠。

　　比如，烏克蘭是民主選舉，連所謂的「戲子」都可以上台，怎麼可能是威權主義？

　　比如，烏克蘭是女性主義最出名的國家，無上裝女性遊行比比皆是，怎麼可能是「反女性主義」？

　　比如，現在烏克蘭總統澤倫斯基是一名猶太人，而且據他2020年訪問耶路撒冷時講述，他的祖父是二戰納粹大屠殺的倖存者，他祖父的三個兄弟都死於大屠殺。如果烏克蘭是納粹主義當道，怎麼可能選上一個猶太人總統？

　　說到反猶，當年納粹德國在基輔城外的娘子谷（Babi Yar）殺害超過三萬三千名的猶太人，蘇聯時期一個紀念碑都沒有。直到烏克蘭獨立後，才建起大屠殺紀念碑和紀念館。如果說烏克蘭反猶，那麼蘇聯不是更反猶？而且，前總統尤申科因為把班傑拉列為民族英雄而被責難為納粹，但也是他親手主持娘子谷65週年大規模紀念活動。如果把納粹和「紀念猶太人」放在同一個人身上，那未免太奇怪了吧。

　　更說明問題的是，2015年烏克蘭通過法律，譴責曾經統治過烏克蘭的納粹德國、蘇聯政權，並禁止烏克蘭國內的個人和組織替納粹、共產主義以及納粹德國和蘇聯宣傳。既然禁止納粹宣傳，那麼還能說烏克蘭是「納粹當道」嗎？

# 班傑拉是否納粹主義？

那麼為什麼俄國會指控烏克蘭納粹主義盛行、偏要搞去納粹化呢？這有俄國自己的「俄國邏輯」和「俄國事實」。然而，這些邏輯通通站不住腳。

第一，在俄國語境下的「納粹」，並不強調以反猶、種族優越論等代表的極端種族主義，而是長期渲染蘇聯打敗德國納粹的那場「偉大的衛國戰爭」，強調納粹就是俄羅斯對立面。在這種敘事下，凡是和納粹德國拉上關係的，都被說成納粹。

俄國指責烏克蘭「納粹」的一個重點，是前總統尤申科把班傑拉（Stepan Bandera）列為民族英雄，而班傑拉是一個非常具爭議性的人物，在二戰中曾和德國合作。這裡要簡略介紹一下。

班傑拉是1909年出生在西烏克蘭的利沃夫的烏克蘭人。前文說到，加利西亞（或東加利西亞）是烏克蘭傳統的民族主義發源地。在沙俄時期，屬於奧匈帝國；一戰後，曾短暫地建立「西烏克蘭人民共和國」，但最後被波蘭吞併，並在當地實施激進的「波蘭化」。班傑拉就成長在這個動盪年代，他的父親就是烏克蘭民族主義者，被蘇聯殺死，他的兩個姐姐被流放到西伯利亞。班傑拉也不出意外地成為一個烏克蘭民族主義者，以建立烏克蘭民族國家為己任。他加入了當時最大的烏克蘭民族主義組織——「烏克蘭民族主義者組織」（Organization of Ukrainian Nationalists, OUN）。當時要建立烏克蘭民族國家，既要讓西烏克蘭從波蘭獨立出來，也要讓東烏克蘭從蘇聯獨立出來。於是班傑拉既反俄，也反波，這不難理解。在正常情況下，要實現太難了。班傑拉就

被波蘭逮捕判死刑，後來改為終身監禁。

　　納粹德國的崛起為班傑拉提供機會，德國和蘇聯瓜分波蘭。班傑拉也得以出獄。班傑拉和OUN組織取得聯繫，進入了組織的領導層。由於意見分歧，OUN分為溫和派和激進派兩翼，班傑拉就是激進派的領袖，主張革命。這時西烏克蘭落入蘇聯之手（於是整個烏克蘭都是蘇聯一部分）。德國為準備攻打蘇聯，從OUN招募了班傑拉進入部隊間諜與反間諜部門。班傑拉在烏克蘭組建了「流動分隊」，準備配合德國入侵就起事。德國此後進攻蘇聯，一開始勢如破竹，特別在南線，整個烏克蘭很快都落入德國的手中。這時，班傑拉宣讀了《烏克蘭獨立宣言》（Act of Renewal Of Ukrainian Statehood）。班傑拉期望德國可以承認烏克蘭為獨立的盟國，加入軸心國集團。然而德國不願意，認為這是對第三帝國的反抗，於是反而把班傑拉抓了起來，送往德國的集中營。

　　這時在烏克蘭境內有三類反抗德國的軍隊：自發的地區武裝、班傑拉追隨者領導的民族主義軍隊「烏克蘭反抗軍」，以及親蘇的游擊隊。它們為著不同的目的和德國作戰。民族主義軍隊希望建立獨立的烏克蘭國，親蘇游擊隊希望迎接紅軍。因此他們之間也在混戰。這種情況在當時的中國也類似，有國民黨軍、共產黨軍、偽軍等，互相關係也錯綜複雜。比中國的情況還複雜，當時在西烏克蘭還有波蘭武裝，因為他們也想光復國土。1944年烏克蘭反抗軍就對波蘭人展開大屠殺（當時班傑拉還在集中營）。

　　到了1944年，紅軍反攻進入烏克蘭。烏克蘭反抗軍的作戰

對象多了一個蘇聯紅軍。2月29日，反抗軍伏擊了蘇聯的烏克蘭第一方面軍司令瓦圖京（Nikolai Vatutin），令他最後傷重不治。9月，德國把班傑拉放出來，希望利用班傑拉在烏克蘭人中的號召力抗擊紅軍。結果班傑拉領導的烏克蘭反抗軍同樣既打紅軍，又打納粹。當然，最後紅軍還是占領了整個烏克蘭。戰後，班傑拉生活在西德，蘇聯要求西方把他當戰犯，但西方拒絕。於是蘇聯還不斷尋找他，最後在1959年蘇聯特工毒死了他。

在之前的蘇聯、現在的俄國的宣傳中，班傑拉是叛徒、納粹走狗、沾滿鮮血的劊子手。班傑拉的思想確實充滿法西斯主義，也反共、反俄、反波、反猶，甚至反德。然而，客觀地說，他雖然反猶，但只是受當時瀰漫歐洲的反猶之風的影響，只是厭惡猶太人，而和納粹那種要殺光猶太人的思想完全不同。他也鼓吹烏克蘭民族主義，但這只是恢復烏克蘭國家的情懷，也和納粹那種雅利安人至高無上的種族優越論截然不同。他的出發點是，誰占領烏克蘭就反誰，這是高度實用主義的，他的反猶也基建於「猶太人幫俄國人統治烏克蘭人」的認識上。比如他主持過多次暗殺，大部分對象都是烏克蘭人（在他眼裡是波蘭與俄國的走狗），只有一個猶太人，因為他幫俄國壓迫烏克蘭人。至於他反波、反俄、反德，更完全是和爭取烏克蘭獨立直接相關。

一個人是複雜的，特別是班傑拉這樣的人。站在不同的立場，完全可以有截然相反的解讀。正如成吉思汗，他是蒙古人的偉人，但放在被蒙古征服屠殺的民族眼裡，他不過是個殺人狂魔。班傑拉是個毫無疑問的法西斯分子，但很難認為他是一個納粹。

當然，按照蘇聯／俄國邏輯，和納粹德國合作過打過紅軍的人，就是納粹。這種說法無視在很多國家當地人都依靠入侵者獲得對抗原統治者的時機，贏得民族獨立。無論印尼的蘇卡諾、緬甸的翁山、甚至新加坡的李光耀，都曾和日本人合作，但難道把他們都稱為「軍國主義者」嗎？道理大大地不通。這條原則也適用在班傑拉上。

同時，一個人被紀念，也完全可以集中在某個閃光點，而不必認同他的所有作為。比如，俄國人紀念史達林，會是認同他所有的大清洗嗎？美國人紀念哥倫布，會認同他屠殺印第安人嗎？尤申科把班傑拉定為「烏克蘭英雄」，也是這個邏輯。

順便說一句，尤申科此舉被俄國、波蘭、猶太人譴責（因為班傑拉反俄、反波、反猶），引發很大爭議。到了亞努科維奇時，以班傑拉不是烏克蘭人（依據他的國籍，理論上他是波蘭籍）為由，取消了其「烏克蘭英雄」的稱號。但是班傑拉繼續被作為民族英雄的象徵，處處出現在烏克蘭。

# 烏克蘭「新納粹」當道？

第二，俄國又指責烏克蘭「新納粹」當道。

2000年代以後，歐洲「新納粹」主義崛起，他們大致可以對應美國的「白人至上主義」，以反移民、反多元文化、反伊斯蘭教、仇外主義等為特徵，經常和民粹主義相輔相成。這在歐洲是個非常普遍的現象，並非烏克蘭獨有。

俄國自己也有新納粹組織，通稱為「光頭黨」（Skinheads）。

俄羅斯的新納粹主要源自蘇聯解體後的1990年代。他們標誌是光頭、納粹紋身、行納粹禮和穿迷彩褲等，並高喊口號。這些新納粹成立的組織有十多個，包括「人民民族黨」、「俄羅斯民族統一黨」、「俄羅斯目標」等。到21世紀近幾年，他們的組織發展得十分龐大，不僅僅只有年輕人，許多中年、老年人也加入到新納粹的行列。他們宣揚種族主義、仇視非俄羅斯人、崇尚暴力，甚至支持種族屠殺和種族清洗；認為外族人「侵占」了俄羅斯的城市，強占俄羅斯人的生存空間，提倡以暴力對待外族人。

　　2015年，歐洲大約150個新納粹或極右翼政黨代表齊聚俄羅斯聖彼得堡，參加「國際保守派論壇」。這次活動組織方是親克林姆林宮的國家黨（Rodina Party），參加這次會議的包括英國國家黨，德國國家民主黨以及希臘的金色黎明政黨的代表。活動對西方支持烏克蘭政府的做法表示了強烈的譴責。據BBC報導：「反對人士表示，這個論壇在俄羅斯召開自相矛盾，之前克林姆林宮方面還批評烏克蘭政府內部的法西斯主義。」

　　烏克蘭當然也有類似的新納粹組織。俄國一再指責的「亞速營」（Azov Regiment）就是一個。亞速營是烏克蘭國民警衛隊的一支準軍事單位，駐紮在亞速海沿岸的馬里烏波爾。最初由安德烈・比列茨基（Andriy Biletsky）領導一眾民間自發人士於2014年5月烏克蘭危機期間成立，6月在烏克蘭政府軍奪回馬里烏波爾的戰役中首次參戰。2014年11月12日正式由獨立民兵隊伍身分併入烏克蘭國民警衛隊，全部官兵均為國民警衛隊職業軍人。亞速營領袖比列茨基是白人民族主義者、極右翼政治家。他是烏克蘭極右翼政黨「國家軍團」（National Corps.）的領袖，

也是右翼組織民族主義運動「社會民族大會」（Social-National Assembly）的共同創始人。2014至2019年期間任烏克蘭最高拉達議員。類似的新納粹組織、政黨還有好些，班傑拉都是他們的偶像。

然而，烏克蘭有新納粹組織和政黨是一回事，要說「新納粹當道」又是另一回事。最直觀就是看選舉。在2019年選舉中，澤倫斯基領導的人民公僕黨則贏得43.16%選票，拿下450個議席中的254席，實現單獨控制議會。相反，幾個新納粹政黨，如「國家軍團」（即比列茨基為黨魁那個政黨）、Yarosh、Right Sector與Svoboda聯合，組成全烏克蘭聯盟「自由黨」，卻一共只贏得2.15%選票，僅在議會拿下一席。

和其他歐洲國家相比，烏克蘭的「新納粹」更不成氣候。比如德國具有新納粹傾向的「德國另類選擇黨」（AfD）在聯邦議會占有81席；匈牙利被批評新納粹、反猶的民族主義政黨「更好的匈牙利運動」（Jobbik）已是該國第二大黨。烏克蘭的情況還排不上號。

更重要的是，烏克蘭新納粹組織活躍，很大程度上是2014年之後的事，正是俄國占領克里米亞，分裂頓巴斯地區，才會催生出這類仇俄組織。漠視這個時間順序和因果關係，去指責烏克蘭「新納粹」橫行，豈非顛倒是非？

## 烏克蘭在頓巴斯搞種族滅絕？

第三，普丁還指責新納粹組織在頓巴斯搞種族滅絕，屠殺頓

巴斯俄裔。

　　在開戰之後，很多中文媒體開始描述頓巴斯在過去八年如何被「種族滅絕」。還有一個法國女紀錄片家安妮—勞爾・邦奈（Anne-Laure Bonnel）製作過《頓巴斯》（Donbass，2016），開戰後也譴責烏克蘭對頓巴斯俄語居民的長期壓迫，甚至以「反人類罪」控訴之。她指責「頓巴斯的衝突已經持續了8年，當地講俄語的烏克蘭人，成了烏克蘭政府的打擊目標，許多俄語居民宅被基輔政府轟炸」，「自2014年以來，頓巴斯有1萬3千人死亡」云云。

　　然而，最權威的報告不是安妮—勞爾・邦奈，而是由歐安組織派出的觀察團的報告和聯合國人權專員的報告。[1]因為她只在俄裔占領區拍攝，只聽俄裔官員和俄裔人的說法，很明顯是單邊之詞。報告確實承認，從2014年到2020年，總共有13200人死亡，其中3350人是平民，5650人是叛軍，4100人是烏克蘭政府軍。[2]在明斯克協議之後，平民傷亡大幅減少。最低只有每年個位數。造成平民傷亡的原因，大多是小型武器（如地雷等）的誤傷，而非針對平民的殺害。報告最終得出，沒有「計劃內的種族滅絕」（planned genocide）的結論。

　　可見，頓巴斯地區的傷亡，大部分都是作戰雙方的死傷，平民被波及只能說是戰爭的不幸，而不是故意殺害，更不是種族屠殺。這和科索沃的情況截然不同。而要承擔這個責任的當然是分裂的俄裔。

　　其實，在整個頓巴斯戰爭中，最嚴重的人道主義災難正是俄裔武裝搞出來的。那就是馬來西亞航空MH17號班機空難事件。

2014年7月17日，馬航MH17班機執飛阿姆斯特丹史基浦機場飛往馬來西亞吉隆坡國際機場航線時，在靠近俄羅斯邊界的烏克蘭領空內33,000呎高空被山毛櫸地對空飛彈（北約稱為SA-11「牛虻」）攻擊以致空中解體並墜毀的事故，機上283名乘客和15名機組成員，總共298人悉數罹難。飛機墜毀在烏克蘭東部頓內次克州多列士附近，距俄羅斯邊境40公里。2016年9月，荷蘭調查團隊表示，其已確認擊落MH17的山毛櫸飛彈是在事發當天從俄國運到親俄叛軍控制地點並從該地發射。受難者家屬至今正義尚未得到伸張。

　　由此可見，俄國指責烏克蘭「納粹當道」完全沒有道理，如果說烏克蘭要去納粹化，那麼俄羅斯自己首先要去納粹化。筆者在此前分析，俄國在二戰之後從未進行轉型正義，蘇聯在最初是侵略者，在後來又以犯下嚴重戰爭罪行著稱。然而，蘇聯／俄國一直以戰勝國的身分，逃避戰爭責任，也從未就二戰期間的蘇聯戰爭罪行進行自我反思，更沒有道歉。至今還認為自己就是「偉光正」的一方，這樣才會常常把「納粹化」掛在嘴上，看不到自己身上也有納粹的影子。

# 第十七章

# 駁左派的「比爛主義」

　　雖然國際社會以「歐美亞太抗俄共同體」為主體的國際輿論幾乎一面倒地支持烏克蘭，但即便在「歐美亞太抗俄共同體」內部也有不少另一方的意見。這些意見中有來自右派的現實主義角度的論述，諸如「北約擴張才是俄羅斯入侵的根本原因」，筆者在此前已分析過這種觀點了。但也有不少另一方意見站在「左派」立場，批判「為什麼譴責俄國侵略烏克蘭，而不去譴責美國侵略」？至於在「歐美亞太抗俄共同體」之外的其他國家有類似意見的就更多了：「西方這麼關心烏克蘭，為什麼不同樣地關心其他被侵略地區的人民？」

　　在繁體中文界，以香港知名左派記者張翠容的話最有代表性。她在其個人臉書上發文，指責某學者在其評論文章中對俄國入侵感到的震驚和憤怒為「遲來的震驚」、「遲來的憤怒」，指出「其實，在21世紀類似普丁罔顧國際法入侵別個主權國家，他不是第一人」，接著她舉例美國「侵略阿富汗、伊拉克、利比亞、敘利亞」及以色列空襲迦薩地帶等「對另一民族進行一場又一場的大屠殺」，認為「當中的不言而喻：國際政治就是叢林政治，自古至今都是如此」。[1]當然，她表述的意思不是像右派那

樣「認為叢林政治是合理的」，而是「以前為什麼不憤怒」。

在英文界，以印度左派記者普拉沙德（Vijay Prashad）在《亞洲時報》（*Asia Times*）上發表的〈「不文明」人民眼裡的烏俄危機〉（'Uncivilized' people's view on Ukraine-Russia crisis）最有代表性，他指責西方政治家和媒體對「地球上其他地區發生的戰爭不感興趣」，比如就沒有人關注剛果戰爭。[2]

這種意見不但在媒體中散見，還是一些國家的公開立場。比如在聯合國大會緊急特別大會上，南非代表就這樣為自己的棄權票辯護：自己不是不反對俄羅斯入侵，但認為「西方國家」在以前其他國家被侵略時，並沒有以這種強度去譴責侵略者。如果南非這次投了贊成票，就等於承認了「國與國之間的不平等」。

這些說法，通通可以歸結為「你也怎樣」主義（Whataboutism），不能說完全沒有道理，但和右派的說辭一樣，它們都經不起推敲。

## 為什麼西方國家不以同等關注對待其他地方？

確實需要承認，這次西方國家（其實是「歐美亞太抗俄共同體」，包括了日韓新等亞洲國家，這裡就先用「西方國家」指代了）對烏克蘭戰爭的關注，比對其他戰爭的關注更大。無論政府採取的強硬措施，企業採取的撤出政策，社會行業的脫鉤化，還是媒體的重視和同情，都是冷戰之後絕無僅有的。

然而，只要不是極端左膠，就會承認每個人每個國家，對人對事都有親疏之分，不可能完全一視同仁。

　　比如，如果有人的家人親友不幸去世，他一定會感到很悲痛，但一個與他完全無關的人去世了，他大概連半點感覺都沒有。反過來說，世界上每天都有無數人去世，如果每個去世事件都要悲痛一下，那麼還能幹其他事嗎？那種要求不但脫離現實，在道德上無限上綱上線，就連「極端左膠」自己也做不到。

　　其實豈止人與人之間如此，人類對其他物種也是這種態度：對與自己親近的物種如貓、狗非常疼愛，但對打死一隻蟑螂、一隻蒼蠅，甚至完全無害的蚱蜢、蚯蚓都沒有太大心理障礙。

　　同理，每個國家的政府、企業、行業組織、媒體也會把最大關注放在「自己人」或「自己鄰居」上。這不但是人類本性，也可以合理化為受眾的力量：政府要關注最多自己選民關心的問題、企業要注重在最大市場的利益而不得不顧及這些市場的消費者的感受、行業組織（如國際足聯）要重視會員國（各國足協）的意見，媒體要優先報導最多自己讀者關心的事。

　　毫無疑問，與「其他國家」相比，對歐美主流社會而言，烏克蘭更是「自己人」：烏克蘭人的主體是白人，烏克蘭人主流信仰天主教和東正教，烏克蘭的文化和歐美一脈相承，烏克蘭更就在歐洲與歐盟國家接壤。

　　一些歐美評論家說的話可能不太好聽，不太委婉，但背後意思沒有錯。這不是「歧視」，而是「更關切」。

　　對此忿忿不平的人也不妨同樣把Whataboutism用在自己身上一下，你們國家（或地區）在報導「剛果戰爭」上，又做的怎麼樣？比如批判西方媒體沒有報導剛果戰爭的那位印度人，難道印度有很多關於剛果戰爭的報導？筆者經常看印度的新聞，印度

新聞界報導的比西方那些全球性媒體要狹窄得多了。事實上,有多少發生在「其他國家」的戰爭,不是主要由「西方媒體」首先報導出來的呢?正在發生在非洲的衣索比亞戰爭、索馬利亞戰爭、馬利戰爭等,絕大部分國家報導的媒體,難道不是都從BBC、美聯社、法新社等大西方新聞機構拿通稿?印度媒體怎麼就不跑去報導衣索比亞戰爭?

## 為什麼只譴責俄羅斯,不譴責美國?

這種Whataboutism的出發點是,為什麼同樣的事「美國做得,俄羅斯做不得」?這裡首先要指出,在美國參與的戰爭中,不是沒有國家譴責美國。最明顯的是伊拉克戰爭,就算是美國和西方媒體,也有很多譴責美國的聲音。當然,這些譴責聲量都無法與俄羅斯這次相提並論。而且確實更沒有(或極少)國家因此制裁美國,這當然也是美國在全球的霸權獨大的結果。

然而,在承認這些「現實」之後,只要真實地看待歷史,而不是陷入某種宣傳,就會同樣承認,「譴責俄羅斯,不譴責美國」的根本原因,還是美國的行為與俄羅斯這次有本質的不同。

在英文中(至少在美國英文中),「invasion」(「侵略」)並不是一個非常負面的詞彙,比如絕大部分美國媒體都用「the invasion of Iraq」這類的字眼。但放在中文,「侵略」就帶有強烈的是非感。反美成習慣的中文媒體就常常用「侵略」形容美國每一次參與的軍事行動。但事實是,在冷戰後,美國確實參與了多次海外軍事行動,然而,參加戰爭(或捲入戰爭)不等於發動

侵略，但絕大部分所謂「侵略」都是「正當的」、「合法的」。

先要說明何為合法，在二戰後建立起來的以聯合國為基礎的國際秩序體系中，並沒有一概否認軍事行動的合法性，即不認為凡是採取對外軍事行動就是「非法侵略」。這主要看兩個因素：第一，有沒有經過聯合國安理會授權；第二，是否「行使防衛權或集體防衛權」，兩者之一皆可。我們不妨以此為標準，審視一下美國在冷戰後參加的歷次戰爭。

冷戰後美國參加的第一場戰爭是1990年波斯灣戰爭。起因是伊拉克侵略科威特，把科威特吞併了。聯合國安理會通過眾多決議，尤以660號決議（譴責伊拉克入侵）和678號決議（授權「以一切必要的手段執行第660號決議」）最重要，它們賦予「侵略」伊拉克的「合法性」。正是在這種背景下，美國才組成34國聯盟「侵略」伊拉克。

美國參加的另一場戰爭是「索馬利亞戰爭」。起因是從1992年開始進行索馬利亞內戰出現人道主義危機，聯合國安理會通過了794號決議批准成立以美國為首的聯合國索馬利亞維和部隊進駐。但內戰繼續，在1993年的摩加迪休戰鬥中，索馬利亞軍閥攻擊美軍和聯合國維和部隊，造成24名巴基斯坦士兵和19名美國士兵死亡。時任總統柯林頓宣布美軍撤出。這就是所謂的「美國侵略索馬利亞」。

美國參加第三場戰爭是以北約名義出兵參加的波士尼亞戰爭。波士尼亞戰爭起源於南斯拉夫（塞爾維亞為主）政府支持波士尼亞的塞族人與波士尼亞穆斯林及克羅埃西亞裔人的內戰。聯合國安理會通過一系列決議制裁南斯拉夫，包括成立禁航區

和派兵。1993年，聯合國安理會836決議更授權派駐聯合國維和部隊防守波士尼亞內的安全區，也請求北約部隊執行封鎖任務。在波士尼亞戰爭進行到1994年2月，發生「第一次塞拉耶佛大屠殺」，連聯合國維和部隊也受襲，於是應聯合國秘書長蓋里的要求，北約開始空襲。美國隨北約參加這次戰爭當然也是完全合法的。

再下一場主要戰爭是同樣以北約名義參戰的1999年科索沃戰爭。此事源於自從1996年就開始的南斯拉夫塞族政府對爭取獨立的科索沃人（阿爾巴尼亞裔）的內戰。這次介入是因為在內戰中發生了對科索沃人的「種族清洗」式（genocide）的屠殺，雖因為俄羅斯等國家阻撓沒有在安理會獲得通過決議，但科索沃人被種族清洗的證據確鑿。最權威的證據之一是，隸屬聯合國體系的「前南斯拉夫地區嚴重違反國際人道法罪行人物之國際法庭」審理戰爭罪行，當時的南斯拉夫領導人米洛塞維奇也被控在克羅埃西亞、波士尼亞及科索沃三場戰爭中犯下66項罪行（米洛塞維奇在審訊期間死去），最後法庭在對161人的起訴中，成功定罪90人。因此，美國（和北約）參加的科索沃戰爭屬於「不完全合法但正義」的戰爭。塞爾維亞、俄羅斯、和中國等都把這場戰爭說成是侵略戰，但放在歐洲和美國和大部分國家來看，根本沒有國家認為這屬於侵略，而屬於解救人道主義危機。

再下一場戰爭是美國攻打阿富汗推翻塔利班。這是911事件後的反恐戰爭，既是行使正當的國家防衛權，也得到聯合國安理會的授權，更得到全世界的支持。別的不說，就說當年俄羅斯總統普丁和中國國家主席江澤民，也都站在美國的一邊。現在，在

一些人嘴裡卻變成了侵略戰爭，何其荒謬？

美國在冷戰後參加的唯一令人詬病的是 2003 年出兵伊拉克推翻海珊。首先說明，筆者譴責和反對這場戰爭。但譴責是一回事，戰爭是否「合法」又是另一回事，因為從國際法來看，這場戰爭的合法性只能說有爭議，並非一定就是「不合法」。原因在於美國攻打伊拉克的重要理由「大規模殺傷性武器」，雖然最後證明不存在，但當時海珊確實屢次刻意阻撓聯合國調查團的調查，已違反了聯合國安理會決議案 1441 號（2002），該決議給予伊拉克「最後一次機會」履行聯合國有關伊拉克解除武器的一系列決議。美國和英國認為根據決議，聯合國已授權干預，不需要新決議再次授權。這種說法並非無理。[3] 儘管如此，當時美國和英國還是極力試圖在聯合國推動新決議，可謂在聯合國框架內盡了最大努力。此外，美國組建五國聯軍（美國、英國、波蘭、澳洲、丹麥），也爭取到二十多國支持（日本、韓國、菲律賓、新加坡、阿富汗、科威特、烏茲別克、亞塞拜然、喬治亞、波羅的海三國、荷蘭、盧森堡、義大利、西班牙、捷克、匈牙利、羅馬尼亞、保加利亞、衣索比亞、哥倫比亞等）。[4]

再下一場戰爭是 2011 年美國跟隨北約攻打利比亞。這場戰爭的起因是 2011 年利比亞在「阿拉伯之春」中爆發 2 月 17 日革命，軍事強人格達費對和平示威者使用大殺傷力武器（包括飛彈），震驚世界。於是聯合國安理會通過了 1973 號決議（2011），授權「國際社會在利比亞設立禁航區，以除了外國占領外的任何方法保護平民」，即包括使用武力。因此，這次對利比亞的軍事行動同樣是「合法的」。

　　最後是敘利亞內戰。起因是敘利亞的阿塞德政權與阿拉伯國家聯盟22國（包括敘利亞的自由軍政府）所承認合法的「自由軍政府」之間的內戰。以阿拉伯國家的思維，這是「阿拉伯人的家事」。在北約加入之前，卡達、沙烏地阿拉伯（支持自由軍）和伊朗（支持阿塞德）都已介入了戰爭。美國和北約雖然支持阿拉伯國家聯盟所支持的自由軍政府，但沒有參戰。到了2014年北約參戰，這是因為內戰形勢出現突變，「伊斯蘭國」在敘利亞和伊拉克橫空出世，成為史無前例的恐怖主義者組成的「國家」。於是聯合國安理會通過2170號決議（2014），支持軍事打擊恐怖主義。美國和北約等組成有30多國參與的「聯合特遣部隊—堅決行動」（Combined Joint Task Force-Operation Inherent Resolve）落場參戰（北約以外的國家包括澳洲、約旦、沙烏地阿拉伯、沙烏地阿拉伯聯合大公國、紐西蘭）。因此，這也不是什麼侵略。如果說美國是侵略，那麼隨後俄羅斯也直接介入反恐戰爭了，為什麼俄羅斯就不是侵略呢？

　　由此可見，除了伊拉克戰爭有爭議（在筆者看來是「合法的」，但錯誤的；與科索沃戰爭恰好相反）之外，美國在冷戰後參與的所有戰爭都有確鑿的法理依據。

　　與美國的行動對比，俄羅斯早在2014年把克里米亞搶過去，就是二戰後首次「搶占領土」的非法行為。這次在攻打烏克蘭更是完全非法的。俄羅斯甚至連裝模作樣先在聯合國安理會討論一下的門面功夫也不做，把聯合國完全拋在背後。

　　順便說一句，一些反美宣傳長期用一種潛移默化的方式，把戰爭中的死亡全部都歸咎在美國上，諸如「美國發動的XX戰

爭，導致XX萬人死亡」。然而事實上，絕大部分這些死亡人口都和美國沒有直接關係，比如阿富汗戰爭中的死亡人口，絕大部分都是被塔利班不時發動的恐怖襲擊中的平民受害者，此外還有重要的部分是戰場上作戰的塔利班，以及阿富汗政府軍及盟軍人員。

　　因此，所謂「為什麼美國做得，俄羅斯做不得」根本就是錯誤的提問。正如同樣是殺人，一個是正在執行法律的警察，一個是濫殺無辜的悍匪，你卻質問「為什麼警察能殺人，悍匪不能殺」，這豈非可笑？

## 比較是為了比誰更好，而非誰更爛

　　最後，Whataboutism不能淪為荒謬的「比爛主義」。

　　Whataboutism的邏輯基礎是，通過對比歷史案例而借鑑現在應該怎麼做。這種思維本身不能說是錯的。然而，要把它用對，一來要「怎麼比」，即有合理的對比，比如以上通過分析美國和俄羅斯，就可以說明哪類的對比不合理；二來更要看「怎麼用」，必須以善意（good will）為基礎前提，向好的方面借鑑。可惜的是，現在通行的Whataboutism，卻變成了「比爛」的遊戲。

　　這裡舉一個筆者在中國論壇看到的例子。它非常好地說明了何為「比爛」。

　　在這次烏克蘭戰爭事件中，德國足協為表示支持烏克蘭，在聯賽徽號上換成了烏克蘭國旗的黃藍顏色。於是有中國球迷不滿

意了，說：「尼瑪，別的歐洲國家就算了，德國當年在烏克蘭沒少犯罪，好意思啊。」

　　這裡要解釋一下。按照正常人的邏輯，既然德國以前「在烏克蘭沒少犯罪」，那麼現在心中愧疚，不是應該更支持烏克蘭人才對嗎？但按中國球迷的邏輯，反而變成了：「既然德國以前傷害過烏克蘭，現在俄羅斯傷害烏克蘭就沒有資格指責俄國了」，潛台詞當然是：「既然德國可以侵略，為什麼俄羅斯就不可以侵略？」

　　歷史的經驗和教訓，本來要讓我們從中學習，以締造一個「更好的世界」。但在Whataboutism的「比爛」思維中，歷史教訓卻成為「我們也要那樣做」的理由。

　　應該說，這種「比爛」思維，近年來一直充斥著簡體中文世界。比如，以前美國加拿大迫害印第安人，那麼中國就有理由對維吾爾人西藏人不友善。比如美國歷史上排碳多，於是中國就有大條道理先按美國的排放量大排放一輪，諸如此類。從這次烏克蘭事件可看到，這種「比爛」思維不是中國的特產，很多其他國家也有一大堆。

　　在聯合國大會緊急特別會議上，南非的說法就是一個「比爛」的例子。其邏輯就是，既然以前「西方國家對其他國家被侵略沒有那麼在乎，那麼現在其他國家也同樣不應該在乎烏克蘭被侵略。」至於什麼「投票贊成了就代表承認不公正」只是在這個基礎上借題發揮罷了。

　　其實，同樣在聯合國大會的辯論中，丹麥代表的發言就很能啟發意義：如果西方國家以前做得不好，那麼我們就更應該把握

這個機會，從烏克蘭被侵略事件開始，把這件事做好，而不是互相報復。只有這樣，世界才會越來越好，而不是越來越壞。筆者覺得丹麥代表的發言，很完美地KO了南非代表（儘管他不是專門回應南非代表的發言）。

第十八章

# 烏克蘭戰爭是21世紀的抗日戰爭！

　　俄羅斯侵略烏克蘭給人們帶來諸多的歷史想像。歷史想像之所以重要，是因為歷史都是留在人們腦海中的故事，也是深刻的印記。人們從歷史中學習經驗，也用歷史對比去判斷現在。歷史想像可以把現在塑造為與該想像相符的敘事，以此作為宣傳話語，既可以勾起一個民族的深層記憶，同仇敵愾，也可以作為打擊對手的輿論武器。

　　根據筆者的歸納，在烏克蘭戰爭中至少存在四種想像：是日本侵華？是抗美援朝？是北約打南斯拉夫？是美國打伊拉克？

## 抗美援朝？

　　「抗美援朝」的想像主要出現在中國大陸的親俄派話語中。在這種想像中，美國還是美國，當時中國就是現在的俄國，當時的朝鮮半島就是現在的烏克蘭（當時的蘇聯倒有點像現在的中國）。其類比的邏輯，就是「美國出兵朝鮮，威脅了中國的安全，把中國逼到牆角，所以中國有權出兵」。於是，主語置換了一下，就變成了「俄國被北約東擴逼到牆角，所以有權侵略烏克

蘭」了。

　　這種歷史對比是錯誤的。首先，美國介入韓戰不是「美國侵略北韓」。在1948年，朝鮮半島南部在聯合國監督下進行民主選舉，8月宣布成立「大韓民國」（即南韓）。同年9月，半島北部的共產主義政權金日成宣布成立「朝鮮民主主義人民共和國」（即北韓）。聯合國通過195號決議，承認大韓民國；但「朝鮮民主主義人民共和國」也得到共產主義陣營國家的承認。儘管北韓和南韓在憲法和理念上都要「統一朝鮮半島」，但在國際法上它們都足以成為「國家」。那些理念改變不了它們在國際法上是「兩個國家」的事實。一個證據就是，現在北韓和南韓都加入聯合國，也沒有人認為它們不是國家，但它們都依憲法說「朝鮮半島上只有一個國家」。

　　韓戰起點是北韓在1950年6月25日大規模越境進攻南韓，在國際法上，是一個國家「侵略」另一個國家。聯合國安理會第82號決議，斷定北韓部隊對南韓施行武裝攻擊，構成對和平之破壞，要求立即停止敵對行動。隨後聯合國安理會還通過83號決議，授權美國組建了「聯合國軍」，介入韓戰中。由此可見，北韓是這次戰爭的「始作俑者」。在中國參戰後，聯合國安理會又通過498號決議，譴責中國「侵略行為」。以國際法而論，是非曲直是非常清晰的。

　　其次，所謂中國被逼入牆角的說法，並未得到歷史實證。北韓在歷史上是中國的藩屬。但自從甲午戰爭之後，北韓就從來沒有成為「中國的勢力範圍」。在二戰後，北韓一直試圖在蘇聯和中國之間搖擺。在史達林期間，北韓一面倒向蘇聯；在赫魯雪夫

執政期間，北韓偏向中國；在布里茲涅夫執政期間，北韓又偏向蘇聯。總體而言，蘇聯對北韓的影響比中國大。

美國本來就沒有和中國作戰的計劃，甚至在北韓出兵之前都希望和中共建立友好關係。正是在北韓出兵之後，美國才派軍艦保護台灣海峽。金日成出兵南韓，反而阻礙了中國的「統一大業」。沈志華[1]根據蘇聯解體後公開的檔案，指出中國在韓戰開始前對金日成的揮軍南下並不知情，也無意介入朝鮮半島；即便在美國宣布出兵韓國以及第七艦隊進駐台灣海峽後，中國也沒有停止把全國工作重心轉移到經濟建設上；直到聯合國軍在朝鮮半島節節勝利，在蘇聯的不斷施壓和鼓勵下，中國才派兵參戰。蘇聯想打一場代理人戰爭，結果北韓戰力太低，於是中國就成為「代理人」。

退一步說，如果北韓被擊敗，南韓統一半島，那麼美國根本沒有駐紮在朝鮮半島的理由。正如在韓戰前，美國沒有派兵駐紮在南韓一樣。因此，認定北韓被滅的話將威脅中國安全之說並無依據。

由此可見，把韓戰和烏克蘭戰爭相提並論，既帶有想像的成分（美國把中國逼入角落），也誇大了當時中國的地位（只是代理人而已），更顛倒了是非（北韓和中國才是聯合國安理會確認的和平破壞者和侵略者）。

# 北約攻打南斯拉夫？

北約打南斯拉夫是另一個歷史想像。這個想像在俄國、中國

和塞爾維亞盛行，它被作為反面教材，說的是美國（北約）在1999年轟炸塞爾維亞（當時叫南斯拉夫聯邦），阻止塞爾維亞人在科索沃的戰爭。這裡，現在的俄羅斯對比美國，現在的烏克蘭對比塞爾維亞，現在的頓巴斯地區俄裔對比科索沃。對比的邏輯是，既然塞爾維亞攻打分離主義（科索沃），美國有權攻打塞爾維亞，那麼烏克蘭攻打頓巴斯，俄國就有權攻打烏克蘭。

這個歷史想像確實有一定的相似性。然而，在兩點上，頓巴斯的情況和科索沃非常不同。

首先，科索沃要脫離塞爾維亞獨立，是因為在當時的南斯拉夫解體大潮中，獨立具有「時代賦予」的合法性。簡單地說，為什麼克羅埃西亞可以獨立、波士尼亞可以獨立，同樣是少數民族（阿爾巴尼亞人）為主的科索沃就不能獨立？雖然，克羅埃西亞、波士尼亞等，在南斯拉夫時代是加盟共和國，而科索沃只是「塞爾維亞的自治省」，然而，科索沃正是在1988年東歐劇變前夕才被塞爾維亞「收權降格」的，大幅減少自治權。相反，頓巴斯地區沒有趕上「獨立潮」，脫離了這個時間窗口，其獨立運動的合理性就小很多。和頓巴斯對比的例子是俄國在摩爾多瓦的傀儡國，雖然國際沒有承認這個國家，但對其宣布獨立的態度就寬容得多。因為它也正好是趕上蘇聯解體潮的時候宣布獨立的。一下子，合理性就上去了。

其次，當時在科索沃戰爭中，發生了人道主義災難，這是聯合國報告所承認的。當年北約轟炸的理由，正是戰爭在進行時，塞爾維亞又拒絕了北約提出的和平方案。相反，頓巴斯地區雖然現在打了八年仗，固然有很多人命傷亡，但至今沒有發生獨

立調查團體所認定的人道主義災難。相反，倒是有獨立調查團體認定「沒有發生人道主義災難」。如果說有，頓巴斯地區最大的人道主義災難倒是俄裔造成的，那是它打下了馬航從荷蘭起飛的飛機，導致數百人死亡。而且，在頓巴斯地區早有「明斯克協議」，雖然各方都指責對方「違反協議」，但總體上並無迫在眉睫的人道主義災難。

# 美國攻打伊拉克？

美國攻打伊拉克是第三個歷史想像。這也是用來嗆美國的反面教材。在亞非拉等發展中國家，這類歷史想像比較多。這個想像的邏輯比較簡單粗糙，美國既然這麼「霸道」可以打伊拉克，為什麼俄國不能打烏克蘭？由於類比的邏輯過於簡單，缺乏深入分析的基礎。不過筆者同意，美國攻打伊拉克確實爭議很大。筆者在前文已有詳細分析，這裡就不重複了。問題在於，如果美國攻打伊拉克是錯的，那麼為什麼俄國攻打烏克蘭就會對呢？如果不支持美國打伊拉克（正如筆者），那麼豈非應該更反對俄國攻打烏克蘭才對？

# 日本侵華！

毫無疑問，四個歷史想像當中，最接近烏俄戰爭的就是第一個想像——日本侵華。

在中文世界，筆者是第一個把俄羅斯侵略烏克蘭與當年日本

侵略中國類比的人。早在2014年，俄羅斯奪取克里米亞時，筆者就撰文一篇標題為〈俄羅斯入侵烏克蘭是21世紀的九一八〉。現在一語成讖，2月24日俄羅斯全面侵略烏克蘭，筆者當即撰文將之定性為「烏克蘭版的七七事變」正在上演。確實，俄羅斯侵略烏克蘭與當年日本侵華高度相似，簡直是一個模板造出來的。

## 相似點之一：侵略過程

1931年，日本利用日軍駐紮在滿洲之利，突然出兵，幾乎一槍不發地占據了滿洲全境。中國軍隊毫無抵抗，張學良帶領東北軍退入關內。

在占領滿洲之後，日本隨即扶植起以退位清帝溥儀為首的傀儡政權「滿洲國」，日本人開始大量向滿洲移民。滿洲國實際成為日本的殖民地。這是真正在當地殖民，日本成立滿洲拓殖公社，大批日本開拓團移民滿洲。在二戰結束前，滿洲的日本移民高達160萬人之多。但日本的野心不止於滿洲，而是進一步擴大對中國的蠶食，繼續策動滿洲以南的中國其他地方「自治」。在內蒙古（當時的察哈爾與綏遠），日本先後扶持成立「察東特別自治區」、「蒙古軍政府」、「蒙古聯盟自治政府」。在華北，日本先以武力相脅迫，鼓動「華北五省自治」，1933年的日中《塘沽協定》使日本得以繼續擴大駐軍，之後再扶植殷汝耕成立「冀東防共自治政府」，七七事變之後又於北京成立「中華民國臨時政府」。

然而，日本對中國的野心還不至於分割和蠶食。1937年，日本在七七事變和八一三事變之後，全面侵略中國，中國開始了

長達八年的「抗日戰爭」。

　　無獨有偶，2014年，俄國也是突然發難，刀不血刃地占領了克里米亞，烏軍全無抵抗。筆者當時說俄國搶奪克里米亞是「烏克蘭版九一八事件」，就是這個因為中國和烏克蘭都是毫不還手就被對方占領了土地。

　　同樣，在占領克里米亞之後，俄羅斯也沒有住手，而是進一步在靠近俄羅斯的烏克蘭最東部三州挑動「自治」，更在最東部的兩州頓巴斯地區，成立了「頓內次克共和國」及「盧甘斯克共和國」。俄羅斯在這兩個地區派出了俄國軍人偽裝為「當地俄裔」的身分參戰。烏軍與俄軍及叛軍也是打打停停，綿延八年。這和「蒙古聯盟自治政府」和「冀東防共自治政府」何等相似。

　　今年2月份，俄羅斯更是從北部、東部、南部三個方向向烏克蘭發動全面入侵。這又和日本在七七事變後全面向中國開戰何等一樣？

## 相似點之二：侵略藉口

　　在不少中國人看來，日本侵略中國毫無理由。但近代沒有一個國家會對整個世界說「我就要併吞你」，總會找出一堆藉口出來合理化自己的行為，這既是為了爭取國際輿論，又為了對國內動員，還為了對敵方宣傳瓦解意志。當時日本也不例外，而且現在對比俄羅斯的藉口，還都似曾相識。

　　俄羅斯侵略有三大藉口。第一是地緣政治，亦即「北約五次東擴把俄羅斯逼入絕境」之說。第二是民族主義，亦即「烏克蘭歷史上是俄羅斯的一部分」，俄羅斯、烏克蘭、白俄羅斯都是文

化統一體，基輔更是三兄弟發家的源頭，絕對不能讓烏克蘭投入西方的懷抱。第三是顛倒是非為開戰找藉口，指控烏克蘭反俄、納粹當道、種族滅絕俄裔人。

　　這些藉口當然通通不能成立，筆者在前文中予以反駁。這裡的重點是，這些藉口都可以在當年日本侵華中找到對應版本。

　　第一，地緣政治。

　　日本當時占領滿洲、蒙疆、華北的最大藉口先是「防共」：蘇聯向東擴展影響，向中國輸出革命，勢力滲透入新疆和蒙古（外蒙古），嚴重威脅到了日本、滿洲國乃至中國的生存。但中國政府卻「聯俄容共」、「認賊作父」。因此日本出兵中國，扶植內蒙古和華北政權，是為了抵擋「赤化」，「日本之戰於華北，為生存而爭，為榮辱而戰」。

　　在「防共」之後，日本又指責中國投靠歐美，「擾亂東亞秩序」。在1935年日本外相廣田弘毅提出的「廣田三原則」中，就要求中國擺脫對歐美的依賴。（廣田三原則為：第一，中國取締反日運動，並擺脫對歐美的倚賴，改為對日親善及合作。第二，承認滿洲國獨立。第三，應與日方一起合作防範共產勢力。）

　　無論是「防共」還是「反美」，都隱含一個命題，用東條英機的話來說，就是：日本的生存空間太小了，不得已才開拓生存空間。

　　用現在的話來說，豈非「共產主義國家和西方國家聯手把日本逼到絕境」嗎？

　　第二，民族主義。

　　日本在侵占扶植滿洲國和蒙疆時，訴諸民族主義。當時，

日本推崇「東洋學」，其中最重要的論點之一就是「蒙滿非中國論」，然後論證日本、朝鮮、蒙古、滿洲是同一起源。最後的結論就是「滿洲、蒙古與日本的關係，比它們與漢人的關係更近」。普丁說的克里米亞和烏東兩「共和國」都是俄羅斯人，於是俄羅斯不能不管，這和日本當然說有義務扶助滿洲蒙古相當相似。

日本在進一步侵華的時候，則高舉「大東亞主義」（即「泛民族主義」的一種），認為日本人和中國都是「黃種人」，同文同種，是「兄弟之邦」，應該攜手對抗白種人，不能讓中國投靠白人（無論是蘇聯還是歐美）。如在七七事變中，日本內閣總理大臣近衛文麿就說：「中國領土之保全，在拯救鄰邦，使其免歐美之侵略。今日之事態，若不幸延長，則無殊用亞東人之手，斷亞東人之生機。余屢言中國方面須屆時猛然反省，亟返亞東人本來之面目者，其意實在此焉。」這和普丁說的不能讓烏克蘭投靠美國何其相似。

日本又宣傳日本文化源自唐朝，而留在漢地上的漢人的文化早已「華夷變態」，自己才是「華」文化的正統。這又和普丁說，俄羅斯是「羅斯人」的正宗，不能讓「龍興之地」基輔落入西方之手的論點豈非全無二致？

第三，顛倒是非為開戰找直接藉口。

以上兩個論點都奠定了開戰的理論基礎，但開戰還必須找一個直接藉口。日本找到的藉口就是，日本人「無時無刻不在盡力圖謀日華親善」，「對中國百般忍耐」，但中國國民政府煽動「排日侮日」，反日情緒激烈，仇視日本人。光是華北「中國對

日暴狀不下數百件」。七七事變之後的殘殺輪奸凌辱日本僑民的「通州事件」，更成為戰爭的仇恨動員。

日本無視歷史脈絡，無視自己侵占中國土地、分裂蠶食中國，通過不平等條約不斷損害中國的主權，才是中國人反日情緒的根本原因；卻倒果為因，反而把中國人的反日情緒，變為進一步侵略中國的口實。明明是加害者，卻把自己裝扮為受害者。

盧溝橋事變之後，日本輿論指責中國可見一斑：它說「中國把所有的排外手段，集中於日本一國，對內施行排日、侮日、仇日的煽惑教育，對外用以夷制夷的卑劣手段，中傷或牽制日本。日本固然寬宏大量，由東亞大局上著想，隱忍自重。可是日本越隱忍，中國越狂；日本越退讓，中國越自負，日積月累，由排日而侮日，由侮日而挑戰。就是沒有盧溝橋的衝突，也必有其他的衝突」。

這裡順便說一句，一些文章為日本侵華翻案，說日本在東北的權益是「日俄戰爭打下來的」，當時滿清政府也同意（還暗中支持日本把俄國趕走），因此，中國要求日本退出東北實屬無理，是中國違約在先，因此反日無理。

這種理論說一半話，卻不說另一半。不錯，日本的東北權益，特別是旅大租借地，確實是經過苦戰趕走俄國拿下的，當時對中國也更有利（俄羅斯是比日本更貪心的國家）。然而，日俄《樸資茅斯協議》，規定旅大租借地從俄國轉租給日本，是繼承了俄國在1898年《旅大租地條約》中「租借25年」的條款。因此，到1923年日本就應該歸還。

可是，日本不想歸還，於是在袁世凱時期搞了《二十一條》

（又稱民四條約），把原定25年的租約改為99年，於是要到1997年才歸還。在當時看來，這種長達99年的租借條約簡直和「割地」無異了（我們這一輩才見證香港97回歸）。《二十一條》是在武力和政治脅迫之下簽訂的，是徹頭徹尾的「不平等條約」。筆者也曾論證，中日關係惡化的轉折點，不在割地賠款的《馬關條約》，而在《二十一條》。因此，中國之後的反日情緒勃發，日本要負主要責任。

更何況，日本後來搞滿洲國，又分裂內蒙華北，對中國步步緊逼，中國人難道沒有理由反日嗎？難道國民政府沒理由增強軍備，一方面防止日軍緊逼，一方面圖謀收復失地嗎？通州事件固然惡劣，但這難道就能合理化日本侵華帶來的大規模平民死傷嗎？

放在俄羅斯侵烏，這個邏輯一樣成立。

烏克蘭人固然有反俄情緒，俄羅斯把烏克蘭的克里米亞搶過去，又策動兩個「共和國」分裂，烏克蘭人反俄不是很正常？

烏克蘭人是納粹政府嗎？明明烏克蘭總統就是猶太人，俄羅斯卻說他是納粹。

烏克蘭有對俄裔人士發動種族滅絕嗎？頓巴斯戰爭雖然戰火不斷，但正如國際組織連續六年的實地考察，沒有大規模刻意針對平民的事件。實際上，頓巴斯戰爭最大規模的人道主義悲劇，就是俄國（或俄裔）武裝把從荷蘭起飛的大馬航空飛機轟下來，一次死將近三百人。要說戰爭罪行，俄羅斯才是罪魁禍首。同樣若要對比，當年中日戰爭中的通州事件，惡劣程度比頓巴斯戰爭要嚴重多了。

## 相似點之三：國際支持與談判訴求

在九一八事件後，國際輿論普遍同情中國。以美英為首的國聯李頓調查團，在考察滿洲國之後，做出了「日本侵略中國」的結論，不承認滿洲國是主權獨立國家。日本因此退出國聯。這就像俄羅斯2014年奪取克里米亞，國際普遍繼續承認克里米亞屬於烏克蘭一樣。值得指出的是，當年的蘇聯正是正式承認滿洲國獨立的國家之一。

七七事變、日本全面侵華，中國人民沒有投降，勇敢作戰，中國展示了堅決抵抗的信心。國際輿論更幾乎一致站在中國一方。蘇聯和西方盟國政府相繼接力支援中國和制裁日本，為中國提供大筆借款，派出軍隊、顧問團、支援軍等援助中國，對日本實行禁運等。正如現在國際社會一面倒地譴責俄羅斯的侵略，熱情支持烏克蘭一樣。

在烏克蘭戰爭中，台灣前司法院副院長、政治大學蘇永欽教授曾提出「道德三問」，其中之一就是質疑，國際上對烏克蘭聲援和支持有沒有違反「殺君馬者道旁兒」的道德。這句話據說出自東漢應劭之筆，說有一個人騎著馬在路上跑，馬兒跑得飛快，路人不斷為牠鼓掌喝采。騎馬的人更高興，便快馬加鞭，馬跑得愈快，愈多人喝采，馬兒最後一頭累死栽倒地上。一老者說：「殺君馬者，道旁兒也！」意思是殺你這匹馬的人，就是在路旁鼓掌喝采的人。[2]

這和中國一些輿論把國際社會對烏克蘭的支持說成是「煽風點火」如出一轍。但反駁他也很簡單，在當年日本侵華的時候，

中國人是希望國際支持中國抵抗侵略呢？還是希望國際社會不要譴責日本，不要「煽風點火」呢？

無獨有偶，在俄羅斯和烏克蘭談判中，烏克蘭提出「立即停火、撤軍、歸還頓巴斯和克里米亞」，被中國輿論嘲笑「白日做夢」，沒有誠意。但俄羅斯提出「承認克里米亞屬於俄國、承認兩個共和國獨立、去軍事化、中立化，很多這些中國輿論又覺得合情合理。

其實，要了解哪一方更合情合理，不妨換個角度，從中日戰爭的情景中思考。

當年中國在《開羅宣言》就提出「滿洲、台灣和澎湖列島必須歸還中華民國」，胃口比現在烏克蘭更大，歸還滿洲大致上等同歸還克里米亞，但台灣澎湖都是幾十年前就割讓給日本的土地。

而日本呢，當年與蔣介石談判，提出的條件是：一、承認滿洲獨立（等同於承認克里米亞屬於俄國）；二、華北內蒙為特殊地區（比俄羅斯提出「承認兩個共和國獨立」要低）；三、對日賠償（俄烏沒有討論這個問題）；四、經濟合作共同開發（比俄國要求烏克蘭「中立」要低）；五、在某些地區駐兵，中國接受日本顧問（這比俄國要求烏克蘭「非軍事化」要低）。可見，當年日本提出的要求都比不上現在俄羅斯的要求，但中國政府也沒有接受。

# 結論

　　俄羅斯侵略烏克蘭，無論從形式上、藉口上還是事後發展，都和當年日本侵華高度相似。歸根到底，俄羅斯侵略烏克蘭，既帶有俄羅斯人傳統的土地欲望、過分的不安全感和對鄰國的控制，又帶有普丁自己的「給我二十年還你一個強大的俄羅斯」的「大俄羅斯帝國主義」夢想。這和當年日本要「開拓生存空間」，建立多極世界霸權，實現「大日本帝國主義」夢想一模一樣。而烏克蘭奮勇拒敵，抵抗到底，不但國內人民紛紛拿起武器，海外烏克蘭壯士更拋下家庭事業回國抵抗。從中隱然就是當年中國人「一寸山河一寸血，十萬青年十萬軍」的慷慨赴國難的影子。國際熱切支持烏克蘭，也彷彿看到當年各國紛紛對中國伸出援手、並肩作戰，最終戰勝法西斯主義的軌跡。

# 第十九章

# 駁烏克蘭戰爭中的道德質疑

烏克蘭戰爭既是戰場上的戰爭，也是網路輿論的戰爭。儘管在筆者和大多數人看來，戰爭的對錯是非一目了然，然而，在網路上，特別是中文網路上，還有很多質疑流傳。不少質疑還頗能說服一些人。如何辨析和反駁這些質疑，是一個重要任務。筆者在前已經通過長文反駁了大部分有關戰爭是非的質疑。現在集中論述出現在戰爭期間的道德爭議。

## 質疑一：烏克蘭當年賣武器給中國，所以我們不應該支持烏克蘭

烏克蘭當年確實賣了很多武器給中國。最著名的莫過於航空母艦「瓦良格」號的船身和設計藍圖，有了它們，中國才造出國產的航母（瓦良格號船身即現在中國的第一艘航空母艦遼寧號）。登陸利器野牛級氣墊登陸艇也是從烏克蘭購入。當年合同，兩艘在烏克蘭建造，兩艘在中國建造，同時向中國轉讓全部技術資料。後來中國將其國產化，成為現在的958型氣墊登陸艇。中國的長劍-10巡航飛彈也源於通過烏克蘭獲得的蘇聯

Kh-55空地飛彈。除了整件的武器外，蘇聯的發動機也極為出名，中國大力引進蘇式發動機，用在自己的產品上。比如，中國L-15教練機（即教練-10）的發動機來自烏克蘭馬達西奇飛機製造商；中國為巴基斯坦開發的MBT-2000哈立德主戰坦克所用的柴油發動機6TD-2E來自曾經是烏克蘭最大的坦克製造廠的馬雷舍夫廠；中國海軍燃氣輪機仿效從烏克蘭曙光機械設計科研生產聯合體引進的UGT─25000燃氣輪機。除了武器和藍圖，中國還大批引入烏克蘭軍工專家。1990年代初，有200多人來到中國，幫助中國發展2000多個科研項目。

　　然而，考慮事情時不能忽略時間因素，也不能進行道德綁架。

　　1990年代，烏克蘭急速轉型，用休克療法急速大規模私有化，結果讓極少數人瓜分國有資產成為寡頭，但絕大多數人一貧如洗。烏克蘭在整個90年代，GDP降低了50%，通膨高峰期是101倍。人們在蘇聯時期的現金儲蓄都化為烏有。依賴固定工資和退休金的人，一個月工資收入支持不到一個星期。但能按時拿錢的已經算是幸運，還有很多政府機關幾個月發不出工資，部門領導到處找錢救急。人們手中有實物，卻沒有錢，於是每到月中，大街上人頭湧湧拿著家裡的值錢貨，看是不是好運氣能換到錢。90年代有450萬人要離開烏克蘭到外地打工生活，占人口1/10。靠匯款回烏克蘭撐起一家大小。菲律賓人的外出打工舉世聞名，但有多少？只占人口2%。烏克蘭的比例，足足是菲律賓五倍。烏克蘭當年賣武器賣藍圖賣技術，不是貪圖什麼大利益，賣的都是白菜價，更不是要支援中國打美國攻台灣，而是實在活

不下去，很多武器藍圖技術，都是偷偷拿出來賣，好給下面科學家工人和一家大小發那些幾個月都發不出的工資。

況且，在指責烏克蘭的時候，更應該看看當年美國和台灣做什麼。在80年代，美國和中國蜜月，輸送了大批現代武器給中國。即使六四事件後，美國依然迅速和中國修好，中國承諾繼續改革開放，大批美國公司帶著資金技術制度，在中國投資賺錢。台灣在90年代開放對大陸的投資，台灣工廠把台灣的資金和優勢企業人才和科技人才都引進到大陸。如果怪烏克蘭當時「支援中國」，那麼美國和台灣支援中國得更多，又有什麼可以埋怨烏克蘭的？難道烏克蘭當時會知道中國會崛起和美國爭霸，一心武統台灣？

## 質疑二：烏克蘭「小國挑釁大國」，活該

以現實主義的角度，作為一種生存智慧，小國確實應該儘量避免挑釁大國。在大國的夾縫中，最理想的哲學就是左右逢源，吃兩家茶飯，獲取最大利益。新加坡就是一個好例子，每天掛在嘴上的都是「新加坡不願意選邊」。甚至東南亞作為整體在中美之間也都是這個態度，新加坡也成為東南亞的代言人：「東南亞國家不願意選邊。」

如果不能左右逢源，那麼另一個選擇就是「芬蘭化」，或者是中華帝國時期的「事大主義」。即以一種卑躬屈膝的態度，對旁邊的大國小心翼翼，刻意奉承。對外不敢幹大國不喜歡的事，對內封殺刺激大國的聲音。

但以上兩種情況隱含著一些前提，並不是永遠適用。

首先，這裡的大國（特別是芬蘭化的情況）預設的是一個蠻橫的大國。實際上，很多大國並非那麼蠻橫，它們不免有些驕傲，但多半會遵守國際規則，做事有底線。比如古巴以一個小國的身分挑釁了美國幾十年，在蘇聯這個靠山倒台之後還照舊，美國除了制裁之外，也沒有太過分的舉動。古巴就不必然要搞平衡才能生存（當然如果不挑釁的話會活得更好）。像俄國這樣蠻橫的國家，全世界沒有幾個。

其次，這裡的大國如果是蠻橫的話，也必須沒有對小國更不利的企圖，「左右逢源」、「芬蘭化」才能有效。以芬蘭為例，俄國並非一定要吞到芬蘭，這是芬蘭化可以生存的主因。芬蘭和烏克蘭不一樣，至少人種不是東斯拉夫人，也直到1809年才被俄國吞併，因此雖然曾屬於俄國，但不是俄國「自古以來」的領土。俄國要恢復沙俄榮光，也不會首先找芬蘭開刀。所以，芬蘭實行芬蘭化已經可以自保，但並非每個小國都能這樣。比如，如果旁邊的大國認為小國「自古以來就是不可分割的領土」，必須「統一」才能「偉大復興」，那麼再刻意奉承也沒有用。比如如果中國現在認定新加坡是「中國人的社會」，必須成為中國的一部分，那麼新加坡也不會說「不站邊」。

第三，如果旁邊的大國不夠大，外圍還有更大的強國壓住，那麼小國也不必活得那麼忍氣吞聲。比如以前的中國，雖然塊頭很大，但實力和美國差得遠，所以周邊的小國對中國也不必動輒得咎。現在中國財大氣粗，可以和美國叫板，旁邊的小國也就不敢「挑釁」中國了。事實上，世界大部分小國都活得不錯，正是

得益於美國這個「世界警察」坐鎮。

第四，「芬蘭化」或「事大主義」都是以屈辱為代價的，以主動放棄國家尊嚴甚至一部分本來就應該有的主權，去換取安全。當中的代價是不是值得，應該是每個國家自己去衡量，也和時代有關。現在的芬蘭就不再「芬蘭化」，積極要求加入北約。

對烏克蘭而言，情況完全不一樣。俄國把「東斯拉夫民族」都視為羅斯國家的一部分，把自己叫做「大羅斯」，烏克蘭叫做「小羅斯」。要恢復蘇聯榮光，首先就是要把烏克蘭和白俄羅斯拉進來。因此，俄羅斯本來就對烏克蘭懷有惡意。烏克蘭的戰略上確實是有問題的，但主要是2014年之前兩邊搖擺的，過於極化，一時親俄，一時親西方。它應該一早就親西方，或者一直像白俄羅斯那樣成為俄國的小弟。

然而，如果只討論2022年的戰爭，烏克蘭在2014年被俄國搶走克里米亞和被煽動烏東叛亂之後，就完全沒有選擇。要收復領土是每個民族國家都不可能放棄的目標。那麼無論如何做，一定會被俄國視為「挑釁」。烏克蘭要站邊，要加入北約，要成為「美國的棋子」，捲入大國競爭，那是無奈的。可以想像，現在但凡普丁肯歸還領土，澤倫斯基能叫普丁做乾爹，「芬蘭化」可能要改名為「烏克蘭化」了。

## 質疑三：烏克蘭淪為美國打「代理人戰爭」的棋子

在這場戰爭中，美國利用烏克蘭這個「旗子」，要「流光最

後一個烏克蘭人的血」，以「削弱俄羅斯」。這是俄國外交部長拉夫羅夫說的話，什麼「流光最後一個烏克蘭人的血」是一種誇張，但美國要在烏克蘭戰爭中削弱俄國，這是美國也都不諱言的話。

然而，這種說法不但站在現實主義角度沒有什麼錯——我們可以爭辯，國家就是要實現自己的最大利益；就算站在道德和正義方面，同樣也沒有什麼錯。

很多人聽上去覺得不好，是因為「代理人戰爭」這個詞暗示了「代理人」是一個被擺布的對象，於是進一步暗示了幕後「黑手」的不堪。

然而，觀察一系列代理人戰爭，說代理人就是被幕後黑手擺布，完全侮辱了身為代理人的智慧，沒有從代理人的主體角度考慮問題。事實就是，在絕大部分代理人戰爭中，代理人都是理性的，之所以肯作為代理人，完全符合自己最大利益。

二戰之後，發生一系列的代理人戰爭，都可以證明這個論點。

最早的代理人戰爭，莫過於韓戰。北韓和中國成為蘇聯對抗美國的代理人。北韓是不是自願成為代理人？當然是，沒有北韓想統一朝鮮半島哪裡來的韓戰？中國是不是自願，問題稍微複雜一點，但要看現在中國政府的態度，完全就是自願的，中國雖然傷亡慘重，但「打出大國風範」，一戰保數十年平安。所有中國的主旋律電影都讚美中國參加的韓戰，最近的《冰雕連》更是中國歷史票房第一的大片。

下一個有名的代理人戰爭就是越戰。那麼北越是不是自願成

為蘇聯的代理人？當然也是，北越是主動發動越戰。如果蘇聯不幫它，它就無法統一越南了。

以上兩個代理人都是主動成為代理人的案例，到了70年代末，蘇聯侵略阿富汗，這是「被動的代理人」：阿富汗沒有野心挑釁蘇聯，但蘇聯找上門。在美國支持下，阿富汗的抵抗力量力抗蘇聯。那麼它們是不是自願接受美國幫忙的？當然是：如果沒有美國的幫忙，它們就是亡國奴。可見，阿富汗並不情願當代理人，但在被逼的情況下，當代理人總比被征服要好。

現在到了烏克蘭戰爭，烏克蘭和阿富汗一樣，是個「被動的代理人」。如果美國真的出兵相助，烏克蘭人自然是感恩戴德。但退而求其次，美國提供支援，讓烏克蘭當上代理人，對烏克蘭而言也是求之不得的事。

顯而易見，評價代理人戰爭，若只把焦點放在「幕後黑手」上，很大程度上會帶來偏差和錯誤認識。只有兼顧代理人的主體性，才能客觀完整地評價整件事。

## 質疑四：烏克蘭抵抗越久只會徒增傷亡，所以不應該抵抗

這是中文世界一大批專家提出的論調，包括台灣前司法院副院長蘇永欽提出的「道德三問」，認為「如果我們再往更深一層看，不對稱的戰爭多打一天，烏克蘭人就要承受更多的苦難……除了讓這個不幸國家早日超生外，到底有何實際助益」，就是一個例子（詳見上一章討論）。

　　對一些「愛國中國人」的這種論調，最方便的駁斥就是用二戰時抗日戰爭的例子。當時被強大的日本侵略的中國，國民黨政府宣傳「一寸山河一寸血，十萬青年十萬軍」，怎麼就不說「除了讓這個不幸國家早日超生外，到底有何實際助益」？

　　再一個簡單的回應：既然人家烏克蘭人願意付出犧牲，輪到你一個外國人管嗎？

　　當然，這裡要嚴肅地回答這個問題。

　　首先，對一個像烏克蘭這樣的民族國家而言，獨立和領土完整都是優先位置極高的議題。在中世紀和近代，土地是君主的私產，各國割讓土地如同家常便飯。對君主而言，就像損失了一批財寶；對土地上的人民而言，「誰統治不是統治呢」？然而，到了現代，民族國家興起之後，主權和領土就變成神聖不可侵犯的東西，值得以鮮血和人命去交換。如果不是這樣，如何解釋蘇聯死了2000多萬人還要和德國作戰，中國死了一千多萬人還和日本打仗？

　　我們大概都熟悉裴多菲（Petofi Sandor）的名句「生命誠可貴，愛情價更高，若為自由故，兩者皆可拋」。這裡的「自由」，嚴格而言並非準確意義上的自由，而指國家獨立，因為這句詩就是為1848年匈牙利爭取從奧地利帝國下獨立而寫的。名句之所以成為名句，是因為它說的是一種長久的、廣為接受、深入人心的價值觀。我想「道德三問」的人多半也讀過這個名句，說不定以前還感動過，只要不忘初心，就不難理解。

　　其次，一個時刻所做出的抉擇，並非只考慮當下的利弊。正如人不是只活在當下，古代皇帝會說「祖宗基業不可廢」，現代

人或說「家族傳統不能丟」，大意都是相通的。人既如此，一個國家民族就更不能只看眼前利益。

對烏克蘭而言，獨立是爭取了好幾百年的事，從基輔羅斯被蒙古滅亡，復興的加利西亞又被立陶宛吞併，一度從波蘭獨立的哥薩克隨即落入俄羅斯之手，一戰之後建立的民族國家旋即被變成蘇維埃併入蘇聯，二戰中乘亂而起的獨立又被德國和蘇聯相繼挫敗，到最後蘇聯解體才終於獲得穩定的獨立。這個過程足足爭取了數百年。一個獨立的烏克蘭，承載的是幾百年十幾代人前赴後繼的奮鬥，是無數先人的鮮血。現在擊敗俄國付出的代價無疑很大，但再大能比得上幾百年流的血嗎？如果連流血都不願意，那麼如何對得住列祖列宗？

不能只考慮當下，除了必須考慮歷史，還必須考慮將來。在香港逃犯條例事件中，一句令人震撼的話就是，「上一輩人不努力爭取民主，只好輪到我們抗爭了」。這種說法當然有點偏頗，因為在香港，上一輩的人未必能預料到以後的變化。但對烏克蘭人而言，烏克蘭被俄國兼併之後會怎麼樣，基本是可以肯定的。烏克蘭會被重新俄國化，烏克蘭語又再被貶為「鄉巴佬的語言」，烏克蘭變成「小羅斯」。無論是1930年代的大饑荒，整個蘇聯時代的大批烏克蘭知識分子被流放，1980年代的車諾比核電站大爆炸，都深深地印在烏克蘭人的腦子中。現在烏克蘭人不抗爭，就只能讓下一代、再下一代烏克蘭人去抗爭。你會願意把自己應該做的事，應該承擔的責任，留給你的子孫嗎？

最後，在最普遍的意義，「傷亡太慘重不應該抵抗」並非完全是錯的，但那基於一個前提：「無論如何，再多的犧牲都不可

能改變困境。」

　　想想當年中國被日本入侵，汪精衛為何要做日本傀儡？汪精衛是革命志士出身，本質上是個愛國者而不是一個漢奸。他投降，不是因為不愛國，要賣國求榮，而是他錯判了中國的抵抗能力，高估了日本的實力，以為中國必輸。既然是必輸，那麼當然就不要白白犧牲了。相反，蔣介石認為中國可以以空間換時間，只要抵抗下去，還有翻盤的機會。最後就是蔣介石對了。可見，一個國家有沒有贏的可能，是判斷是否應該繼續抵抗的理性標準。

　　打個比方，現在索羅門群島被中國拉入大國競爭作為「中國的棋子」，萬一澳洲（或美國）要學俄國那麼蠻橫，為了自己絕對安全要攻打索羅門，我一定不會建議索羅門人抵抗。原因是，以索羅門人幾十萬人的規模，連警察也不足，根本無法和澳洲（或美國）大軍抗衡，要打只可能是白白犧牲。

　　然而，烏克蘭不是這種情況。烏克蘭是個六十萬平方公里、四千萬人的中等國家，以面積算已經是歐洲第二大國。經過整軍經武多年，加上西方現時幾乎無限量的支援，已有抵抗俄國的實力。換言之，即便是犧牲，也是有可能勝利的。事實上，打了將近三個月，烏克蘭已經挫敗了俄國第一階段的目標，在第二階段也能相持。既然是這樣，那麼為什麼不打下去呢？

# 質疑五：烏克蘭獲得更多武器更多，人命代價就越大

「火上澆油」論是中國在戰前發明的「美國煽風點火誇大戰爭危機論」被推翻之後的新發明。沒想到台灣的教授蘇永欽也用上了相同的論調，不過換了個「殺君馬者道旁兒」的典故，文雅了一些，但本質是一樣的。

筆者以為只有華人才有這種論調，結果在四月底，德國「二十八名知識分子」聯名寫了一份公開信，反對德國給烏克蘭輸送武器。[1]當中有兩個理由，其中第二個也是類似，即再提供武器就會給烏克蘭帶來更大的人命和財產損失。這二十八名知識分子還有極為資深頗負盛名的人，在筆者看來是越活越回去了。

其實，這個問題和上一個問題很相似，無非就是指責對象從烏克蘭換成了西方國家（特別是美國）。

對這種說法，最方便的「打臉」當然還是以抗日戰爭為例。當初中國到處求外援，先求蘇聯德國，後求美國英國，蘇援美援一到就歡天喜地。難道蘇永欽也說那是「殺君馬者道旁兒」？中國評論家也指責蘇聯美國「火上澆油」？

要嚴肅地反駁，就要看三點。

第一，不是外國逼著烏克蘭接受武器去「火上澆油」，而是烏克蘭到處要求武器，還指責西方支持不夠。比如德國一開始只肯提供頭盔，被烏克蘭狠批；德國一開始不肯提供進攻性武器，烏克蘭再次批評；西方一開始不肯提供重型武器，不肯提供飛機，也通通被烏克蘭批評。烏克蘭甚至說出，烏克蘭抗擊俄國不

光是為自己，是為整個歐洲而戰。

　　如果說真有誰火上澆油，那麼似乎就是事主自己澆自己。有的中文宣傳又說澤倫斯基是美國的傀儡，是他不顧國家利益，只顧美國利益云云。然而，在戰爭開打之後，澤倫斯基在烏克蘭的支持度一下子如火箭般上升，民意前所未有地支持他。要說澤倫斯基不代表烏克蘭的國家利益，除非說整個烏克蘭人都是美國人的傀儡或者都是傻子。那麼問題來了，若然如此，誰才能代表烏克蘭的利益？更給這種論調打臉的，就是中國居然又出評論，說澤倫斯基現在道德綁架了美國和整個西方。那麼，到底澤倫斯基要求更多武器，是被美國策動的火上澆油，還是澤倫斯基牽著美國的鼻子走？

　　第二，西方當然不是傻子，不會烏克蘭要什麼就送什麼，否則也輪不到澤倫斯基生氣了。西方輸送武器有幾個標準。最根本的標準還是烏克蘭有沒有可能打贏，說白了，如果烏克蘭抵抗意志低，軍隊實力太差，一觸即潰，西方根本不會輸送武器。那和丟進大海有什麼區別？即便不心疼錢，難道不怕先進武器都落入俄國的手中嗎？正是烏克蘭不斷奮戰，顯示出強大的抵抗意志和抵抗力，有打贏俄國的可能，西方才會源源不斷地提供。

　　最後，侵略國俄國才是真正點火的人。西方輸送武器表面看來是令戰火更旺，但最終目的是為了滅火，只有把火源給掐滅了，火災才會不再發生。否則即便就成為綏靖政策。「火上澆油」論不去批評點火者，不去批評火源，而去批評滅火者，完全是顛倒是非。

## 質疑六：西方國家提供烏克蘭重型武器，有激怒俄羅斯之虞

　　這個質疑倒是很少在中文媒體見到，但在二十八名德國「知識分子」寫給總理蕭茲的公開信中就有。

　　這種論調簡單地批判就是太自私了，烏克蘭現在幾乎可以說是為歐洲而戰，德國人以前自私地搞北溪二號已經錯了，現在還連一些風險都不願意承擔，情何以堪？

　　要嚴肅地思考，其實這種論調真的不值一駁，因為那二十八個知識分子根本沒有一個是研究國際關係的。一個政府在做出外交決定時，要清楚判斷對方的底線。既不能忽視危險，但也絕不可以誇大風險。凡事都有風險，如果事事都誇大，那麼就沒有一件事可以做了。

　　在支援烏克蘭這件事上就是如此。提供烏克蘭武器無疑一定會激怒俄國，就算不輸送重型武器也會，現在只輸送單兵武器，加上史無前例的制裁，已經激怒了普丁。然而，激怒又怎麼樣？普丁會不會、敢不敢擴大戰爭，乃至核戰爭，這才是關鍵。

　　上面說到，西方判斷是否給烏克蘭輸送武器，輸送什麼武器，有三個標準。第一個就是上面說的烏克蘭有沒有可能贏；第二個就是哪些武器才真正有用；第三個其實就是會不會激怒普丁擴大戰爭。換言之，是否會過於激怒普丁，早就在考慮範圍內了。

　　西方輸送武器的進程也很好地說明後兩點。西方一開始主要輸送單兵武器和防護性武器，那是因為當時烏克蘭的「刺蝟戰

術」，對在城市戰抗擊俄軍非常有用。當時重型武器反而功效不大。烏克蘭當時非常想要飛機，但西方堅持不給，一個是擔心激怒普丁，另一個是飛機沒有用，因為烏克蘭空中處於絕對劣勢，區區一些飛機只會成為靶子。

到了現階段，戰事方式轉變，從城市防守戰變成傳統陣地戰，單兵武器就不那麼管用了，必須重型武器上陣。

在考慮是否激怒普丁的問題上，主要的判斷標準就是俄軍的戰績。現在俄軍打出紙老虎的格局，光是應付烏克蘭已經頭痛，普丁就算再被激怒，也不敢多開戰線。西方才放心大規模輸送重型武器。

二十八名德國知識分子對此毫無了解。但現實已經推翻他們這種論調。現在重型武器輸送過去了，普丁敢多開戰線嗎？不敢，事實上他也沒有實力。在瑞典芬蘭剛剛說考慮加入北約時，普丁氣勢洶洶地威脅「有嚴重後果」，還出動核訛詐。但到了它們正式申請加入，普丁就說「它們錯判了安全形勢」，意思是俄國不會攻擊它們。前倨後恭為了什麼？無他，實力不足被暴露，再也嚇不了人罷了。

其實，筆者從一開戰就研判，即便北約部隊加入烏克蘭參戰，只要戰線不蔓延到俄國，普丁也不會全面和西方開戰，只會以烏克蘭為戰場。美國和北約其實不是過於魯莽，而是過於謹慎。

第二十章

# 俄羅斯入侵烏克蘭
# 違反了什麼國際法？

　　俄羅斯入侵烏克蘭，違反了一系列國際法和國際協議。筆者在前文中陸續有討論，這裡簡要地總結一下。

## 第一、侵略行為違反的國際法

　　一、《聯合國憲章》[1]。第二條規定：「四、各會員國在其國際關係上不得使用威脅或武力，或以與聯合國宗旨不符之任何其他方法，侵害任何會員國或國家之領土完整或政治獨立。」第六章規定爭端應當由和平方式解決。當然，戰爭不一定是「違法」的，但這必須有合理理由。憲章第七章規定，當一國出現人道主義危機和違反聯合國決議並在和平的手段無法解決的情況下才能具有合法性。烏克蘭此前局勢在總體上還是和平的，既沒有嚴重的軍事衝突，也沒有對俄羅斯裔的種族迫害，沒有人道主義的危機。憲章第五十七條規定，各國可以行使自衛權或集體自衛權，然而這必須是受武力攻擊時才可以，烏克蘭當然沒有武力攻擊

俄羅斯。在以前的國際法（如《奧本海國際法》）確實有以「自保」作為侵犯行為的寬恕理由，「為了自保而侵犯其他國家，只在必要的情況下，才可以被寬恕」，諸如如果一國獲得情報，鄰國領土上有一群攜帶武器的人正在組織起來意圖襲擊該國的領土，而如果向鄰國當局提出呼籲就可以消除危險，那麼必要的情形就沒有產生。但如果呼籲無效或無法提出，或者如果耽誤就會發生危險，那麼就發生了必要的情形，而受威脅的國家就有理由入侵鄰國，解除襲擊者的武裝。而這顯然不是烏克蘭的現實情況。

二、多邊協定1994年《布達佩斯安全保障備忘錄》。協議中規定，烏克蘭同意放棄核武，換取三國的安全保障。條約第一條規定：「美國、俄國、英國重申它們對烏克蘭的承諾，在歐安會最後條約（即1975年赫爾辛基協議）的精神下，尊重烏克蘭的獨立、主權和現有領土疆界。」第二條規定：「美國、俄國、英國重申它們的義務，避免威脅或使用武力針對烏克蘭的領土完整和政治獨立，以及它們的任何一件武器都不會用於針對烏克蘭，除非出於自衛或其他符合聯合國憲章的事宜。」因此，烏克蘭放棄核武是以美俄英各國承諾烏克蘭的安全保障為交換條件的。烏克蘭遵守承諾放棄核武，根據條約，俄羅斯就無權對烏克蘭進行軍事威脅和領土分裂。

三、雙邊協議1997年《俄烏友好合作與夥伴關係條約》（Treaty on Friendship, cooperation and partnership between Russia and Ukraine）。第三條規定：「雙方關係應基於互相尊重、主權平等、領土完整、邊界不可侵犯、和平處理紛爭、不使用武力或

威脅使用武力……的基礎上。」顯然，俄國侵犯了烏克蘭的領土完整、邊界不可侵犯、和平處理紛爭、不使用武力或威脅使用武力，共計四項。

四、1975年《赫爾辛基協議》（CSCE Final Act）。協議制定「十大原則」，包括：一、主權平等，尊重天賦的主權權利。二、抑制威脅或使用武力。三、確認邊境的不可侵犯性。四、確認國家領土的完整性。五、確認和平解決爭端原則。六、不干預內部事務。七、尊重人權和基本自由，包括思想自由、良知、宗教和信仰。八、平等和人民自決。九、國與國互相合作。十、在國際法下誠信履行義務。俄羅斯至少違反七條：俄國沒有尊重烏克蘭的「主權權利」（第一條）、使用了武力（第二條）、侵犯了烏克蘭的邊界（第三條）、破壞了烏克蘭領土的完整性（第四條）、沒有用和平方法解決爭端（第五條）、干預烏克蘭內部事務（克里米亞）（第六條）、違反了《布達佩斯備忘錄》的義務（第十條）。此外，冷戰後一大堆歐安會宣言都包括了《赫爾辛基協議》，俄國同樣違反了這些一系列宣言文件，這裡就不再一一舉例了。

# 第二、針對人身的戰爭罪行

在布查大屠殺和馬里烏波爾圍城戰等一系列事件中，俄軍的戰爭罪行多不勝數。根據歐安會[2]和歐洲議會[3]的四月初的報告，這些罪行至少可以分為六類。

一、無差別攻擊民用目標，比如劇院、醫院、學校等，還
　　導致大量平民傷亡。著名的例子包括在馬里烏波爾對
　　醫院（3月9日）和劇院（3月16日）的空襲，在基輔
　　對幼兒園和孤兒院的空襲（2月24日）、對頓內次克
　　克拉馬托爾斯克火車站空襲（4月8日）、對克勒曼楚
　　（Kremenchuk）市購物中心空襲（6月28日）等。

二、虐待和槍殺平民及俘虜。這包括在布查大屠殺中的大量
　　死難者。

三、強姦婦女。在布查，有受害者指控至少25名婦女和女
　　孩被強姦，其中九個因姦成孕[4]。

四、搶掠。在布查有大規模的搶掠行為。到俄軍撤出烏克蘭
　　北部到白俄羅斯時，有郵局的錄像顯示，大批俄軍把懷
　　疑是搶掠而來的民用物資（如洗衣機等電器）寄回家。

五、綁架兒童，根據烏克蘭政府的說法，至少205名烏克蘭
　　兒童（父母在戰爭中死亡）被綁架到俄國，再被非法收
　　養。[5]

六、流放。根據烏克蘭的說法[6]，在馬里烏波爾圍城戰中，
　　有至少6000名烏克蘭人被強制送到俄國。

　　這些罪行都違反了《海牙戰爭公約》、《國際人道主義
法》、《國際刑事法（羅馬規約）》、《人口走私公約》等的相
關條文。視乎性質，還可能違反《種族滅絕罪公約》（Genocide
Convention）下的種族滅絕罪。

# 第三、針對文物的犯罪

搶掠文物。根據馬里烏波爾市議會的指控，包括庫因茲（Kuindzhi）藝術博物館在內的三個博物館被炸毀，原先被移走的文物收藏則被搶掠，二千多件文物和藝術品被運回到俄國控制的頓內次克。[7]裡面包括19世紀畫家庫因茲（Arkhip Kuindzhi）的三幅畫作，以及他同時代的畫家艾瓦佐夫斯基（Ivan Aivazovsky）的畫作都被偷走。被搶走的還有古代聖像、1811年威尼斯印刷廠為馬里烏波爾的希臘人提供的福音書、來自 Medallion Art Harabet 博物館的200多枚獎章等文物。

攻擊歷史建築。在俄國的轟炸中，基輔、哈爾科夫和馬里烏波爾的大批歷史建築被摧毀，[8]包括大型地標如哈爾科夫歌劇芭蕾舞院（Kharkiv State Academic Opera and Ballet Theater）等。有報告指出，到4月6日為止，有191處歷史建築受到攻擊，[9]這包括1考古點、2藝術中心、9紀念碑、111紀念物、10博物館、58宗教建築。

這些針對文物和歷史建築的攻擊違反了1954年《海牙文化財產公約》（1954 Hague Convention on Cultural Property），[10] 1972年《保護世界文化與自然遺產公約》（Convention Concerning the Protection of the World Cultural and Natural Heritage）等。

# 第四、攻擊核設施

3月4日，俄羅斯攻打烏克蘭南部全歐洲最大的核電廠札波

羅熱核電廠。這違反了《1949年日內瓦公約的1977年附加協定書》（1977 Amendment Protocol to 1949 Geneva Conventions，或Protocol I）。俄國是該協定書簽署國。協定書42條規定，進攻水壩、岩脈、核電廠等可能導致大規模平民傷亡的設施和地理結構，都屬於戰爭時的非法行為。

## 第五、威脅使用核武

在戰爭期間，俄國多次對西方國家特別是瑞典、芬蘭威脅使用核武。然而今年元旦，中國、俄羅斯、美國、英國、法國五個核武國家領導人剛剛共同發表了《關於防止核戰爭與避免軍備競賽的聯合聲明》，強調「核戰爭打不贏也打不得」。[11]雖然聲明沒有禁止「核訛詐」，但這種做法明顯違反了聲明的精神。

## 第六、在俄國的攻擊中，疑似使用了多種爭議性的武器

集束炸彈（Cluster munition），即將小型炸彈集合成一般空用炸彈的型態，利用數量的特性增加涵蓋面積和殺傷範圍。根據人權觀察組織的報告，俄國在戰爭中至少16次使用集束彈。[12]禁止使用集束彈為2008年《集束彈藥公約》所約束。雖然俄國不是簽約國（美國和中國等都不是），但條約至今已有107個國家簽署。可以說形成了一定的約束力。

禁止使用化學武器為1993年《化學武器公約》（Chemical

Weapons Convention）所約束，俄國也是簽約國。烏克蘭方指責，俄國在4月11日在馬里烏波爾使用化學武器，但這個指控被俄方否認，至今未能證實。

三月份，當俄軍從基輔附近撤退時，刻意放下大批地雷，以阻止烏軍追擊。[13] 地雷會不分敵我造成戰區軍民死傷與殘疾，是危害極大的被動性武器，而且一旦被布下，就很難徹底清除，這往往帶來長久的危險。很多戰區因為使用地雷，在戰爭後還不時有平民受傷致殘。1997年《全面禁止殺傷人員地雷公約》即《渥太華公約》禁止使用地雷。俄國不是簽約國（美國和中國也不是），但至今已經有133個國家簽約。換言之也形成了一定的約束力。

# 第七、有關戰俘的規定

在戰爭中，很多外國志願者自發加入烏克蘭抵抗俄國，俄國也從敘利亞等地引入軍人。這些外國人在戰爭中享有的地位成為爭議。俄國宣稱，在戰爭中俘虜的外國人將不會被視為戰俘，不享有戰俘待遇，而會被送上法庭。6月9日，「頓內次克共和國」法庭對三名在馬里烏波爾圍城戰中被俘的外籍作戰人士宣判死刑，兩人有英國籍、一人有摩洛哥籍。這三名人士的複雜之處在於，他們都不是在烏克蘭戰爭爆發後才趕到烏克蘭參戰的，三人都在烏克蘭生活多年，擁有烏克蘭國籍，早在頓巴斯戰爭時期就加入烏克蘭軍隊。烏克蘭不承認雙重國籍，但也沒有明文規定雙重國籍違法，沒有要求烏克蘭人加入外國籍必須放棄烏克蘭國籍

（反之亦然），所以很多烏克蘭人都有雙重國籍。6月18日，俄國公布在哈爾科夫俘獲兩名美國公民，將送上法庭受審。[14]與之前三人不同，他們都是在開戰之後才奔赴烏克蘭前線的。

　　早在俄國公布外國人不享有戰俘地位時，國際法專家就指出不合法。英國、美國和烏克蘭都對俄國和其傀儡政府在法庭審判被俘外國公民提出抗議。

　　國際法上有關戰俘的規定，主要是《1949年第三日內瓦公約》（Convention (III) relative to the Treatment of Prisoners of War. Geneva, 1949），俄烏美英等都是締約國。根據條約，判斷在類似烏克蘭戰爭這種國際衝突裡面的外國參戰者是否擁有戰俘待遇的主要依據，是對這些參戰者的認定是「外國戰鬥人員」（foreign combaters）還是「雇傭軍」（Mercenaries），前者享有戰俘待遇，後者不享有。而分辨這兩者的關鍵，則在於他們參戰的目標是否主要為了直接利益。[15]俄國絲毫不加區分，直接說所有在戰爭被俘的外國人都不被視為戰俘。這顯然違反了國際法。

# 如何追究俄國的戰爭責任？

　　在布查大屠殺事件和其他戰爭罪行中，國際法庭等工具完全有必要介入。對俄國戰爭罪行的追究，可以有四條途徑。

　　第一，沿用南斯拉夫模式的海牙國際法庭途徑，設立「烏克蘭戰爭特別法庭」。在1990年代的克羅埃西亞戰爭、波士尼亞戰爭和科索沃戰爭等系列戰爭中，聯合國安理會通過827號決議，由聯合國相關機構海牙國際法庭，建立「前南斯拉夫問題國際刑

事法庭」，審理在以上戰爭中的戰爭罪行。如果該事件證實是俄軍所為的大屠殺，那麼普丁就可和（前）南斯拉夫聯邦的總統米洛塞維奇（因相關罪名被起訴，在判決前死亡）齊名了。

　　第二，依照1998年的國際刑事法庭（ICC）羅馬規約，在海牙的「國際刑事法庭」起訴和審理個人涉及的「滅絕種族罪、危害人類罪、戰爭罪、侵略罪」等四大罪行。需要論證的是國際刑事法庭對俄羅斯的管轄權。俄羅斯在2000年簽字加入羅馬規約，但一直沒有提交國會批准。到了2016年，在國際刑事法庭對俄羅斯人在烏克蘭戰爭中的戰爭罪行調查期間，普丁通知聯合國，俄國的意願是「不再成為羅馬規約的一部分」。值得注意的是，美國同樣在2000年簽字，但在2001年退出（美國稱為「反簽字」unsigned）。表面看，兩者情況差不多，但俄羅斯的「退出」與美國的「退出」不一樣。美國退出時，並沒有任何涉及針對美國的調查，退出完全是國家意志的自願。俄國退出時，屬於正在調查期間的「輸打贏要」。這種「退出」是否能免責，非常值得質疑。而且，現在的烏克蘭戰爭不是孤立的戰爭，而是從2014年就開始的烏克蘭「抗俄戰爭」的一部分。2016年時的調查當然也可以和現在的戰爭罪行合併成一個全面的案件。

　　第三，以海牙國際法庭，以烏克蘭起訴俄羅斯的形式進行。此前，烏克蘭已經贏得了「臨時裁決」。當然，這種形式主要是針對國家行為，而不是個人罪責。

　　第四，在極端的情況下，可用「紐倫堡法庭」模式審理，即繞過聯合國安理會機制，設立特別的軍事法庭，審理戰犯。

　　毋庸置疑，如果俄國不承認失敗，普丁不下台，國際法很難

實際上真正追究俄國和普丁的責任。這是國際現實使然。然而，這不等於國際法是沒有用的。國際社會必須以國際法為武器，在國際關係、輿論和道德上施加壓力和做好準備，為正義的最終來臨提供條件。

# 第二十一章

# 美國是最大贏家還是輸家？
# 疑美論成立嗎？

烏克蘭戰爭中最重要的第三方國家，非美國莫屬。在八年前的烏克蘭「歐洲廣場革命」中，美國資深國會議員麥凱親自到烏克蘭為反對派助陣，支持烏克蘭加入歐盟。烏克蘭克里米亞被俄國奪取之後，美國和英國對俄國實施制裁。在隨後八年的頓巴斯戰爭中，美國和英國給予大批軍援，培訓了大量烏克蘭軍人，提供西方先進武器。美國鼓勵烏克蘭加入北約。在去年開始的烏克蘭危機中，美國又作為北約的代表之一，全程參與和俄羅斯的談判。美國和英國情報機關最早宣布俄國準備全面侵略烏克蘭。在俄軍侵略後，美國率先制裁俄羅斯，率先宣布援助烏克蘭，還主導了歐洲對烏克蘭的軍事援助和制裁。戰爭期間，美國不僅向烏克蘭輸送武器，在境外培訓烏克蘭軍人，還向烏克蘭共享情報。在戰爭第二階段，美國還主導向烏克蘭提供更多的武器，支持烏克蘭長期抗戰。

美國對烏克蘭的支持或深度介入引發廣泛爭議。美國在戰前的談判，被中俄媒體稱為「煽風點火」、「始作俑者」；俄國入

侵烏克蘭，被美國右翼抨擊為「拜登政府無能」；美國堅持不肯在烏克蘭直接參戰，不肯在烏克蘭劃禁航區，既被美國右翼媒體嘲笑「軟弱」，又被中俄媒體嘲笑「美國忽悠了烏克蘭」、「美國拋棄了烏克蘭」，散播「疑美論」；另一方面，美國不斷軍援烏克蘭，又被中俄宣傳為「美國準備與俄戰鬥到最後一個烏克蘭人」。中俄還指責美國「搞亂歐洲」，自己成為「大贏家」、「割歐洲韭菜」，以此離間美歐關係。

　　本文目的是如何客觀評價美國和拜登政府的種種爭議。首先說明，很多所謂美國做的事，其實是美國和北約盟國以北約身分一起做的事（有時甚至是以「歐美亞太抗俄共同體」的一部分去做）。所以正確地說，主詞以「北約」更合適。但美國無疑是北約的主導國家，北約的行為有時說成美國行為也並無不可。因此，為了行文方便，在不至於引起混亂的情況下，這裡「美國」和「北約」的區分不這麼嚴格。

## 疑美論有根據嗎？美國有欺騙烏克蘭嗎？

　　自從俄羅斯侵略烏克蘭以來，以北約和歐盟國家為核心的「歐美亞太抗俄共同體」為支持烏克蘭而做出史無前例的努力國際社會有目共睹。然而，中文世界的一些人依然在渲染烏克蘭被拋棄之說，嘲笑美歐亞太國家「口惠而實不至」。比如某台灣前記者說「美國既不想出錢，又不想出力，更不敢打仗」云云。然而，事實剛好相反。

## 事實一：抗俄共同體出錢、出力，承擔巨大代價

首先，這次歐美亞太抗俄共同體對烏克蘭的支持，又出錢，又出力，付出重大代價，還冒著安全風險，根本不是什麼所謂的「口惠而實不至」。

論出錢，美國在剛開戰時（2月26日）就撥款3.5億美元對烏克蘭進行額外的軍事援助（美國每年常規對烏克蘭軍事撥款為10億美元）。在美國國會剛剛通過了1.5兆美元的財政撥款中，更有驚人的135億美元史無前例的大撥款，專門用於各種方式支援烏克蘭，創下了美國為一場不直接參與軍事行動的戰爭的撥款紀錄。英國逐次加碼總共承諾提供4億英鎊支持。加拿大通過5億加幣（約4億美元）的對烏克蘭軍事貸款。歐盟在戰爭開始之初就立即撥款4.5億歐元用於軍事支援。以後撥款陸續有來。

論出力，歐美政府和社會積極接受烏克蘭難民。自從開戰已有二百多萬烏克蘭難民逃往外國，其中絕大部分逃向東歐鄰國。東歐國家熱情開放，不但政府「應收盡收」，讓他們入境，民間組織也紛紛為難民送上住房、食物、衣物等援助。不但第一線東歐國家出力，西歐國家和美加澳等也紛紛表示願意接收難民。眾所周知，接收難民不單是一個錢的問題，如何安置、如何讓難民融入社會，才是更勞心勞力的長期工作。很多國家願意出錢，但要說到接受難民就擺手搖頭（中國就是一個典型），由此可見一斑。

歐美亞太抗俄共同體還用盡外交努力，推動其他國家一道在聯合國場合對俄羅斯「連贏十一次」，讓俄羅斯在國際場合備受

壓力。

論付出代價，歐美亞太抗俄共同體也為制裁俄羅斯付出沉重代價。這很好理解：本來制裁就是損人也損己的七傷拳。任何一國制裁另一國都不可能是只傷害一國的，無非就是傷害大小而已。俄羅斯雖然GDP不如中國廣東省，但畢竟是全球GDP排名前12，是擁有1.4億人，面積1700萬平方公里的大國，還是全球能源的主要生產國。制裁俄羅斯固然給俄造成很大打擊，但對歐美亞太抗俄共同體的傷害也很大。

比如，最肉眼可見的是能源，美國宣布禁止進口俄羅斯能源，全國平均油價一下子跳過4美元每加侖大關，正朝5美元狂奔（加州等已超過5美元），以後到6美元也不是夢。這為美國早就居高不下的通膨雪上加霜。總統拜登和財政部長葉倫等也強調，這是為民主自由不得不付出的代價。至於歐洲這個嚴重依賴俄國能源的地區，能源價格的漲幅更是驚人。

又比如，歐美國家對俄羅斯封鎖領空，不出意外地引起俄羅斯對等地封鎖領空的報復。從地圖就可看到，俄羅斯由於面積廣大和地理位置占了北極地區一半以上，俄羅斯封鎖領空對美亞航線和歐亞航線影響巨大，航行時間至少多了三四小時。相反，如果不算兩陣營互相的航班（即俄國與歐美之間的航班），俄羅斯受影響的主要是到拉美航線，影響小多了。

一些制裁措施不但損害了歐美亞太抗俄共同體的即時利益，還冒著長久地影響信用的風險。比如金融制裁中，歐美使出金融核武，即把俄國從SWIFT踢出去；按中國傳媒的說法，這會打擊美元和歐元國際貨幣的地位，成為人民幣國際化的加速器。又

比如，瑞士破天荒地拋開200年的中立傳統參與制裁俄羅斯，凍結俄羅斯人在瑞士資產，這會影響瑞士作為「走資天堂」的信用。

　　一些國家對烏克蘭的支持更令自己的安全也受到威脅。比如芬蘭化始祖芬蘭不再堅持芬蘭化，一百多年的中立國瑞典也不再中立，紛紛參與譴責和制裁俄羅斯，還軍事支援烏克蘭。它們還不是北約國家，正面臨被俄國報復（甚至軍事攻擊）的安全風險。日本參與制裁俄羅斯，也被俄羅斯在北方四島問題上加以威脅。

　　由此可見，這次歐美亞太抗俄共同體對烏克蘭的支持可謂盡心盡力。那些還在嘲笑烏克蘭被拋棄的人，不是眼盲就是心黑。

## 事實二：北約早已公開表明不會出兵烏克蘭

　　第一，烏克蘭不是北約國家，北約本來就沒有義務參戰。在這件事上，北約從來沒有欺騙或忽悠烏克蘭。如果沒有健忘症的話，大家都可記得自從去年底俄羅斯威脅烏克蘭的危機開始，北約和美國已多次公開表明不會派兵。當時前總統川普還嘲笑拜登不會談判。因此，所謂烏克蘭被北約忽悠，以為北約會派兵相助，以致越界，純屬胡說八道。

　　第二，歐美人民厭戰，尚未做好戰爭動員。記得筆者在美俄談判時，還批評過拜登在與俄羅斯談判的時候，這麼早就說「一定不會出兵」，是談判策略的不足。因為俄國是相信力量的邏輯的國家，只有展示敢於使用力量，才會讓俄國知難而退（來自凱南「長電報」的觀點）。拜登的說法過於軟弱。然而美國當時這

樣說並非無理。對美國而言,拜登好不容易才結束了在阿富汗的20年戰爭,正準備「修練內功」,沒有人想打仗。其實俄國也正好看準了這一點才突然發難。歐洲國家人民更很久都沒有打仗的經歷,對參戰毫無心理準備。在這種情況下,民主國家不出兵有很強的民意基礎。民主國家領袖自然不能完全聽從民意,但民意制約是非常大的。

第三,北約若加入戰團,面對的是世界第二軍事強國俄羅斯,不可避免要大打出手。俄羅斯還有一些軍事上的「準同盟」,比如中國、伊朗、北韓、敘利亞等,一旦開戰,戰爭規模難以控制。正如拜登所言,很可能就是第三次世界大戰。比如中國雖然不一定直接參戰烏克蘭,但不無可能趁機武統台灣;伊朗和敘利亞或會對阿拉伯國家和以色列開戰;北韓或會南侵南韓等等。美國放眼全球,不能光盯著烏克蘭,罔顧了其他盟友的利益。正如美國國務卿布林肯所言,美國和北約的現階段目標是結束戰爭,不是擴大戰爭。

第四,俄羅斯是核大國,是全球核武最多的國家。在核武出現後,就沒有出現兩個核大國硬碰硬的戰爭,因為核武巨大的威懾力,令人相信一旦發生核大戰,就是全地球一起毀滅,至今無人敢冒險。在冷戰期間,美蘇大打代理人戰爭,就是為了避免核大國直接對對碰的情況。即便現在北約沒有參戰,俄國已經屢屢發出核威脅。萬一北約參戰,俄國會不會出現魚死網破式的最後一搏,這還真不好說。因為普丁現在不能完全用理性去理解。

第五,不肯給飛機,和拒絕設立禁航區,也是攻擊拜登軟弱和支持烏克蘭口惠而實不至的理由。然而,輸送飛機和禁航區目

前都有實際困難，也不完全有效。

在戰爭一開始，烏克蘭的空軍就是俄軍飛彈的襲擊目標，根據報導，現在烏克蘭空軍幾乎全部失去作戰力。在戰爭之初，很多東歐國家都說要給烏克蘭提供舊式蘇聯戰機（這樣利於烏克蘭飛行員上手操作）。但現在都未成事。最接近的是，波蘭和美國曾商議用蘇式的米格29換美國的F16，把米格29轉送給烏克蘭。但目前看來，美國已經放棄了這個計劃，理由是恐怕引起北約和俄羅斯之間的公開衝突。

然而，事實上，即便撇開北約與俄羅斯衝突的風險，送飛機這個概念也只是聽上去很好。烏克蘭原先不是沒有飛機，而是都被俄國把基地摧毀了。即便能提供飛機，在烏克蘭又在哪裡起飛呢？到了烏克蘭之後，是否又和原先烏克蘭的軍機一樣在基地就羊入虎口？況且數量有限的飛機，就能在制空權上反敗為勝嗎？目前烏克蘭不應該和俄羅斯爭奪制空權，而是利用地對空武器，削弱俄羅斯的制空權。

相比送飛機，烏克蘭提出的設立禁航區的請求在戰術上更有用。然而，美國和北約也拒絕設立禁航區。實際困難是，如果想在聯合國安理會決議在烏克蘭設立禁航區（伊拉克模式），俄羅斯有否決權。北約自行宣布禁航區，就面臨和俄羅斯的正面衝突，如果設立了卻不執行，這比不設立的效果更差。總而言之，設立禁航區就會導致直接衝突，在北約沒有下定決心捲入戰爭的情況下，禁航區只能暫緩。

## 事實三：北約以軍事援助形式提供烏克蘭多方面支持

北約沒有「拋棄」烏克蘭，軍事援助是現階段最適合的方式。雖然北約國家沒有直接參戰，但在多個軍事層面都有力支持烏克蘭。

第一，北約國家紛紛通過撥款，給烏克蘭輸送武器和戰爭物資。在文章開始已提及了美歐都通過了數以億計的直接軍事援助款項。在戰爭物資方面，美國英國和法國等傳統北約大國不在話下。值得一提的是，德國一改以往「不向衝突地區提供致命武器」的立場（在開戰前，德國只肯提供5000個頭盔），為德國直接輸送先進武器鬆綁。德國表示向烏克蘭提供1000件反坦克武器和500枚「刺針」（Stinger）地對空飛彈。德國此舉還讓其他願意輸送武器，但此前因武器中有德國技術而受限的國家大開綠燈。比如荷蘭就得以向烏克蘭交付200枚「刺針」地對空飛彈，和50台「鐵拳三型火箭筒」（Panzerfaust 3，共400枚飛彈）用以對付坦克。

其他較小的歐洲國家也沒有置身事外。北歐國家瑞典（5000件反坦克武器）、芬蘭（1500件飛彈發射器、2500支步槍等）、挪威（頭盔、個人防護、2700件M72 LAW輕型反坦克武器）、丹麥（2700件反坦克武器）也紛紛準備提供飛彈和反坦克武器。其他國家如比利時、葡萄牙、希臘、羅馬尼亞、西班牙、捷克、克羅埃西亞等也紛紛承諾提供武器。這些小型化的武器和單兵武器最適合烏克蘭的現階段需求。

在戰爭初段，北約輸送的武器還以單兵武器和防護性武器為

主。進入戰爭第二階段，北約開始向烏克蘭輸送重型武器。四月底舉行的北約防長會議，美國和40國防長一起協調向烏克蘭輸送武器的方案，為輸送重型武器開綠燈。6月中，北約防長再次開會，增加新軍援。

第二，北約現在為烏克蘭提供除直接衝突之外的很多戰爭工具。

現在明確的有兩點。一個是美國利用衛星和偵察機向烏克蘭提供俄軍位置的情報。換言之，美國告訴烏克蘭坐標，烏克蘭人輸入座標之後再按飛彈上的發射鍵，主要工作都是美國人做。根據美國媒體報導，美國向烏克蘭分享的情報，幫助了烏克蘭擊沉俄國黑海艦隊旗艦「莫斯科娃」（Moskva），也是幾個俄國將軍被擊斃的關鍵。美國為避免刺激俄國，還呼籲媒體不要報導。美國還宣布，不會共享非烏克蘭境內的資訊，也不會共享「特定人物」的資訊（比如某個在烏克蘭的將軍在什麼地點，但如果烏克蘭攻擊某個軍事據點時這個將軍又剛好在場則不計）。

另一個是，在烏克蘭境外繼續培訓烏克蘭軍人如何使用西方武器，當然也會包括如何依據美國共享的情報發動攻擊。

此外，沒有明確公布、但可能存在的，還包括通過電磁干擾的方式對抗俄軍的攻擊；網路作戰；為烏克蘭核心人物提供保護；輿論戰，包括反擊假訊息。在現代戰爭中，這些戰爭支援的重要性，不在直接參戰之下。值得指出的是，很多這類的支援，都是只能做不能說的。不能因為沒有說出來，就一定以為沒有做。具體做到哪些應該是非常動態的，除軍人（troop）直接踏上領土領空以外的一切軍事援助都有可能。

第三，為志願人員趕赴烏克蘭開綠燈。從戰爭開始不久（2月27日），烏克蘭就呼籲成立「國際軍團」（International Legion of Territorial Defense of Ukraine），歐美亞太抗俄共同體民間積極響應，政府也為之提供便利。3月7日，根據烏克蘭政府消息，已有來自52個國家超過兩萬人加入。他們不少人都有軍事經驗（不少是退役軍人），其參戰對烏克蘭既有精神鼓舞作用，又有實際效果。俄羅斯顯然感到壓力，於是也表示接納「外國志願軍」加入俄軍（據報是有打城市戰經驗的敘利亞人）。

志願人員加入外國戰爭在歷史上司空見慣。比如在當年中國抗日戰爭，加拿大人白求恩就加入中共一方，他1939年在中國死後，中共領袖毛澤東還專門寫了一篇〈紀念白求恩〉，讚揚其「國際主義的精神，共產主義的精神，每一個中國共產黨員都要學習的精神」。

一些時候，志願軍更是在某國政府不方便出面時的「另類支援方式」。比如二戰期間中國戰場，蘇聯的「蘇聯航空志願隊」和美國的「飛虎隊」（中華民國空軍美籍志願大隊，American Volunteer Group，縮寫AVG）先後加入對日本的戰爭。在韓戰中，中共對抗聯合國軍，也以「志願軍」名義出戰。當然，歐美亞太抗俄共同體的志願人員現在看來還是以個人身分加入，以後是否有「志願軍」模式，值得觀察。

值得指出的是，俄國威脅外國志願者如果被捕，將不被承認為戰俘，他們最好的結局是在俄國被起訴。這個說法無視國際法，根據1949年《日內瓦戰爭公約》，外國志願參戰人員，只要他們遵守公約所規定的戰爭行為，他們被俘之後就被視為戰俘。

當然，國際法和條約對俄羅斯一向是「廢紙一張」或「歷史文件」，國際社會已見怪不怪了。

## 事實四：美國極少拋棄「國家級的盟友」

　　以上部分已經論證了，美國沒有拋棄烏克蘭，歐美亞太盟國對烏克蘭的支持更非口惠實不至。然而，流傳在中國大陸和台灣的美國拋棄論或疑美論並非單單針對這次事件。在中國大陸而言，宣揚美國拋棄論，意在強調美國沒有國際信用，不會為盟友承擔責任。在台灣，相應的版本疑美論則質疑美國在中國攻台的時候會拋棄台灣。因此，有必要在更宏觀的角度去討論美國與盟友的關係。

　　疑美論通常一波又一波，上一次疑美論正是 2021 年 8 月阿富汗撤軍之事。當時就有媒體把阿富汗和台灣相提並論，說美國拋棄了阿富汗，以後也會拋棄台灣。然而，這兩件事根本無法相提並論，原因就是阿富汗政府軍不是美國的「國家級的盟友」。

　　阿富汗政府軍是不是美國的盟友呢？這要看如何定義「盟友」：是普遍意義上的，還是在國際關係上的。在國際關係上，阿富汗政府軍這種「盟友」，與北約日韓澳菲等完全不同，也和烏克蘭不同。

　　阿富汗政府軍和塔利班作戰是內戰。正確的對比例子是那種中美洲南美洲國家的親美政權。冷戰期間，美蘇各自扶植親美反美政權互毆，有贏有輸。但從來沒有人指責美國背棄了盟友。準確地說，如果不是花了大量金錢更加心疼的話，阿富汗政府在美國的盟友體系中，與那些中美洲南美洲國家的親美政權差不多。

美國的心態就是，阿富汗若親美固然好，換了一個反美的政權也沒辦法。當然了，就憑阿富汗政府這種一槍不發就投降的樣子，也真心配不起「盟友」二字。

阿富汗政府軍的例子也可以和中國內戰時期的蔣介石相比。國民黨和中共的戰爭，同樣是中國內戰，正如阿富汗政府軍和塔利班的戰爭一樣。無獨有偶，蔣介石輸掉大陸的時候，美國的反應也是差不多，都是痛斥國民黨腐敗。

相反，北約日韓澳菲等國是「國家級的盟友」，也是國際法意義上或者說「真正意義上的盟友」（ally）。所謂背棄盟友，就是指這些國家受到另一個國家侵略的時候，放棄了防守的義務。烏克蘭雖然不是美國的正式盟友，美國沒有義務出兵相助，但烏克蘭是「國家級的朋友」。正如前述，美國在烏克蘭出了大力氣，除了直接派兵都做了。

從這個意義上說，要說美國拋棄盟友，實際上就只有一個例子，就是南越。美國為南越也算是鞠躬盡瘁了。在越南戰爭中，美國不但同樣打了接近二十年，還先後派了幾十萬大軍，犧牲了將近六萬人，受傷達三十萬。直到傷亡大到國內民意形成巨大衝擊，不得不退兵，才拉攏南北越南談判，從越南撤軍。許多美國的政治和歷史著作都對南越陷落表達出巨大的傷痛。

那麼台灣是不是「真正意義上的盟友」呢？可以肯定，台灣雖然在國際法意義上是不是一個國家還有爭議，但它無疑是一個具備絕大部分國家特徵的政治實體。在美國的眼裡，除了不能正式承認台灣為國家，它和日韓澳等的地位無異。以目前的兩岸關係，萬一以後兩岸開火，除了中國之外，絕大部分國家都不會視

之為國家內戰。

因此，從這個意義理解，從1950年開始，台灣就是美國的盟友，雖然和中國建交後，美國沒有駐軍，但盟友的實質不變。美國台灣的盟友關係至今超過七十年，與北約日韓澳菲等一樣，都是美國的第一檔的長期盟友，是「真正的盟友」。這和只有二十年的扶植上台的阿富汗政府當然不能同日而語。一旦背棄了台灣這種「真正的盟友」，就會對美國的國家信用和國家形象構成真正的巨大打擊。

換言之，即便認為美國不夠朋友、背棄了阿富汗政府這類所謂「盟友」，它也不會同樣地背棄「真正的盟友」。


## 美國是烏俄戰爭的始作俑者嗎？

俄國和中國抨擊美國是始作俑者，為戰爭「澆油拱火」。與美國是「始作俑者」相關的，是所謂「美國是大贏家」。因為如果美國是始作俑者，那麼必然有利益才會這麼做。「美國是大贏家」的理論正好符合這個設定。然而，無論始作俑者論，還是大贏家論，都經不起推敲。

綜合各家見解，對美國是始作俑者之說的批評主要有幾條思路。首先，美國不應該挑戰俄國的地緣政治利益，尤其是美國不應該主導北約東擴。其次，美國不應該在烏克蘭挑動顏色革命。第三，美國不應該在歐洲廣場革命中支持反對派。第四，美國不應該在隨後八年支持烏克蘭。第五，美國不應該鼓動烏克蘭加入北約。第六，美國在烏克蘭危機談判時，不應該不肯承諾北約不

東擴。這些批評通通無法成立。

## 批評一：美國不該主導北約東擴、挑戰俄國的地緣政治利益

有關北約東擴的問題，筆者已經專文討論。但在這裡從歷史的角度補充幾點。

在蘇聯解體後，美俄關係一度非常友好。美國資金大筆進入俄國，有力地支援了葉爾欽的經濟轉型，美國也開放俄羅斯人移民。在1993年俄國政治危機，保守的「最高蘇維埃」連連否決了葉爾欽的改革建議，根據葉爾欽的說法，他們要重建蘇聯秩序。最後，葉爾欽解散最高蘇維埃，提議修改憲法，另起爐灶改革成立「國家杜馬」。最高蘇維埃抨擊葉爾欽政變。在總統和議會之爭中，雙方支持者紛紛上街對峙，俄國出現大規模混亂。最後葉爾欽指揮軍隊包圍國會，鞏固了改革派的統治。在俄國這個生死攸關的關頭，美國全力支持葉爾欽度過難關，挽救了俄國的民主。在葉爾欽第一次競選連任中，美國連連送大禮，最終幫助葉爾欽連任成功，保證了俄國市場化和民主化改革沒有走回頭路。

當時俄國提出要加入北約，正是美國支持下，俄國加入了北約夥伴計劃，其長遠目標就是加入北約。北約第一次擴大，是美國而不是歐洲，是猶豫的一方。歐洲（以及準備加入的波蘭、匈牙利和捷克）力推「快速擴大」以及「完全的會員資格」。柯林頓政府主張「慢速擴大」以及「有限會員資格」。只是在期中選舉中，支持急速擴張的共和黨贏得國會，柯林頓的主張才不得不

改變。另外，歐洲國家甚至打算把羅馬尼亞和斯洛維尼亞都「一次過」擴大進去。只是因為美國的反對才作罷。因此，與其批評美國挑戰俄國的地緣利益，還不如說是歐洲挑戰俄國的地緣利益。如果說誰是始作俑者，那麼是歐洲，而不是美國。當然，我們知道這是荒謬的說法，因為歐洲國家只想保障自己的安全，它們沒有能力也沒有期望去挑戰俄國。

俄國和北約翻臉是在科索沃戰爭中，俄國站在南斯拉夫（塞爾維亞）一方，不顧在科索沃戰爭中出現的人道主義危機，反對科索沃和平協議。根據塞爾維亞惡化俄羅斯的說法，是因為北約在談判中提出南斯拉夫無法接受的條件。關鍵是，北約軍隊可以在科索沃駐軍、軍隊有法律豁免權、軍隊可以通過南斯拉夫的其他地區。南斯拉夫認為這些條件是侵犯主權。儘管這項做法是不是侵犯主權，這是該國自行認定。這裡只是指出，北約提出的這些條款，並非看起來這麼苛刻。這裡聽起來最敏感的是「法律豁免權」（有人用治外法權形容，這意在勾起殖民主義感覺），即軍人在境內犯罪，只能由外國軍法處置。然而，軍隊的豁免權在國際法上，是一個空白（或灰色）地帶，但在實際操作中，美國駐其他國家的部隊的條約都有類似條款；聯合國維和部隊在外國執行任務，也都有類似條款。[1]

即便在北約第一次東擴後，俄國也還想加入北約。普丁上台後就問過，北約幾時邀請俄國加入。然而由於俄國和北約的要求差距太大，北約報告評估最少需要14到15年時間。[2]北約第二次東擴之際，尤其令普丁不滿，因為波羅的海三國就在其中。然而，俄國在1999月才簽訂《伊斯坦堡協議》，承認各國都有自由

加入安全條約的權利。注意，這個時間在轟炸南斯拉夫之後。既然俄國已經不滿北約，但又自願地簽訂了這個協議，轉頭又去不滿波羅的海三國加入北約。只能說俄國自己思維混亂。

## 批評二：美國不應挑動2004橙色革命

烏克蘭原先不是一個親美的國家，前兩任總統都在俄國和歐洲之間搖擺。轉折點在2004年的總統選舉。前總理尤申科和現任總理亞努科維奇競選總統。在第二輪點票中，亞努科維奇以2.85%領先，不但投票後的出口民調有顯著差距（顯示尤申科應該以11%勝出），歐安會觀察員也觀察到選舉存在有利於亞努科維奇的舞弊情況，在差距如此小的情況下足以改變結果。於是烏克蘭爆發橙色革命，尤申科支持者走上街頭抗議舞弊，要求重選，成為歷次顏色革命的開端。最後，總統庫奇馬拒絕確認亞努科維奇為當選總統，最高法院要求重新投票。結果尤申科以7.8%勝出。

橙色革命是實踐在羅爾斯《正義論》理論中「公民抗命運動」（civil disobedience，又稱「公民不服從」）成功的革命。根據中國剛剛放出的《關於美國國家民主基金會的一些事實清單》認為，美國國家民主基金會（National Endowment for Democracy）是這一系列「顏色革命」的幕後黑手。國家民主基金會確實長期資助公民社會團體的培訓。在中國等看來，形同是「支持反對派顛覆政府」，在國家民主基金會看來，是在國際範圍內以公民抗命的方式推廣民主。對國家民主基金會的深入評判超出了本文的範圍。這裡只想指出幾點。

第一，橙色革命的本質並非反對派顛覆政府。無論尤申科還是亞努科維奇，都先後擔任政府總理，用現在香港的政治術語來說，都是「建制派」。正如在美國，很少人認為共和黨是「反對派」一樣。那種「反對派」vs「政府」的分野，只出現在威權社會，而不是民主社會。而烏克蘭是一個民主社會。把尤申科說成是與政府作對的反對派，首先就誤導設定了一個「反對派就是壞」的情境。

第二，如果說歐洲廣場革命有合法性爭議（因為趕走了現任總統）的話，那麼對選舉出現爭議時爆發的橙色革命沒有任何爭議。難道作弊上台是應該的嗎？當時亞努科維奇作弊是不少專業觀察員的結論，事實上結果也確實令人生疑。按照法律程序，在最高法院對選舉結果有最終裁定權。最高法院則按證據裁定這次投票無效，從而下令重選。整個過程合理合法，沒有不當。重選結果也證明，尤申科確實是大幅領先的一個。這更印證了上次投票作弊的結論。

第三，儘管國家民主基金會的培訓為「公民抗命」提供理論基礎，但它沒有促成橙色革命。橙色革命源於：一、烏克蘭人對選舉正義的支持；二、選舉確實有作弊，否則何需出動「公民抗命」去掀起橙色革命？可見，說什麼「美國挑動橙色革命」，那是找錯了原因。何況，歐洲也是支持橙色革命的。

第四，在當時，美國和歐洲支持橙色革命，但俄國同樣支持了亞努科維奇。如果說美國是干涉內政，那麼為何俄國就沒有干涉內政？

## 批評三：美國不應挑動2014歐洲廣場革命

有關歐洲廣場革命的來龍去脈和是非曲直，筆者在第二章分析過了。這裡也只想簡單補充幾句。第一，歐洲廣場革命的起因，不是美國挑動，而是時任總統亞努科維奇出爾反爾，先承諾加入歐盟路線，突然改為加入俄國主導的體系。在事關重大的政治道路上違背承諾、無故轉向，背信於人民，人民當然有權抗議。第二，美國固然樂見烏克蘭加入歐盟，但這始終只是歐洲的事。最希望烏克蘭走親歐路線的是歐洲，而不是美國。第三，亞努科維奇的下台到逃跑俄國，是自己處理示威不當而激化矛盾造成的。在他下台時，眾叛親離，舉國歡騰，就連他所屬「地區黨」也把他開除出黨。這明顯是人民的意志。

## 批評四：美國不應該在克里米亞事件後援助烏克蘭

事實上，美國支援烏克蘭有根有據，那就是被俄羅斯棄如敝屣的《布達佩斯備忘錄》。在烏克蘭自願棄核後，美國有義務保證烏克蘭的領土完整和國家安全。雖然備忘錄裡沒有寫明用什麼方式，但同樣沒有寫明不能用什麼方式。因此，美國軍援烏克蘭，絕對符合《備忘錄》中規定的條款，甚至可以說是一種義務。此事的始作俑者是俄國，而不是美國。

## 批評五：美國不應該鼓勵烏克蘭加入北約

美國確實鼓勵烏克蘭加入北約。但如果不是俄羅斯搶去了烏克蘭的克里米亞，烏克蘭絕無迫切加入北約的需求，更不會把加

入北約寫入憲法。因此，同樣，始作俑者是俄國而不是美國。

## 批評六：美國不應該不肯承諾北約不東擴

這個質疑，筆者也在專文寫過了。簡而言之，美國不能按照俄國所要求那樣「白紙黑字」地承諾北約不東擴，否則就違反北約章程所規定的「開放政策」。

由此可見，以上六個質疑都不成立。

一個更有力的反證是，在戰爭之初，美國根本沒有想到烏克蘭能支持下去。當時美國情報機關的判斷是，烏克蘭會快速落敗，這就是為何美國想安排澤倫斯基逃亡到外國建立流亡政府，以長期抗戰。如果按照這個劇本演下去，烏克蘭被吞，俄國就賺大了，整個歐洲都會陷入恐慌，美國必須全力支援歐洲。這樣一來，美國就會成為大輸家。既然美國有這樣的判斷，若說美國煽風點火挑起戰爭，豈非搬起石頭砸自己的腳？說白了，現在烏克蘭能發揮消耗俄羅斯的作用，其實只是一個意外。烏克蘭自救成功並不能以此反推，美國本來就計劃利用烏克蘭拖垮俄羅斯。

當然，更歸根到底的是，這次戰爭的侵略者還是俄羅斯，導致戰爭起源的起因，也是俄羅斯非法侵占克里米亞。把美國說成始作俑者根本是顛倒是非。

# 美國是贏家還是輸家？

所謂美國是「大贏家」，同樣經不起推敲。烏克蘭戰爭的爆發對美國基本上是有利有弊，利大於弊。但並非中國所說的「贏

麻了」，美國也不可能為了搞亂歐洲而挑動戰爭。

## 通貨膨脹拖累美國經濟恢復

首先，確實美國受烏克蘭戰爭的直接影響較歐洲少。美國本土遠離烏克蘭，戰火不會蔓延到美國，難民也不會第一時間進入美國。美國本身是最大的能源輸出國，對俄羅斯石油的依賴很低。美國是重要的糧食生產國，對俄羅斯和烏克蘭的糧食依賴同樣很低。這幾個條件基本保證，美國的處境比歐洲好。

然而，至少在目前，美國的境況也不好。美國雖然是能源輸出國，但美國國內的油價依然高漲。這是因為戰爭引起的恐慌和美歐對俄國能源的制裁推高了能源價格。美國是一個自由市場，全球能源都可以自由交易，如果沒有價格和出口管制，那麼世界其他地方的油價上漲，美國的油價也一定會上漲。美國能源價格上升是如此嚴重，拜登在3月底不得不宣布，未來六個月將從戰略石油儲備中每天釋放100萬桶，累積1.8億桶石油。這是過去六個月來第三次釋放石油戰略儲備，也是史上最大的一次。然而，釋放石油儲備即便「有用」，也不過阻止了油價急速上升，油價並未下降甚至依然緩慢上升。

烏克蘭戰爭還進一步打亂了國際供應鏈。比如烏克蘭生產的氖氣占全球產量七成，是晶片製程中的必需品。烏克蘭戰爭進一步推高了晶片成本，也降低了晶片產量，影響了從手機到汽車等大批工業。（另一個供應鏈問題是中國的疫情和封城。）

兩者相加嚴重推高了美國的通貨膨脹。美國這輪通貨膨脹比烏克蘭戰爭更早發生，主要有兩大塊：汽車和能源價格上，汽車

價格高是因為晶片短缺，能源價格高是因為需求旺盛（疫情穩定後經濟重啟）。汽車和能源都是美國的「剛需」，兩者價格高，也帶動了其他幾乎所有商品都價格高漲（什麼活動不需要能源呢？）。烏克蘭戰爭在這兩項上雪上加霜。於是美國通膨每月都創下戰後新高。美國聯準會為了壓抑通貨膨脹，大幅加息。5月4日一下子加了50個基點。還宣布將從六月開始「縮表」（即和「量化寬鬆」相反的「量化收縮」）。

　　這對美國而言是非常糟糕的。因為在兩年前新冠肺炎爆發，美國經濟已經萎縮，正處於需要減息去復甦經濟。現在經濟未復甦，就遇上大通膨，結果第一季度實際GDP增長率按年度萎縮1.4%，令人震驚。現在要重新復甦，卻又加息。這一定會減慢經濟復甦的步伐。但對美國而言，是「以錯誤糾正錯誤」的無奈之舉。現在美債處於長短期收益率倒掛的狀態（一般長期國債利息比短期國債利息低，但現在短期利息比長期利息低），這是一個陷入衰退的危險指標。如果衰退的話，那麼等於美國上一個衰退還沒走出來，又要陷入另一個衰退。

　　另一方面，美國是支援烏克蘭最用心用力的國家。在戰爭一開始，美國已經通過撥款135億美元支援烏克蘭。現在國會醞釀新一次撥款法案，價值400億美元。這種規模的撥款比歐洲那種以億為單位的撥款要「大氣」得多。美國武器支援烏克蘭，至今提供了7000件「標槍」反坦克飛彈，把自己軍火庫中「標槍」飛彈的1/3都給了烏克蘭，另外提供給烏克蘭的肩扛式「刺針」飛彈也消耗了庫存的1/4。這些武器絕非輕易能補充的。比如生產標槍飛彈的洛克希德馬丁公司，每年產能2100枚標槍飛彈，

現在提供給烏克蘭的已經是三年的產量。為了支援烏克蘭，美國不得不把提供給其他國家的武器優先供應，對台售武計劃也被影響。此外，歐洲國家現在醞釀向烏克蘭輸送重型武器。東歐國家答應輸送的前蘇聯武器（以便烏克蘭軍人能即插即用），但要求美國用新美式武器作為補償（這筆生意還很合算）。可以說，戰爭在消耗俄國的同時，對美國也是巨大的消耗。

在難民問題上，美國雖然不是難民的「第一收容港」，但已經承諾至少接收十萬難民。這是相當可觀的數字，而且在歐洲的烏克蘭難民很多可能回流烏克蘭，到美國、加拿大的難民多半就是最終目的地了。因此，美國在難民上的負擔一點不少。

## 中國或為最大贏家？

其次，正如前述，烏克蘭能自救是一個意外，如果烏克蘭潰敗，美國就是大輸家。退一步說，即便現在烏克蘭頂著俄羅斯，削弱俄羅斯在望，是否符合美國的最大利益尚待論證。

「抗俄共同體」在戰爭中重新集結起來，當然是一件好事，然而，美國最大的戰略對手是中國，而不是俄國。抗俄當然會損耗對抗中國的精力。雖然美國堅持說還是會抗中，然而，在太平洋島國索羅門群島，中國就發動偷襲成功，和索羅門群島簽訂安全協議，很明顯是趁美國注意力放在烏克蘭而有所放鬆的時機。

在戰爭後，歐洲無疑有更大意願幫助美國在遠東對抗中國，然而，烏克蘭戰爭不但把美國拖在歐洲戰場，歐洲的盟友更被拖在戰爭中。歐洲盟友有心也無力，也不太可能騰出手幫助對付中國。

　　美國要對抗中國，正如米爾斯海默所言，最佳方案是「聯俄抗中」，即便不可能，但次佳方案還是讓俄國保持中立。現在除非打垮了俄國，或者普丁下台，否則俄國中立是再也不可能了。

　　筆者將在下一章中將分析，現在這種俄國美國互相消耗的情況，是對中國最有利的。由於遠離歐洲戰場，又佯裝保持中立，中國可以一邊兩頭賺錢，一邊發展經濟軍事，再來一個「黃金機遇期」。正如美國在一戰初期那樣。既然如此，美國又談何大贏家？

　　再次，在整個戰爭中，歐洲固然是大輸家，但說美國刻意通過挑起烏克蘭戰爭，搞亂歐洲，美國發大財，收割歐洲的韭菜。這種說法同樣是沒有根據的。

　　歐洲是美國霸權的基本盤，是最有實力和最可靠的盟友，要說美國把自己的基本盤給搞亂了，變弱了，除了川普這樣的極端短視現實主義者，沒有人會這樣做。拜登、布林肯、蘇利文等人的戰略思想根本不是這種思路。他們都希望團結盟友，希望盟友強大能助一臂之力，而不希望自砍一臂。順便說一句，那種用「川普在位時俄國不會侵略烏克蘭」說川普比拜登高明的說法，恰好忘了，正是川普搞亂歐洲、弱化北約，符合俄國的利益，普丁看著很滿意，這才不需要侵略。

　　同時，也不要忘記，在烏克蘭戰爭爆發時，歐洲支持烏克蘭的民意遠比美國支持烏克蘭的民意高。事實就是在戰前的民調，歐洲74%的人認為「俄國入侵烏克蘭時歐洲應該保衛烏克蘭」；而在相近時間，在美國進行的類似民調，有53%的美國人認為美國應置身事外，只有43%的人支持烏克蘭。

　　最後，在烏克蘭戰爭後，歐洲要買軍火，要買美國能源，美國的軍工能源產業一定是「贏麻了」。於是又有人認為，美國的軍工複合體在幕後操縱，它們才是大老闆。所以，美國固然沒有贏，但軍工複合體贏了，所以也符合美國（軍工複合體）在幕後挑動戰爭的理論。

　　要詳細討論軍工複合體超出了本文的範圍。他們是否在背後推動，至今尚未證實，仍只是「陰謀論」而已。然而，一個不可忽略的事實就是，軍工能源複合體，如果真能影響美國決策的話，那麼都發生在共和黨執政的時段。例如，小布希發動的伊拉克戰爭，就有軍工能源複合體推動的可能。民主黨一向和軍工複合體都不契合。因此，如果現在是共和黨執政，那麼這種說法可能還有一定的可信度。現在民主黨當政期間，要說軍工複合體能有這麼大的能量，那似乎是過於天馬行空。

第二十二章

# 中國的如意算盤：
# 中國真正的「中立」嗎？

在烏克蘭戰爭中，理論上俄國的盟友只有一個——白俄羅斯。然而，白俄羅斯能力有限，國際社會對支持俄羅斯勢力的目光大部分都集中在號稱「中立」的中國上。本文要回答四個問題：一、為什麼中國的中立備受質疑？二、為什麼中國要實質挺俄？三、中國為什麼還要假裝中立；四、中國在烏克蘭戰爭中是贏家還是輸家？

## 為什麼中國的「中立」越來越受質疑？

在俄烏戰爭中，中國的官方態度一直自稱中立。一方面，中國外交部拒絕譴責俄羅斯，不肯說俄羅斯是「侵略」，至今用「衝突」形容這次俄羅斯的侵略戰爭。中國外交部一直堅持「美國是烏克蘭緊張局勢背後的罪魁禍首」，「烏克蘭演變至今，背後有複雜的歷史因素」，「我們呼籲所有相關方保持克制」，若記者繼續追問下去，不是顧左右而言他，就是像讀稿機一樣不斷

重複那幾句話「中國的立場是一貫的」。中國更拒絕參與對俄國的制裁。

另一方面，中國又企圖在國際社會營造在烏克蘭戰爭中「不選邊」的印象。2月25日，在俄國全面進攻烏克蘭的第二天，中國主席習近平就和普丁通話。[1]2月26日，中國外長王毅闡述了中國的五點立場。[2]3月15日，中共外事工作委員會辦公室主任楊潔篪在瑞士與美國國安事務助理蘇利文會面，烏克蘭問題是重點。[3]3月18日，習近平與美國總統拜登通電，也重點討論了烏克蘭問題。[4]這些表態，加上外交部發言人和官方傳媒的文章，中國的五點立場可以歸結為三組「表述」。

第一，在是非曲直問題上：中國一方面說「尊重各國主權和領土完整」、「遵守聯合國憲章宗旨和原則」；一方面又說「俄烏衝突有複雜的歷史經緯和現實因素」、「自有來龍去脈和是非曲直」，「俄羅斯在安全方面的正當訴求理應得到重視和妥善解決」。

第二，在如何解決的問題上：中國指責美國（和北約）「煽風點火」、是「始作俑者」，批判西方國家支援武器是「火上澆油」；強調「當務之急是各方克制，避免大規模人道主義危機」；「中國送的是食品，美國送的是武器」。

第三，在中國的角色的問題上：中國強調自己「支持鼓勵一切有利和平解決烏克蘭危機的外交努力」、「始終忠實履行國際義務」。

在中國看來，這套邏輯是說得過去的。在以往這類說辭可能有效，但這次不太行得通。美國總統拜登和中國主席習近平通電

話，警告中國給俄國提供物質支持會有嚴重後果。在布魯塞爾的北約、歐盟、G7三合一峰會，北約和歐盟又再呼籲中國不要支持俄羅斯的戰爭努力。總之，中國在俄羅斯侵略烏克蘭的「中立」立場越來越受質疑，壓力越來越大。這有以下的原因。

## 一、不譴責俄羅斯，不肯軍援烏克蘭

在是非曲直的問題上，中國的表述自相矛盾。現在是俄羅斯軍事侵略烏克蘭，侵占烏克蘭領土，煽動和承認烏克蘭東部兩個傀儡共和國「獨立」，釀造人道主義危機，數千平民死亡，數百萬人淪為難民。然而，中國還不肯說俄羅斯是「不對」的，也不肯說這是「侵略」。這算是「尊重各國主權和領土完整」嗎？在俄國沒有受到任何軍事威脅的情況下（誰會發瘋主動攻擊俄國？），有什麼樣的「安全方面的正當訴求」非得用平民死傷無數和龐大數目的難民才能實現？中國強調「聯合國憲章宗旨和原則」，我們先不提俄羅斯是否做出了違反聯合國宗旨的侵略行為，只問俄羅斯侵略烏克蘭之前，在聯合國討論過了嗎？得到聯合國安理會授權嗎？俄羅斯這樣徹底把聯合國拋開，中國卻不指責俄羅斯「違反聯合國宗旨」。

在如何解決的問題上，呼籲「各方克制」當然是一個放之四海皆準的答案。然而，現在主動進攻的一方是俄羅斯，已在三個方向深入烏克蘭國土，還不斷發動攻擊。相反，烏克蘭只是龜縮防守，連反攻都談不上。在這種情況下，中國卻來呼籲「各方克制」，各打五十大板，豈非為俄國提供掩護？

一個被侵略的國家最需要的是什麼？食物和人道主義救援當

然重要，但有什麼比得上反抗侵略的武器了。正如當年抗日戰爭初期，蘇聯給中國支援了大量武器，根據中國黨媒的說法「對中國來說是在抗戰最孤立、最危險的階段得到了外來的巨大援助」。[5]倒是最初沒有公開大方地給中國提供武器和戰爭物資的美國，被抱怨「美國的援助不到重慶政權『最吃緊之危機，或暴敵最橫行之時』絕不出手」，「求援的艱辛經歷使蔣介石百感交集地說：『對敵國易，對友邦難，受人接濟，被人輕侮。』」就連烏克蘭副總理也在嗆聲中國「我們最需要的不是食品，而是武器」。

## 二、中國在國際場合上力挺俄羅斯

　　烏克蘭開戰以來，在聯合國系統內多個場合進行過多輪表決，除了一直投票支持俄國的「挺俄四丑」（白俄羅斯、北韓、敘利亞、厄利垂亞）外，最挺俄羅斯的就是中國。

　　中國在所有聯合國系統的表決中，不是棄權就是直接和俄羅斯站在一起。在聯合國安理會和聯合國大會緊急特別會議中的譴責俄羅斯草案表決中，中國雙雙投棄權票。到了原子能機構有關俄羅斯襲擊烏克蘭核電站的表決中，中國更成為唯一與俄羅斯投反對票的國家。在聯合國安理會最新表決的俄羅斯提出的草案中，中國又成為唯一與俄羅斯投贊成票的國家（其餘13國都反對）。在聯合國大會有關把俄羅斯逐出人權理事會的表決中，中國又投反對票。

　　誠然，在聯大投票中除了中國之外還有其他棄權國家。然而，在迄今所有投票場合都和俄國站在一起的，就只有中國。

　　最能說明問題的是，海牙國際法庭審理烏克蘭訴俄羅斯案件有三項裁決，其中兩項都以13比2通過：首先俄羅斯必須立即停止在烏克蘭的軍事行動；其次俄羅斯在烏克蘭境內有「種族屠殺」行為；只有第三項國際社會應人道主義援助15票通過。在前兩項，中國籍法官薛捍勤是唯一站在俄羅斯一邊投反對票的一位。

　　值得指出的是，國際法庭的15個法官中，還有三位來自在聯合國大會投棄權票的國家（印度、烏干達、摩洛哥），他們都站在烏克蘭一方投贊成票。這說明了兩個可能。一種可能是，那幾個與政府在聯大投票不一的法官是真正的「獨立法官」，而中國法官要「聽黨的話」。另一種可能是，由於在國際法庭所有法官不能投「棄權」，所以法官的投票才真正反映了「棄權國家」的真正立場：即它們雖然因為種種原因在聯人棄權，但歸根到底更站在烏克蘭一方。

　　如果說戰爭一開始，中國撐俄還有點遮遮掩掩，那麼到了6月份，挺俄姿態就更加明顯。6月15日，習近平與普丁通電話。習近平一方面讚揚中俄關係保持良好勢頭，表示願同俄國推動雙邊務實合作，「中方願同俄方繼續在涉及主權、安全等核心利益和重大關切問題上相互支持，密切兩國戰略協作……推動國際秩序和全球治理朝著更加公正合理的方向發展」。在烏克蘭問題上則只是說「各方應該以負責任方式推動烏克蘭危機得到妥善解決。中方願繼續為此發揮應有作用」。[6]

　　隨後，中國主持6月22至23日的金磚國家工商論壇及金磚國家領導人第14次會晤（線上峰會），發表《北京宣言》。這是

俄國在侵略後出席的國際會議中唯一發表共同宣言的一個（其他出席會議都受到多國抵制），幫助俄國重返國際舞台。宣言指出金磚國家要「構建高質量夥伴關係，共創全球發展新時代」。在烏克蘭問題上，宣言只表示「我們討論了烏克蘭局勢，並憶及在聯合國安理會、聯合國大會等場合就烏克蘭問題表達的國別立場。我們支持俄羅斯同烏克蘭談判。我們還討論了對烏克蘭境內外人道局勢的關切……」[7]

## 三、中國未積極推動和平談判

　　回到中國的立場聲明上，在中國的作用問題上，中國說得非常好聽，然而實際上基本什麼都不做。比如，雖然主席習近平在全面開戰第二天就和普丁通電說「支持俄方和烏方通過談判解決問題」，但俄羅斯的進攻越演愈大，根本沒有聽中國的話。

　　此後，中國一直表態鼓勵談判，但沒有實質的推動談判行為，甚至連稍微具體的建議都沒有。比如中國外長王毅強調：習近平主席提出解決烏克蘭危機的中國方案，主要包括兩方面。當務之急是各方要一起推動當事雙方對話談判，儘快停火止戰，避免平民傷亡，尤其要防止發生人道主義危機。長遠之道是要摒棄冷戰思維，不搞集團對抗，真正形成平衡、有效、可持續的地區安全架構，這樣才能實現歐洲大陸的長治久安。這些都是既大又空的話。

　　三月底，俄國外長拉夫羅夫到中國參加「阿富汗與周邊國家會議」，與王毅見面。烏克蘭問題當然不能繞過去。然而，根據新聞稿，王毅首先強調「中俄關係經受住國際風雲變幻新的考

驗，保持正確前進方向，展現堅韌發展勢頭。雙方發展雙邊關係的意願更為堅定……」。先進行了對中俄關係堅定不移的表態後，在烏克蘭問題上，王毅還是重複「烏克蘭問題有著複雜歷史經緯和來龍去脈，既是歐洲安全矛盾長期積累的爆發，也是冷戰思維和集團對抗造成的結果」，「我們支持俄烏雙方克服困難繼續和談，支持迄今談判達成的積極成果，支持現地局勢儘快實現降溫，支持俄羅斯以及各方為防止大規模人道危機所作的努力」等套話。而且看到沒有，侵略者俄羅斯反而是「為防止大規模人道危機做努力」的一方了。[8]

駐美大使秦剛在接受採訪時說，中國和俄羅斯的緊密關係是「財產」而不是「負擔」，意思是這種關係對推動解決問題有利。在一定程度上這沒錯，然而，如果中國不去利用這種緊密關係去推動，那麼這種「財產」又有什麼用呢？

推動和平談判不能光說不練，而需要實際行動。比如法國總統馬克宏，就是給普丁打電話最勤快的西方領導人。有沒有成果另計，實際行動是肉眼可見的。更把中國比下去的例子是土耳其總統艾爾多安。土耳其作為一個中等區域強國，卻勇於推動俄烏代表會面，最近幾次俄烏談判都是在土耳其境內進行，土耳其不斷在做雙方的傳聲筒。談判看起來有一定進展，土耳其是功勞最大的第三方。中國人一般看不起土耳其，但土耳其實實在在地走在了「負責任的大國」的前面。

## 四、中國新聞媒體一面倒地偏袒俄國

中國號稱中立，然而輿論場卻全面站隊俄羅斯。這表現在幾

方面。[9]

　　一、新聞報導幾乎成為俄羅斯傳聲筒，克里姆林宮發言人、俄國外交部、俄國國營電視台等消息都能完整無缺地第一時間出現在中國媒體。普丁的兩篇電視講話迅速被全文翻譯，在媒體廣傳。相反，烏克蘭方面的說法即便能報導，都是隻言片語的摘要，而且都帶有貶斥嘲弄的報導。至於西方媒體的報導就更片面了。

　　二、中國官媒和官方自媒體上封殺了幾乎所有不利俄國的評論；在民間自媒體和社交媒體上，不利俄國的意見也大部分被壓制。有上級指示被不慎被洩露出，說反對俄國的文章一律不得發表。中國五位學者發表的聯合聲明反對俄羅斯侵略，則被秒刪。[10]相反，支持俄國的言論大行其道，將俄羅斯描繪成一個長期忍受的受害者而非侵略者。普丁的幾次講話，俄國極端主義的言論（如所謂「普丁國師」亞歷山大・杜金）也被翻譯成中文。有趣的是，美國國內有利俄國的評論（比如「美國和北約不是無辜的」等），無論左派右派，也不計較評論者本身就是「反華學者」，也都被中國追捧。

　　三、中國系統性地把俄羅斯侵烏戰爭向「反美」引導，[11]最早指責美國「誇大戰爭危機」，接著指責「北約五次東擴把俄國逼入絕境」，接著嘲笑烏克蘭「被美國拋棄」，接著指責美國「把歐洲拖落水，自己贏麻了」，接著指責美國輸送武器是「煽風點火」，接著指責美國在烏克蘭「搞生物武器」等等。中國甚至還組織學生看紀錄片和課堂學習。

　　四、隨著戰爭推進和中國的言論控制，中文輿論出現大批

的狂熱普丁支持者，他們甚至比俄國人更加狂熱，更想盡辦法為普丁辯護，更憎恨和俄國「作對」的烏克蘭。網民把普丁稱為「普丁大帝」、「前蘇聯最好的遺產」和「本世紀最優秀的戰略家」。中國網民鼓吹「中俄聯手」在「中美俄三角」中二比一，穩占上風。烏克蘭和澤倫斯基則成為「可憐的小丑」、「美國的棋子」。說俄國太仁慈（不肯狂轟濫炸），說俄國戰場的差勁表現是普丁的高招，指責烏克蘭「栽贓嫁禍」，指責澤倫斯基是「戲子」等等。在開戰之初網民還以輕浮猥瑣的語氣，說可以「收留烏克蘭妹子」。隨著史無前例的「大翻譯運動」，這些冷血的言論開始引起西方輿論的注意。[12]

## 五、俄國屢屢把中國拖下水

比如開戰不久，俄羅斯外交部發言人札哈羅娃（Maria Vladimirovna Zakharova）就強調：「我們也有朋友，中國就是一個」。在美國和歐洲要求中國不要支持俄國時，她又說「難道西方真的認為中國會被嚇到嗎」？最近她又讚揚「中國看得很深，明白烏克蘭危機的本源，歐洲浮於表面」。有了俄國這樣「豬隊友」（當然站在俄羅斯立場上就是非常聰明了），中國再說自己中立也難以令人信服。

## 六、中國的「中立」就形同挺俄

在眾多聲稱中立的國家中，中國實力最強大，和俄羅斯的關係最密切，對俄國最重要。中國的這種「中立」，事實上就是對俄國的支持。

　　在政治上，中國是聯合國安理會常任理事國，在安理會上有一票否決權；已有力在國際挑戰美國的霸權。近年來中俄關係極為密切，成為「不是盟友勝似盟友」，「背靠背的戰略協作」，「合作關係不封頂」，聲稱「要為建構新型國際關係和人類命運共同體貢獻『中俄智慧』和『中俄方案』」。尤其是普丁趁2022年北京冬奧會到北京捧場與習近平會面，兩國發表《關於新時代國際關係和全球可持續發展的聯合聲明》，更把中俄緊密捆綁在一起。中國自己還有一幫小嘍囉，在國際上發揮抵制、稀釋「抗俄共同體」的壓力的效果。

　　在經濟上，中國是世界GDP第二大國，正在急速追上美國。中國更是俄羅斯最大的貿易夥伴。以2019年為例，俄國對中國出口573億美元，從中國進口541億美元，都大大超過第二名。[13]更重要的是，俄國其他排名前十的重要貿易夥伴，大都屬於「歐美亞太抗俄共同體」，它們對俄羅斯的大規模制裁，更凸顯了中國在經濟上對俄國的重要性。中俄經濟結構非常互補，俄國出口能源、礦產、糧食，中國出口工業品、電子電器等。在「抗俄共同體」制裁俄國之後，俄羅斯急需的物資可從中國進口，俄羅斯賣不出的能源等也可以讓中國「接盤」。俄國被制裁多年缺少資金，中國則「大撒幣」。依靠中國，俄羅斯還有可能繞過國際的金融制裁。

　　因此，無論在政治上還是經濟上，中國對俄國的支持都是至關重要的。像印度等國家，雖然也是大國，但政治影響力比不上中國，經濟上對俄國的重要性更無法相提並論，其中立與否，最多只有「站隊」的意義罷了，對「抗俄共同體」與俄國對抗的實

際影響並不大。

## 七、烏俄戰爭完全超越了抗俄共同體的道德底線

歐美亞太社會同仇敵愾，普遍形成「不是站在我們一邊，就是站在敵人一邊」的黑白分明。左右逢源的騎牆態度越來越不能矇混過關。這其實也是這幾年的國際趨勢，但烏克蘭戰爭大大加速和加劇了這種「非黑即白」的進程。

當然，最後也必須肯定，在各國的要求和壓力下，現在中國至少守住了「不向俄國輸出武器和提供軍事援助」的底線（中國否認這是國際壓力之下的行為），這是值得讚許的。

# 中國為什麼要挺俄？

這有歷史的原因，也有現實的原因，更有情感和意識形態的原因。

## 一、中國共產黨本來就有親俄的歷史傳統

共產主義就是從蘇聯傳入中國的，中國共產黨就在蘇聯人的一手支持下成立壯大，中共奪得政權也少不了蘇聯的背後支持。從這個意義上說，俄國人是中共的「父親」。在中共建制後，蘇聯給了中國非常無私的援助，包括史上罕見的科技轉移，即援建了中國156個現代化工業項目，這些項目包括鋼鐵、冶金、發電站、煤礦、金屬礦、石油、化工、化肥、橡膠、重型機械、飛機、造船、汽車、電子儀器、紡織、食品等，相當於手把手地讓

中國在短短幾年內奠定了現代化工業的基礎，從一個農業國邁向工業化。

蘇聯還幫助了中國制度建設。中國在立國之初的管治模式，從政治體制、軍事、經濟、金融，到教育、社會組織、醫療福利，基本全盤效仿蘇聯。以中共原先「泥腿子」的管治水平，沒有蘇聯的幫助，肯定無法這麼快就鞏固在如此大的國家中的統治。

蘇聯還對中國進行大規模的文化輸出。當年中國學俄語是第一外語，蘇聯專家在中國教學，蘇聯文學、音樂、藝術等在中國培植一代一代的粉絲。這就是為什麼，俄國每每唱起〈喀秋莎〉，中國人就特別有感覺。

儘管中蘇在60年代到80年代反目，中共開始宣傳「沙俄侵略史」，又把「蘇修」（蘇聯修正主義）和「美帝」相提並論，到了70年代還轉投美國陣營，但這種社會文化上在人民心中的深層次印記並沒有消退。經歷了60、70年代中蘇反目的人，至今還親俄。

最有說服力的，恐怕莫過於現在中共總書記習近平了。習近平從小就在俄羅斯文化的影響下長大。正如其「紅色基因」一樣，骨子裡也有「俄羅斯基因」。他和普丁趣味相投，稱普丁是「我最好的知心朋友」，為普丁頒授首枚中華人民共和國「友誼勛章」。

上行下效，普丁在最近十幾年來強硬的反美政策，以及刻意塑造的強人形象，更為自己在中國贏得諸多粉絲。在烏克蘭戰爭中，有人誇張到「心疼普丁」、惋惜「普丁太心軟」，為普丁寢

食不安，甚至有網民說可以為普丁「坐地排卵」。

## 二、中國政府長期鼓吹反美反日，甚至逢美必反

　　從中共建制開始，長期把美國視為最大威脅，反美反日的宣傳就不斷。中共在內戰勝利前夕發表著名的〈別了，司徒雷登〉，痛批美國「把中國變為美國的殖民地」，為大使司徒雷登撤離中國「只好夾起皮包走路」叫好。此後，中美兩國長期隔絕敵對，屬於兩個陣營。韓戰中，中國派出志願軍和以美國為首的聯合國軍作戰。越南戰爭中，中國又「勒緊褲頭」支持越南共產黨和南越政府及美軍作戰。即便在中蘇交惡中，「美帝」排名也在「蘇修」之上。可見，當時中國的反美宣傳確實有其政治基礎。

　　在中國宣傳中，反美宣傳和國恥教育相結合，建立了一套完整的邏輯，成為中共執政「合理性」（legitimacy）的源頭：一、中國受帝國主義列強侵略，割地賠款，積弱不堪，受盡恥辱；二、中共把帝國主義趕出中國，中國人民從此站起來，可以對美帝說不；三、然而，「美帝亡我之心不死」、通過「和平演變」、「顏色革命」等方式，無時無刻不在策劃重新控制中國；四、只有中共才可以繼續帶領中國人抵抗外國，讓人民過上好的生活。在這個論述，「美帝」是世界第一號「大反派」，也是中共所需要的外敵。

　　中國的二號敵人是日本，中國也長期宣傳反日，而且反日宣傳比反美更方便。其論述基礎是「南京大屠殺」、「釣魚島」、「支持台獨」等，比反美更能勾起國仇家恨。借助反日論述，也

可以進一步加強反美論述，因為在中國宣傳中，日本就是「美國的走狗」。

70年代尼克森訪華，中美關係融冰，但在宣傳上還是反美宣傳。直到70年代末中國改革開放，中美建交，美國才突然變成了中國的朋友，民間掀起美國熱。無獨有偶，這時日本也迎來了一衣帶水的好鄰居的待遇。然而好景不長，到了1989年六四之後，中國政府又重新掀起對美國的批評。

中國的反美情緒在90年代「四大恨」中重新高漲（1993年銀河號事件，美國強行登上中國貨船「銀河號」檢查懷疑船上載有禁運伊朗的化學物。1996年台海危機，美國派出第七艦隊兩個航空母艦群在台海戒備。1999年中國駐南斯拉夫大使館被美國飛彈轟炸致死三人，美國解釋是錯誤使用過期地圖。2001年，中美南海撞機事件，中國空軍飛行員王偉下落不明。民族主義時政書籍如《中國可以說不》大行其道。2001年九一一事件中，中國不少人為美國被恐怖襲擊而歡呼，就是這種反美情緒的體現。

在接下來的十年，中美關係基本平穩，中國在入世後經濟高速增長，中美也變成了「夫妻店」（如中國副總理汪洋所言），「誰也離不開誰」。這時在民間輿論中，「憤青」（民族主義分子）和「自由派」、「公知」、「帶路黨」鬥得火熱，基本勢均力敵。中國輿論的轉折點在2008與2009之交，北京奧運（和此前的藏人示威事件）成為中國民族主義新起飛點；中國開始推廣網路言論管制系統（「河蟹」這個詞就在這時開始）；新疆的「七五事件」[14]極大衝擊了中國人對「國家安全」的體會，美國被說成是

「背後黑手」。

　　習近平上台後，由於中國在東海南海等地的進取，脅迫美國的盟友和威脅海道安全，中國同時開展「一帶一路」戰略，挑戰美國全球霸權，中美矛盾日益嚴重。到了川普上台，奉行「美國優先」戰略，開始貿易戰，更按照現實主義思維，認為「大國競爭」重新成為國際關係主題，廢棄了「美中攜手可以解決世界難題」等善意論述。這時中美矛盾已一發不可收拾。到了貿易戰暫時告一段落，從武漢最早爆發的疫情擴展到全世界，美國成為災情最嚴重的地區，川普政府掀起史無前例的反中潮，以「反中」作為競選武器，手下的反中鷹派更「捋起袖子幹」。美國政壇也更新換代，以「屠龍派」取代「熊貓派」，兩黨在對中強硬問題上高度共識一致。在新疆、西藏、香港、台灣等和中國有關的法案上，國會往往都全票通過。這些事，進一步推高了中國國內的反美思潮。尤其在日益嚴格的言論控制下，親美派更幾乎被完全封殺了聲音。

　　中國以戰狼外交回應，加上在「東升西降」的思維下，中國要全面挑戰美國霸權，在沒有回頭的路上越走越遠。中國非常喜歡「修昔底德的陷阱」（儘管這個概念是美國教授提出的）的思維，即現任老大和上升期的老二「終須一戰」。於是中國把中美矛盾塑造為「第一必然打壓第二」，「美國不允許中國的強大」，把美中關係的急跌完全歸咎於美國，沒有反省自己的問題。在拜登上台後，中國更在2021年3月的阿拉斯加會議中，說出「美國沒有資格居高臨下同中國說話，中國人不吃這一套！」等驚人之語。

　　中國不但片面詮釋美中關係，更全面抹黑美國，翻舊帳（諸如美國歷史上對印第安人的錯誤政策），算新帳（美國槍支氾濫、種族問題等），還炮製了諸如「美軍把新冠病毒帶到中國」等沒有證據的指控。進一步推高反美情緒。無論官方和民間主流言論（發得出來的聲音）都對美國「逢美必反」。很多人不是支持俄羅斯，而是只要美國不舒服，自己就高興。

　　值得指出的是，在中國，親俄和親美有很大的年齡相關。現在五十歲以上的人，很多是在親蘇的年代長大的，他們是俄國的粉絲。到了現在三十多到四十多的一輩，他們在親美年代（八九十年代）長大，他們親美的就更多。到了現在十幾二十歲的一代，就成為「小粉紅世代」。親俄—親美—親俄，形成一種「夾心餅乾」的結構。

## 三、中俄有共同的敵人

　　回到現實因素。1989年中蘇恢復正常關係（以蘇共總書記戈巴契夫訪中為標誌），在蘇聯解體後，俄國力量虛弱，不足以對中國構成威脅，中俄解決了諸多歷史上存在的問題，諸如俄國在中俄邊境不再駐紮「百萬雄師」；中俄簽訂邊界條約，解決了邊界糾紛等。中俄在2001年還打造了「上海合作組織」（前身「上海五國會晤機制」在1996年成立），建立了恆常的安全機制。到了2000年代，中國和俄國在美國陷於反恐戰爭時，均獲得「黃金戰略機遇期」，同被國際金融界追捧為「金磚四國」的新興市場，金磚四國也因此形成了「金磚四國集團」，於是中俄在安全機制之上又建立了經濟合作機制。自此，中俄關係大突

破。到了2011年，中俄建立了「全面戰略協作夥伴關係」，這個關係僅次於中國和巴基斯坦的「全天候戰略合作夥伴關係」。到了在習近平上台後，中俄關係更突飛猛進，2019年，中俄關係升級為「中俄新時代全天候戰略合作夥伴關係」，加上了習近平標志誌的「新時代」標籤，這時中俄關係已超越中巴關係。[15]到2022年初，在普丁趁著北京冬季奧運會開幕式訪中時，中俄更進一步提升為「背靠背戰略協作」，合作「無上限」，「不是盟友勝似盟友」。

習近平時代中俄關係突飛猛進，既和習近平個人特質有關，也和中國的戰略有關。個人特質方面以上已經說過了。在中國戰略方面，中國要挑戰美國霸權，必須要打好自己的基礎，就必然要找自己的盟友。

首先，俄羅斯和中國有漫長的邊界線，俄國還有很強的武力，與俄國交惡顯然不符合中國的戰略利益。況且，在中俄邊界問題解決後，俄羅斯目前沒有在遠東擴張的野心，有的只是對中國依靠移民蠶食俄國遠東土地的戒心。中國的GDP遠超俄國，俄國GDP現在不及中國的一個廣東省。於是在中俄關係裡面，表面是平等，實質是中強俄弱。這顛倒了從清朝開始的「俄強中弱」的局面，是「數百年未有的大變局」。中俄結盟，對中國有益無害。

其次，俄國雖然衰落了，但依然有大量剩餘價值。俄國此前號稱世界第二軍事強國（但烏克蘭戰爭中露餡了，常規戰不過如此而已），還有世界最多的核彈頭，戰略威懾驚人。俄國是聯合國安理會常任理事國，有否決權。俄國是二戰戰勝國，在「維護

二戰勝利成果」等話語上有一定分量。俄國在世界還有一票的小弟，可以拉攏助長聲勢。關鍵還是俄國是「戰鬥民族」，凡事不怕出頭，往往能頂在中國前面，對中國這種喜歡投機取巧耍小聰明的外交很有幫助。

再次，俄國還是中國「一帶一路戰略」的關鍵國家。中國的一帶一路戰略以「一帶」（絲綢之路經濟帶）為先，「一路」（海上絲綢之路）為次。這是中國陸權國家的傳統所決定的。貫穿歐亞的「一帶」中如果沒有俄羅斯的參與，就是一個笑話。無論俄羅斯本身，還是中亞諸國和白俄羅斯，還是伊朗，俄國都有很大影響力。中國提出的「冰上絲綢之路」要參與「北極圈治理」，在北冰洋分一杯羹，中國自己本身不是北極圈國家，也必須得到俄國配合。

再次，俄國的資源特別是能源正是中國所緊缺的。俄國是能源出口最多的國家之一，中國則是世界第一能源進口國。中國目前的進口煤炭、管道天然氣、原油、和液化天然氣來自俄國的比例分別為27%、17%、16%和6%，這些數字目前還在迅速增長，特別是在俄國北方北冰洋的液化天然氣。俄國還是世界最大的農產品出口國之一，對糧食需要進口的中國很重要。與此同時，中國的製造業商品也是俄羅斯所緊缺的，特別是高科技商品。理論上說，兩國互補關係很大。目前的商貿水平尚無法反映這一點。但如果世界「脫鉤」後重新劃分商貿版圖，兩國的經濟結合是相當理想的。

最後，在國際關係界有「中美俄大三角」的說法，這種說法有不對的地方，但這可以解釋，為什麼中國認為中俄結合就可對

抗美國，因為很簡單的「1+1>2」或「三角形兩邊之和大於第三邊」的邏輯。恰好，普丁自從2008年和美國交惡以來，在川普四年都無法和美國關係正常化，已經很大程度上失去了對美國的幻想。美國所謂「聯俄制中」的策略無法奏效，中國非常滿意。俄國原先還有拉攏歐洲的野望，但現在戰爭一開，歐洲也被趕跑了。於是俄國只能投入中國一方，俄中「圍爐取暖」就成為必然選擇。

## 四、中國向來重視現實利益甚於正義

中國既把美國視為阻礙國家統一和「中華民族偉大復興」的最大障礙，也是在「修昔底德陷阱」中必須挑下的現任霸主。有人認為，中國為此制定了「百年馬拉松」。這是否真是一個規劃百年的計劃先不說，但顯而易見，目前就是中國的最高目標。或者說，這是中國的最大利益。

在烏克蘭戰爭中，中國主流言論都認為：即便中國在戰爭中站在美國一方，同樣不會換來美國「不打壓中國」（這很大可能是事實）；既然如此，為什麼中國要幫美國呢？倒是美國繼續打壓中國，中國又要失去俄國這個盟友，在美中爭霸中落了下風。這不是太蠢了嗎？

這種理論聽上去非常有道理，但存在一個致命的缺陷（至少在筆者看來如此），那就是：把烏克蘭被俄國入侵視為「美國的事」。然而，烏克蘭被侵略，僅僅是「美國的事」嗎？當然不是如此，受害者是烏克蘭，烏克蘭也是中國的友邦；俄國的侵略公然違反國際法和國際規則，更把聯合國拋在一邊完全無視，這些

都是全球性的事，戰爭傷亡慘重更和中國倡導的「人類命運共同體」背道而馳。可見，這種論述根本沒有考慮中國作為「負責任的大國」所應該承擔的國際責任，也沒有把正義放在利益之前。

當然，這也是中國的歷史傳統。在中國的歷史上，國家利益和國家權利在絕大部分時候都是大於國際責任的。比如，馬六甲也是明朝的藩屬，還到中國進貢，但馬六甲蘇丹在被葡萄牙進攻時向明朝皇帝求救，明朝卻一概不理。如果說馬六甲關係比較遠，那麼琉球是中國最緊密的藩屬國之一，但在明朝，日本薩摩藩攻打琉球，中國同樣沒有出手相助。在古代，中國少有出手相助的例外只有北韓一個（抗擊日本）。

到了當代，即便中國要全球治理了，很多思維還類似。比如中國要應對全球氣候變化，這本來是一個「負責任大國」應該主動承擔的事，然而，中國卻把應對措施，作為中美關係的籌碼。一邊說兩國要聯手才能解決世界難題，一邊又說美國不能一邊對中國強硬，一邊指望中國合作。內裡的邏輯無非就是「應對氣候危機是中國幫美國的忙」罷了。否則，為什麼不反過來講，由中國出面請美國合作呢？可見，這正是這套思維定式的後果。

# 為什麼中國為俄國撐腰，但不敢明言呢？

既然中國為俄撐腰，那麼為什麼還要反覆強調「中立」呢？這也有幾個原因。

第一，由於西方非常團結，而且強烈反俄，並祭出史無前例強大的制裁措施，要求各國站隊。中國能堅持中立、不選邊已經

不容易，如果明目張膽地支持俄國，就會徹底和西方鬧翻。歐美現在還有實質的「長臂管轄能力」，中國尚無準備和西方完全決裂，所以無論實際怎麼做，表面中立還是對中國更有利。這也符合中國一貫的說一套、做一套的作風。西方對中國的做法也心知肚明，所以底線就是中國不能向俄國輸送武器，不能向俄國提供軍事援助。雙方保持一種平衡和默契。

第二，中國道義上對烏克蘭有虧。烏克蘭和中國的關係其實相當不錯。在蘇聯解體後，中國軍事科技突飛猛進，主要的動力就是從烏克蘭那裡買來了很多蘇聯先進的軍事科技。最廣為人知的，莫過於中國的第一艘航空母艦「遼寧號」就是從烏克蘭低價買來半成品（船身）和所有的設計藍圖，再學習而建成的。其他的軍工技術包括燃氣輪機、戰鬥機、軍艦、潛艇坦克等不一而足。

正因如此，在2013年12月5日，中國和烏克蘭簽訂了《關於進一步深化戰略夥伴關係的聯合聲明》。在回顧友誼、宣布提升合作關係之外，聲明還規定：

「雙方強調，在涉及國家主權、統一和領土完整的問題上相互堅定支持是兩國戰略夥伴關係的重要內容。雙方相互堅定支持對方根據本國國情選擇的發展道路，支持對方為維護國家獨立、主權和領土完整，保障政治社會穩定，發展民族經濟所做的努力。」

「中方根據聯合國安理會第984號決議和1994年12月4日中國政府關於向烏克蘭提供安全保證的聲明，承諾無條件不對作為無核武國家的烏克蘭使用或威脅使用核武，並在烏克蘭遭到使用

核武的侵略或受到此種侵略威脅的情況下，向烏克蘭提供相應安全保證。」

　　前者規定，中國支持烏克蘭的國家獨立、主權和領土完整。後者規定：中國對烏克蘭在遭遇「核威脅」時，向烏克蘭「提供相應的安全保障」，中國傳媒當時更歡呼，中國可以向其他國家提供「核保護傘」，是中國強大了的標誌。

　　然而，到了幾個月後（2014年2月），烏克蘭的克里米亞被搶，領土完整被損害，中國沒有支持烏克蘭的領土完整。這份《聯合聲明》彷彿成了「歷史文件」。

　　烏克蘭放棄核武，核心的文件是1994年《布達佩斯備忘錄》，由美俄英烏四方簽訂。但中國在烏克蘭放棄核武的過程中也有角色。正如上述引述，中國在1994年12月4日向烏克蘭提供「安全保證」（國務院公報1994年第29號）。因此，如果說烏克蘭放棄核武是被「忽悠」了，那麼俄羅斯固然是最大的「忽悠者」（它是搶人土地那個），美英沒有盡維護的責任算是「小忽悠者」，那麼中國作為核大國，沒保障烏克蘭的安全，也是「忽悠者」之一。

　　更何況在今年年初，五個核大國還剛剛發表聯合聲明，宣告「核戰爭打不贏也打不得」（這句話還是習近平的知識產權），但現在俄羅斯已赤裸裸地發出了核威脅，把兩個月之前的文件就當作「歷史文件」。那麼中國是否譴責俄羅斯？是否可向烏克蘭提供「安全保障」？中國又顧左右而言他了。

　　第三，與中國傳統立場相悖。中國經常把大道理放在口上，自己是否照做是一回事，但作為發展中國家領袖的話語，這些大

道理不能丟棄。但偏偏俄羅斯所作所為都和中國的大道理相悖。

中國說「反對使用武力」，但俄羅斯現在公然侵略。

中國說「國與國之間不論大小一律平等」，「不能恃強凌弱」，然而，現在俄羅斯因為自己力量大，就欺負弱國烏克蘭。（雖然中國後來發展出「弱國也不能欺負強國」，但終究是非主流的話語）。

中國說「在聯合國框架解決政治紛爭」，但俄羅斯根本沒有把紛爭放上聯合國。對比美國，雖然當年攻打伊拉克爭議很大，但畢竟在聯合國討論了好久。可是俄羅斯從來就把聯合國看作一個擺設。

中國說「公道自在人心」，「少數國家說了不算」，但現在絕大多數國家都譴責俄羅斯，俄羅斯顯而易見才是少數國家，公道人心都在烏克蘭一邊。

中國說「核戰爭打不贏也打不得」，但俄羅斯開戰未幾則發出核威脅。

中國說「不能干預內政」、「反對分離主義」、「反對民族自決」，但俄羅斯挑動烏東兩國共和國以民族自決的方式分裂出去，還公然承認這兩國獨立。如果中國支持俄羅斯了，那麼以後美國支持台灣獨立，支持新疆西藏民族自決，豈非就可以援用？

可見中國如果支持俄羅斯，就會完全被自己的話打臉和「挖坑」。

第四，俄羅斯侵略烏克蘭，就有當年日本侵華的既視感。俄羅斯侵略烏克蘭與當年日本侵華高度相似。日本先占領滿洲，等於俄羅斯奪取克里米亞。日本在內蒙古扶植「蒙疆聯合政府」，

在華北鼓動「華北五省自治」，可以類比在烏東的兩個「共和國」。現在全面侵略烏克蘭，當然就是日本「全面侵華」的對應版了。

不但進程類似，就連藉口也差不多。普丁說的俄羅斯、烏克蘭、白俄羅斯都是文化統一體，相當於日本當時鼓吹的黃種人同文同種。普丁說的克里米亞和烏東兩共和國是俄羅斯人所以能獨立，這和日本把日文、蒙文、朝鮮文、通古斯文說成阿爾泰語族，所以日本有義務輔助他們相差不遠。普丁說的俄羅斯才是東斯拉夫文化的正宗，就彷彿日本當年說日本文化源自唐朝、自己才是「華」文化的正宗一樣。普丁說烏克蘭是美國的棋子，正如當年日本說中國被美國利用成為威脅日本的工具。普丁說俄羅斯被逼到角落，就和當年大日本帝國被逼到無路可退一樣。

就連烏克蘭和俄羅斯談判，要求歸還克里米亞和烏東，也彷似當年《開羅宣言》「滿洲、台灣和澎湖列島必須歸還中華民國」。

如果一邊反對日本侵中，一邊支持俄國侵烏，這不是精神分裂是什麼？

第五，中國政府始終諱言，俄羅斯是歷史上對中國傷害最大的國家，而其根本原因就和現在侵略烏克蘭一樣，俄羅斯一直是一個對土地最貪婪的國家，還動輒對中國進行核威懾。

俄羅斯從17世紀就開始蠶食、吞併和分裂中國的土地，幾個世紀以來，讓中國損失超過三百萬平方公里的領土，是釣魚台面積的五十萬倍。俄羅斯搶奪了中國在日本海的出海口，直接剝奪了中國在北方的所有海洋利益，極大阻礙了中國成為海洋強

國。俄羅斯在歷史上是蒙疆問題的幕後黑手，蒙古獨立是蘇聯策劃支持的，新疆的東突運動（即「三區革命」）就是蘇聯當年一手扶植的。至今，俄羅斯還占據著一直沒有在條約中被割讓的庫頁島。俄羅斯在歷史上對中國人民進行了無數次大屠殺，在戰後對東北人民又展開了大規模的搶掠和強姦罪行；在戰後，蘇聯在邊境上陳兵百萬，並對中國進行核威脅，只有在美國聲言捍衛中國時才不得不放棄這個念頭。最為關鍵的是，俄羅斯到現在還從來沒有為以上種種對中國人民造成嚴重傷害的行為而道歉。因此從歷史上看，一個強大而掠奪成性的俄羅斯在中國的北方是對中國的致命威脅。

不但歷史真相如此，中國共產黨自己寫的書也這樣說。在1970年代出版的四卷本《沙俄侵華史》堪稱集大成之作。其實即便在中國，也有很多人對「精神俄羅斯人」不滿，無非就是這些言論通通被封殺罷了。

第六，俄羅斯侵略烏克蘭時還貌似擺了「習大大」一道。從種種跡象看，普丁的侵略計畫，習大大可能也被瞞在鼓裡。這有幾個證據。

一、中國各界緊跟俄羅斯宣傳「美國煽風點火」，嘲笑美國情報警告俄國入侵是「災難性失敗」、「狼來了」，俄羅斯一侵略，這些宣傳通通被打臉，淪為笑柄。

二、外長王毅不斷把「尊重主權和領土完整」放在嘴上。即便在俄國承認兩傀儡共和國後，習大大和普丁通話之後還強調五點主張，「領土完整」就是第一點。然而，中

　　國又不承認俄羅斯侵略，也不承認俄國分裂別國。誰都看得出這是「指鹿為馬」的國際版，只能說中國外交部臉皮夠厚，正所謂「你不尷尬，尷尬的就是對方」。

三、中國從未想過撤僑，還抨擊美國的撤僑會加劇緊張局勢，到打仗了才剛剛鼓吹「中國護照最好用」，隨即駐烏大使館又說撤僑有實際困難（空域都封閉了），要在烏同胞耐心等候，導致滯留在烏克蘭的中國人都在罵。

　　簡單說來，很可能普丁在北京和習大大商量時，確實明示暗示自己不會入侵，中國才大肆宣傳，撤僑也不積極。如果普丁說了會侵略，那麼中國方面「不封頂」的合作宣言估計也不會發出來。6月中，最先說出「中俄關係不封頂」的中國外交部副部長，長期從事對俄事務的樂玉成，被調任國家廣播電視總局副局長，正式調離外交系統。其調職進一步證實了這種判斷。樂玉成本是外交部排名第一的副部長，很有希望更上一層樓成為部長。而他被調職的同時，廣電總局的正部長也換人，這幾乎也宣告了樂玉成在廣電總局往上升遷的機會也很渺茫。因此，儘管在級別上只是平調，但一般認為他被降職，很可能就是為在對俄關係上判斷錯誤以及說了過頭話而被處理。

　　即使開戰之後，普丁也不見得尊重習近平，否則就不會把習大大發明的「核戰爭打不贏也打不得」拋諸腦後。烏克蘭和俄羅斯的談判，西方媒體能進入報導，但中國的CGTN記者居然只能「按圖索驥」終於找到會議地點外，還不得進入。俄國外交部不顧中國的尷尬，屢屢把力圖維持表面中立的中國拖下水，同樣令

中國尷尬。中國對俄羅斯一系列的行為肯定也是不滿的。

# 中國在烏俄戰爭中是贏家還是輸家？

　　首先必須毫不遲疑地指出，戰爭對中國利弊影響最大的變量就是戰爭進程。

　　假設當初俄羅斯一出兵，烏克蘭就脆敗投降，歐洲和美國對俄羅斯的侵略行為大為驚怒，調派重兵防範俄羅斯。這對中國當然是非常利好的事。因為如此一來，美國的精力就會被吸引和牽扯回歐洲，在亞太地區的精力自然減弱，這會給處於「東升西降」的「重要戰略機遇期」的中國，再來一次十年左右的喘息空間，一如當初阿富汗戰爭把美國拖入中東一樣。而且由於俄歐俄美交惡，俄國必然會和中國更接近。

　　然而，戰爭進行到現在，普丁原計劃的閃電戰或者斬首戰的夢想已破滅。接下來有三個情景。

　　第一種可以稱為「短期結束情景」，即戰爭在短期內結束（比如幾個月到一年之內），但俄國的政權維持不變（普丁繼續掌權）。這又分三種情況。

　　甲，俄羅斯仍然能在短期內取勝，這對中國的影響還主要是有利的。理由和「烏克蘭潰敗」差不多，美國也必須把更多的兵力放在歐洲。但可想而知，和潰敗的情形不同，現在烏克蘭不可能被俄國吞下，它必然繼續成為「對抗俄國的棋子」。

　　乙，俄國短期內戰敗不得不退出烏克蘭。這時俄羅斯實力大為削弱，但依然保持核心力量，這樣俄國或從與中國結盟，變成

投靠中國,成為中國的小弟。這樣對中國也是有利的。

丙,俄羅斯和烏克蘭在短期內達成停火協議,俄羅斯「止血」,俄烏關係變成長期的外交拉扯。在這種情況下,俄國和「歐美亞太抗俄共同體」的關係從最緊張開始回緩,但依舊緊張。美國不得不同樣把精力放在歐洲。這對中國還是一個較好的結果。當然在這種情況下,美國和俄國能「重置」關係,也不是完全沒有可能,只是這個可能性極小;而且即便真如此,最好的結局也不過回到戰前,對中國而言依然沒有壞處。

第二,「長期化情景」。俄羅斯和烏克蘭戰爭長期化,俄羅斯陷入「阿富汗第二」——如同1979年蘇聯入侵阿富汗的的泥潭。但普丁依然掌握權力,奉行反西方政策。目前看來,這種可能性最大。下面要重點討論。

第三,「普丁下台情景」。在較為極端的情況下,普丁以某種方式下台後者失去權力,不是完全不可想像的。這當然不是預言他一定會下台,但可能性並非太小,若真下台了也不必驚訝就是了。雖然現在俄羅斯公布的「民意」說大多數支持政府,普丁的地位也看來穩固。但要記住,那句著名的「他們知道大家都知道他們在說謊,但他們仍然在說謊」的發明者,就是俄羅斯人索忍尼辛。俄羅斯作為一個「謊言國家」的歷史,不在中國之下。如果戰爭持續,俄國在西方制裁引起經濟崩盤,或者戰爭太殘酷,俄國和烏克蘭都傷亡慘重,俄羅斯社會對普丁的反抗不是沒有可能的。至於以什麼方式下台?這有很多想像的空間。從美國參議員葛瑞姆(Lindsey Graham)說的「刺殺模式」[16](德國有刺殺希特勒的「女武神計劃」的先例),到俄國統治精英「逼宮

模式」（如哈薩克在1月份的政變），到群眾抗議的「顏色革命」模式，甚至是下一次選舉中「選走普丁模式」，都不能排除。一旦習近平「最知心的好朋友」普丁下台，最大可能就是換上一個不反西方的總統。毫無疑問，這將會是中國的噩夢。

接下來的重點是討論，如果第二種情況發生，即戰爭長期化（一年以上），對中國的利弊會如何？

值得指出的是，通常在兩大集團對峙時，中立的一方都會左右逢源，能獲得好處中立紅利。現在的印度、土耳其等，正享受這種中立紅利。然而，中國雖然號稱中立卻無法享受中立紅利。一來，中國錯過了真正中立的時機，現在的所謂中立已再無法說服西方國家，西方國家緊盯和施壓中國（不要向俄國提供軍事援助），而不是引誘中國投向自己。二來，對美國而言，中國本身就是更大的威脅，不是爭取的對象。

簡單地說，烏克蘭戰爭對中國有利有弊。從有利的方面說起。

首先，「禍水西流」將把美國和歐洲的注意力放在歐洲地區，成為中國的「戰略機遇的窗口」。戰爭長期化對美歐產生的牽制力，表面看來沒有烏克蘭失敗情景那麼大，其實不然。正如西方期望在烏克蘭戰爭中消耗俄國削弱俄國一樣，與此同時，西方的實力也在嚴重削弱中。作為烏克蘭的大後方，雖然西方不直接參戰，所以被削弱的程度肯定沒有俄國那麼大，但一個月幾十億軍費的支出、大量武器供給（很大程度上掏空了歐美的武器庫，現在就連出售台灣的武器也受影響）、經濟的高通膨和低增長、能源價格的高漲、難民問題的長期影響等等，無不在給西方

放血。在烏克蘭失敗的情景下，西方固然要應付俄羅斯威脅，但至少沒有處於在戰爭中，損失有限。

　　有意思的是，對中國而言一個強大的俄國也是不利的。最理想的情況，正是美俄在互相消耗中都變虛弱，中國於是就輕易漁翁得利了。在中國看來，這正像一戰二戰中，美國隔岸觀火最後坐享其成的戰略。從這個意義上說，俄國每每撐不住的時候，中國給俄國供血續命，讓俄國繼續耗下去，對中國最有利。

　　其次，前文曾分析，俄國對中國的功用之一，就是充當中國的「馬前卒」，這是因為俄國就有這種魯莽、硬來，不怕出頭的習性。這和中國人的思維完全不一樣。中國要與美國爭霸，要打破「美國體系」，按中國的「溫吞」做法，必然非常緩慢。俄國這樣一衝，等於把帷幕挑開了。正如俄國外長拉夫羅夫喊出「這是終結美國秩序」的戰鬥。烏克蘭戰爭，放在全球框架下觀察，正是這種馬前卒作用。它揭開了新時代的序幕。儘管這總體對中國有利，但對中國而言，這個時間點又稍微早了一點。如果俄國遲這麼一兩年，對中國更好。

　　第三，俄國作為馬前卒，烏克蘭的戰局給中國一個近距離觀察西方應對方式，吸取經驗教訓，為日後可能的武力攻台做準備。這裡參考點至少有幾個。

一、如何在現代軍隊調動都逃不過監察的情況下，依然能出其不意地出兵。俄國那種大規模演習，聲東擊西，再突然發兵的方式，或會被中國借鑑。

二、在戰爭中，中國看到了俄國在烏克蘭「豪豬戰略」中如

何抗擊俄軍，也看到了俄國為何屢屢受挫。中國萬一日後攻台，或會按此做出調整。中國有人鼓吹不能心慈手軟，要無差別攻擊。估計中國領導人不至於那麼瘋狂。但很可能首先針對大型的通訊樞紐（比如電信基站、電視台、網路中心等），從而切斷台灣的通訊體系，造成台灣全島混亂，也讓台灣打不了「資訊戰」。而資訊戰正是「豪豬戰略」的關鍵。中國也會看到傳統戰術的不足，增加自己軍力的資訊化程度，特別是無人機戰術。

三、西方對俄國史無前例的制裁，預演了一旦台海戰爭，西方除直接參戰之外可能達到的極緻的應對方式。用中國的話來說，就是「超限戰」，一切都可以「武器化」。中國可提早準備預案，事實現在已開始著手排查「國安風險」（比如要在政府電腦系統中完全清除所有外國品牌的電腦（這涉嫌違反世貿協議中有關政府採購一視同仁的規定）。即便無法預案，至少也有個心理準備。中國也同時可以在西方的應對中，找到西方的弱點。

四、在戰爭中，中國看到了輿論戰的重要性。以後會把更多資源放在大外宣上，不但中文的大外宣要加強，外文大外宣也會迎來春天。中國不但更加徹底地控制牆內網路，而且在外也要打造或控制外文社交媒體。

　　第四，俄國在戰爭中必然會加大對中國的依賴，無論從資金也好，技術也好，甚至在政治和外交上。基於西方在應對烏克蘭戰爭中結成「抗俄共同體」，相應地，感到威脅的國家（諸如北

韓、伊朗、敘利亞等）也會集結起來，形成抗西方板塊。在俄國衰落和依靠中國之後，中國就是這個板塊的老大。中國原先在非洲拉美就有一群小弟。由於西方陷入抗俄，中國還可以趁西方無暇之機，擴張地盤，把手伸進原先無法染指的其他地方。比如最近，中國就和索羅門群島簽訂安全協議。在西非，中國或會在赤道幾內亞建立海軍基地。

# 烏俄戰爭對中國不利之處

與此同時，烏克蘭戰爭也有很不利中國的地方。

第一，「歐美亞太抗俄共同體」高度團結起來。

這裡不用一些人說的「西方社會」，是因為對抗俄羅斯的不僅是西方國家。在聯合國大會特別緊急會議決議中，譴責俄羅斯侵略烏克蘭的國家多達114個，這些都是國際社會支持烏克蘭的聲音。其中，有四十多個國家更進一步以各種形式加入對俄羅斯（和白俄羅斯）的制裁，[17]俄羅斯為此還列出了「不友好國家名單」予以反制，[18]它們可以認為是「歐美亞太抗俄共同體」的成員。可以說，這是911事件之後，「歐美亞太共同體」最齊心協力的一次。不誇張地說，歐巴馬、拜登等人嘔心瀝血還都做不到的事，普丁一下子就做到了。「歐美亞太共同體」如此同心，對中國當然不是一個好消息。長期以來，中國採取的策略就是採取秦國分別拉攏六國的連橫之術，拉一派打一派對抗美國，特別是拉攏歐洲。從這個意義說，這次普丁真是幫了美國大忙。

第二，北約再啟動、擴大化，甚至全球化勢在必行。

　　「歐美亞太抗俄共同體」並非只在政治上攜手，更直接的後果就是北約再啟動、擴大化或者全球化。在川普時代，美國動不動就叫囂「退出北約」，北約一度被馬克宏形容為「腦死」。隨著烏克蘭戰爭打響，北約的重要性一下子重現了。歐洲各國現在都知道「入北約可保命」，就連瑞典和芬蘭也要加入北約。各國也知道不能繼續「躺平」，只有對北約有貢獻，北約才能更好地保護你，各國主動增加軍費。北約終於一洗多年頹勢。4月26日，北約召集四十國國防部長在德國拉姆施泰因軍事基地聯手制定如何給烏克蘭提供重型武器的會議，是多年不見的盛況。

　　對中國而言，更擔心的是美國在亞太地區組成「亞太北約」。美國在亞太地區沒有一個統一的同盟，而是由一系列雙邊、三邊，或四邊條約或協議組成。儘管這些協議環環相扣，但不能成為一個同盟，本身就意味著不同條約的參與國之間的矛盾，或至少無法整合。美國組建「亞太北約」之心由來已久，中國則利用國與國之間的矛盾阻撓。隨著烏克蘭戰爭，這個進展很可能加快。而且，很可能並非「亞太北約」，而是威脅更大的「北約全球化」，即把整個亞太盟友都納入北約之中。

　　在「抗俄共同體」後，北約不但沒有把眼光只聚焦在俄國，還變得更著重遠東。北約秘書長史托騰伯格把中國列為「未來嚴重安全挑戰之一」。這種改變一來是美英德法等大國更多關注遠東的結果，二來也是因為亞太夥伴在這次烏克蘭事件中和歐洲站在一起。4月7日，北約在布魯塞爾的外長會議，首次邀請日、韓、紐、澳參加。4月26日，北約在德國拉姆施泰因軍事基地舉行國防部長會議。同日傳來消息，北約在6月的峰會上將邀

請日韓澳紐四國領袖參加。5月7日,再傳來消息,韓國將正式加入「北約網路防禦中心」(Cooperative Cyber Defence Centre of Excellence,2008年成立,總部位於愛沙尼亞首都塔林,是全球最權威的網路安全機構,韓國國家情報院2019年提交加入意向書)。

　　6月28至30日進行的北約峰會上,北約公布了新的戰略概念(Strategic Concept),除了把俄羅斯正式視為頭號威脅,還首次把中國寫入戰略概念藍圖,視為「系統性挑戰」,認為中國的野心和脅迫政策挑戰了北約的利益、安全與價值觀。[19]這是繼去年北約峰會聯合公報之後,再次把中國寫入北約文件。而且戰略概念文件確定了接下來十年北約的核心任務和戰略藍圖,比聯合聲明重要得多。

　　在北約和亞太盟國合作更多的同時,亞太盟國之間的橫向聯繫與整合也在增加。在北約峰會上,日韓紐澳元首不但首次參加,還舉行了美日韓三方首腦會議以及日韓紐澳四方首腦會議。這些聯繫有助美國在印太體系的「擴容」。特別在韓國新總統尹錫悅上台後,很可能一改左派總統文在寅的親中、親北韓作風,改為親美日路線。美韓、美日兩個條約有望變成三邊條約(或至少建立美日韓三方機制),日本有可能加入「五眼」,也有可能加入「澳英美三國海洋同盟」(AUKUS),韓國則有可能加入「美日澳印四方對話機制」(QUAD)。條約體系「擴容」是進一步整合的基礎。

　　第三,脫鉤化對中國嚴重不利。

　　針對俄國侵略,抗俄共同體對俄實施了多達6000多項制

裁。其中最重要的莫過於從政府到民間都要徹底和俄國「脫鉤化」、限制俄國使用美元和歐元、禁止或大幅減少與俄國的貿易、要求企業退出俄國，甚至民間社會紛紛「拒絕俄國人」。這種脫鉤化的程度，甚至比冷戰時期還嚴重。而且一旦戰事曠日持久，脫鉤化就會長期化乃至固化。脫鉤化嚴重打亂了供應鏈、國際貿易和金融投資。中國雖然拒絕對俄制裁，但美歐有事實上的「長臂管轄」能力，在「二選一」的情況下，很多企業嘴裡不說，行動很實際。如果不遵從美歐的制裁令，就只能開拓美歐長臂管轄不了的市場。就這樣，在貿易戰、疫情之後，全球出現了第三個強烈的「脫鉤化」進程。三管齊下，「全球化已死」。中國是全球化最大的受益者，也正因如此也是推進全球化最努力的國家，脫鉤化將嚴重影響中國的經濟進程，對中國非常不利。

第四，在道德上處於下風。

俄國侵略烏克蘭是不義之戰；俄國完全拋開聯合國程序，破壞了以聯合國為基礎的世界秩序；俄國入侵在烏克蘭製造嚴重的人道主義災難；俄國還動輒威脅使用核武，更是對全球和平的嚴重威脅。中國號稱「中立」，但在政治上支持俄國，在經濟上為俄國輸血，在輿論上為俄國洗地。這些都和中國以往「反對侵略」、「反對分裂別國」、「反對干涉內政」等一貫立場南轅北轍。國際社會看在眼裡。在聯合國大會投票中，每個大洲都是譴責俄羅斯的國家占優勢，人心向背一望而知。中國把「棄權」歪曲為「反對」、把「不加入制裁」歪曲為「不支持西方」，但這種歪曲騙不了人。正如美國所言，在這場大是大非的戰爭中，中國站在歷史的錯誤一方。這讓中國處於道德低位。

　　最後，對中國影響最大的還是台灣問題。在烏克蘭戰爭之後，西方已開始檢討對俄國的綏靖政策，正是因為歐洲過去一廂情願地拉攏俄國，認為「經濟合作可以避免衝突」，才會釀成今日對俄國的依賴。歐洲也明白，通過犧牲民主自由和國際基本準則去換取經濟利益，這種做法不值得。在烏克蘭之後，誰是下一個烏克蘭也成為討論的熱點。台灣在這次加入「抗俄共同體」，放大了自己的國際能見度，加強西方國家對台灣的認同。以後萬一中國武力攻台，歐洲對台灣的支持肯定比之前要強得多。

# 第二十三章

# 歐洲拋棄「大歐洲幻想」

　　在全球各大板塊中，歐洲無疑是被侵略戰震驚最甚的一個，也是對俄抵抗意志最強烈最一致的板塊。在聯合國大會兩次對俄羅斯的投票中（第一次投票譴責俄羅斯，第二次投票把俄羅斯逐出人權理事會），除了俄羅斯和它的小弟白俄羅斯全，歐洲國家部投贊成票。就連俄羅斯在歐洲的小弟塞爾維亞，也在兩次投票中投贊成票（塞爾維亞總統武契奇解釋是受歐洲的壓力）。歐洲國家人民還以各種方式支持烏克蘭和反對俄羅斯，這包括國家發動的各項對俄制裁和撥款支援烏克蘭的行動、企業發動的各種「退出俄羅斯」行為，各行業組織（如體育組織）和社會各階層發起的「拒絕俄羅斯」運動，以及各類對烏克蘭人民的援助（如籌款、聲援、歡迎烏克蘭難民等）。「抗俄援烏」情緒之激烈，比北美更甚。

　　值得指出的是，與單純譴責相比，制裁是「高級的反對」。歐洲絕大部分國家都參與發動了對俄羅斯的制裁，就連一向中立的奧地利、瑞士、瑞典甚至「芬蘭化」的祖先芬蘭，以及一眾袖珍國家（安道爾、列支敦士登、聖馬利諾、摩納哥）也參與制裁，也正因如此均被俄國列入「不友好國家名單」。在歐洲政

府，只有塞爾維亞、摩爾多瓦、波士尼亞和特殊的國家梵蒂岡沒有參與制裁。而歐洲各國人民中，只有塞爾維亞人算是支持俄羅斯的（當然除了俄羅斯人和白俄羅斯人）。

# 為什麼歐洲這麼震驚？

這大致上有四個原因。

## 一、二戰後歐洲最大規模的侵略戰爭

二戰後，歐洲形成了北約和華沙兩個軍事政治集團對抗。雖然安全形勢緊張，但得益於實力勢均力敵和核武，歐洲始終處於雖然對抗激烈、但不爆發戰爭的動態平衡中。冷戰期間，蘇聯和華沙聯軍先後出兵匈牙利和捷克斯洛伐克「平亂」，但戰鬥規模極小，也沒有引發兩個集團的戰爭。

在冷戰後，隨著蘇聯和華沙公約的解體，歐洲的安全局勢更大為改善。冷戰後，南斯拉夫解體引發一系列的戰爭（克羅埃西亞戰爭、波士尼亞戰爭、科索沃戰爭），但戰爭都位於前南斯拉夫境內，都不能認為是侵略戰爭。即便是後期北約和歐盟加入科索沃戰爭，但戰事的性質依然不是侵略戰（戰爭性質因各方立場不同而看法不一，但客觀而言，最多只能算是北約軍事干涉塞爾維亞內戰），而且戰爭的規模也不大。只有2008年俄羅斯侵略喬治亞的戰爭和2014年俄羅斯奪取烏克蘭的克里米亞算是侵略。但兩者規模都非常小，當時的喬治亞和烏克蘭都毫無抵抗能力，是故戰爭在歐洲還沒來得及反應的時候，就已結束了。

此外，冷戰後，歐洲還參加了其他一些地方的戰爭，但那些戰爭都發生在歐洲以外（比如波斯灣戰爭、敘利亞戰爭、利比亞戰爭等），但在絕大部分戰爭中，歐洲都不是主力，甚至只是幫助美國壯大聲威的角色。

可以說，由於歐洲長期承平，烏克蘭戰爭是好幾代歐洲人第一次有戰爭的感覺。和美國人相比，這種差異更明顯，因為美國作為實際上的世界警察，長期處於戰爭中。

## 二、俄羅斯的入侵行為超出了歐洲的文明底線

兩次世界大戰中，歐洲是受戰爭災害最大的地區，戰後歐洲也從世界的中心變成了「美俄的小弟」。於是，在二戰後，歐洲人對戰爭的反思是所有地區中最徹底的。一個例子是德國和日本。德國對戰爭的誠懇道歉舉世稱道，但日本的道歉則至今還遭到一些國家的非議。

在歐洲人的思維中，國家之間的矛盾固然是不可避免的，但戰爭是可以避免的，歐洲既然是文明的地區，就更應該避免以野蠻的侵略戰爭解決問題。德國和法國在戰後一笑泯恩仇，以德、法為軸心建構的歐盟成為國家合作和整合為超國家聯盟的典範。甚至在冷戰時代，歐洲就於1975年成立了「歐洲安全與合作會議」（1995年改名為「歐洲安全與合作組織」），尋求以對話和共識取代對抗和衝突。歐安組織目前是唯一囊括了整個歐洲（和美加）所有國家的安全和發展機構。同理，看現在亞洲的對應地區，中、日、兩韓至今還在激烈對抗中。

這些對建立在歐洲地區避免戰爭的機制的探索，在烏克蘭戰

爭之前基本上是成功的。歐洲在戰後七十多年沒有重要的侵略戰，正是其註腳。正因如此，在歐洲地區發生的侵略也成為歐洲人難以接受的文明底線。

## 三、烏克蘭和歐洲「同文同種」

與其他地區的戰爭相比，歐洲對烏克蘭戰爭的關切史無前例，人民更一面倒地同情烏克蘭人。這尤其鮮明地表現在歐洲各國對待難民的態度上。在烏克蘭戰爭爆發後，大批烏克蘭難民逃亡到歐洲國家，與2011年的敘利亞內戰後的難民潮在歐洲引起爭議的情況不同，至少到目前為止，幾乎所有歐洲國家人民都對烏克蘭人伸出同情和支援之手。這引起一些左派人士的非議：「為什麼歐洲人沒有這麼關切其他國家的戰爭？」「為什麼歐洲沒有同樣程度地歡迎來自中東和非洲的難民？」

不得不說，烏克蘭人和歐洲人「同文同種」，關係重大。這裡把「同文同種」打上引號，是因為嚴格意義上，歐洲和烏克蘭既不同文，也不同種。然而，在廣義上，它們的傳統民族和主體民族，同為白人（高加索人），同屬基督教文明（雖然烏克蘭是天主教和東正教國家），也同屬西方文明世界的一部分。總而言之，對歐洲主體民族而言，烏克蘭人不是「其他人」，是自己的兄弟姐妹，是「自己人」。

## 四、「老歐洲」人長期對俄羅斯存有不切實際的幻想

在國家戰略上，美國長期把蘇聯（和俄羅斯）視為頭號敵人。在冷戰後，雖然美俄一度關係不錯，儘管有爭議，但大體上

還是可控的。然而，2008年兩個事件令美俄關係破防：第一，俄國入侵喬治亞，令美國相信俄國侵略本性難移；第二，普丁找梅德維傑夫做總統、自己做總理在背後掌權，以這種「輪流轉」的方式繞過了俄國憲法中對總統兩任任期的限制，令美國相信普丁的專制本性難移。事實也證明，梅德維傑夫在任內修改憲法，把總統任期從下一屆起從原先的四年延長到六年，普丁果然在四年後（2012）重新當上總統，2018年再度連任到2024年。普丁在2020年又修改憲法，讓總統任期「清零」，於是自己在本屆任滿後可再做兩屆，於是普丁實際上可掌權共36年。

　　正因美國看穿了俄羅斯的侵略和專制本性時，對普丁的所作所為都不會太驚訝。「新歐洲」（以波羅的海三國、波蘭等東歐國家為主），對俄羅斯的警惕一直很大。於是，戰爭對他們而言，更多是證實了「俄羅斯真的這麼壞」的心理預期。

　　相反，以德國法國為代表的「老歐洲」對俄羅斯的態度卻長期曖昧。一方面，他們當然也不可能不知道俄羅斯的侵略和專制；然而另一方面，他們又認為，儘管如此，俄羅斯還是一個可合作的國家，應該以合作而不是對抗去吸納俄國。因此，過去十幾年，在德國總理梅克爾的主導下，卻相信歐洲可以和普丁一邊做生意，一邊搞對抗。現在幻想破滅，夢醒時分帶來的震撼更大。

　　也正因如此，烏克蘭戰爭給歐洲最大的意義，莫過於為「老歐洲錯判俄國」寫下結論，讓整個歐洲從此認清「誰是敵人、誰是朋友」這個根本性的問題。

# 「老歐洲」為何對俄國綏靖？

老歐洲以前對俄國的這種態度，並非沒有一定的客觀理由。大致上可以歸為五點。

## 第一，「大歐洲夢」壓過對民主自由的追求

歐洲國家有自己的「大歐洲夢」，它們的利益取向並不和美國等非歐洲國家一致。本來，每個國家都有獨立的意志，有自身的利益，更有不受其他國家擺布的權利。這些都無可厚非。

在歐洲國家中，英國和美國是真正的「同文同種」，以盎格魯薩克森人種和英語文化為核心，自然有特殊關係的情感紐帶，在經濟活動、貿易、軍事計劃、軍事行動、核武技術和情報共享等領域有著親密無間的合作，被稱為「獨一無二的大國間關係」。英美加澳紐構成的「五眼」雖然只是一個「五眼情報同盟」的共同組織，但真實關係遠遠超越了情報同盟，可以說，是穿一條褲子。無獨有偶，英美都是離岸平衡的好手，在歐洲傳統上「拉一派、打一派」，在歐陸國家看來，並不總是受歡迎。美國不是歐洲國家，英國以前是歐盟一員，現在脫歐，更被歐洲主流國家視為異類。

與英美相比，德法等歐陸國家更強調歐洲的自主性，有「大歐洲夢」，希望可以整合歐洲，以大歐洲為籌碼，希望擺脫美英小弟的地位，更平起平坐。

這種「大XX」的理念，在政治學上叫「超國家主義」（macro-nationalism），建構的方式則尊崇不同的原則。比如有按

民族的（比如大突厥主義），有按政治理念的（比如民主國家同盟），有按政治傳統的（比如大中華主義），也有按地區的。德、法的「大歐洲夢」，就是一種典型的主要以地區一體化作為原則的設想（當然地區和民族、歷史、文明等不能完全分割，區別屬於哪一種「超國家主義」，要看主要方面）。

於是，美英期望建立的是一個民主價值同盟，表現在建構一個包括北美、英國，以及排除俄羅斯在外的小歐洲在內的「北大西洋」體系。德法雖然也支持民主制度，但在優先次序上，一個包括俄羅斯在內的「大歐洲體系」卻被念念不忘。

兩套體系的區別，一個是有沒有美國（和英國加拿大），一個是有沒有俄國。實質上，還是誰是領頭羊的問題。一個有趣的類比，就是在19世紀60年代，普魯士主導的「小德意志」和奧地利主導的「大德意志」之爭。當然，站在歐陸列強的角度，「大歐洲夢」也不能說錯，關鍵是是否能成功運作，以及付出的代價有多大。

## 第二，歐洲國家與俄國傳統關係更深

俄國長期自視為歐洲國家。俄國的人口的主體部分就位於歐洲（烏拉山以東）。雖然很多人認為，對歐洲而言，俄國是一個外來者，它不但有歐洲基因，還有「韃靼的基因」。然而，俄國有歐洲基因這一點，已足以令歐陸國家對俄國的情感有別於美英國家。事實上，沙俄中的沙皇，就是凱撒的俄語化稱呼，沙俄也把自己稱為「第三羅馬帝國」。由於彼得大帝的「歐洲化」計劃，俄國與歐洲的聯繫非常密切。各種政治經濟人文藝術交流之

密切不需多說,光是在王族聯姻上,俄國和歐洲王室的聯姻是慣例。彼得大帝之後最著名的(女)沙皇凱薩琳二世,就是德國公主。末代沙皇尼古拉二世的母親,則是丹麥公主。

因此,在歐洲人看來,俄國固然不是完全的自己人,但和美國人眼中的俄國相比更接近「自己人」。

## 第三,左派自由主義思想在歐洲更盛行

與美國相比,「老歐洲」更「左」,更支持自由主義。一個很有趣的說明,不少在美國認為是「左派」的思想,在歐洲往往被認為是「右派」。比如,全民醫療在美國吵了多年都無法實現,美國的右派指責這是左派搞的「大政府」。然而,在歐洲,全民醫療早就被實現了不知多少年。又比如,現在美國還在吵墮胎權,但在歐洲婦女擁有墮胎權已不再成為一個議題。同樣,在宗教方面,美國現在還有大批虔誠的基督徒,但在歐洲,對很多人而言,宗教只是一種傳統或習慣,而不是一種信仰。再者在教育方面,美國不少州至今還允許學校教育神創論,認為是和進化論並行的理論;但在歐洲,神創論基本沒有任何市場。

正是由於歐洲的政治意識更左,那種左派的「全球化」、「和平與發展」、「全球氣候危機」、「聯手解決世界問題」等左派話語更吸引歐洲人,成為政客制定政策和吸引選民的「設定」。這種差異導致的矛盾,在美國總統川普當政時期,被一下子集中體現出來。

在這種觀念下,「老歐洲」人對俄國的侵略和專制的容忍度更高、底線也更低,以期這種容忍能帶來對左派議題的回報。同

時，「老歐洲」人也更相信經濟合作可以避免軍事衝突這個自由主義理論。因此吸納俄國才成為他們的理論支柱（與此對應的是吸納中國政策）。

## 第四，歐洲嚴重依賴俄羅斯的能源

在以上屬於意識形態的因素之外，歐洲在現實上確實依賴俄羅斯的能源。俄國能源有兩個特點：第一是量大、種類全，從煤炭、石油到天然氣，儲量都在世界頭幾名，歐洲想要什麼就能給什麼。第二是與歐洲距離近，更便宜。煤炭、石油、天然氣三者相比，俄國在煤炭上的運輸成本優勢最低（因為煤炭沒法用管道運），石油和天然氣都可用更經濟的管道傳輸方式。在中短距離，管道輸送最經濟；隨著距離的加長，管道輸送逐漸不敵海運，但在俄歐的距離條件下，即便算上管道基建投資，管道還是最便宜的。石油和天然氣兩者相比，天然氣的管道運輸優勢更大。同樣採取船運的話，石油就是石油，運過來就可以用；但天然氣在船運時，必須先在原產地轉為液化天然氣，再在接收地從液化天然氣轉為氣體，在收發兩頭都必須有投資巨大的轉化基建設施。

歐洲雖然一向購買俄國能源，但以前依賴度沒有那麼大，現在變大有幾個原因。

第一，歐洲重視綠色能源和環保。以德國這種推動綠色能源政策到了極致的國家為例：要綠色能源但新能源（太陽能和風能等）技術突破和產業都不足以取代傳統能源，所以轉用較乾淨的天然氣代替煤為主的火力發電；提倡的電動汽車不用石油，但需

要更多的電力，於是就只能進口更多的天然氣；核電不安全，所以要廢棄核電；剩下的煤發電廠還要運轉，但又不想開發本土煤（會增加污染環境），所以德國明明是煤礦大國，卻大量進口俄國煤。

第二，歐洲和俄國既然增加了很多天然氣和石油大管道，這些管道都是巨額投資，而且非常「綁定」輸出輸入國家雙方，投資之後就必須充分利用，你不能把管道用在其他來源的輸入。

第三，也正因以上指出的「大歐洲思想」和「經濟合作可以避免軍事衝突」的理論，老歐洲國家也把輸入俄國能源作為實現自己戰略目標的有機組成部分。

## 第五，歐洲與美國之間存在的矛盾

2000年小布希上台退出《京都氣候協議》；2003年，小布希執意攻打伊拉克；2009年爆發「史諾登事件」；2017年川普上台。這些因素都嚴重影響了美歐關係。每逢美歐矛盾，「老歐洲」就滋長了與俄羅斯緩和關係，以聯俄抗美的動機。

最近幾年，美歐關係更出現嚴重倒退。在英國脫歐之後，美國在歐盟的同盟少了一個（而且是最重要的一個）。川普各種無視盟國的單邊主義行為，包括一上任就退出《巴黎氣候協議》、多次威脅退出北約、對歐洲展開貿易戰、制裁歐洲企業等，更嚴重損害了美歐關係，導致美歐面對空前危機。一時間，不但有歐洲要「更獨立」、「聯俄抗美」等呼聲，甚至還有歐洲要「聯中抗美」的呼聲。直到拜登上台，「美國回來了」之後，形勢才逆轉。

# 錯誤的政策讓歐洲淪為大輸家

在烏克蘭戰爭中，在精神上最被震撼的板塊就是歐洲。在物質影響上，受害最大的也是歐洲。如果單純從利益角度分析，歐洲無疑是「最大的輸家」。

在討論這個議題前要先澄清一點。俄國和中國的輿論從「反美論」和「陰謀論」出發，認為「美國煽風點火」是烏克蘭戰爭的罪魁禍首，目的之一就是「搞亂歐洲」、「割韭菜」，以及歐洲被美國「綁架」云云……種種說法存在根本缺陷。

第一，事實就是，歐洲人比美國人更加支持烏克蘭抗俄。在戰前的民調，歐洲74%的人認為俄國入侵烏克蘭時歐洲應該保衛烏克蘭；[1]而在相近時間，在美國進行的類似民調，有53%的美國人認為美國應置身事外，只有43%的人支持烏克蘭。[2]

第二，更應釐清因果關係，歐洲在物質上被嚴重影響，最主要的直接原因不是俄羅斯侵略烏克蘭（儘管也有直接原因，比如難民潮），而是在俄國侵略後，歐洲選擇全力支持烏克蘭和制裁俄羅斯所導致的代價。換言之，如果歐洲選擇「躺平」，那麼烏克蘭戰爭對歐洲的實際影響是不大的。

綜合以上兩點可說明，歐洲之所以成為「大輸家」，其實是「歐洲自找的」。除非承認「歐洲人都是不帶腦子的蠢貨」，否則那些附和「美國煽風點火搞亂歐洲」的言論大可歸結為中俄的宣傳戰。

歐洲為什麼成為「大輸家」，可以看到，戰爭對歐洲的負面衝擊至少有幾項。

## 第一，空前的國安危機

　　烏克蘭戰爭給歐洲的一個大衝擊，就是歐洲面臨空前的國安危機。筆者此前談論到，歐洲長期承平，軍備弛廢。大多數國家的軍事支出達不到北約議定的占 GDP 至少 2% 的目標。很多歐洲國家在國安上「躺平吃美國」，嚴重依賴美國的安全傘已成慣例。烏克蘭戰爭讓歐洲突然意識到，國安威脅不只是杞人憂天，安全形勢極其險峻。

　　烏克蘭戰爭給歐洲的安全震撼有三點。

　　首先，在 21 世紀，俄羅斯還膽敢以奪取領土為目的，公然侵略一個主權國家。其實，俄羅斯這種奪取領土的野心，在 2014 年侵略克里米亞時已暴露無遺，但當時沒有爆發戰爭（烏克蘭毫無還手之力），所以沒有震撼的後果。這次，俄國不但繼續以奪取領土為目的（承認頓巴斯兩個傀儡共和國獨立，並開始策動「公投歸俄」），在普丁的戰爭動員電視講話中，還傲慢地說「烏克蘭這個國家在歷史上就是個錯誤」，暗示了「滅國」的企圖。

　　其次，俄羅斯在常規戰爭中進展不利，但動輒以核武威脅。在戰爭之初，俄國就高調宣布提高核武力量戒備狀態；在瑞典、芬蘭傳出有意加入北約，俄國再宣布一旦如此將會在波羅的海部署核武；5 月初，俄國中央電視台更播出了核武襲擊巴黎、柏林、倫敦等歐洲大城市的「模擬畫面」。震驚整個歐洲。

　　最後，俄國在戰爭中犯下的戰爭罪行，以布查大屠殺為代表，還有人道主義災難程度幾乎可以肯定超越布查大屠殺的馬里

烏波爾圍城戰（俄羅斯在當地實施無差別轟炸，整個城市淪為廢墟），令歐洲國家震驚。除了人道主義災難外，俄國在當地的搶掠，從博物館的文物到平民的生活用品（如家電等），也令人誤以為回到十九世紀。

一旦俄國戰勝烏克蘭，俄軍與北約的前線就從波羅的海三國和波蘭（波蘭和白俄羅斯接壤，白俄羅斯是俄國的小弟），向南擴展到斯洛伐克、匈牙利和羅馬尼亞。如果芬蘭和瑞典加入北約，前線就會進一步向擴展整個芬蘭—俄羅斯邊界。這對北約威脅太大了。

為了應付國安威脅，整個歐洲都被觸動了。歐洲國家提升軍費這個「老大難」問題，一下子被俄國幫忙解決了。就連一向最不情願提升軍費的德國，德軍也即時獲得一千億歐元的額外撥款，把軍費從 1.5% 提升到 2%。其他國家增加軍事預算也成為大趨勢。

瑞典和芬蘭兩個國家更不惜觸怒俄國（以及俄國核威脅），準備加入北約。考慮到芬蘭是「芬蘭化」的始祖，瑞典有二百年的中立傳統，這兩個國家加入北約的唯一原因，就是北約可以保命。正如網上一個貼文所說：「為什麼俄國要打烏克蘭？因為烏克蘭要加入北約；為什麼俄國不打立陶宛？因為立陶宛已是北約成員。」

把國家安全放在首位，並非沒有代價。「國家安全」和「和平與發展」既互為依靠，也互相衝突。在安全上投入多了，其他地方投入就少了，特別是福利、氣候變化等議題的政策，很可能需要大幅調整。這很可能會改寫歐洲的政治版圖。

## 第二，經濟衝擊與能源危機

前文提到歐洲嚴重依賴俄羅斯能源（包括天然氣、石油和煤礦）。烏克蘭戰爭一爆發，歐洲能源價格立時高漲。其實，從去年底開始，歐洲的能源價格就已經一路上漲。歐盟統計局的一份數據顯示，從2021年下半年，歐盟家庭平均電價，每100千瓦時從21.3歐元上升到23.7歐元，天然氣價格從7歐元上升到7.8歐元。[3]這個家庭能源價格看上去升幅不大，但這是全歐洲平均的結果，在一些國家能源價格漲幅相當驚人。此外，這也是因為能源供應公司（大部分都是國有企業或受國家調控）承擔很多漲幅之故，也令家庭能源價格漲幅遠小於市場價格，看上去沒有這麼嚴重。而且，越接近年尾，價格漲得越驚人，以半年為單位統計相當於拉平了漲幅。比如去年12月，德國的市場批發電價平均達221歐元每兆瓦時，是1至6月均價的三倍。因此，烏克蘭戰爭對歐洲能源價格是雪上加霜。如三月份，德國交易所（THE）的歐洲天然氣價格指數（European Gas Spot index）比上月高93%；德國家用天然氣的新一年合約，價格比去年12月份上升了62%；電費合約則上升23%。[4]

現時的能源價格還未見頂，因為在三、四月俄國仍然繼續對歐洲供氣，價格高漲是市場預期恐慌。到了歐俄真的減少能源交易，價格還會進一步飆升。

但最惡劣的情況還不光是價格高，而是根本沒有供應，想買也買不到。儘管歐洲竭力尋找替代供應商，但俄羅斯在歐洲能源市場這麼大的占比，不容易被填補，特別是遠水救不了近火。尤

其是天然氣，即便美國、中東甚至非洲能提供足夠的液態天然氣，即便歐洲願意支付更高的價格，歐洲也需要數年的時間才能建造足夠的接收站。

在能源之外，糧食是另一個受衝擊的基礎必需品。俄羅斯和烏克蘭都是重要的糧食出口國。但相對能源而言，歐洲的糧食問題反而沒有這麼大。一來，歐洲對兩地依賴最大的是葵花籽油（食用油的一種），但它並非不能用其他食用油代替。更基礎的糧食比如小麥和玉米，歐洲對兩地的依賴反而不大。二來，糧食是流動性較高的商品，在國際市場價高者得，買過來運過來就能用。不像管道石油氣那樣綁定在買賣兩地，也不像液化石油氣那樣需要基建設施接收站。所以即便歐洲不夠糧食，還是可以買到糧食的，儘管會花更多的錢。

戰爭對歐洲的另一個經濟影響是（如果完全脫鉤化的話）喪失了俄羅斯這樣一個重要的市場，特別是奢侈品和高檔食材、汽車和交通工具、機械、電子設備、化工醫藥、種子和殺蟲劑等領域。此外，歐俄之間還有複雜的供應鏈，打亂了供應鏈也嚴重影響經濟。

所有活動都離不開能源，能源價格的高漲會導致所有商品和服務費用的水漲船高，嚴重的通貨膨脹不可避免。這也為歐洲的生產成本上升，在出口方面重挫競爭力。這樣的嚴重經濟衝擊又會嚴重影響社會和政治。

戰爭對經濟的衝擊除了生產和貿易，還波及金融。

每逢戰爭，國際投資者買入美元避險已成慣例，當前又正值美元加息週期，於是美元匯率對主要貨幣都暴漲，就連人民幣、

日圓等也受嚴重衝擊。更何況歐洲靠近戰場，經濟衝擊又這樣大，歐元受到的衝擊更嚴重。歐元對美元匯率，從1月初的1.2左右，跌到四月底的1.05；英鎊也從1月的高點1.37跌到四月底的1.26。

歐元受衝擊大的另一個原因是，近年來，歐元在國際貨幣領域挑戰美元的勢頭良好，在國際貿易作為「支付貨幣」的指標上，歐元「無限接近」美元（但在另外兩個指標，即在國際投資作為「投資貨幣」的指標，以及被各國央行作為「外匯儲備貨幣」的指標上，歐元還有很大距離）。俄羅斯是重要的歐元使用地區，俄歐之間的大筆能源交易都主要通過歐元，俄羅斯現在不使用歐元，大大降低了歐元在國際貿易上的使用量；俄羅斯現在當然也不使用美元，但比歐元少得多。於是在今年2月份，歐元只差美元1個百分點，[5]開戰之後的三月份又拉大到5點幾個百分點。[6]隨著戰爭的延長，歐元的不利恐怕也會持續。

## 第三，大量的難民帶來的社會衝擊

烏克蘭戰爭爆發以來，已有數百萬難民。從數字上看比2011年的中東非洲難民危機更嚴重得多。當然，很多難民逃離家園只是暫避戰火，他們在戰事結束時（甚至尚未結束但已穩定時）會重返家園。然而，隨著戰爭目前看不到盡頭，難民數目雖然不再增長，但已經到了歐洲的難民的回國之路遙遙無期。

另一方面，歐洲以外的傳統難民接收國家（美國、加拿大等）都願意接收烏克蘭難民。比如，加拿大對烏克蘭難民提供「沒有申請數字上限」的「緊急旅行授權」（可以特別入境通道

以及逗留至少兩年），美國總統拜登則承諾接收十萬名烏克蘭難民。然而，它們的接收能力也是有限的，絕大部分的烏克蘭難民如果留在外國，最大的目的地依然是歐洲。

　　歐洲對烏克蘭難民的態度遠比對中東、非洲的難民要友善熱情，從戰爭之初就對烏克蘭難民伸出援助之手。歐盟理事會（European Council）通過立法，釋出 170 億歐元幫助難民。[7] 各類民間主動提供食宿的報導不絕於耳，光是為難民的籌款就高達 101 億歐元（到 7 月 12 日數據），[8] 歐洲建設發展銀行還提供額外的 10 億歐元貸款。[9]

　　歐洲社會對烏克蘭難民如此慷慨有幾個原因。首先，烏克蘭人和歐洲主流種族（白人）可以說是「同文同種」，而且烏克蘭雖然窮、國民生產值不振，但得益於共產主義時期的制度的遺產，文化教育水平並不低。用「政治不正確」的話來說，都是歐洲眼裡的「文明人」。其次，烏克蘭限制男人出逃，絕大部分的男人也願意留下保衛國家，所以出逃的難民絕大部分都是老弱婦孺，在安置國家的人民而言，他們的「攻擊性」很低。於是一個對比強烈的現象是，在中東非洲難民湧入的時期，眾多在社交媒體流傳廣泛的負面新聞是「中東難民強姦本土婦女」；而現在，流傳的都是「不懷好意的本地人販賣烏克蘭女人」。最後，目前歐洲還處在對侵略感到義憤填膺的階段，難民的潛在問題尚未湧現。假以時日，諸如教育、就業、福利等問題需要落實，就會牽涉到「本土利益」與「難民權利」的矛盾。

　　因此至今，以種族宗教、男權、本土優先等理念為核心的歐洲右翼反移民勢力，在烏克蘭難民問題上尚未發難。但再過一

段時間，當「本土利益」vs「難民權利」的各種問題紛杳而來之際，歐洲如何應對，能不能保持熱情和同情，才是社會應對烏克蘭難民問題的關鍵時刻。

## 第四，援助和重建烏克蘭的負擔

歐洲對烏克蘭的援助是另一項將嚴重影響歐洲財政的問題。在開戰之後，歐洲和美英等都對烏克蘭伸出軍事援助之手。目前看起來，美國出了大頭，國會撥款135億美元支援烏克蘭，創下了美國為不直接參與的戰爭的撥款紀錄，但歐洲的援助也不少。2月27日、3月23日、4月13日，歐洲三次批准了5億歐元的軍援，這令歐洲對烏克蘭軍援達到15億歐元。[10]歐盟還向烏克蘭國內提供數以十億計的非軍事的人道主義援助。[11]戰爭是最大的錢坑，隨著戰爭的持續，烏克蘭戰爭固然有望「拖垮俄羅斯」，但歐洲（和美國）也必然大為損耗。

烏克蘭的戰後重建也花費巨大。七月初，烏克蘭估算被俄軍直接摧毀的基建算是為1000億美元，烏克蘭戰後完全重建，費用將高達7500億美元，這相當於烏克蘭2021年GDP的3.8倍。即便打個折扣，花費也非常驚人。[12]

## 第五，烏克蘭日後加入歐盟對歐盟經濟的長遠影響

歐盟更長遠的困難就是接納烏克蘭。[13]在戰爭爆發後，3月6日，歐盟委員會主席馮德萊恩（Ursula von der Leyen）就說「烏克蘭人民屬於歐洲大家庭」。3月3日，烏克蘭總統澤倫斯基正式申請加入歐盟。3月10-11日的凡爾賽峰會上，歐盟確認了

烏克蘭將會有「通向歐盟之路」，但拒絕了「快速通道」（fast track）。6月24日，歐盟正式接納烏克蘭成為「歐盟候選國」，烏克蘭入歐再進一大步。

　　儘管烏克蘭在何時入歐盟還有待觀察，但幾乎沒人懷疑，歐盟會在可見的不太遠的將來接納烏克蘭。一來，現在歐洲人都意識到烏克蘭是在為整個歐洲戰鬥，拒絕烏克蘭有違政治倫理。二來，經過戰爭，歐洲已把烏克蘭看作歐洲自己人，再也不是俄羅斯的人。三來，在烏克蘭俄羅斯的談判中，即便俄羅斯也接受烏克蘭可以加入歐盟。記得在2014年，俄羅斯正因為不滿烏克蘭爆發「歐盟廣場革命」（烏克蘭人民要求加入歐盟）而趁機奪取克里米亞，開始侵略烏克蘭。俄羅斯態度的轉變，也為歐盟接納烏克蘭鋪平道路。

　　然而，另一方面，烏克蘭又確實遠遠沒有達到歐盟的加入標準，特別是經濟發展水平低，國內貪腐成風，以及不夠尊重人權等。在經濟發展水平低的這項，相信在短期內都難以改善。烏克蘭在戰前的人均GDP就只有4000美元左右。考慮到戰爭重挫烏克蘭經濟，烏克蘭大批城市在戰爭中被打爛，戰後還需要大筆資金重建等因素，戰後經濟只會更困難。於是，歐盟不但須提供大筆資金重建烏克蘭，也須在相當長一段時間內，承受一個「不合格」的會員國帶來的經濟「拖累」。

## 結論

　　俄羅斯入侵烏克蘭，當然是地緣政治的悲劇。然而，現在通

過戰爭，歐洲看清俄羅斯的真面目，或至少普丁的真面目，意識到民主自由和專制主義是勢不兩立的，從而更緊密地和美英等民主國家團結在民主自由同盟陣營，拋棄不切實際的「俄羅斯幻想」和「大歐洲主義」，長遠地看，並不是一件壞事。

以上分析表明，烏克蘭戰爭令歐洲成為「大輸家」。然而與其說這是其他國家在煽風點火搞陰謀，還不如說，這是歐洲為昔日的政策還債。至少能源過度依賴俄國、國安投入長期不足這兩方面，都是昔日的錯。

幸好，歐洲已認識到這一點。無論在軍事上還是在經濟上，都願意付出代價。比如德國打破軍事保守的傳統政策，一下子把軍費增加1000億歐元，軍費開支一躍成為世界第三。瑞典芬蘭申請加入北約。比如在對經濟衝擊最大的能源問題上，儘管困難重重，歐洲還是願意壯士斷腕，儘快擺脫對俄羅斯的依賴。德國率先停止了備受爭議的北溪二號認證。在三月的凡爾賽峰會上，歐洲決定在2030年之前結束對俄羅斯的天然氣依賴。4月26日，歐洲又提出「REPowerEU」計畫，在今年底前就削減2/3的俄羅斯天然氣進口。在6月2日，歐盟委員會公布第六次對俄制裁，在六個月內禁止海運的俄國石油，對俄國石油入口總量降低到原先8%。這些都展示了非凡的勇氣。

第二十四章

# 誰是下一個烏克蘭？

　　烏克蘭戰爭不但能在歷史上找到自己的原型（中日戰爭），它本身也是未來的原型。戰爭爆發後，誰是下一個烏克蘭，就成為熱門話題。根據現實主義思維，大國夾縫中的國家都有可能成為「下一個烏克蘭」。目前各種論述中，大概有以下幾個「候選人」。在俄國周邊的有芬蘭、摩爾多瓦、喬治亞與哈薩克。在遠東的有南韓、台灣與索羅門群島。

## 歐洲的下一個烏克蘭

　　歐洲有四個國家可能成為下一個烏克蘭，包括：芬蘭、摩爾多瓦、喬治亞、哈薩克。這四個國家都是俄國的近鄰，也都位於俄國和歐洲的「中間地帶」，符合俄國和西方爭奪緩衝區的模式。

### 芬蘭

　　芬蘭和俄國有 1600 公里的邊界線，歷史上曾被俄國吞併，一戰之後才從俄國獨立出來。在二戰中和蘇聯爆發蘇芬戰爭，後

來加入德國進攻蘇聯的行列，二戰後被俄國奪去多塊土地。戰後，芬蘭奉行所謂屈辱的「芬蘭化」政策，在外交上唯蘇聯馬首是瞻，在內壓制對蘇聯不利的言論，甚至連組閣也要被蘇聯干預。[1]直到蘇聯解體，芬蘭才真正成為一個完全自主的國家。

在烏克蘭戰爭爆發後，芬蘭和瑞典都放棄了「中立」傳統，堅決站在烏克蘭一方，向烏克蘭提供武器。兩者更雙雙宣布積極考慮加入北約。俄國當即威脅，兩國嚴重損害與俄國的雙邊關係和北歐的安全與穩定，如果要加入北約，俄國「不得不採取技術性軍事手段或其他手段來消除芬蘭和瑞典加入北約所造成的威脅」，包括在俄芬邊境部署核武。一時間，俄國是不是要把芬蘭變為第二個烏克蘭成為熱門話題。

兩國人民和政府固然憤慨俄國的威脅，但加入北約的態度不變。北約對芬蘭瑞典加入也非常歡迎，北約秘書長史托騰伯格表示，北約「雙手擁抱兩國」，由於兩國與北約合作已久，加入北約並無障礙，兩國可望可以在短期內快速加入。英國首相強森在5月11日更在訪問兩國期間宣布和兩國達成安全協議，承諾若兩國決定加入北約，兩國在受攻擊時提出安全支持。美國、德國等也有類似表態。這些表態的意思都是，兩國在宣布加入後但在被批准正式加入前，將受到「北約式的待遇」，即受到俄國攻擊時會保護兩國。5月12日，芬蘭總統、總理發表聯合聲明，支持芬蘭加入北約，芬蘭終於下了決心。在六月底的北約峰會中，各國同意接受芬蘭瑞典加入，只等各國國會各自批准。這只是程序性問題，芬蘭入北約已成定局。

芬蘭和瑞典要加入北約，完全是烏克蘭被侵略的直接後果。

在戰前，兩國大部分人民都不支持加入北約，兩國政府也從未提出加入北約的議題。但戰爭一起，人民態度180度轉變，政府也積極辯論，和北約探討。可見在這件事上，俄國才是罪魁禍首。兩者要爭取加入北約更印證了北約擴大的根本動力，不是所謂的美國要把俄國逼入牆角，而是歐洲國家被俄國侵略嚇怕了，知道北約才能保命，所以爭相加入，有力地駁斥了「北約擴大威脅論」。

芬蘭本來是「下一個烏克蘭」的競爭者，鑑於它可望迅速加入北約，得到保命護身符，俄國恐怕就不敢輕舉妄動了。

## 喬治亞

喬治亞是另一個可能的「下一個烏克蘭」。當然準確地說，應該是「昨日喬治亞，今日烏克蘭」才對，因為在2008年喬治亞已經被俄國侵略過一次了，時間比烏克蘭克里米亞被奪還早了六年。和烏克蘭一樣，喬治亞也是積極希望加入北約的前蘇聯國家，但實力比起烏克蘭差得遠。一來，領土面積約7萬平方公里，490萬人；與烏克蘭相比，喬治亞只是一個小國。二來，喬治亞小小一個國家，居然有兩個被俄國控制的傀儡共和國（阿布哈茲和南奧塞提亞），內奸眾多。三來，喬治亞和歐洲不接壤，歐洲支援困難，不是從空路，就是在黑海（俄國海軍的勢力範圍），或者從土耳其經過亞美尼亞陸路走，這些路線都相當不可靠。所以從現實政治來說，喬治亞在「被俄國侵略」方面可能是下一個烏克蘭，但在「對抗俄國」方面不太可能是下一個烏克蘭。

## 摩爾多瓦

　　另一個可能的「下一個烏克蘭」是一向少人關注的摩爾多瓦。摩爾多瓦面積和人口都更少，面積只有3.4萬平方公里，人口329萬。和喬治亞烏克蘭一樣，摩爾多瓦境內也有一個俄國的傀儡共和國「聶斯特河沿岸摩爾達維亞共和國」（Transnistria），是夾在烏克蘭和摩爾多瓦其他地區中間的窄長的一小塊。傀儡共和國都是俄裔，內有俄國少量駐軍。現在俄國要把整個烏克蘭南岸都占領，目的之一就是為了接通俄國本土和這個傀儡共和國。一旦如此，一下子完全改變了摩爾多瓦的安全形勢。事實上，剛開戰不久，就有情報說俄國同時也準備入侵摩爾多瓦（真實性不明）。

　　摩爾多瓦主體民族是羅馬尼亞人。摩爾多瓦在二戰前屬於羅馬尼亞。二戰後被俄國搶去。獨立後，摩爾多瓦人想和羅馬尼亞合併，但俄國不允許只能作罷（挑動傀儡共和國從中作梗）。摩爾多瓦國力弱，又不敢得罪俄國，於是長期奉行中立政策。連歐盟也沒敢申請加入。然而，烏克蘭戰爭開打，摩爾多瓦立即感到危機。在今年3月3日申請加入歐盟。明確了自己成為歐洲一部分的意向。

　　兩者結合，摩爾多瓦的安全形勢完全不同了，摩爾多瓦以前面對的是小量俄國駐軍（還在一個內陸飛地），現在直接面對俄國大軍。俄國因為摩爾多瓦要入歐，按烏克蘭的例子，很大可能也要翻臉。

　　摩爾多瓦雖然弱小，但和喬治亞的孤立無援不一樣，摩爾多瓦人和自己同一民族的母國羅馬尼亞接壤。羅馬尼亞也是北約國

家，領土上還有美軍部署，是北約南線的重鎮。如果摩爾多瓦安全受威脅，北約非常可能會採取行動。摩爾多瓦甚至可能再次產生和羅馬尼亞合併的念頭。於是，如果烏克蘭被占領，摩爾多瓦很可能就是下一個北約和俄國的角力場。

## 哈薩克

再一個可能成為角力場的是哈薩克。這是和俄國接壤的唯一中亞突厥國家。資源豐富，面積廣大。在今年1月，哈薩克政壇內鬥，老總統太上皇納札爾巴耶夫（Nursultan Nazarbayev）的勢力被新總統托卡耶夫（Kassym-Jomart Tokayev）肅清。在內鬥中，俄國派兵幫助新總統「平亂」。正當很多人都以為托卡耶夫是親俄派，筆者就判斷：「托卡耶夫以後是不是就一味親俄呢？這也不一定。從以上分析可知，哈薩克的長期戰略就是平衡各方。托卡耶夫固然欠普丁一個人情，但擊敗太上皇後，他對普丁的依賴就到此為止了。」果然，在俄軍撤退後，在俄軍入侵烏克蘭的第22天，托卡耶夫就發表講話，開始民主化改革，令所有人都大跌眼鏡。

托卡耶夫自己辭去黨內職務，宣稱要「黨政分開」，廢除前總統的特權，還把體制從超級總統制（納札爾巴耶夫就是獨裁者一個）改革為擁有強大議會的總統制共和國。托卡耶夫又表示，現階段「地緣政治已經不穩定，新挑戰和新威脅併發，哈薩克必須做好維護國家利益、國家主權和領土完整的準備」。

這種民主化改革和這種表態，肯定已經不是僅僅要清除前朝勢力那麼簡單了（當然也有這樣成分），而是打算西化和脫離俄

羅斯體系。因為能威脅哈薩克主權和領土完整的，除了俄羅斯找不到第二個。俄羅斯如果不生氣，就會令人很驚奇。

6月5日，哈薩克公投修憲，以77%的支持率一面倒地通過。隨後托卡耶夫在出席聖彼得堡國際經濟論壇期間，當著普丁的面說不承認盧甘斯克和頓內次克獨立。7月8日，托卡耶夫簽署法案，退出獨聯體貨幣委員會。這個在1995年簽署，2013年生效的協議，是俄國推行歐亞經濟聯盟的基礎之一。哈薩克以後是否連歐亞經濟聯盟也一併退出，頓成疑問。托卡耶夫還宣布，計劃增加對歐洲的石油供應，這更擺明是與普丁做對。

托卡耶夫這樣對普丁說不，顯然有不小風險。不過，筆者在討論烏克蘭戰爭爆發原因時，已經對比過烏克蘭和哈薩克的異同，簡而言之，哈薩克選擇了引入多種勢力，文化脫俄，減少俄裔人口比例等正確措施。形勢比烏克蘭好得多。

# 遠東的下一個烏克蘭

在大國的夾縫中，烏克蘭自然也有遠東版。大國的一方當然是美國，另一方就變成了中國。南韓、台灣、和索羅門群島成為三個「候選人」。

台灣當然可能是下一個烏克蘭，事實上，如果以「大國之間的角力點」而言，台灣早就是烏克蘭。鑑於台灣的情況比較複雜，筆者另外討論。

## 南韓

南韓之所以「上榜」，最主要的原因有兩個。第一，新總統尹錫悅一改前總統文在寅的左派親朝親中反日政策，在競選時就宣布了截然相反的政策。尹錫悅在競選時就說過對朝強硬，要追加部署「薩德」防衛系統，要加入美澳印日「四國安全機制」（QUAD），與日本在軍事上協調等等中國相當不喜歡的話。第二，在俄烏戰爭爆發後，即便在文在寅執政的末期，南韓的立場也急速轉變。南韓不但加入了「歐美亞太抗俄共同體」，加入制裁俄國，派出外長防長參與北約的協調，在他執政的最後幾天，南韓國家情報院還加入「北約卓越聯合網路防禦中心」，這還在日本之前，是亞洲第一個。

可見，尹錫悅不是「一個人在戰鬥」，而是在烏克蘭戰爭爆發後，南韓都被動員起來。現在，中國一直反對的「亞太版北約」可能搞不成了（不搞了），但變成「全球版北約」、「北約亞太分部」、「三洋聯動」，中國更加頭痛。

於是，「南韓不要成為亞洲版的烏克蘭」的聲音就開始湧現了，對南韓人來說，類似的事在當年薩德事件時已經領教過一次了。可以預計，在尹錫悅上任後，如果那些選舉宣言能逐個兌現，那麼中國肯定會針對南韓，再來一輪限韓令都不出奇。

當然，南韓不是烏克蘭，它是舉足輕重的重要國家，GDP比俄國還高。中國也不是俄國，要它「跨海征東」還不至於，但是未必不會派個軍艦到南韓海面示威（正如在日本所做的）。而且中國有小弟北韓，中國可以運用對北韓的影響力，給南韓製造麻煩。

# 索羅門群島：最可能的下一個烏克蘭

遠東地區令人意想不到的「下一個烏克蘭」的候選人，竟然是太平洋上的小群島國索羅門群島。不過，陣營可能要換一換，這回飾演「大惡人俄羅斯」的，會是抗俄共同體的澳洲、紐西蘭、美國等，飾演「正義聯盟」的倒可能是中國。

3月中傳來消息，索羅門群島總理索加瓦雷（Manasseh Sogavare，又譯蘇嘉瓦瑞）與中國要簽訂「警務協議」，引起區內國際極大關注。根據洩露出來的機密文件顯示，在這份草案中索羅門群島將和中國簽訂「安全合作規劃」。主要內容如下：

一、索羅門群島可以「請求中國派遣警察、武裝警察、軍事人員，和其他執法人員和軍隊」到索羅門群島幫助「維持社會秩序、保護人民生命和財產、提供其他協助」。

二、中國可根據自己的需要提出要求，並在得到索羅門的同意下，「讓中國船隻可以訪問索羅門群島，執行後勤補給，停靠和轉運」；相關的武力也可以用於「保護在索羅門群島上中方人員和中國主要項目的安全」。

三、協議是「秘密協議」，未得對方同意，協議內容不得公開。

四、只要雙方簽字，協議就開始生效（也就是說不需經過國會批准的程序）。五年有效，自動延長。

這些文字只是表面的，其暗示的內容（或可推導出的內容）

更令人擔憂，比如有武裝船隻可以進入，就必然要有可以停靠的碼頭，於是有人認為協議中已暗示了在索羅門群島建立軍用碼頭（事實上，在 2019 年中所礦務協議中，已有建設碼頭的計劃，見下）。

中所秘密協議被曝光後，頓時引起各方震動。澳洲和紐西蘭向索羅門群島政府表達對事態的關切。澳洲外長佩恩（Marise Payne）表示，她尊重索羅門群島做出主權決定的權利，但是「我們特別關切任何危害區域穩定和安全的行動，包括建立軍事基地這種常在性設施」。紐西蘭擔心計劃可能「破壞現有機制的穩定，以及長久以來太平洋地區的安全結構」。就連著名的親中派澳洲前總理陸克文（Kevin Michael Rudd）也稱此協議草案是「澳洲數十年來所見到的最重要的安全動作之一」，是現任澳洲政府在「自家門口」的一次防禦失敗。

3 月 31 日，中國外交部記者會上，發言人證實 3 月 30 日雙方已經草簽了一份「雙邊安全合作協議」。中國反駁了紐澳美等的指控。外交部強調，這只是涉及「索羅門國內治安」的協議，目的在於可以保護「中國僑民」，與軍事投射無關，更沒有什麼建立「軍事基地」計劃。中國更質問既然澳洲也和索羅門有類似的協議，為什麼「澳洲行，中國不行」，然後進一步指控紐澳美等把索羅門視為後院，是霸權主義；中所簽訂協議是兩個「主權」，不容干涉云云。

紐澳美日等輪番勸阻，美國派出了以亞太沙皇坎貝爾（Kurt Michael Campbell）為首的代表團出訪索羅門，打算阻止簽約。然而，索羅門總理卻趕在美國代表團到達之前，搶先和中國簽訂

密約。根據洩露出來的草案，簽訂之後立即生效。這再令美紐澳
輿論洶湧。

## 索羅門特殊的戰略地位

　　一下子，這個太平洋島國成為國際焦點。索羅門群島為什麼
這麼重要？

　　索羅門群島主要由兩組群島共約990個島嶼組成。主要群
島是索羅門群島（但群島最西面的布干維爾島〔Bougainville〕
屬於巴布亞紐幾內亞），在東面是聖克魯斯群島（Santa Cruz
Islands）。島嶼絕大部分都是火山島，分布離散，東西綿延1500
公里。全國總面積不到三萬平方公里，最大島瓜達爾卡納爾島
（簡稱瓜島）約6500平方公里，人口只有70萬，人均GDP不到
2500美元，人類發展指數只有0.567，是世界最低度開發的國家
之一。索羅門群島是熱帶雨林氣候，經濟以農業為主（特別是木
材）。島上沒有非常重要的資源，唯一重要的礦產是瓜島上有一
「金嶺金礦」（Gold Ridge Mine）。2019年，中國鐵路集團公司和
索羅門政府簽約，獲得15年的開發權。

　　相反，地理位置才是索羅門群島之所以重要的關鍵。索羅門
群島位於太平洋中西岸紐幾內亞島以東，澳洲東北。從地圖上可
知，在澳洲的北方到西南方，有　條半環形的島鏈：印尼諸島
（大小異他群島）、紐幾內亞島、俾斯麥群島、布干維爾島、索
羅門群島、瓦努阿圖、法屬新喀里多尼亞、紐西蘭。這條「環澳
島鏈」是澳洲國家安全的前沿。這條島鏈的東部（從紐幾內亞開
始），也是美國所謂「第三島鏈」的南部。索羅門群島就在這兩

條島鏈的中部。如果從美國夏威夷到澳洲畫一條直線，就正好經過索羅門群島的海域。

　　在歷史上，這種重要性不斷展示。索羅門群島在19世紀晚期成為德國和英國激烈爭奪的島嶼，是西太平洋各國競逐海上據點的角力場。1900年，英國把西薩摩亞群島讓給德國，換取整個索羅門群島。二戰中，索羅門群島一度被日本占領，成為進攻夏威夷和澳洲的基地。美國為首的盟軍在傷亡慘重的瓜島戰役（瓜達爾卡納爾島，即索羅門群島的最大島嶼）中擊敗日本重奪索羅門群島，作為反攻日本的基地，也成為盟軍在太平洋戰場戰略反攻階段的開始。

　　很明顯，中國看上索羅門群島，主要就是因為這種「地緣政治的重要性」。索羅門群島的政治特徵給了中國可乘之機。

　　索羅門群島政治非常不穩定，這倒不是像很多非洲國家那樣政變頻繁，而是其國家構成、政治制度和政治傳統。如前所述，索羅門群島由一系列島嶼組成，各大島嶼各自的內聚力遠比互相聯繫要大。這決定了索羅門群島沒有強勢政黨，在其議會制度下，通常需要多黨聯合才能組建政府，而這類聯合經常變化，於是在議會周期一些聯合執政的政黨「跳槽」到反對派司空見慣，這又往往能讓反對派發動不信任案讓總理下台。於是上台下台再上台的劇情不斷發生。現在的總理索加瓦雷已是第四次上任了。

　　可想而知，這樣不穩定的政治結構非常容易被外國勢力「乘虛而入」。然而，索羅門群島的外交長期是穩定的。這主要因為作為「太平洋大家庭」的一員，索羅門群島在歷史上就和紐澳英美關係密切。英美紐澳法一直是南太平洋主導力量，而這五大國

都是同氣連枝。所以，所有太平洋島國無論在安全還是經濟上都
依靠五大國（特別是澳洲和紐西蘭這兩個地區強權）：大部分國
家的防務（甚至一些國家的警務）都由紐澳負責，紐澳美也提供
大筆直接經濟援助給這些島國。這樣一來，整個太平洋秩序非常
和平融洽，這就是為何叫「太平洋大家庭」。索羅門也是如此，
儘管它政治多變，但國安路線既沒有什麼變化，實際上也沒有變
化的必要和變化的空間。

　　這種狀況在中國銳意向太平洋發展後發生變化。索羅門群
島長期是台灣友邦。但近年來，中國積極向索羅門群島增加影
響力。中國一來看到了索羅門群島不穩定的政治是「有裂縫的
蛋」，二來也深信中國的經濟誘惑力。

## 中國如何滲透索羅門

　　中國使出了兩招。第一是投資礦產（如上面提到的金礦），
有開礦就有理由起鐵路，有鐵路就有理由建碼頭，這樣透過大規
模的基建投資把索羅門綁定。這是中國在非洲的「傳統技能」，
現在用在了太平洋上。第二輸出大量中國移民。索羅門群島本來
就有一些來自廣東江門的移民，但數量不是很多。但近年來索羅
門成為中國人的熱門移民地。原因是索羅門和西方國家（如加拿
大）有移民協議，於是能為急於移民的中國人提供一個先移民索
羅門，再移民西方國家的便捷通道。在西方國家開始收緊來自中
國的移民政策時，在中國的移民廣告中，索羅門群島成為最後的
天堂。對索羅門來說，開通了中國人到索羅門的投資移民路徑，
就等於帶來大量的中國熱錢。

　　於是雙方一拍即合。索加瓦雷在2019年第四次上台後，就急忙和台灣斷交，轉投中國。索羅門就不可避免地墮入「中國經濟陷阱」。

　　然而，經濟合作是一回事，現在索羅門群島要把經濟合作一下子上升到國家安全合作，就完全是另一個故事了。根據索羅門總理索加瓦雷說法，與中國合作是為了「多元化國安合作」，這個邏輯放在國際關係脈絡上完全無法理解。

　　第一，索羅門群島本身沒有任何「外患」。

　　索羅門群島在二戰中被日本占領，在著名的瓜島海戰中，經過美國和聯軍浴血奮戰才獲得解放，但美國沒有吞併它，而是在戰後讓它恢復戰前原狀。到1970年代，英國從殖民地光榮撤退，讓索羅門群島獨立。既然讓它獨立了，就更沒有重新吞併它的意圖。同時，英國也沒有對索羅門群島撒手不理，至今索羅門還是英聯邦國家，等於英國給了一道護身符。同時如前所述，和其他太平洋大家庭島國一樣，索羅門群島的安全一向由澳洲、紐西蘭、巴布亞紐幾內亞等英聯邦國家負責，自己連軍隊都不需要。因此毫不誇張，索羅門群島沒有任何外患，根本沒有誰想去侵略它。

　　第二，索羅門群島有的是「內憂」，澳洲等區內大國是其壓艙石。

　　索羅門群島的「內憂」有兩點。第一，如前所述，它的政治很不穩定，首腦經常上下台。第二，也是更重要的，索羅門群島本來就是一個「人造國家」，有天然的分離主義壓力。在德國和英國角逐索羅門群島之前，索羅門群島不是一個國家，也不是任

何國家的一部分，各大島嶼上都沒有符合國家標準的建制，完全是原生態。索羅門群島的原住民雖然大多是波利尼西亞語言系統（南島語言），但在這些群島上有60至70種語言，大多不能相通。可以說，在英國殖民之前，這些島嶼人本來都不是一家人，現在索羅門群島能成為一個國家，完全是殖民地時代的遺產。因此，索羅門群島內各島嶼都有種族衝突和分離主義傾向。特別是無論面積還是人口都是第二多的馬萊塔島（Malaita），與瓜島中央政府之間的對立已鬧了好多年。

這種困境在太平洋國家中絕非罕見。比如大洋洲的「老三」巴布亞紐幾內亞（在大洋洲影響力僅次於澳、紐），最近就有布干維爾自治區獨立公投。內在的原因都是一樣，就是缺乏歷史傳統的凝聚力。

索羅門群島之所以至今沒有分裂，最大原因就是各島嶼都是「英屬索羅門」的一部分罷了。毫無疑問，英聯邦、女王、澳洲、紐西蘭等「殖民地時代的歷史傳統」，正是維繫索羅門群島統一的情感紐帶和傳統慣性。

對索羅門群島的內憂，紐澳等都是正向的壓艙物。紐澳對索羅門群島的經濟援助和安全保障，令索羅門群島即便政治再不穩定也有個譜。紐澳更一向支持索羅門群島領土完整。在2000至2003年索羅門群島的種族衝突中，正是澳洲、紐西蘭、斐濟和巴布亞紐幾內亞的聯軍到島上「平亂」（當時正是索加瓦雷第一次上台）才讓索羅門群島「由亂到治」。這種關係從索羅門獨立後就開始，已建立了幾十年，已成為一種現狀。

第三，紐澳等區域大國對索羅門非常尊重。

　　一個例子是，2017年中國的華為公司要從索羅門鋪設海底電纜到澳洲雪梨，引來澳洲的高度重視。出於國安理由（擔心監聽），澳洲（和美國）當然不想中國建這條電纜，尤其是華為。然而，澳洲沒有施壓和制裁等方式讓索羅門政府放棄，反而提出替代方案，不惜大賠本，自己掏錢幫索羅門造了一條電纜。套用中國網路用語，「明明可以靠壓力，偏偏還要倒貼」。可見，澳洲等不但沒有威脅索羅門群島的安全，一直在經濟和政治上援助索羅門群島，還對索羅門群島的主權非常尊重。

　　顯而易見，在這種情況下，索羅門總理索加瓦雷毫無必要地新拉入一個沒有傳統聯繫的境外國家，去搞什麼「國安多元化」，等於給澳洲再來一巴掌。

　　事實上，即便在這次「警務合作」之前，中國因素已在索羅門群島引發動盪。2021年11月發生的索羅門群島騷亂的重要原因之一，正是因為長期不滿瓜島中央政府的馬萊塔島人，不滿中央政府和台灣斷交而發動抗議。而那次也正是澳洲、紐西蘭、斐濟、巴布亞紐幾內亞聯軍出兵才平息風波，幫索加瓦雷度過難關。沒想到，索加瓦雷還變本加厲。

## 中國的強詞奪理

　　至於中國則反駁了紐澳美等的指控。外交部強調，這只是涉及「索羅門國內治安」的協議，目的在於可以保護「中國僑民」，與軍事投射無關，更沒有什麼建立「軍事基地」計劃。中國更質問，既然澳洲也和索羅門有類似的協議，為什麼「澳洲行，中國不行」，然後進一步指控紐澳美等把索羅門視為後院，

是霸權主義；中所簽訂協議是兩個「主權」，不容干涉云云。

中國的說法大有可以爭議之處。

首先，被反對派偷出來公開的只是草稿，正式的文本至今尚未公開，這印證了被公開草稿中寫的「密約」的說法。由此也可了解，為什麼只要總理簽了就算，不用經過國會批准：如果要經國會批准，那麼內容就必然會被公開，密約不密了。那麼問題來了，如果是一個光明正大的協議，沒有不可告人的條款，為什麼搞一個「密約」？要知道，現代外交中的密約是非常罕見的。而且從草案看來，文本也似乎沒有太大的保密必要。因此，以「密約」形式簽約，其他國家生疑「別有內情」可以說再正常不過。

其次，中國說簽訂密約的目的是「保護中國僑民」，這固然有2021年索羅門騷亂時中國城的商鋪受衝擊的原因，但問題在於，在索羅門的「中國人」，大部分都是中國到索羅門的移民，已入了索羅門國籍。根據中國那個不承認雙重國籍的國籍法，他們是索羅門公民，不是中國公民。中國有什麼特別的理由去別國土地上保護別國的公民？

第三，索羅門並非沒有治安保障。澳洲和索羅門之間早有安全協議。這套機制行之有效。在2021年索羅門騷亂之時，紐澳巴斐迅速派出兵力在索羅門維持治安，讓騷亂很快平息。有中國人說，那麼為什麼中國城還是被搶掠了？原因顯而易見，搶掠騷亂總是會比派兵維持治安要早。有搶掠不等於紐澳巴斐聯合部隊的援助無效。因此，為什麼「澳洲行，中國不行」，應該反過來問，為什麼「澳洲行，中國還要來」？

第四，無可否認，紐澳等固然把太平洋國家視為勢力範圍。

然而，中國不是也主張「亞洲人的事應該由亞洲人解決」嗎？不是以此為藉口要阻止美國「插手」嗎？那麼「大洋洲人的事」為什麼要一個萬里以外的中國來插手？其實，兩者的分別在於，美國一直在亞洲存在，所以亞洲的事就是美國的事，亞洲的事沒有美國還真無法解決。相反，中國現在才伸手到大洋洲，大洋洲的安全事務向來沒有中國也能解決得很好。

第五，正如中國在烏克蘭戰爭中說，一個國家的「合理安全顧慮」應該得到尊重和妥善解決，從而合理化俄國的侵略。然而，在索羅門問題上，為什麼中國不尊重澳洲、紐西蘭和一眾太平洋國家的「合理安全顧慮」？這豈非雙重標準？再說，如果兩個主權國家簽訂的條約「不容干涉」，那麼為什麼烏克蘭作為主權國家要加入歐盟，加入北約，俄羅斯卻有權侵略？這豈非又一個雙重標準？

在烏克蘭戰爭中，我們可以看到：一個小國捲入大國競爭是非常危險的一件事。烏克蘭有四千萬人口，60萬平方公里土地，其實已不算小國，但俄羅斯照樣侵略沒商量，其藉口就是烏克蘭成為美國的棋子。對烏克蘭而言，捲入大國競爭是被迫無奈的，因為自己國土克里米亞已被俄羅斯侵占了，還有更多的國土正在被俄羅斯分裂，烏克蘭要站邊是沒有辦法。可以想像，但凡普丁肯歸還領土，澤倫斯基能叫普丁做乾爹。

然而，對索羅門群島而言，英紐澳美等沒有絲毫對不住索羅門群島的地方。索羅門群島總理如此「自作孽」，除了個人私利，實在找不到其他原因。現在澳洲、紐西蘭美國都高度重視此事件。毫無疑問，索羅門群島總理正把自己國家推入火坑。相

信我們很快就可以看到，套用中國的說法，「把一個大國逼到角落」會是怎麼樣。

第二十五章

# 烏克蘭戰爭的影響
## ——「新對抗時代」的開始與台灣危機

烏克蘭戰爭進行百日，局面進入僵持，它會何時及如何結束尚有待觀察，但烏克蘭戰爭的後果和影響，基本上可以下大致的結論。

## 後冷戰的全球化終結，新對抗時代開始

以共產主義陣營崩盤和蘇聯解體為標誌的冷戰結束，是以美國為首的民主自由世界的勝利，同時也是自由主義的盛宴。於是世界進入以「和平與發展」、「世界是平的」為主題的後冷戰時代，亦即全球化時代。全球化時代有幾個關鍵的分水嶺。

關鍵時間點之一。1989年「蘇東波」事件，華沙公約中的東歐國家的共產主義政權，在人民的抗議聲中紛紛倒台，東德人民推翻柏林圍牆，羅馬尼亞獨裁者西奧塞斯古被處死。12月3日，美國總統老布希和蘇聯總統戈巴契夫在馬爾他會面，宣布冷戰結束。1990年10月，德國正式統一。1991年7月，早已名存實亡的華沙宣布解散。8月19日，蘇聯發生軍事政變，但很快被

挫敗，開始蘇聯解體的進程。12月26日蘇聯正式宣布解體。這個令人眼花撩亂的過程，正式終結了冷戰。

在蘇聯轟然倒下的另一廂，是1990年8月開始的波斯灣戰爭，美國帶領各國大軍以雷霆萬鈞之勢，把侵略科威特的伊拉克打得落花流水。大量高新武器投入實戰，出現前所未見的戰術。美國一戰功成，無論在正義性還是武力，都成為「美治和平」一國超然獨大新階段的奠基儀式。

關鍵時間點之二。1995年1月1日，世貿組織正式成立。世貿起源於關貿總協定，但它是一個超級升級版，成為全球化時代最重要的國際經濟組織，成為「經濟聯合國」。以世貿為起點，世界正式開始扁平化，貿易、服務、投資、技術、人流在全球流通。2001年12月，中國正式加入，開始了經濟突飛猛進之路。

關鍵時間點之三。2001年的九一一恐怖襲擊事件開始了美國的反恐戰爭進程。此後美國繼續陷入伊拉克戰爭和敘利亞戰爭中。二十年的反恐戰爭花費了美國大量金錢和精力，還消耗了大量外交資源。美國不但有求於中俄，讓中國和俄國得到了發展的黃金機會，伊拉克戰爭的爭議還長期成為美國的道德污點。

關鍵時間點之四。2008年是另一個重要轉折點。2008年發生幾件大事改變了世界。首先，中國舉辦了奧運會，借助奧運火炬事件和汶川大地震的悲情，奧運會不但成為中國「大國崛起」的標誌，也凝結了中國民族主義者對西方怨恨。其次，從美國開始爆發的金融海嘯，成為全球化後第一次全球性的經濟危機。這有多個後果。一、全球化開始備受質疑，同年，下一階段的貿易談判（杜哈回合）拉倒，再被無限期擱置，全球化進展就此走下

坡路。二、美國首位黑人總統歐巴馬上台，激勵了自由派，隨後出現以「占領」為標誌、要求經濟平等的左翼民粹運動，把自由派推向「進步派」。但另一方面，西方又出現以反移民反多元化為訴求的右翼民粹運動。在以後幾年，隨著難民問題和本土伊斯蘭恐怖主義等問題。左右撕裂越加嚴重。三、美國和西方經濟嚴重受挫，出現大倒退，中國反而迅速走出危機，經濟復甦全球一枝獨秀，經濟虛弱的美國反而要向中國求援，讓中國感到「美國也不是那麼強大」，可以取而代之。幾年後超越日本成為第二經濟大國（以名義GDP計算），進而快速挑戰美國。最後，俄國在奧運期間悍然入侵喬治亞，成為侵略烏克蘭的先聲，普丁搞出「二人轉」，實質重回專制，歐巴馬雖然重啟美俄關係，卻不但無法再回到從前，反而被普丁看穿了歐巴馬的軟弱，間接鼓勵了俄國在2014年吞併克里米亞。總而言之，無論從全球化進程、中美實力對比、美俄關係來看，2008年都是一個關鍵的轉折之年。

　　關鍵時間點之五。2016出現的第一次「大脫鉤」。2016年又發生兩件以右翼民粹獲勝為結局的黑天鵝事件。英國的脫歐和川普的勝選。前者不但標誌著歐洲的分裂，逆轉了越來越團結的歷史車輪，是全球「脫鉤化」進程的第一步，也標誌著我們熟悉的世界（英國是歐洲的一部分）開始崩解。後者的影響更為深遠。川普上台後奉行「美國優先」，退出TPP，退出巴黎氣候協議，退出多個聯合國機構，威脅退出北約和從盟國撤出軍隊等；川普對全球發動貿易戰，世貿組織被拋到一邊，美中貿易戰更從貿易矛盾演變為在經濟、人文、科技教育、宣傳等方面全面開火。在

川普的保護主義帶動下，各國無論是主動（民粹主義上台）還是被動，都不得不跟進「本國優先」政策。脫鉤化徹底逆轉和倒退了全球化。更重要的是幾乎在一夜之間，那個在美治和平下熟悉的世界警察不再存在，美國搖身一變為土豪惡霸，把大國競爭重新作為首要的戰略挑戰。在美國自動放棄下，中國乘虛而入，挑戰美國的地位。

關鍵時間點之六。2020年的第二次「大脫鉤」，從中國武漢最早爆發的新冠肺炎擴散到全球，成為1918年大流感之後最嚴重的全球性大瘟疫，至今尚未結束。大瘟疫不僅讓5.5億人感染，630萬人死亡（到2022年7月13日）；全球各國都採取過措施不一的封城和閉關鎖國，經濟上是2008年之後的又一次嚴重倒退，供應鏈嚴重打亂被逼脫鉤化。由於搶購衛生防護用品和疫苗，「防護品民族主義」、「疫苗民族主義」等本國優先政策在各國蔚然成風。閉關鎖國更直接造成國際人員流動的脫鉤化，各國貧困化下問題叢生。源頭中國由於實行嚴格的封控政策，經濟雖然放緩但與倒退的國家相比依然亮眼。美中關係因為疫情而史無前例地倒退，中國評測「東升西降」，對美國發起宣戰。美國也跨黨派地把中國視為頭號競爭對手。

關鍵時間點七。2022年爆發的烏克蘭戰爭是在全球大瘟疫尚在進行時，美中激烈競爭（實際上是敵對）的背景下發生的，它構成了第三次「大脫鉤」，為全球化時代畫上休止符，開啟了新對抗時代。

## 首先，禮崩樂壞，聯合國失效

烏克蘭戰爭是冷戰後首次，一個聯合國的常任理事國，完全拋開聯合國機制，以奪取國土甚至「滅國」為目的，完全罔顧國際法和條約，對一個主權國家發動的全面侵略戰爭。這徹底破壞了冷戰後乃至二戰後所建立的，以聯合國為中心，以國際法、國際條約和國際規則為基礎的國際關係體系，一句話說就是「禮崩樂壞」。

俄國的入侵違反了大批國際法（見第二十章），俄國甚至從未嘗試從國際法的角度去合理化自己的侵略行為。俄國在2014年兼併克里米亞已是「禮崩樂壞」了，但好歹俄國還用上了自決等藉口，而且雖然用上武力但幾乎沒有任何衝突。到了這次，即便俄國只是軍事干預頓巴斯，那也不至於影響如此惡劣。但俄國一開始就是以「滅國」的目的進行的，即便現在滅國無望，俄國也明言要把烏東烏南全部搶過來。更重要的是，在整個戰爭醞釀過程中，聯合國不但作用為零，而且根本被拋在一邊：俄國唯一做的就是利用常任理事國的身分阻止聯合國的參與。即便戰爭爆發，聯合國也基本處於無能為力的狀態，俄國夥同中國處處阻撓聯合國發揮作用。這下更是後冷戰時代（更是二戰之後）的國際關係基礎的徹底崩壞了。

有人認為2003年美國不是入侵伊拉克嗎？然而，美國入侵伊拉克並不以「滅國」為目的，也不是搶奪伊拉克土地，所謂「搶石油」同樣子虛烏有。而且，美國也並非毫無法律依據的，還在聯合國積極爭取戰爭的合法性（雖然沒有爭取到），美國還

爭取世界幾十個國家的支持。和這次俄國一意孤行的侵略行為顯然不是一回事，就連好盟友中國也不敢表態支持。

## 其二，脫鉤化已成定局

烏克蘭戰爭不是俄國和烏克蘭的戰爭。而是俄國向站在烏克蘭背後的整個「歐美亞太共同體」的開戰。換言之，是俄國與整個「歐美亞太共同體」的政治決裂。在可見的時間內，絕無修好的可能（除非普丁下台）。發生如此大規模的「準戰爭」，已經意味著全球化不再了。

戰爭爆發後，以美國為首的「歐美亞太抗俄共同體」對俄國展開史無前例的大規模政府制裁、金融經濟投資脫鉤、以及社會文化抵制。俄國不是一個小國，它雖然GDP剛好在前十左右，但其能源和糧食以及市場都在國際貿易和投資中扮演相當重要的角色。由於能源和糧食是剛性需求，俄國在國際經濟生活中的重要性甚至超過了從GDP反映出來的數字。何況作為全球供應鏈的一部分，這種重要性還會進一步倍增。更何況，由於西方可以使出「長臂管轄」的能力，其他國家的企業必須在西方和俄國「二選一」（比如很多中國公司就不敢再和俄國做生意），這些都實質性地推進全球經濟脫鉤化。於是，戰爭迅速成為全球經濟脫鉤化的推進劑。

與經濟脫鉤相比，社會文化脫鉤恐怕更出乎人們想像。西方品牌紛紛從俄國撤退，俄國幾乎一夜之間回到30年前。其中尤其以麥當勞退出俄國最具標誌性：當年俄國人把品嘗麥當勞視為與西方連結接軌，融入世界的象徵，在莫斯科廣場外大排長龍的

景象還歷歷在目。俄國在文化上的影響力也比從GDP排名的數字中顯示出來的更大。開戰後，俄國文化體育活動也被趕出國際舞台，這是連在冷戰時期也沒有這麼決裂的。西方國家也紛紛封殺諸多俄國藝術家，甚至封殺俄國的文學藝術音樂。這種「厭俄情緒」也是即便在冷戰期間也未見的。

## 第三，安全重新成為國際社會主題

　　烏克蘭戰爭驚醒了歐洲，也驚醒了世界。以防止大國入侵為核心的國家安全重新變為國家的中心議題，反恐等主導國際政治二十年的非傳統威脅退居二線。軍備採購（能形成即戰力）、新武器新戰法的開發、人員培訓和軍事演習、盟國協作等再也不是裝裝樣子，而是安身立命的保障。瑞典和芬蘭放棄了中立地位不顧威脅爭著加入北約。一直不肯加軍費的德國立即把軍費增加到2%。可以想像，各國大幅提高軍費將成為大趨勢。國家安全不單純是國防安全，也包括網路安全和戰略物資的安全，如能源安全、糧食安全，以及晶片供應安全等。歐洲計劃大幅減少對俄國的能源依賴，而且給出了時間表。德國停止啟用「北溪二號」天然氣管道。可以說，川普怎麼施加壓力都辦不到的事，普丁一手包辦了。此外，加拿大成為最後一個禁用華為的五眼國家。美國組建印太經濟框架（核心就是關鍵物資的供應鏈）。

　　當國家安全和大國競爭等現實主義的傳統議題重新成為國際關係的核心議題，不但諸如「和平與發展」等自由主義的核心議題不得不退居二線，就連以往「大國攜手能解決世界難題」的反恐、氣候變化，甚至全球衛生都不得不讓步。戰爭引發的經濟危

機、能源危機、糧食危機等都在前文討論過了。特別要指出，由於糧食短缺，加上中國大囤糧，多個糧食出口國紛紛禁止糧食出口，成為「糧食民族主義」。全球性的大饑荒危機並不遙遠。這一下子讓人回想起關注「非洲飢民」的九十年代。

「新對抗時代」或「後全球化時代」不會是冷戰的重現，現在還很難想像全球化能脫鉤到冷戰時代的樣子。然而，無論是否叫做「新冷戰」還是其他一些什麼名字（比如我稱之為「新對抗時代」），都是一個全新的年代。它帶有全球化時代、冷戰時代、戰間年代（一戰二戰之間）甚至一戰前時代的混合特點。總而言之，大家必須從心理上適應，過去那個「有錢大家賺」的 good old days（好日子）將會一去不復返。

# 美國霸權結束，第三次世界大戰風險大增

現在最大的風險，還不是「新冷戰」，不是「對抗」，而是世界將會直接進入一個以戰爭為主的年代，從而結束「美治和平」。「美治和平」搖搖欲墜，第三次世界大戰風險驟然變大，甚至可能提前，極限戰、超限戰甚至核戰危機都不可低估。

現在的烏克蘭戰爭表面上是烏克蘭與俄羅斯的「局部戰爭」，但實際上整個「抗俄共同體」與俄國已經進入了準戰爭狀態。這是聯合國常任理事國之間的大國對決。西方幾乎無上限地在軍事、政治、經濟上支持烏克蘭，就差沒有直接派兵參戰。戰爭中的非傳統模式部分，即「XX武器化」，更令人印象深刻。金融戰、經濟戰、資訊戰、輿論戰等，都超乎了以往和想像中的

規模。

在第五章〈烏克蘭戰爭的9種歷史敘事〉中，筆者討論了烏克蘭戰爭乃「歷史的缺失」。正如筆者討論到的，烏克蘭戰爭是「未完成的蘇聯解體戰」。同樣「新對抗時代」實質是「未完成的冷戰」，甚至是「未完成的二戰」。

在冷戰中，以蘇聯為首的共產主義崩解了，但另一個擁有共產主義基因的大國中國卻延續下來，現在成為頭號修正主義國家。中國的經濟制度在走回頭路，但總的說來還是和社會主義時期完全不一樣。然而，那種專制威權打壓自由的制度不但延續下來，還滿血復活到毛澤東時代，在數字統治的加乘下，正在追求對整個社會的完全控制；自從2018年修憲之後，任期限制這個鄧小平時期最大的政治進步也被抹平了。俄國同樣變成了資本主義國家，然而俄國也同樣回到了專制制度，只要普丁願意，可以一直至少做到2036年。於是冷戰固然勝利了，但只勝利了一半。

在二戰中，蘇聯不但也是侵略的元兇，而且戰爭罪行只比德國好一點點，蘇聯還是唯一在戰後領土擴張的大國。蘇聯既沒有被追究戰爭責任，也沒有自行轉型正義反省。同樣，中國固然是二戰受害國，然而中國的歷史敘事集中在19世紀中期起的一百年，即「受西方列強屈辱的大國崛起」的過程，從沒有反思自己在受屈辱前也是一個侵略成性、屈辱他人的大國。中國不但沒有轉型正義，還對轉型正義的國家嗤之以鼻。當然在更大的尺度，「新冷戰時代」同時還是「陸地帝國vs海洋帝國」、「專制vs民主自由」等歷史敘事的延續。這裡就不展開了。

所以無怪乎，新冷戰時代的陣營對壘和冷戰時代幾乎一樣。

一面是自由民主陣營國家，一面是中俄和它們的盟友。此外就是新興的中間力量，即大片的發展中國家和不結盟國家。

上一個十年，隨著中國對美國的挑戰，國安界熱烈討論三個國際是否會陷入戰爭的陷阱。第一是「修昔底德陷阱」，即上升中的二號強國要挑戰頭號強國，絕大多數情況下只能通過戰爭解決。第二是「金德爾貝格陷阱」（Kindleberger Trap），即一個領導性大國失去了領導的能力或意願，又沒有及時的頂替，就會導致權力真空，爆發全球混戰。一個例子是有人認為，1930年代的英治和平的尾聲，美國有大國的能力，卻奉行孤立主義，導致二戰爆發。第三個是「塔西佗陷阱」（Tacitus Trap），應用到國際關係上時，即如果一個國家失去了基本信任，那麼它無論如何解釋和表達善意，都會被認為是不可信的，一旦陷入這個陷阱，國與國之間的信任只會螺旋式惡化。

現在的國際局面，很明顯地走到了三種陷阱的危險邊緣，而且都指向美中對抗。「修昔底德陷阱」自不必說。美中、美俄之間也同樣已墮入「塔西佗陷阱」。至於「金德爾貝格陷阱」，在川普年代，美國在還有力的時候主動放棄世界警察的責任，現在拜登固然要重拾責任，但能力上是否還足以支持，已備受質疑，甚至連盟友日本的2022年外交藍皮書報告也質疑美國足以獨大的時代已經結束。在這種情況下，不但助長了對大國的挑戰，區域強國也覺得自己能混水摸魚、從中獲利。

在以上三個陷阱之外，或許可以加上兩個：「誤判的陷阱」與「焦慮的陷阱」。國與國之間的平衡，有賴對對方實力和意圖的正確判斷，「誤判的陷阱」就會導致錯誤的決策。「焦慮的陷

阱」則在於如果一個必定要達到的目的看起來越走越遠，決策者就會產生無法抑壓的焦慮，寧願提早孤注一擲。

綜合這些因素，全球範圍的戰爭，無論是地區之間的混戰，還是全球大戰（第三次世界大戰）的風險都驟然提高，戰爭形式會「極限戰」乃至「超限戰」化，甚至連核大戰都不是不可能。

## 以北約為中心的抗俄共同體的崛起

在自由民主陣營中，最亮眼的就是「歐美亞太抗俄共同體」的出現和高度團結。這裡不用一些人說的「西方社會」，是因為對抗俄羅斯的不僅是「西方國家」。在聯合國大會特別緊急會議決議中，譴責俄羅斯侵略烏克蘭的國家多達114個，這些都是國際社會支持烏克蘭的聲音。其中，有四十多個國家更進一步以各種形式加入對俄羅斯（和白俄羅斯）的制裁[1]，它們可以認為是「歐美亞太抗俄共同體」。俄羅斯為此還列出了「不友好國家名單」予以反制。[2]

「歐美亞太抗俄共同體」包括以下幾部分：一、美、英、加、紐、澳「五眼聯盟」。二、歐洲國家，包括歐盟27國（瑞典、芬蘭、愛爾蘭、奧地利、馬爾他、賽普勒斯目前不是北約國家）、北約的其他非歐盟非五眼的歐洲國家（挪威、阿爾巴尼亞、冰島、蒙特內哥羅、北馬其頓，只有土耳其沒有參與制裁），以及其他非北約非歐盟的歐洲國家（包括瑞士、科索沃、摩納哥、安道爾、列支敦斯登、聖馬利諾）。整個歐洲只有梵蒂岡、塞爾維亞、波士尼亞與赫塞哥維納、摩爾多瓦四國，以及只

有部分領土在歐洲的土耳其、高加索三國和哈薩克，沒有制裁俄羅斯。三、美國在亞太的其他盟友，包括日本、韓國、台灣和新加坡。四、還有個別加勒比國家（如巴哈馬）和太平洋國家（如密克羅尼西亞聯邦）參與制裁俄羅斯。

當然，「抗俄共同體」又怎能少得了這次戰爭的受害者烏克蘭？烏克蘭戰爭就像一個煉金爐，把烏克蘭人民真正鍛造成一個民族。根據與俄羅斯的關係，烏克蘭國民可以分為四個層次，擁有俄羅斯國籍的烏克蘭人、俄裔烏克蘭人、說俄語的烏克蘭裔、說烏克蘭語的烏克蘭裔。在三雄鼎力時代，親俄親烏的板塊分裂以「語言分界」而非「民族分界」。可是自從克里米亞被奪之後，民族而不是語言越來越成為「他們和我們」分界的標準。雖然普丁在宣傳中以「說俄語的人群」企圖最大化爭取的對象，但現在戰爭中證明，幾乎所有說俄語的烏克蘭裔都站在烏克蘭的一方。烏克蘭裔，無論說烏克蘭語還是說俄語，都真正地依靠「共同經歷」凝聚在一起。可以說，現在是烏克蘭國家的歷史危機時刻，但同時也是烏克蘭民族真正形成高光時刻。戰爭更把烏克蘭徹底推向歐洲，無論戰爭結果如何，只要烏克蘭沒有被滅國，烏克蘭人與俄羅斯的仇恨沒有好幾代人不可能消解。同時，歐洲人也開始真正把烏克蘭人視為自己人，而不是俄國的一部分或俄國的勢力範圍。從這個意義上說，在俄國與西方（歐洲）的競逐中，俄國最終失去了烏克蘭這個關鍵的腹地。

## 瑞典芬蘭加入北約

「歐美亞太抗俄共同體」不僅在政治上互相協調，還在經濟

上重新組合。歐洲計劃拋棄俄國能源，轉用美國能源就是例子。當然最重要的就是在軍事上，北約這個一度被質疑為「腦死亡」等軍事同盟，滿血復活。

　　瑞典、芬蘭申請加入將會是北約的第六次擴大，也是意義非常重大的一次。一旦成功加入（在6月底北約峰會接受兩國加入後，只等各國國會確認，結果幾乎是肯定的），將大大改變歐洲的安全形勢，大大有利北約。

　　第一，地緣政治。芬蘭和俄國有1300公里的邊界線，是目前北約國家和俄國之間最漫長的邊界。芬蘭加入北約，讓俄國不得不在北方漫長的邊界上部署兵力，從而減輕了中部和南部的壓力。北約填補了歐洲北部的戰略缺口，一下子占據極大優勢。在南部，芬蘭距離聖彼得堡只有170公里。在北方，芬蘭和俄羅斯的科拉半島接壤，而那是俄羅斯北方艦隊的基地摩爾曼斯克（Murmansk）。此前，雖然挪威的最北部和科拉半島接壤，但那是不毛之地和山地，芬蘭就完全不一樣。瑞典和芬蘭也還都是波羅的海國家，兩國加入後，芬蘭、瑞典、丹麥、德國、波蘭、波羅的海三國就把波羅的海都半包圍起來，對俄國有極大地理優勢。瑞典、芬蘭都是北極國家，兩國加入北約後，在北極國家中八國占了七國都是北約盟國（美加丹挪瑞芬冰），在北冰洋治理體系中對俄國這個孤家寡人有極大優勢。

　　第二，瑞典和芬蘭都是富有國家，而且在軍事上都捨得投入，它們對北約都是有力的資產。瑞典和芬蘭分別有現役軍人2.4和2.3萬，看似兵力不大，但按人口比例已經在美國之上。最重要的是芬蘭一向實行義務兵役制，瑞典在2017年也恢復徵

兵。兩國的後備役兵員十分充足。如芬蘭就有八十多萬後備軍
人。兩國的軍事開支都超過了2%的北約標準線。瑞典是著名的
軍工強國，有獨立完善的軍工體系，無論海陸空都有自己研發的
高新主力武器。軍工巨頭薩博（SAAB）出產的第四代戰機「鷹
獅」JAS39性能出眾。博福斯公司（Bofors，現在被英國收購，
但還在瑞典獨立研發生產）則以陸軍武器（火砲、裝甲車）聞
名。在電子戰方面，瑞典有著名的愛立信公司開發的產品。瑞典
還有大量鐵礦和銅礦資源。芬蘭的軍工雖然沒有這麼強大，但在
輕武器方面依然可圈可點。芬蘭軍事上最有名的莫過於軍人素質
高，作戰勇敢、靈活、頑強。

　　因此，可以說，兩國加入大大增強了北約的軍事實力和地緣
優勢，對俄國而言是惡夢。俄國入侵烏克蘭的藉口是「改善安全
環境」，但現在的處境剛好相反，其安全環境反而更差了。

　　第三，對美國和北約而言，兩國加入更大的意義在於示範作
用。眾所周知，瑞典是200年的中立國，芬蘭是「芬蘭化」的始
祖，兩國在世界都是與世無爭，和平的象徵。現在兩國都拋開中
立加入北約，理由明顯是俄羅斯擴張導致各國加入北約保命，這
為北約的正義性做了最好的招牌，更加大北約的重新吸引力，很
可能是新一輪北約擴大的開始。

## 抗中共同體的形成

　　即便美國在烏克蘭方向分散了精力，但把中國視為頭號敵人
的戰略重點沒有絲毫變化。5月25日，布林肯首次就美國的中國
政策發表演講，宣講了「投資、協同、競爭」為核心的對中國政

策。從政治、經濟、軍事方面繼續抗衡中國。美國提出了印太經濟框架，希望打造一個排除中國在外的經濟圈，美國又單獨和台灣啟動美台貿易倡議。

但對中國而言重要的是，美國以往在遠東合作對付中國的都是傳統的遠東盟友，最多近年加上印度，但烏克蘭戰爭形成的「抗俄共同體」把歐洲也拉入遠東對抗，萬一「抗俄共同體」變成「抗中共同體」，對中國就會是噩夢。

中國長期「挑撥離間」拉攏歐洲對抗美國，或至少讓歐洲不站在美國一方。然而，抗俄共同體的誕生宣告了中國這個戰略的破產。本來，如果中國在這次戰爭中基於道義站在烏克蘭一方，「抗俄共同體」就必然不會變成「抗中共同體」。然而，中國只是口頭上中立，實際還是支持俄國。中國雖然至今據信沒有在軍事上支援，但這是在西方重重壓力下的行為，不是主動做出的行為，而且在軍事以外的領域照樣繼續擴大和俄國的關係。這讓中國錯失了和西方（或至少歐洲）避免反目成仇的黃金機會。

## 日本與韓國

抗俄共同體的幾個遠東國家加入也非常關鍵。如果說澳洲、紐西蘭（和與美紐澳有傳統關係的絕大部分的太平洋國家）站在歐美的一方，是因為紐澳傳統上被視為西方國家的一員，所以不足為奇的話，那麼韓日台新加入就付出很大努力。

日本至今未與俄羅斯簽訂戰後和平協議，理論上還在戰爭狀態。近年來，俄國更夥同中國，經常穿插日本各水道（五大國際海峽），形成真實的戰爭威脅。俄羅斯至今依然占領了與日本有

主權爭議的北方四島。日本和俄國在能源方面還有合作，薩哈林島（日本稱樺太，中國稱庫頁島）上正在進行的1號和2號石油和液化天然氣合作項目。是故，在安倍擔任首相期間，日本千方百計地和俄羅斯搞好關係，希望能在北方四島問題上達成協議。因此，2014年俄國奪取克里米亞時，日本還非常小心謹慎地保持與俄國的良好關係。

岸田文雄首相一直被視為溫和派，但這次第一時間譴責俄羅斯「歷史性暴行」，參與制裁，與歐美國家步調完全一致，在東亞國家中起帶頭作用，表現出極大的勇氣和對國際責任的承擔。俄國對日本還以顏色，宣布「公然不友善立場以及試圖傷害我國利益」，並中止了和平條約的談判。俄國宣布退出與日本在北方四島的商務談判，獨自在島上招商；取消日本人的俄國入境簽證，不再延長日本在黑海經濟合作組織的對話夥伴地位。3月25日，俄國更在北方四島進行有三千俄軍參加的軍事演習。

日本之所以率先參與國際制裁，第一是因為國際道義：在二戰之後，日本訂立和平憲法，是世界上最支持和平主義的國家之一，俄國侵略烏克蘭完全違背了日本所信奉的和平主義。第二，從上世紀90年代冷戰結束開始，日本就期望再次成為政治大國。安倍執政的九年，日本更一步步突破自我約束，重返大國舞台。因此，在烏克蘭戰爭這種「大是大非」的場合，日本絕不能缺席。第三，在日本最關心的北方四島問題上，俄國採取敷衍態度，即便安倍低聲下氣，也沒有太多進展。第四，因為中日之間存在結構性矛盾，在近年中俄聯手日益明顯之際，日本越來越難保持與俄國的關係。俄國多次聯手中國在日本海道穿插之後，

日本早就受夠了。

　　烏克蘭戰爭更說明俄羅斯是一個不值得信任的國家，與其勉強保持關係委曲求全，不如乾脆拋開顧慮，對俄羅斯「說不」。戰爭開打後，日本最引人注目的舉動，就是安倍前首相提出與美國「共享核武」的構想。所謂共享核武，是指無核武國家被更深度地納入有核武國家的核保護傘下的一種方式。一般意義的核保護傘，指依靠有核國家承諾在一定條件下以核武保障無核國家的安全。但這種保護機制通常是模糊的。烏克蘭當年廢除核武之後，包括中國在內的五大國都以各種方式陸續承諾給予「核保護傘」，但實證顯示，這根本靠不住。可想而知，在面對核大國的核訛詐時，無論當初如何承諾，都不得不打個折扣。

　　美國向北約日韓等提供的核保護傘，無疑比對烏克蘭的要堅決很多。但真的要面對核訛詐時，有什麼比受保護國自己有份參與決策更有保障？在共享核武制度下，有核國（美國）與無核國（日本）共享理論上的核武共同指揮權，演習時有可能提供核武掛載於被保護國的武器平台上進行軍演，核武可以長期部署於無核國（日本）的駐軍基地。這樣一來，無核國被核武攻擊的可能性就大大減低了。更重要的是，由於發射的最終決策權還在有核國家（美國），因此，共享核武不違反《核不擴散條約》。日本需要突破的門檻，只是1967年提出的「無核三原則」政策，即不製造、不擁有、不運進核武，但這只是一項國內的「政策」，並非金科玉律，也是一國主權，其他國家無權干預。

　　岸田文雄表示無法認同該議題，各黨可以進行討論，但政府不考慮商討。這次烏克蘭戰爭顛覆了日本人對國際環境的認識，

而且北韓擁有核武已成事實，日本面對的是三個不友好的有核國家的威脅（俄國、中國、北韓），於是安倍提議後，日本政壇開始出現要認真討論的聲音。

南韓參與制裁俄國也實屬不易。在國安上，南韓最直接的軍事威脅來自北韓，而俄國就是北韓的背後撐腰者。在聯合國歷次有關烏克蘭戰爭的表決中，北韓都是最旗幟鮮明地站在俄國一邊的四個國家之一。在俄國發動戰爭的同時，北韓也開始蠢蠢欲動。早在烏克蘭局勢緊張的1月份，北韓就表示「重新啟動所有被中止的活動」，開始新一輪的飛彈試射。在內政上，在烏克蘭戰爭爆發時，南韓一邊面對最嚴重的疫情，一邊又正進行史上差距最小的總統選舉，文在寅政府正在焦頭爛額之際，能「分身」參與對俄國的制裁實屬不易。

在3月9日選舉中，右派的尹錫悅其外交立場與文在寅截然相反。尹錫悅主張「堂堂的外交和堅實的安保」，表示將進一步提升與美國的聯繫，包括重建韓美同盟，並在半導體、核電以及其他尖端技術方面與華盛頓合作。對北韓強硬，增加部署「薩德」飛彈。他更一改文在寅的「仇日政策」，主張「面向未來發展韓日關係」。他還要求建立東亞小北約、並宣稱讓南韓加入美日印澳四國機制。拜登東亞之行，首先到訪南韓，給足了面子。尹錫悅必將成為東亞局勢「逆轉」的最重要因素。

## 北約的全球化

對中國而言，抗俄共同體影響最嚴重的，可能就是其核心北約開始「全球化」帶來的直接軍事壓力。近年來，隨著印太

戰略的提出，四國夥伴（美日澳印QUAD）和海洋三國同盟（AUKUS）的組建，在印太已形成了以美國為中心、澳洲為「副中心」的多邊條約聯盟網絡，這裡稱為「二三四五抗中網絡」：

> 雙邊：美日、美韓、美菲、美新（美國和新加坡沒有正式的軍事同盟條約，但美國在新有海空兩個軍事基地，屬事實上的軍事同盟）。此外，澳洲和巴布亞紐幾內亞，英國和汶萊，也有軍事同盟的關係，但這對印太爭霸關係較為邊緣，這裡不討論。
>
> 三邊：海洋三國協約、美澳紐軍事同盟。
>
> 四邊：美日澳印四角夥伴關係。
>
> 五邊：五眼聯盟（美英澳加紐）、五國聯防（英紐澳馬新）。

根據這些同盟關係，筆者繪製了以下示意圖。雙邊同盟用直線連接，多邊同盟用圓圈圈住。同盟之間的深度，用不同的粗細表示。比如可見，紅色代表的海洋三國協約是最粗的，四角夥伴則稍微弱一些。如此類推。澳洲與巴布亞紐幾內亞、英國與汶萊之間用虛線表示（表示不在以下分析中）。

從圖中可知，美國位於這個同盟體系的中心點，總共8個連接。澳洲有5個連接，穩居第二。第三的位置是日本和英國之爭：日本雖然只有兩個連接，但級別都相當高；英國憑藉三國協約，有了三個連接，可與日本比拚。英國的長處在於它還有一個英聯邦國家的五國聯防體系，把相當實力的馬來西亞也圈進來。紐西蘭雖然有三個連接，但級別遠不如日本。其他國家只有一到

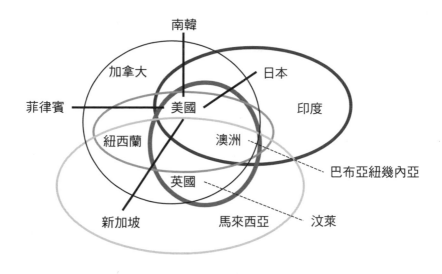

兩個連接，除了印度之外，基本處於邊緣位置。

　　根據日韓近年來的表態，那麼韓國很可能會加入「美日韓三國軍事同盟」，即把美日、美韓兩個軍事同盟條約整合為一。韓國也很可能加入「美日澳印四角安全框架」（QUAD），從「四角」變成「五角」。日本可能要求加入「五眼」變成「六眼」。韓國也可能同樣要求「共享核武」。這都是「二三四五抗中網」的升級版。

　　瑞典芬蘭兩國雖然距離中國遙遠，但其加入北約對中國一定不是什麼好消息。中國一向擔心美國搞「亞太版北約」，但現在看來，不是「北約的亞太版」，而是「北約全球化」，在亞太很可能會出現「北約的亞太分部」。在去年，北約已認為中國是系統性威脅，且對抗中國威脅是繼後十年戰略重點。今年烏克蘭戰爭爆發後，北約更批評中國「不肯譴責俄國」，關係進一步變

差。而「歐美亞太抗俄共同體」則緊密集結起來。亞太國家日韓紐澳都參加了北約的國防部長會議和外交部長會議，關係越發緊密。韓國還率先成為北約「卓越聯合網路防禦中心」的成員。四國還被邀請參加6月的北約峰會。完全可以肯定，亞太四國以某種機制常態化地參與北約活動。最終四國加入北約也並非不可能。一旦如此，實現「四洋聯動」（大西洋、太平洋、印度洋、北冰洋），這就令中國太頭痛了。

# 俄國衰弱，土印崛起

　　烏克蘭戰爭中最大的受害者當然是烏克蘭。此前筆者已經分析，最大的輸家就是歐洲，美國則好壞參半，中國目前看來還是贏家。

　　俄國是歐洲之外的大輸家。儘管俄國現在穩住陣腳，與烏克蘭在烏東烏南拉鋸，但依然得不償失。首先，烏克蘭成為俄國的世仇。其次，俄國的力量會在烏克蘭被持續削弱，雖然目前看來還扛得住制裁的打擊，但經濟大幅衰退，實力大幅削弱在所難免。第三，俄國被「抗俄共同體」強行脫鉤，它在很大程度上成為半個世界的棄兒，不說是否扛得住的問題，至少戰略選擇大大減少了。第四，俄國傳統的勢力範圍——中亞也出現了鬆動。中亞國家擔心變成「烏克蘭第二」，於是更加積極地尋找外援和消除俄國勢力，哈薩克就是一個好例子。第五，俄國在受西方制裁和戰爭嚴重削弱下，只能更加依靠中國，對中國大幅讓步。比如最近傳出，俄國在阻擋了二十多年後，終於不再反對「中吉烏鐵

路」，即從中國新疆到吉爾吉斯再到烏茲別克「標準間距」鐵路。

兩個地區強權的崛起成為這次戰爭中的贏家，在以後的國際關係中會成為大玩家。

## 左右逢源的土耳其

一個是土耳其。如果說這次戰爭中有「大贏家」，那麼土耳其肯定當之無愧。侵烏戰爭一爆發，土耳其立即譴責俄羅斯，還威脅要封鎖進出黑海的海峽。在三次聯合國投票中，土耳其都站在支持烏克蘭的一方。尤其是在把俄羅斯逐出人權理事會的投票，以艾爾多安糟糕的人權紀錄，他居然投贊成票，頗令人意外。在俄國方面，儘管在人權理事會投票前，俄國外長拉夫羅夫曾揚言，連棄權票都是對俄國不友好，但最終俄國沒有因土耳其投贊成票而遷怒土耳其。另一邊，土耳其沒有加入制裁俄羅斯，西方國家也沒有像給中國、印度那樣施加壓力。

土耳其之所以如魚得水，在於它主動承擔了斡旋俄烏的責任。俄烏最重要的一次談判就是在土耳其進行，當時不少人都認為談判大有進展（可是隨後布查大屠殺震驚於世，於是談判就停止了），這不得不歸功於土耳其。這與中國形成鮮明對比。中國不斷說自己「願意勸和促談」，事實上只是嘴上說說。顯然，不是開個記者會說自己願意勸和促談，說雙方應該談判，就真的是斡旋。至少也要多打幾次電話給普丁、拉夫羅夫等人，但中國幾乎什麼事都沒做。而土耳其就是真正幹活的。最近土耳其又積極斡旋，提議土耳其海軍護航，開闢黑海糧食安全通道，熱心為緩解全球糧食危機作出貢獻，得到各方讚賞。

土耳其除了態度主動之外，處於關鍵政治與地緣位置，擁有歷史淵源，特別是近年「重返中東」政策等，都是其成功左右逢源的因素。土耳其前身鄂圖曼帝國是傳統中東的大玩家。鄂圖曼帝國解體後，土耳其走歐洲路線，對中東事務不感興趣。但現任總統艾爾多安在2016年，擊退了軍事政變，改為總統制後，積極推動「重返中東」政策，以一己之力改變中東和中亞的局面，成為過去十年最受矚目的變化，也順帶改寫了歐亞大陸的政治版圖。

土耳其重返中東糅合了宗教、民族、文化、地緣政治等多項因素。在宗教上推動「去世俗化」，大大增強了在伊斯蘭世界的號召力。在民族上，推行「泛突厥主義」，利用「突厥國家合作委員會」（Turkic Council）把亞塞拜然和中亞四國（波斯裔的塔吉克除外）拉在一起。文化上，積極推動游牧民文化，強調游牧民族間的歷史聯繫，在突厥人的基礎上，進一步吸引諸如蒙古等游牧傳統的國家和地區。就連匈牙利都是觀察國；烏克蘭也是潛在的觀察國，正考慮加入成為觀察國。

土耳其勢力的擴張既有自己的實力（本身就是個中等強國），更得益於地緣政治的優勢。土耳其是北約成員，這等於有了免死金牌，別的國家不敢攻擊它。土耳其還是北約當中唯一的伊斯蘭國家，北約還要依靠土耳其抵抗俄羅斯南下。這就注定美國和歐洲不可能和土耳其交惡。北約在不少方面實行一票否決制，這給了土耳其更大的槓桿。比如在芬蘭、瑞典加入北約議題上，土耳其一開始反對，以庫德人問題向兩國討價還價，最終兩國（和其他國家）都不得不讓步，才讓土耳其同意為兩國放行。

　　同樣地，土耳其手扼進出黑海的海峽，可以說是能卡俄羅斯的脖子，普丁也不敢得罪艾爾多安。在2015年11月俄國戰機被土耳其擊落，以及2016年12月俄國駐土耳其大使卡爾諾夫（Andrei Karlov）被刺殺，雙方還一度劍拔弩張。但是普丁很快看清土耳其的實力，反而希望拉攏土耳其，離間土耳其和美歐關係。恰好，這時因為艾爾多安走向神權化和專制化，被歐洲視為「新蘇丹」，關係惡劣；而川普和土耳其關係也不好，於是土耳其也需要俄國的支援。於是雙方竟然很快就奇蹟般地修好。土耳其甚至準備購買俄國的飛彈防禦系統。土耳其因此如魚得水。

　　土耳其崛起還得益於艾爾多安敢於不吝動武。在作戰過程中，國際也不像對美國那樣用放大鏡去要求「不能傷及平民」。這樣放開手腳，用正規軍對付民兵自然無往而不利。這幾年，土耳其先後出兵敘利亞、利比亞和亞塞拜然，儼然成為中東一霸。

　　此外，土耳其在戰爭中大出風頭的還有它生產的無人機TB-2。在戰爭中，烏克蘭使用這種無人機大發神威。現在這款無人機成為國際軍火市場搶手貨。這也令人對土耳其的軍事能力刮目相看。

　　在俄烏戰爭中，土耳其的位置（無論是地理還是政治）得天獨厚。土耳其在黑海南岸，從海域說，是俄國和烏克蘭的鄰國，是相關國家。在淵源上，無論烏克蘭和俄國都有一定的韃靼血統，韃靼即突厥或突厥化的蒙古人，土耳其就是最正宗的「突厥國家」。如前所述，它和俄羅斯烏克蘭關係都不錯。土耳其是北約國家，西方雖然和它不太親近，但畢竟是自己盟友，而且也譴責俄羅斯了，大可放心。同時對俄國來說，土耳其又是北約中唯

一的非西方國家，色彩相對獨立。最重要的是，土耳其的「敢動真格」，事實上就是一種實幹的性格。它能主動承擔斡旋的責任，就是這種性格的體現。

　　順便說一句，土耳其不但現在在俄烏戰爭中大出風頭，在俄烏戰爭後，憑藉其表現以及「突厥國家組織」的成型，在俄羅斯衰落和美國退出中東轉戰印太的大格局下，土耳其必將進一步強大，這對中東格局影響極大。這將有力地幫助它在與沙烏地阿拉伯競爭伊斯蘭世界的主導地位獲得優勢。伊斯蘭世界一直以阿拉伯國家為主導，即以阿拉伯國家聯盟為核心，外圍才是伊斯蘭合作組織等機制。艾爾多安則反客為主，以伊斯蘭合作組織反制阿拉伯國家聯盟，即企圖以遜尼派領袖的地位，號令伊斯蘭世界。土耳其張揚沙烏地阿拉伯王儲殺人事件，大大打擊了沙烏地阿拉伯王儲的聲望，就是一個例子。當然，土耳其與沙烏地阿拉伯的較量更多地在誰能擺平中東事務上，而不至於直接對抗。對兩者而言，擺平中東事務最主要看兩點：誰能搞定什葉派，以及誰能搞定恐怖主義。果然，在俄烏戰爭時，艾爾多安五年來第一次訪問沙烏地阿拉伯，與其王儲擁抱同歸於好。這意味著，雙方將先聯手對付伊朗。以後中東的合縱連橫有好戲可看了。

## 腳踏兩條船的印度

　　另一個是印度。印度是南亞最大的國家。歷史上是不結盟運動的發起人，現在還是最大的發展中國家（以人口而論剛剛超過了中國，而且中國已經不算發展中國家了）。從政治制度說，印度還是最大的民主國家。從國家實力說，印度是南亞一霸，是擁

核武國家。印度若能站在「抗俄共同體」一方,對壯大陣營勢力,當然幫助很大。對美國而言,印度站邊己方的意義更重大。印度是「四角安全夥伴」(QUAD)的一角,是美國用在美中對抗裡的重要同盟。在美國的印太盟友體系中,印度無疑屬於不可靠的一類(特別和另外兩角日本澳洲相比)。

在這次戰爭中,印度和中國一樣選了不站邊的立場,令「抗俄共同體」失望。在聯合國大會投票棄權,印度總理莫迪2月24日致電普丁呼籲停止暴力,但至今拒絕譴責侵略。印度不但繼續進口俄羅斯石油,還趁低吸納更多俄國石油。印度還和俄羅斯研究如何直接用盧布/盧比貿易,以繞過美元或歐元。

這種態度當然令抗俄共同體非常不滿。這幾個月,日本、英國、美國、歐盟的領袖或外長等高級官員連番訪問印度,美國總統拜登也與印度總理莫迪進行視訊會議,同天還有美印2加2會議。他們都力促印度對俄國採取更強硬的立場。這大致包括三項內容:一、譴責俄國侵略;二、減少進口俄國能源(或至少不增加);三、印度能加入對俄制裁。然而,基本上均無功而返。另一方面,中國外長王毅和俄國外長拉夫羅夫也相繼到印度訪問,拉攏印度。在中俄媒體的渲染中,竟然還有「中印俄聯合對抗美國」的樂觀情緒。

印度對俄烏的這種「中立」態度,其實一點都不令人意外。首先,在歷史上,印度和蘇聯及其後的俄羅斯關係一向不錯。印度的首要敵對國家是巴基斯坦,在印巴衝突中,蘇聯長期站在印度一邊。赫魯雪夫上台不久就宣布承認印度對喀什米爾有主權。在第二次(1965年)和第三次(1971年)印巴戰爭中,蘇聯都

支持印度。印度的第二大敵對國家是中國。在冷戰時代，蘇聯給予印度大量武器以應對中國，還包括當時非常先進的戰機。也正因如此，印度如今有大量的蘇式武器。到了俄羅斯時代，俄國依然是印度最大的武器供應國，至今印度武裝還有約七成來自俄羅斯。印度還和俄羅斯同屬「金磚四國」，還在俄羅斯力主下加入了「上海合作組織」（以平衡中國拉入巴基斯坦的勢力）。在中亞／南亞，中俄印巴這四國關係中，存在微妙的平衡。中國稱巴基斯坦為「巴鐵」，又形容俄羅斯為「不封頂的戰略合作關係」。但同時，印巴是死敵，印度和中國也是公開的對手，可是俄羅斯和印度的關係偏偏又相當不錯。印度正是依賴俄羅斯的平衡，才能對抗中巴聯手。一旦與俄羅斯交惡，印度在北方陸地方面的形勢就一對三，非常不利。

其次，印度自視很高，既為不結盟運動的領袖，又是南亞霸主和印度洋的天然大國。它一向把自己定位為「有尊嚴的大國」，不希望被營造出聽命於其他國家的形象。但從另一面看，印度也喜歡以這種獨立行事的身分，在兩個陣營之間搖擺，更樂於成為兩個陣營競相拉攏的對象，以此獲得最大利益。可以說這種「一腳踏兩船」的離岸平衡正是印度的看家本領（可能也是從英國學過來的）。對印度這樣的國家而言，什麼時候有兩大陣營對壘，什麼時候就嗅到待價而沽的機遇。

第三，雖然印度是一個民主國家，但現在的總理莫迪，卻十足一個民粹主義的強人。因此在價值觀方面，他和歐美亞太盟國之間是有距離的。在他執政的這些年，印度抬高印度教打壓伊斯蘭教，一年多前更悍然廢除了喀什米爾邦的自治特權。其實他的

所作所為，和中國在香港、新疆也差不了太多。印度知識分子對莫迪也是頗多怨言。只不過印度形式上還是民主國家，歐美也為了對抗中國，而對印度輕輕放過罷了。因此，莫迪本人對俄羅斯的侵略行為有沒有反感都很難說。他和普丁、艾爾多安等說不定還惺惺相惜。

對歐美亞太盟國而言，需要的其實只是印度的政治表態，即便不肯也只能作罷，西方最需要拉攏印度對抗中國，而不是要它對抗俄國。所以拜登到日本出席四角首次線下峰會，與莫迪依然談笑風生，聯合聲明也小心翼翼地不提俄國。在美國看來，印度保持和俄羅斯實質的經濟關係固然不好，但並非大不了的事。印度和中國不同，印度和俄羅斯的經濟聯繫無足輕重。在俄羅斯進出口對象中，印度不入十大，這和中國無論進出口都是俄國最大的夥伴天差地遠。由於俄印經濟關係不互補，印度也不太可能支援俄羅斯。比如印度是俄羅斯的武器出口市場，自己武器都不夠用。同理，印度也無法提供俄羅斯短缺的工業品（特別是電子產品）。

但老實說，印度和莫迪的這種作風妨礙了印度真正成為大國。正如拜登在視訊會議中告誡莫迪，從俄國進口石油不會令印度偉大。潛台詞就是，如果在大是大非面前沒有堅定的原則，過於自私自利，連做個姿態都不願意，就不會成為負責任的大國，也很難得到盟友真心的信任。

但在另一方面，那些所謂中、印、俄聯合對抗西方的論調，同樣絕對是誇誇其談。西方固然給印度施加壓力，但都是小心翼翼的。中印的矛盾是結構性的，既有無法解決的領土爭議和直接

戰爭的新仇舊恨，又有兩個正在上升的大國的爭霸。俄國侵略烏克蘭與中印關係沒有直接聯繫。印度不可能因為俄國與西方對抗，就突然轉彎和中國修好，調轉槍頭對付美國。那些樂觀期待都根本沒有客觀基礎。正如王毅訪印時，印度外長蘇傑生（Subrahmanyam Jaishankar）就說「中國自2020年4月以來的軍隊部署所產生的摩擦和緊張局勢，令兩國正常關係無法調和」。中國既不肯在領土問題上讓步，只說擱置爭議，根本無法打動印度。

可以預見，印度會繼續在這種曖昧的中立路線中找好處。在西方的勸說下，印度即便有可能調整自己的表態，但在實質上還會保持和俄羅斯的關係。

## 台灣處於未來的風暴中心

儘管烏克蘭和台灣相隔遙遠，烏克蘭戰爭對台灣有非常深遠的影響。正如筆者在序言中寫到，如果把烏克蘭認為是「大國夾縫中的處境艱難」，那麼台灣「早就是烏克蘭」，或者「一直是烏克蘭」。如果是把烏克蘭認為是「大國衝突的戰場」，那麼台灣也很有可能是「下一個烏克蘭」。

有關烏克蘭和台灣的相似性，筆者在序言已經討論過了：儘管烏克蘭和台灣相隔遙遠，歷史地理國際地位也非常不同，幾乎所有有關烏克蘭戰爭的敘事模式都可以驚人地「無縫平移」到台灣身上。

當然，台灣和烏克蘭有什麼不同？最大的不同就是烏克蘭是

個國際公認的國家，台灣不是。

## 欠缺國家身分是台灣致命傷

國家身分在現代國際關係中至關重要。簡而言之，如果你是一個國家，那麼就自然而然地、不費吹灰之力地獲得一系列舉世公認的權利。最重要的是三項：主權、安全與領土完整、平等。有主權，意味著別國不能干涉內政，能自由地參與聯合國等國家才能參加的組織、正當地享有參與國際多邊條約的權利。安全與領土完整，意味著國家不被吞併，不能被威嚇，不會被割去一塊。平等，意味著在國際組織有一國一票的投票權，國與國不論大小一律平等。

毫無疑問，以上不能保證絕對安全，烏克蘭還會被侵略。然而，俄國侵略烏克蘭，各國都知道是侵略，世界絕大多數國家都譴責，聯合國大會投票次次都是支持烏克蘭的贏。道義和正義，完全在烏克蘭手上。

但是如果一個沒有國家身分的地區被「統一」，那麼有多少國家會關注呢？舉個例子說明，2008年，喬治亞要「統一」境內的「南奧塞提亞共和國」，這是一個自從解體之後就自稱獨立的「國家」，但在世界上只有俄國和另外幾個同樣沒有什麼國家承認的「獨立國」承認。喬治亞攻打南奧塞提亞，當時整個世界都沒有什麼報導。只有俄國為南奧塞提亞撐腰，打了一個星期後，俄軍眼看南奧塞提亞頂不住了，於是大舉進攻喬治亞。這時倒是舉世震驚了，「喬治亞戰爭」成為新聞頭條。同樣是一個國家的軍隊進入另一個地區，不是國家的根本沒人關注，是國家的

能上頭條，各國譴責侵略者。這就是分別。

　　台灣是不是國家呢？這很受爭議。筆者也不準備在這裡論證。但要說台灣不是「被普遍承認的國家」，恐怕沒有任何異議。在近年來中國奪取台灣邦交之後，台灣邦交國只剩下14個。14個當然比南奧塞提亞之類的只有個位數承認的國家要強，但強得有限。在邦交國數量排在台灣之前的科索沃，承認的國家有90幾個，邦交的國家有將近90個，都顯著地高於台灣。它擁有的「普遍承認的國家地位」就高多了。科索沃優於台灣的地方，還在於它的獨立是經過海牙國際法庭認可的。有這麼一條保障，即便它邦交國還不多，即便它還未能加入聯合國，但無疑已經踏入「普遍承認的國家」的門檻。以後萬一塞爾維亞要「統一」，也絕非易事了。

　　在國家身分沒有得到廣泛承認的情況下，加上歷史的因素和國際能見度太低，台灣的事很容易被認為「中國的事」。中國常說「台灣是中國的一部分」，不少台灣人不這麼承認。據筆者在美國和其他國家生活過的觀察，西方人即便對亞洲人（中國人、日本人、韓國人等）也分得不太清，更何況台灣人和中國人的區別。一旦在整個社會的思維定勢把台灣認為「中國的事」或「中國人的事」，即便外國政府有心干預，外國民意也意欲不高。一個近期的例子是香港，2019年香港逃犯條例事件，西方的聲援看似聲勢浩大，其實都是浮光掠影，社會整體沒認為支援香港是多麼重要的事，原因就是「香港是中國的事」。在西方民主社會，民意對政府的決策影響重大（儘管不是唯一的）。無疑，這對台灣非常不利。

## 台灣對美國的重要性非比尋常

在烏克蘭開戰後，中文世界流行「美國拋棄烏克蘭論」。於是，「美國拋棄台灣論」也順道高漲。背後的邏輯是「美國既然可以拋棄烏克蘭，當然也可以拋棄台灣」。然而，這種邏輯是不對的，而且恰好相反。

首先，正如筆者論證的。美國沒有拋棄烏克蘭，這裡不再重複。

其次，對美國和東亞太平洋國家而言，台灣比烏克蘭重要得多。亞太國家遠離烏克蘭、接近台灣自不用說。就美國而言，台灣有至少三重重要性。第一，台灣是美國在西太平洋島鏈中必不可少的一環，地緣和軍事地位都極為重要。第二，在非和平時期有四大關鍵物資：能源、糧食、軍火、晶片；台灣就是晶片供應鏈中的重要組成部分。對美國而言，能源糧食軍火都不缺，唯有晶片的供應嚴重依賴台灣。第三，美國對烏克蘭沒有任何軍事承諾，烏克蘭也不是美國勢力範圍，但美國在台灣有傳統利益，還有《台灣關係法》，美國如果拋棄台灣，將會真正是美國戰略信用體系的崩盤。

即便對歐洲國家而言，戰前烏克蘭也只是一個歐俄角力的中間地帶（相反瑞典、芬蘭等非北約國家卻是傳統歐洲等一部分，從歐洲對它們要求加入北約的態度可見親疏有別）。直至今天，歐洲固然大力支援烏克蘭，但還沒有出兵參戰。然而，如果中國武統台灣，東亞國家參戰的機會相當高。

再次，烏克蘭的地理和台灣差異很大。烏克蘭是個和俄國有漫長陸地邊界的陸地國家，俄國強於陸軍，侵略相當容易。而台

灣是個大海島，中國要占領台灣必須進行複雜艱險的登陸戰。海軍空軍大戰也在所難免。無論在海空登陸戰中，都是美國的傳統強項，從軍備到經驗都大大超過中國。中國近年來海空軍備猛漲，但未經過實戰檢驗。此消彼長，美國和東亞國家對防守台灣的意願比美歐國家防守烏克蘭的大得多。

　　再次，即便爆發烏克蘭戰爭，美國也不忘中美角力才是重中之重。美國繼續對台軍售，在拜登首次東亞之行以及布林肯的中國政策演說上都把中國繼續視為最大的戰略威脅。正如布林肯所言，中國是唯一有意願也有實力的修正主義國家。在這種不變的戰略重點下，美國三番四次對台灣保證：台灣不是烏克蘭。總統拜登更多次「失言」，說台灣受襲擊，美國將提供防衛。國務院隨後澄清說美國的「一個中國」政策沒有變。筆者大概是中文媒體最早發文認為：拜登上任後把「老懵懂性失言」作為一種外交武器。拜登的「老懵懂性失言」和川普的「民粹主義放炮」的共同特點、模式、功用，都非常類似，總之就是扭轉了多年來「最高領導人要謹言慎行，一錘定音」的思維定式。總統放炮時，「素人」、「老懵懂」等成為「失言」的托詞，再由白宮國務院「擦屁股」，說「政策沒有變」。這種模式成為慣例後，就是一步步在話語上突破禁區。無論在烏克蘭事件（拜登說普丁是殺人兇手，要拉下台等）還是台灣都充分展示了拜登這個武器的功用。

　　最後，蔡英文政府這次出人意料地鮮明站隊，積極譴責並高調制裁俄羅斯，成為俄國「不友好國家地區」名單的一部分。由於台灣國際地位成疑，台灣和很多國家都沒有邦交，國際社會上的能量不大以及其他眾所周知的原因，台灣一向在事不關己的國

際問題上不太願意發聲，更遑論參與制裁。這次制裁大大提高了台灣的國際能見度，也令台灣在美國的亞洲盟友體系中的地位更加堅實。付出會有回報。在這次戰爭中，中國號稱中立卻站在俄國一邊，台灣的立場更凸顯了與中共的區別。可以想像，一旦中共武力攻台，西方國家對台灣的處境就更加同情共感，也就更不可能拋棄台灣。

## 台灣需要為戰爭做準備

然而，烏克蘭戰爭給台灣禍福難料。在美國東亞國家和台灣在吸收烏克蘭經驗的同時，中國也吸收經驗，制定對台策略和戰法。中國固然還聲稱和平統一是最優先的選項，但沒有人懷疑武統的可能越來越高。台灣問題完全符合上述多個「陷阱」。

從美中爭霸的「修昔底德陷阱」角度，中國要挑翻美國霸權，占領台灣是最低要求，否則連「國家統一」都不實現，談何偉大復興？從「塔西佗陷阱」角度，鑑於美中之間已經毫無信任可言，更多的善意表達都只會認為是掩飾。從「誤判的陷阱」角度，中國認為「東升西降」，自信有在近海軍事挑戰美國的能力（很多人認為是極大優勢）。從「焦慮的陷阱」角度，中國感到台灣問題的時間不在自己的一方，習近平更是要在自己任內把這件事解決了。可以說，台灣和平的窗口已越來越窄。

烏克蘭戰爭中，抗俄共同體對俄國的「XX武器化」都觀察在眼內，於是這等於提前做了一個示範。可以肯定，即便日後台灣開戰，抗俄共同體（到時是抗中共同體）在經濟社會層面對中國制裁也不太可能超過現在對俄的做法。中國可以提前做準備，

甚至提前主動脫鉤化規避風險。另外，中國在疫情中極為嚴厲的防疫措施，包括配送供應物資等，也在為日後開戰時，社會轉向戰時狀態累積經驗。

中國決策層的思維很難評估，但從中國民間和學者的輿論可以看到，從烏克蘭戰爭中得出的教訓就是「普丁太心慈手軟」、「太講仁義」，沒有大規模癱瘓烏克蘭的民用基建設施和「太過注重避免平民傷亡」。中國是「超限戰」的提出者，在戰爭手法上幾乎是沒有下限的。可以想像，中國會依據烏克蘭戰爭而修訂自己的戰法，一旦攻台，很可能比以前的戰法造成的傷亡更加慘烈。

無獨有偶，由於在烏克蘭單兵城市戰的成功，早兩年已經開始宣傳的「刺蝟戰法」進一步大受追捧。最近美國敦促台灣修改軍購方案，原先商定的MH-60R「海鷹」反潛直升機和M109A6自行火砲都不再出售，轉而推薦「不對稱戰鬥力」武器。這種「刺蝟戰法」如果能讓對手知難而退固然好，但一旦對手不知難照樣攻擊，在給對手造成大量傷亡的同時，自己也會有比常規戰法更嚴重的損失。

更令人擔憂的是，如果美國在烏克蘭「消耗俄羅斯」的戰術得到成功，那麼萬一當時是現實主義者當道，美國在台灣也很可能重演「消耗中國」的戰術。美國這樣固然是「防衛台灣」了，但會給台灣帶來更慘重的傷亡。

沒有人希望戰爭，但每個人不但要為避免戰爭而努力，也要提早為怎麼避都避不開的戰爭做準備。

# 時間表

## 年表（一）遠古到蘇聯解體

| 年代 | 事件 |
|------|------|
| 862 | 維京人留里克成立東斯拉夫人第一個國家「諾夫哥羅德公國」，開始征服。 |
| 911 | 留里克繼承人奧列格獲東羅馬帝國冊封羅斯大公國，建立第一個統一的羅斯國家。 |
| 987 | 弗拉基米爾一世皈依東正教。 |
| 1097 | 羅斯公國分裂為一系列羅斯國家。 |
| 1240 | 蒙古人攻陷基輔，羅斯國家大部分成為金帳汗國藩屬。 |
| 1253 | 西部的羅斯國家加利西亞—沃里尼亞王國獲教皇冊封"羅斯國王"，定都利沃夫。 |
| 1349 | 加利西亞—沃里尼亞王國被波蘭滅亡。 |
| 1385 | 波蘭和立陶宛成為共主邦聯。 |
| 1392 | 波蘭和立陶宛瓜分烏克蘭，波蘭獲得加利西亞，立陶宛獲得包括基輔在內的沃里尼亞。 |
| 1480 | 莫斯科大公國在伊凡三世帶領下從蒙古統治下獨立，開始擴張。 |
| 1547 | 伊凡四世正式加冕為俄羅斯沙皇。 |
| 1572 | 烏克蘭人哥薩克在第聶伯河下游成立自治共同體。 |

| | |
|---|---|
| 1648-49 | 哥薩克人起義，與波蘭簽訂茲博羅夫條約，成立波蘭宗主權下自治的「哥薩克酋長國」 |
| 1654 | 哥薩克與俄國簽訂「佩列亞斯拉夫條約」，變成俄國宗主權下的自治國家 |
| 1667 | 波蘭俄國簽訂安德魯索沃停戰條約，在第聶伯河划江而治。 |
| 1709 | 俄國沙皇彼得大帝擊敗哥薩克馬捷帕起義，剝奪哥薩克自治權，開始俄化烏克蘭。 |
| 1772 | 第一次瓜分波蘭，奧地利獲得加利西亞。 |
| 1774 | 第五次俄土戰爭，俄國把克里米亞汗國變為附庸，獲得南烏克蘭。 |
| 1783 | 俄國滅亡克里米亞汗國，獲得克里米亞。 |
| 1793、1795 | 第二、三次瓜分波蘭，俄國取得烏克蘭的第聶伯河右岸地帶。 |
| 19世紀中後期 | 以加利西亞為中心興起烏克蘭民族主義。 |
| 1914 | 第一次世界大戰爆發 |
| 1917 | 3月俄國二月革命，沙皇被推翻。烏克蘭人在基輔成立議會；
11月俄國十月革命，烏克蘭親共派在哈爾科夫成立烏克蘭蘇維埃。 |
| 1918年 | 1月彼得留拉宣布成立烏克蘭人民共和國，與烏克蘭蘇維埃共和國對抗。
2月德國攻入烏克蘭，既趕走蘇維埃政權，也廢除人民共和國政權，建立傀儡政府
11月德國戰敗，奧匈帝國解體。烏克蘭戰事再起。同時，加利西亞烏克蘭人獨立成立西烏克蘭人民共和國，與新獨立的波蘭開戰。 |
| 1919-1921 | 蘇波烏三方混戰。最終蘇波簽訂《里加條約》，烏克蘭第三蘇維埃政權占領烏克蘭大部，隨後加入蘇聯；加利西亞等地被波蘭吞并。 |
| 1932-33 | 烏克蘭大饑荒，死亡人口高達至少300萬人 |
| 1933-38 | 史達林大清洗 |

| 1939 | 蘇聯與納粹德國瓜分波蘭，加利西亞等地被并入烏克蘭蘇維埃。 |
| 1941 | 德國進攻蘇聯，班傑拉等烏克蘭民族主義分子在利維夫發表《烏克蘭國獨立宣言》 |
| 1945 | 德國戰敗，加利西亞等地正式并入蘇聯 |
| 1954 | 蘇聯中央把克里米亞轉給烏克蘭 |
| 1986 | 車諾比核電站事件，烏克蘭反俄情緒高漲 |
| 1989 | 共產主義陣營發生民主運動，紛紛推翻共產黨統治 |
| 1991年 | 8月24日，烏克蘭宣佈獨立，該天成為烏克蘭國慶日 |
| | 12月1日，烏克蘭獨立公投通過 |
| | 12月8日，俄、烏、白三國領導人簽訂別洛韋日協議，宣布三國一起退出蘇聯。 |
| | 12月26日，蘇聯正式解散。 |

## 年表（二）從烏克蘭獨立到頓巴斯戰爭

| 1992 | 5月，克里米亞共和國宣佈獨立；9月，重新定位為烏克蘭境內共和國。 |
| 1994 | 烏俄美英四方簽訂《布達佩斯安全保障備忘錄》，烏克蘭棄核換三大國安全保證 |
| 1994 | 北約宣佈和平夥伴計劃，烏克蘭和俄羅斯相繼加入。 |
| 1996 | 烏克蘭通過憲法，克里米亞定位為烏克蘭的自治共和國。 |
| 1997 | 簽訂《俄烏友好合作夥伴條約》，最終達成租借塞瓦斯托波爾港、瓜分黑海艦隊和承認烏克蘭領土完整等一籃子協議。 |
| 1998 | 北約第一次東擴，波蘭、捷克、匈牙利加入北約。 |
| 1999 | 北約在科索沃戰爭中空襲南斯拉夫，俄國和西方翻臉。 |
| 2000 | 烏總統庫奇馬陷入「庫奇馬門」醜聞，烏美反目，烏克蘭從親美轉到「多向外交」。 |

| | |
|---|---|
| 2004 | 北約第二次東擴，波羅的海三國等東歐國家加入北約。 |
| 2004 | 橙色革命。11月烏克蘭總統選舉出現舞弊嫌疑，人民大規模抗議，親西方的尤中科最終在重新投票後擊敗親俄派亞努科維奇。12月庫奇馬緊急修憲，埋下總統—總理鬥爭的伏筆。烏克蘭進入尤申科、季莫申科、亞努科維奇三雄纏鬥年代。 |
| 2006 | 尤申科—季莫申科聯盟破裂；國會選舉，亞努科維奇成為總理。 |
| 2007 | 烏克蘭憲政危機，再次提前國會選舉，季莫申科第二次擔任總理。烏克蘭積極追求加入歐盟和北約。 |
| 2007 | 美國宣佈在東歐設立彈道飛彈防禦系統和雷達追蹤系統，俄國宣佈在加里寧格勒部署短程飛彈回應。 |
| 2008 | 2月，科索沃宣佈獨立，西方各國率先承認，俄國激烈反對。 |
| | 4月，北約布加勒斯特峰會，烏克蘭和喬治亞不被接納為「會員國行動計劃」，烏克蘭加入北約受挫。 |
| | 8月，俄國發動喬治亞戰爭，烏克蘭譴責俄國，宣佈2017不再延長塞瓦斯托波爾港租借合約。 |
| 2010 | 烏克蘭總統選舉，亞努科維奇上台，廢除憲法修正案，把季莫申科投入監獄，大幅反轉尤申科議程，宣佈把塞瓦斯托波爾租約延長到2042年。 |
| 2012 | 烏克蘭通過《關於國家語言政策原則的法律》，變相俄語官方化。 |
| 2013 | 2月，烏克蘭與歐盟宣佈將在11月達成「聯繫協議」的談判。 |
| | 11月21日，亞努科維奇突然宣佈停止入歐盟談判，轉而要加入俄國主導的「歐亞關稅同盟」，引發大規模抗議，演變為歐羅廣場革命。 |
| | 11月-12月，官方武裝與占領廣場的示威者發生一系列衝突。 |
| 2014 | 1月16日，烏克蘭政府宣佈反示威法，升級了衝突緊張局勢。 |
| | 2月20日，烏克蘭政府授權發動「二二零大屠殺」，局勢急轉直下。 |
| | 2月21日，亞努科維奇與反對派達成妥協，儘快選舉。 |
| | 2月22日，亞努科維奇逃離基輔。 |
| | 2月23日，烏克蘭國會通過廢除2012的語言法律（但臨時總統拒絕簽署而最終沒有生效），克里米亞人抗議。 |

2月27日，沒有戴袖標的俄國軍人進入克里米亞，包圍克里米亞議會和政府，議會通過解散原政府，組成新政府，以及3月25日公投決定克里米亞地位。

3月1日，克里米亞新政府請求俄國出兵保護克里米亞。

3月6日，克里米亞新政府向普丁請求克里米亞加入俄國，在10日後公投。

3月16日，克里米亞公投通過「加入俄國」。

3月19日，俄軍開入克里米亞。

3月31日，成立克里米亞特別政府，俄國正式兼并克里米亞。

4月7日，占領頓內次克和哈爾科夫政府機構的親俄派分別宣布成立「頓內次克人民共和國」和「哈爾科夫人民共和國」。

4月11日，烏克蘭警察奪回哈爾科夫政府機構，但頓內次克武裝擴大占領。

4月13日，烏克蘭宣佈在烏東執行「反恐行動」，頓巴斯戰爭開始。

4月17日，各方簽訂《日內瓦協議》，但頓內次克武裝分子拒絕放下武器。

4月27日，盧甘斯克武裝分子宣布成立「盧甘斯克人民共和國」。

5月11日，盧甘斯克和頓內次克分別舉行「公投」，正式宣布「獨立」。

5月，波羅申科當選烏克蘭新總統。

6月，烏俄德法在諾曼底開會，開始「諾曼底模式」。烏克蘭和歐盟簽署了準備加入歐盟的「聯合協議」。

7月17日，馬航17號飛機被烏東武裝擊落。

8月20日，俄軍加入戰團，在伊洛瓦伊斯克戰役重挫烏克蘭軍。

9月8日，烏俄美歐四方簽訂明斯克（一號）協議，雙方停火。

11月，波羅申科宣佈重返加入北約進程。

| | |
|---|---|
| 2015 | 1月，頓內次克武裝發動傑巴利采韋戰役，爆發人道主義危機。 |
| 2018 | 3月，北約把烏克蘭加入「希望名單」。 |

| | |
|---|---|
| 2019 | 2月，烏克蘭通過憲法修正案，把加入歐盟和北約作為中心目標。 |
| 2019 | 3月，澤倫斯基當選烏克蘭總統。 |

## 年表（三）烏克蘭戰爭醞釀與爆發

| | |
|---|---|
| 2021年 | 1月，澤倫斯基向拜登要求讓烏克蘭加入北約。 |
| | 2月，俄國在俄烏邊境舉行大規模演習。 |
| | 3月，北約以大規模演習回應。 |
| | 4月，俄國開始在黑海和亞速海阻止自由航行。 |
| | 4月25日，俄國宣佈演習在5月1日結束，第一輪緊張局勢告終。 |
| | 11月，俄國部隊在烏克蘭邊境大規模集結和演習，開始第二輪緊張局勢。 |
| | 12月7日，普丁與拜登舉行視像會議，指責北約要把烏克蘭納入是危險的舉動。 |
| | 12月15日，俄國正式向美國和北約提交協議草案，要求「安全保證」。 |
| 2022年 | 1月26日，美國正式向俄國遞交書面回復。 |
| | 1月28日，烏俄德法在巴黎會議，宣佈繼續執行明斯克二號協定。 |
| | 1月31日，聯合國安理會第一次辯論烏克蘭局勢。 |
| | 1月底，俄國和白俄羅斯聯合軍演，美英警告普丁會發動戰爭。 |
| | 2月4日，普丁到北京與習近平會面，雙方發表聯合聲明。 |
| | 2月21日，普丁命令軍隊進入頓巴斯地區，宣佈承認盧甘斯克共和國、頓內次克共和國獨立。 |
| | 2月23日，頓巴斯武裝首領請求俄國協助「趕走烏克蘭軍隊」。 |
| | **2月24日，俄國開始「特別軍事行動」，對烏克蘭發動全面侵略。** |
| | 2月25日，歐美亞太抗俄共同體開始對俄國展開一系列大規模制裁。 |

2月27日，俄國包圍基輔、哈爾科夫、赫爾松三大城市，三地陷入激戰。俄國命令核武裝進入戒備狀態。

2月28日，烏克蘭正式提交加入歐盟申請。

3月1日，俄國攻擊基輔娘子谷大屠殺紀念地。

3月2日，俄國奪得南部城市赫爾松，成為開戰以來第一個攻陷的大城市。俄軍開始包圍馬里烏波爾。聯合國大會特別緊急會議通過譴責俄國決議。

3月4日，俄國奪取札波羅結核電廠。

3月9日，俄軍空襲馬里烏波爾婦幼醫院。

3月16日，俄軍空襲馬里烏波爾劇場。

3月25日，俄國宣佈軍事行動進行「新階段」，開始從基輔撤軍，烏克蘭軍隊收復基輔外圍。

3月29日，俄烏代表在土耳其伊斯坦堡展開談判。

4月2日，在俄軍撤出基輔外圍小鎮布查後，占領期間發生的布查大屠殺震驚國際。

4月7日，聯合國大會特別緊急會議通過決議，暫停俄國在人權理事會的席位。

4月8日，俄軍飛彈空襲克拉馬托爾斯克火車站，59死（7名是兒童），100多傷

4月9日，英國首相強森訪問基輔，成為開戰以來第一個到訪的大國領袖。

4月14日，俄國黑海艦隊旗艦「莫斯科娃」號被擊沉。

4月18日，俄軍開始對烏克蘭東部和南部發動新一輪的大規模進攻。

4月21日，普丁宣佈馬里烏波爾圍城戰取得勝利。

4月24日，美國國務卿布林肯和國防部長奧斯丁訪問基輔。

4月26日，以北約為首的40國舉行國防部長會議，協調對烏軍事援助，多國同意向烏提供重型武器。

5月4日，烏克蘭宣佈在哈爾科夫東部和北部擊退俄軍，穩固控制權。

5月12日，芬蘭宣佈將申請加入北約。15日，瑞典也宣佈申請加入。

5月17日，烏克蘭在馬里烏波爾的最後守軍宣佈投降，城市最終陷落。

5月26日，俄國對北頓內次克展開圍城戰。

5月28日，烏克蘭在赫爾松反攻。

5月31日，烏克蘭戰略撤出北頓內次克，俄國占領市中心。

6月1日，美國總統拜登在媒體投書〈美國在烏克蘭的「為」與「不為」〉，保證「任何關於烏克蘭的決定都不能沒有烏克蘭的參與」。

6月3日，戰爭開始第100天。

6月16日，法國總統馬克宏、德國總理蕭茲、意大利總理德拉吉聯袂訪問基輔。翌日，英國首相約翰遜第二次訪問基輔。

6月24日，歐盟正式接納烏克蘭為「歐盟候選國」。

6月28日，烏克蘭克勒曼楚市（Kremenchuk）購物中心遭飛彈空襲，至少13死、50傷。

6月28-30日，馬德里北約峰會，同意芬蘭瑞典兩國加入，宣布向烏克蘭提供更多武器。

7月1日，烏克蘭光復在戰爭初期就被佔領的蛇島。

7月2日，俄軍攻陷利西昌斯克。翌日宣布「解放」整個盧甘斯克。

# 注釋

序言

1　「歐美亞太抗俄共同體」是筆者自創的概念，用以概括參與制裁俄國的抗俄挺烏聯盟，它們基本都被俄國列入「不友好國家名單」，包含美、英、加、紐、澳「五眼集團」、歐盟27國、部分北約國家、其他部分歐洲國家，以及美國在亞太的其他盟友，如日本、韓國、台灣和新加坡等等。詳細討論請見本書第25章。


第一章　俄烏千年恩怨史
　　　　——兼駁普丁的「烏克蘭不合法論」

1　https://www.guancha.cn/f-putin/2021_07_17_598807.shtml
2　https://www.guancha.cn/f-putin/2022_02_25_627665.shtml
3　https://www.guancha.cn/f-putin/2022_02_25_627675.shtml
4　主要參考了 Paul Robert Magosci: *A History of Ukraine, the Land and Its Peoples* 和 Paul Kubicek: *The History of Ukraine* 兩部專著。
5　奧地利第一次瓜分波蘭時獲得加利西亞。在1803年，奧地利在第三次瓜分波蘭時，再獲得一批土地。其中的一部分，奧地利命名為「西加利西亞」或「新加利西亞」，和原先的加利西亞合併。於是原先的加利西亞有了新名稱「東加利西亞」。雖然兩者有「東、西」的前綴，但歷史淵源和民族組成都不同。而且從地圖上看，「東加利西亞」和「西加利西亞」實際是南北的關係，東加利西亞在南部，西加利西亞在北部
6　https://cn.nytimes.com/opinion/20170620/was-lenin-a-german-agent/zh-hant/
7　http://www.brama.com/ukraine/history/pereyaslav/

## 第二章　烏克蘭戰爭的來龍去脈與是非曲直（上）
### ──從獨立到歐洲廣場革命

1　有關事件的時序和細節，主要參考了Paul D'Anieri *Ukraine and Russia, From Civilized Divorce to Uncivil War*。歐洲廣場和克里米亞事變，還參考了Elizabeth A. Wood, William E. Pomeranz, E. Wayne Merry, and Maxim Trudolyubov，*Roots of Russia's War in Ukraine*。

2　https://www.mfa.gov.cn/zyxw/202205/t20220507_10683088.shtml

3　NED是指「國家民主基金會」（National Endowment for Democracy）。

4　http://www.people.com.cn/n1/2019/0813/c32306-31293103.html

5　https://cyber.harvard.edu/sites/cyber.law.harvard.edu/files/Goldstein_Ukraine_2007.pdf

6　https://sgp.fas.org/crs/row/RL34415.pdf

7　https://www.cambridge.org/core/services/aop-cambridge-core/content/view/DC0C90AB9D4F45833CED9653117CD92E/9781108486095c5_139-174.pdf/reform_and_reversal_20042010.pdf

8　https://www.cambridge.org/core/services/aop-cambridge-core/content/view/DC0C90AB9D4F45833CED9653117CD92E/9781108486095c5_139-174.pdf/reform_and_reversal_20042010.pdf

9　https://en.wikipedia.org/wiki/Demolition_of_monuments_to_Vladimir_Lenin_in_Ukraine

10　https://en.wikipedia.org/wiki/Revolution_of_Dignity

11　https://en.wikipedia.org/wiki/Agreement_on_settlement_of_political_crisis_in_Ukraine

## 第三章　烏克蘭戰爭的來龍去脈與是非曲直（中）
### ──克里米亞危機

1　http://news.cri.cn/gb/42071/2014/02/28/2225s4443224.htm

2　*Ukraine and Russia*，p220

3　https://gpforecasts.wordpress.com/2014/02/28/yanukovychs-removal-was-unconstitutional/

4　https://en.wikipedia.org/wiki/Impeachment_in_Ukraine

5　https://hudoc.echr.coe.int/app/conversion/pdf/?library=ECHR&id=003-6904972-9271650&filename=Grand+Chamber+decision+Ukraine+v.+Russia+%28re+Crimea%29+-+complaints+concerning+pattern+of+human-rights+violations+partly+admissible.pdf

6　https://treaties.un.org/doc/Publication/UNTS/Volume%203007/Part/volume-3007-I-52241.pdf

7　https://www.6laws.net/6law/law2/%E7%B6%AD%E4%B9%9F%E7%B4%8D%E6%A2%9D%E7%B4%84%E6%B3%95%E5%85%AC%E7%B4%84.htm

8　https://treaties.un.org/doc/Publication/UNTS/Volume%203007/Part/volume-3007-I-52240.pdf

9　關於《赫爾辛基協議》內容，可見：https://www.osce.org/files/f/documents/5/c/39501.pdf

10　https://www.wilsoncenter.org/publication/why-did-russia-give-away-crimea-sixty-years-ago

11　https://en.wikisource.org/wiki/Constitution_of_Crimea,_1998

12　https://rm.coe.int/constitution-of-ukraine/168071f58b

## 第四章　烏克蘭戰爭的來龍去脈與是非曲直（下）
### ——從頓巴斯到全面戰爭

1　https://www.theguardian.com/world/2014/apr/17/ukraine-crisis-agreement-us-russia-eu

2　https://en.wikipedia.org/wiki/Minsk_agreements#Minsk_II,_February_2015

3　https://www.unian.info/war/donbas-two-ukrainian-soldiers-injured-in-booby-trap-blast-11123774.html

4　https://www.reuters.com/article/us-ukraine-crisis-status-idUSKBN0MD1ZK20150317

5　https://www.state.gov/u-s-security-cooperation-with-ukraine

6　https://www.unian.info/politics/10437570-ukraine-s-parliament-backs-changes-to-constitution-confirming-ukraine-s-path-toward-eu-nato.html

7　https://ukrainianweek.com/BreakingNews/251707

8　https://www.pravda.com.ua/news/2021/03/30/7288381/

9　https://www.stopfake.org/uk/fejk-na-donbasi-vnaslidok-ataki-ukrayinskogo-bezpilotnika-zaginula-ditina/

10   https://www.nytimes.com/2021/05/05/us/politics/biden-putin-russia-ukraine.html

11   https://www.reuters.com/world/europe/russia-says-ukraine-has-deployed-half-its-
     army-donbass-conflict-zone-2021-12-01/

12   https://www.themoscowtimes.com/2021/12/10/putin-says-conflict-in-eastern-
     ukraine-looks-like-genocide-a75780

13   https://mid.ru/ru/foreign_policy/rso/nato/1790818/?lang=en

14   https://www.rbc.ru/politics/17/12/2021/61bc677a9a794774aa95d5bd

15   https://mid.ru/ru/foreign_policy/rso/nato/1790803/?lang=en

16   「拱火」這個詞應該是中國北方地區的土話，在烏俄戰爭中被中國媒體大量
     使用，意思類似「火上澆油」。

17   http://www.gov.cn/xinwen/2022-02/04/content_5672025.htm

18   http://www.xinhuanet.com/2021-01/02/c_1126937927.htm

## 第五章　烏克蘭戰爭的9種歷史敘事

1    https://www.usubc.org/site/obama-administration/biden-says-weakened-russia-
     will-bend-to-u-s

2    在西方文化，「羅馬帝國」是一個神聖的名字，代表了主宰世界秩序的權
     威。羅馬譜系中，由於東西羅馬的分裂，出現兩條線。第一條線是羅馬帝國
     ——東羅馬帝國（拜占庭）——沙皇俄國（歷史上按這條線聲稱自己是第三
     羅馬的保加利亞第二帝國、鄂圖曼帝國等）。第二條線是羅馬帝國——西羅
     馬帝國——查理曼帝國——神聖羅馬帝國。

3    https://www.guancha.cn/AlexanderDugin/2022_02_14_626089.shtml

4    https://www.telesurenglish.net/news/Sergei-Lavrov-The-West-Tries-to-Impose-a-
     New-World-Order-20220324-0002.html

5    https://www.forbes.com/sites/dereksaul/2022/03/30/russia-and-china-are-leading-
     a-new-world-order-russian-foreign-minister-says/?sh=7e2b83b52756

6    https://www.india.com/news/world/russia-seeks-to-end-us-dominated-world-
     order-says-russian-foreign-minister-sergey-lavrov-5332644/

## 第六章　誰是罪魁禍首？烏克蘭戰爭為何爆發？

1    http://cpc.people.com.cn/BIG5/64162/64172/85037/85041/6515502.html

2　https://www.guancha.cn/f-putin/2022_02_25_627665_s.shtml

3　https://www.reuters.com/world/europe/hailing-peter-great-putin-draws-parallel-with-mission-return-russian-lands-2022-06-09/

4　http://www.oyyj-oys.org/UploadFile/Issue/0utjkval.pdf

## 第七章　全面入侵的俄軍原來是紙老虎！

1　https://en.wikipedia.org/wiki/List_of_Russian_generals_killed_during_the_2022_invasion_of_Ukraine

2　https://www.reuters.com/world/europe/over-7000-russian-troops-killed-since-start-invasion-ukrainian-official-2022-03-02/

3　https://globalanticorruptionblog.com/2022/03/08/hooray-for-corruption-in-the-russian-military/

## 第八章　戰爭第二階段：烏克蘭處境更艱鉅

1　https://www.theguardian.com/world/2022/apr/19/russia-deployed-20000-mercenaries-ukraine-donbas-region

2　https://www.axios.com/2022/06/15/ukraine-1000-casualties-day-donbas-arakhamia

3　https://www.aljazeera.com/news/2022/6/15/infographic-what-weapons-has-ukraine-received-from-the-us-and-al

4　https://www.aa.com.tr/en/russia-ukraine-war/zelenskyy-suggests-macron-asked-him-to-give-up-land-for-peace/2587476

5　https://www.nytimes.com/2022/05/31/opinion/biden-ukraine-strategy.html

6　https://www.reuters.com/world/europe/frances-macron-says-up-ukraine-decide-potential-territorial-concessions-2022-06-16

## 第九章　俄烏談判現階段為何無法實現？

1　https://www.nytimes.com/2022/03/17/world/europe/russia-ukraine-war.html

2　https://twitter.com/sumlenny/status/1521765064386170881

3　https://www.ohchr.org/en/press-releases/2022/04/bachelet-urges-respect-international-humanitarian-law-amid-growing-evidence

4　https://www.wsj.com/articles/biden-told-the-truth-putin-has-to-go-russia-ukraine-invasion-leader-free-world-regime-change-11648998065?mod=opinion_lead_pos7

## 第十章　聯合國戰場：反俄同盟的11場勝利

1　https://www.icj-cij.org/public/files/case-related/182/182-20220316-ORD-01-00-EN.pdf
2　https://www.channelnewsasia.com/singapore/singapore-abstains-vote-suspend-russian-un-human-rights-council-2615841
3　https://news.un.org/zh/story/2022/04/1102322
4　https://www.un.org/zh/about-us/un-charter/full-text

## 第十一章　制裁戰：國際制裁會有效嗎？

1　https://en.wikipedia.org/wiki/Unfriendly_Countries_List
2　https://www.piie.com/blogs/realtime-economic-issues-watch/russias-war-ukraine-sanctions-timeline
3　https://en.wikipedia.org/wiki/International_sanctions_during_the_2022_Russian_invasion_of_Ukraine
4　https://en.wikipedia.org/wiki/2022_boycott_of_Russia_and_Belarus

## 第十二章　文化戰：歐美社會的「文化拒俄」不符合正義嗎？

1　https://en.wikipedia.org/wiki/2022_boycott_of_Russia_and_Belarus
2　中國網球名將彭帥於2021年11月指控前中共中央政治局常委張高麗對她進行長年多次的性侵，然彭帥於新浪微博發文之後即消聲無蹤，2週後引發國際球壇與民眾在網路上發起以主題標籤「#彭帥在哪裡」（#WhereIsPengShuai）發文運動。國際女子網路球協會取消了在中國（包括香港）賽事，中國外交部則批評把體育政治化。

## 第十三章　能源戰：烏克蘭戰爭驚醒歐洲能源迷夢！

1　https://gaillelaw.com/2018/05/16/lng-vs-pipeline-economics-gaille-energy-blog-issue-66/

## 第十四章　糧食戰：烏克蘭戰爭引發的糧食危機！

1　https://link.springer.com/content/pdf/10.1007/978-94-007-0159-5.pdf
2　https://www.fao.org/3/cb9236en/cb9236en.pdf
3　中國農業部副部長屈冬玉於2019年當選聯合國糧農組織總幹事，成為該組織歷史上的首位中國籍總幹事。

## 第十五章　普丁的謬論：「北約東擴威脅論」成立嗎？

1　「北大西洋公約組織」（North Atlantic Treaty Organization）於1949年4月4日依據《北大西洋公約》（North Atlantic Treaty）成立。最初的創始會員國僅12國，包含英、法、荷、比、盧、丹麥、冰島、義大利、挪威、葡萄牙等歐洲10國，以及北美的美國與加拿大。之後一直到1999年前加入的還有四國，分別是希臘、土耳其（1952）、西德（1955）與西班牙（1982）。公約內容請見：https://www.nato.int/cps/en/natolive/official_texts_17120.htm
2　https://www.rbth.com/international/2014/10/16/mikhail_gorbachev_i_am_against_all_walls_40673.html
3　https://www.brookings.edu/blog/up-front/2014/11/06/did-nato-promise-not-to-enlarge-gorbachev-says-no/
4　https://today.law.harvard.edu/there-was-no-promise-not-to-enlarge-nato/
5　https://mid.ru/print/?id=1796679&lang=en
6　協議全文請見：https://www.osce.org/files/f/documents/4/2/17502.pdf
7　https://www.cnn.com/2022/02/10/europe/nato-troops-eastern-europe-map-intl-cmd/index.html
8　https://www.nato.int/cps/en/natohq/topics_136388.htm
9　http://www.news.cn/mil/2021-12/16/c_1211489588.htm
10　https://armscontrolcenter.org/wp-content/uploads/2021/08/NATO_NSNW_factsheet.pdf
11　1807年，英國在拿破崙戰爭中，確信丹麥會加入法國一方對英國不利，先發制人地攻擊了丹麥艦隊，引發隨後的哥本哈根戰役。

## 第十六章　普丁的謬論：烏克蘭有「納粹化」嗎？

1　https://www.dw.com/en/fact-check-russia-falsely-blames-ukraine-for-starting-war/a-60999948

2　https://www.ohchr.org/sites/default/files/Documents/Countries/UA/29thReportUkraine_EN.pdf

## 第十七章　駁左派的「比爛主義」

1　https://www.facebook.com/susanna.c.cheung/posts/10159134369378889

2　https://asiatimes.com/2022/03/uncivilized-peoples-view-on-ukraine-russia-crisis/

3　https://www.brookings.edu/opinions/why-the-war-wasnt-illegal/

4　https://en.wikipedia.org/wiki/Governmental_positions_on_the_Iraq_War_prior_to_the_2003_invasion_of_Iraq#Varying_levels_of_support

## 第十八章　烏克蘭戰爭是21世紀的抗日戰爭！

1　沈志華：〈中國被迫出兵朝鮮：決策過程及其原因〉

2　參閱《風傳媒》，〈蘇永欽觀點：這場戰事的道德三問〉：https://www.storm.mg/article/4226064

## 第十九章　駁烏克蘭戰爭中的道德質疑

1　https://www.emma.de/artikel/open-letter-chancellor-olaf-scholz-339499

## 第二十章　俄羅斯入侵烏克蘭違反了什麼國際法？

1　https://www.un.org/zh/about-us/un-charter/full-text

2　https://www.osce.org/files/f/documents/f/a/515868.pdf

3　https://www.europarl.europa.eu/RegData/etudes/BRIE/2022/639322/EXPO_BRI(2022)639322_EN.pdf

4　https://www.bbc.com/news/world-europe-61071243

5　https://thehill.com/policy/international/3267579-ukraine-deported-children-facing-threat-of-illegal-adoption-in-russia/

6    https://www.theguardian.com/world/2022/apr/04/hundreds-of-ukrainians-forcibly-deported-to-russia-say-mariupol-women

7    http://www.artslifenews.com/news_in.aspx?siteid=&ver=&usid=&mnuid=1048&modid=2&mode=&isgb=&nid=4522&noframe=

8    https://www.politico.com/news/2022/05/03/destruction-cultural-sites-ukraine-00029655

9    https://www.vmnh.net/content/vmnh/uploads/PDFs/research_and_collections/chml/22-0407_ukrainian_cultural_heritage_potential_impact_summary_final2.pdf

10   https://en.unesco.org/protecting-heritage/convention-and-protocols/1954-convention

11   http://www.gov.cn/xinwen/2022-01/03/content_5666335.htm

12   https://www.ohchr.org/sites/default/files/2022-03/HRMMU_Update_2022-03-26_EN.pdf

13   https://www.mirror.co.uk/news/world-news/bodies-tortured-mutilated-ukrainians-found-26962324

14   https://www.archyde.com/photos-of-american-mercenaries-captured-in-ukraine-published/

15   https://www.geneva-academy.ch/joomlatools-files/docman-files/Publications/Academy%20Briefings/Foreign%20Fighters_2015_WEB.pdf

## 第二十一章　美國是最大贏家還是輸家？疑美論成立嗎？

1    Aurel Sari, *The Status of Armed Forces in Public International Law: Jurisdiction and Immunity*

2    https://www.nato.int/acad/fellow/98-00/davydov.pdf

## 第二十二章　中國的如意算盤：中國真正的「中立」嗎？

1    http://www.news.cn/politics/leaders/2022-02/25/c_1128417363.htm

2    https://www.fmprc.gov.cn/wjbzhd/202202/t20220226_10645790.shtml

3    https://news.mingpao.com/pns/%E4%BF%84%E7%83%8F%E5%B1%80%E5%8B%A2/article/20220316/special/1647367235681

4    https://www.fmprc.gov.cn/zyxw/202203/t20220319_10653187.shtml

5   cpc.people.com.cn/BIG5/218984/218998/14818679.html

6   http://www.news.cn/politics/leaders/2022-06/15/c_1128744525.htm

7   http://www.gov.cn/xinwen/2022-06/24/content_5697423.htm

8   https://www.fmprc.gov.cn/wjbzhd/202203/t20220330_10657703.shtml

9   https://cn.nytimes.com/china/20220307/china-russia-ukraine-disinformation/zh-hant/

10  2月26日，5名中國歷史學者在微信公眾號「江門直言」上發布〈俄羅斯對烏克蘭的入侵與我們的態度〉，批評俄羅斯身對弱小的兄弟之邦發動戰爭，支持烏克蘭人民保家衛國的行動。文章發表後立即在社群網站遭到大批「五毛」圍剿舉報，質疑美國入侵多國，為何不見他們發聲。結果這篇文章不到兩小時就遭刪除。5名學者分別為：南京大學教授孫江、北京大學教授王立新、香港大學教授徐國琦、北京清華大學教授仲偉民，與復旦大學教授陳雁。

11  https://cn.nytimes.com/china/20220406/china-russia-ukraine/zh-hant/

12  指網路上有心人士不滿意烏俄戰爭爆發後，中國媒體與被操弄的網路輿論一方面以大量親俄、反美的言論對中國人民進行思想控制與洗腦，一方面又在國際外文媒體上佯裝「中立」立場，他們於是自發性地利用Twitter、Reddit的社群媒體，翻譯並發布中國官方的親俄言論，以幫助外國人認清中國在烏俄戰爭中的真實立場。

13  https://globaledge.msu.edu/countries/russia/tradestats

14  指2009年7月5日在新疆首府烏魯木齊市爆發的大規模群眾暴力事件。中國政府指出，這起事件造成至少197人死亡，且大部分為漢族，並指控騷亂是由海外維吾爾人「恐怖組織」在國外策劃。維吾爾流亡團體則指出，暴力事件是由於中國警方過度使用武力而引發的。

15  https://www.fmprc.gov.cn/web/gjhdq_676201/gj_676203/oz_678770/1206_679110/sbgx_679114/

16  美國南卡羅來納州共和黨籍參議員曾於個人推特上發文，希望能有俄國人民挺身而出，扮演起刺殺凱薩的布魯特斯（Brutus），或刺殺希特勒的德國軍官施陶芬伯格（Claus Von Stauffenberg）的角色。此言一出，不但遭到俄羅斯駐美國大使的強烈抗議，也被美國兩黨的政治人物嚴加譴責。

17  https://graphics.reuters.com/UKRAINE-CRISIS/SANCTIONS/byvrjenzmve/

18  https://tass.com/politics/1418197

19  https://www.nato.int/strategic-concept/

## 第二十三章　歐洲拋棄「大歐洲幻想」

1　https://www.politico.eu/article/european-favor-defense-ukraine-diplomacy-poll/
2　https://www.cbsnews.com/news/ukraine-russia-u-s-involvement-opinion-poll-02-2022/
3　https://k.sina.com.cn/article_5044281310_12ca99fde02001ta0n.html?from=finance#/
4　https://www.reuters.com/business/energy/german-gas-power-prices-households-new-highs-2022-03-16/
5　https://www.swift.com/swift-resource/251781/download
6　https://www.swift.com/swift-resource/251791/download
7　https://www.consilium.europa.eu/en/press/press-releases/2022/04/04/ukraine-council-unlocks-17-billion-of-eu-funds-to-help-refugees/
8　https://www.globalcitizen.org/en/info/ukraine/
9　https://ec.europa.eu/info/strategy/priorities-2019-2024/stronger-europe-world/eu-solidarity-ukraine/eu-assistance-ukraine_en
10　https://www.aa.com.tr/en/europe/eu-adds-543m-to-military-aid-for-ukraine/2562912
11　https://ec.europa.eu/info/strategy/priorities-2019-2024/stronger-europe-world/eu-solidarity-ukraine_en
12　https://www.nytimes.com/2022/07/05/world/europe/ukraines-prime-minister-says-rebuilding-will-cost-750-billion.html
13　https://blogs.lse.ac.uk/europpblog/2022/03/16/what-prospect-is-there-of-ukraine-joining-the-eu/

## 第二十四章　誰是下一個烏克蘭？

1　https://www.lawfareblog.com/why-finlandization-terrible-model-ukraine

## 第二十五章　烏克蘭戰爭的影響──「新對抗時代」的開始與台灣危機

1　https://graphics.reuters.com/UKRAINE-CRISIS/SANCTIONS/byvrjenzmve/
2　https://tass.com/politics/1418197

八旗國際 17

# 帝國解體與自由的堡壘
## 烏俄戰爭的歷史源起、地緣政治與正義之辯

| | |
|---|---|
| 作　　者 | 黎蝸藤 |
| 編　　輯 | 王家軒 |
| 校　　對 | 陳佩伶 |
| 地圖製作 | 黃清琦 |
| 封面設計 | 兒日 |

| | |
|---|---|
| 企劃總監 | 蔡慧華 |
| 社　　長 | 郭重興 |
| 發行人兼出版總監 | 曾大福 |
| 出版發行 | 八旗文化／遠足文化事業股份有限公司 |
| 地　　址 | 新北市新店區民權路108-2號9樓 |
| 電　　話 | 02-22181417 |
| 傳　　真 | 02-86671065 |
| 客服專線 | 0800-221029 |
| 信　　箱 | gusa0601@gmail.com |
| Facebook | facebook.com/gusapublishing |
| Blog | gusapublishing.blogspot.com |
| 法律顧問 | 華洋法律事務所／蘇文生律師 |

| | |
|---|---|
| 印　　刷 | 前進彩藝有限公司 |
| 定　　價 | 650元 |
| 初版一刷 | 2022年（民111）8月 |
| ISBN | 978-626-7129-62-3（紙本） |
| | 978-626-7129-70-8（EPUB） |
| | 978-626-7129-69-2（PDF） |

國家圖書館出版品預行編目（CIP）資料

帝國解體與自由的堡壘：烏俄戰爭的歷史源起、地緣政治與正義之辯／黎蝸藤著.
-- 一版. -- 新北市：八旗文化出版：遠足文化事業股份有限公司發行, 2022.08
　面；　公分. --（八旗國際；17）
ISBN 978-626-7129-62-3（平裝）

1.CST: 戰爭　2.CST: 國際關係　3.CST: 歷史　4.CST: 俄國　5.CST: 烏克蘭
542.2　　　　　　　　　　　　　　　　　　　　　　111011008